LES ENSEIGNANTS DU PRIMAIRE ENTRE DISCIPLINARITÉ ET INTERDISCIPLINARITÉ :

quelle formation didactique ?

LES ENSEIGNANTS DU PRIMAIRE ENTRE DISCIPLINARITÉ ET INTERDISCIPLINARITÉ :

quelle formation didactique ?

Sous la direction de

Maurice Sachot

et Yves Lenoir

Les Presses de l'Université Laval

Les Presses de l'Université Laval reçoivent chaque année du Conseil des Arts du Canada et de la Société d'aide au développement des entreprises culturelles du Québec une aide financière pour l'ensemble de leur programme de publication.

Nous reconnaissons l'aide financière du gouvernement du Canada par l'entremise de son Programme d'aide au développement de l'industrie de l'édition (PADIÉ) pour nos activités d'édition.

Mise en pages : Diane Trottier

ISBN 2-7637-8009-1

Distribution de livres Univers
845, rue Marie-Victorin
Saint-Nicolas (Québec)
Canada G7A 3S8
Tél. (418) 831-7474 ou 1 800 859-7474
Téléc. (418) 831-4021
http://www.ulaval.ca/pul

Table des matières

DEUXIÈME PARTIE

DIDACTIQUE ET PÉDAGOGIE, DISCIPLINE ET INTERDISCIPLINARITÉ, COMPÉTENCE... : UNE CERTAINE CONFUSION CHEZ LES PRINCIPAUX ACTEURS

Liste des collaborateurs

AUDIGIER, François, Faculté de psychologie et des sciences de l'éducation, Université de Genève (Suisse)

BARIBEAU, Colette, Département des sciences de l'éducation, Université du Québec à Trois-Rivières (Québec)

BEDNARZ, Nadine, CIRADE (Centre interdisciplinaire de recherche sur l'apprentissage et l'éducation), Université du Québec à Montréal (Québec)

CHARLES, Frédéric, IUFM (Institut universitaire de formation des maîtres) de Créteil (France)

CLÉMENT, Jean-Paul, UFR-STAPS (UFR des sciences et techniques des activités physiques et sportives), Université Paul Sabatier, Toulouse 3 (France)

DÉSILETS, Mario, Faculté d'éducation, Université de Sherbrooke (Québec)

HASNI, Abdelkrim, CRIE-CRIFPE (Centre de recherche sur l'intervention éducative / Centre de recherche interuniversitaire sur la formation et la profession enseignante), Département des sciences de l'éducation, Université du Québec à Chicoutimi (Québec)

HERR, Michel, CIRID (Centre de recherche interdisciplinaire en didactique), UFR de philosophie, linguistique, informatique et sciences de l'éducation, Université Marc Bloch, Strasbourg (France)

KEMPF, Marthe, SERFA (Service d'enseignement et de recherche en formation continue), Université de Haute-Alsace, Mulhouse (France)

LAFOREST, Mario, Faculté d'éducation, Université de Sherbrooke (Québec)

LAROSE, François, CRIE-CRIFPE (Centre de recherche sur l'intervention éducative / Centre de recherche interuniversitaire sur la formation et la profession enseignante), Faculté d'éducation, Université de Sherbrooke (Québec)

LEBRUN, Johanne, CRIE-CRIFPE (Centre de recherche sur l'intervention éducative / Centre de recherche interuniversitaire sur la formation et la profession enseignante), Faculté d'éducation, Université de Sherbrooke (Québec)

LEBRUN, Monique, Département de linguistique et de didactique des langues, Université du Québec à Montréal (Québec)

LENOIR, Yves, CRIE-CRIFPE (Centre de recherche sur l'intervention éducative / Centre de recherche interuniversitaire sur la formation et la profession enseignante), Faculté d'éducation, Université de Sherbrooke (Québec)

ROY, Gérard-Raymond, CRIE-CRIFPE (Centre de recherche sur l'intervention éducative / Centre de recherche interuniversitaire sur la formation et la profession enseignante), Faculté d'éducation, Université de Sherbrooke (Québec)

SACHOT, Maurice, CIRID (Centre de recherche interdisciplinaire en didactique), UFR de philosophie, linguistique, informatique et sciences de l'éducation, Université Marc Bloch, Strasbourg (France)

TESTE, Gérard, IUFM (Institut universitaire de formation des maîtres) d'Alsace, Académie de Strasbourg (France)

TRIBY, Emmanuel, Département des sciences de l'éducation, Faculté de psychologie et des sciences de l'éducation, Université Louis Pasteur, Strasbourg (France)

INTRODUCTION

Une nécessaire clarification

MAURICE SACHOT
Université Marc Bloch à Strasbourg

YVES LENOIR
Université de Sherbrooke

1. INTRODUCTION

Un constat s'impose d'emblée : la formation professionnelle des enseignants du primaire (comme celle, du reste, des autres niveaux ou ordres d'enseignement) n'est pas, et de loin, satisfaisante. Sans doute objectera-t-on, pour se rassurer, que cette situation est tout ce qu'il y a de plus normal. L'éducation, comme toute autre institution humaine, est, par définition, en décalage constant par rapport aux finalités et aux objectifs qui lui sont assignés, retardataire par certains côtés, en phase ou anticipatrice par d'autres. Envisager une adéquation parfaite, en la matière, n'est pas une chimère, mais une bévue. Mais telle n'est peut-être pas la nature du décalage ou des distorsions qui travaillent actuellement le champ éducatif, aussi bien au niveau du curriculum des élèves, tiraillé entre ses composantes internes comme entre ses objectifs et l'attente sociale, qu'au niveau de la formation de leurs maîtres, dont on ne sait plus très bien quelles compétences privilégier, tant elles sont nombreuses et diverses, depuis celles qui portent sur les savoirs liés à des disciplines d'enseignement jusqu'aux didactiques de ces mêmes disciplines en passant par tant d'autres savoirs et savoir-faire d'ordre psychologique, sociologique ou pédagogique. La société évolue et se transforme à une vitesse qui ne cesse de s'accroître. Les instances gouvernementales, qui ont la responsabilité d'assurer cette formation, essaient de suivre le mouvement en procédant constamment à des réformes et à des ajustements jugés nécessaires, mais sans avoir pu prendre, si c'est possible, l'exacte mesure de la situation et débouchant sur des lois et des programmes dont il est facile de critiquer l'aspect cumulatif, le manque de cohérence, voire la contradiction. Sur le terrain, les élèves, aussi bien que les enseignants et leurs formateurs, font également de leur mieux pour répondre à ce qu'ils estiment pertinent, mais en ayant la fâcheuse impression d'avancer dans un brouillard qui s'épaissit au fur et à mesure que l'on progresse et que tout éclairage semble rendre plus opaque encore.

Le propos de cet ouvrage ne saurait avoir la prétention de dresser un bilan exhaustif de la situation ni, encore moins, de faire des propositions qui lèveraient comme par enchantement tous les obstacles. Son ambition est beaucoup plus modeste et, nous l'espérons, plus réaliste. Elle est d'apporter un éclairage qui, contrairement à ce qui vient d'être dit, permette effectivement de pénétrer dans l'épaisseur du brouillard qui nous entoure, de distinguer et de baliser en quelque sorte les voies que nous suivons ou que nous pourrions suivre. Sans vouloir poursuivre abusivement la métaphore de la route et de l'éclairage, au risque de tomber dans une impasse, on peut cependant dire que le parcours qui est proposé aux futurs maîtres – leur curriculum de formation – est comme éclairé par un certain nombre de catégories majeures plus ou moins partagées par l'ensemble des acteurs, avant tout par les maîtres en formation et leurs formateurs, mais également par tous ceux qui ont à intervenir dans l'orientation de la formation, par exemple, les membres d'un gouvernement et les parlementaires. Parmi ces catégories, trois ont peut-être plus particulièrement la vedette actuellement, parce que leur conjonction semble pertinente pour mettre en cohérence aussi bien les composantes de la formation des futurs enseignants, que cette formation et celle des élèves à laquelle elle prépare : disciplines, interdisciplinarité, didactique. La première identifie les savoirs spécifiques qui sont ceux des élèves et ceux de leurs maîtres. La seconde pointe moins les modalités d'acquisition de ces derniers que la finalité d'ensemble qui les transcende. La troisième, enfin, spécifie la formation à l'enseignement dans cette double perspective, disciplinaire et interdisciplinaire.

La première question qu'il convient de se poser et à laquelle cet ouvrage tente de répondre avant tout est de savoir si, et dans quelle mesure, ces catégories sont partagées par les différents acteurs, si elles ont à peu près la même signification pour tous, si elles ont la même pertinence et la même importance, que l'on soit un théoricien universitaire, un formateur d'enseignants, un maître en formation ou de terrain, un parlementaire ou un ministre. Sans vouloir soumettre l'ensemble du dispositif éducatif à une logique excessive de rationalisation et d'opérationnalisation, il peut en effet sembler pour le moins raisonnable qu'il y ait une certaine cohérence discursive entre tous, sous peine de sombrer dans une babélisation avec, comme conséquence, l'incompréhension, voire la méprise et la discordance, et, sur le terrain, une action pédagogique et didactique hasardeuse.

Portant non pas sur des concepts scientifiques mais sur des notions dont la densité et les connotations sont indissociables de la langue dans laquelle elles sont formulées, l'investigation se doit d'être limitée à un espace linguistique déterminé, en l'occurrence le français. Toute référence à une autre langue, à savoir l'anglo-américain, n'est pas totalement exclue. Mais elle reste marginale, le plus souvent appelée pour rendre compte, par une influence étrangère, de l'apparition d'une connotation sémantique particulière. Une perspective comparatiste entre divers espaces linguistiques et culturels aurait certes le plus grand intérêt, mais à la condition de comparer des ensembles ou des logiques d'ensemble et non simplement des éléments particuliers. Il faudrait que le travail entrepris ici soit d'abord fait dans chaque langue.

Internes à l'espace linguistique français, les études ici rassemblées se limitent en fait à la France métropolitaine et au Québec. L'entrée n'est pas pour autant comparatiste, même si les auteurs d'un pays ont eu constamment présent à l'esprit les textes commis par ceux de l'autre pays et si le lecteur est invité à faire cette sorte de lecture, laquelle lui révélerait que, même à l'intérieur d'une même langue et entre deux territoires entretenant des liens étroits aussi bien par les personnes (leur origine et leur formation) que par l'intensité des échanges intellectuels et des collaborations, les mêmes mots ne recouvrent pas exactement les mêmes notions ni les mêmes référents. L'intérêt premier de ce couplage, qui tient plus du rapprochement que de la confrontation, est d'abord de permettre de prendre de la distance par rapport à l'inscription locale de la langue, de se rendre compte de l'emprise, le plus souvent implicite, que cette inscription exerce, emprise qui n'est pas que culturelle, mais également politique et socio-économique et, donc, historique. Sous un même mot, la même notion est lourde de références qui ne sont pas exactement les mêmes de part et d'autre de l'Atlantique. Cette distanciation prend aussi la forme d'un avertissement : dans les choses humaines, il est vain, utopique, sinon dangereux, d'imaginer pouvoir conceptualiser de telle sorte qu'on puisse envisager l'action comme une application de la théorie. Concrètement, une formation d'enseignants réussie ne saurait être conçue comme celle qui rendrait chacun d'eux semblable à un logiciel parfait : sans aucun « bogue », il accomplirait à la perfection et avec rapidité toutes les tâches et fonctions dûment répertoriées dans son référentiel professionnel !

Nous ne saurions, dans l'introduction d'un ouvrage collectif, prendre la place du lecteur et, tel un homéliaste, lui indiquer en quel sens il convient de lire chacune des études ! Une telle substitution est inconcevable, parce que méprisante aussi bien à l'égard des auteurs que de leurs lecteurs. Mais nous devons aux uns et aux autres la justification de l'ordonnance des différentes contributions, en fonction même de la problématique qui a été à l'origine de leur production et du renouvellement que cette production même conduit inévitablement à opérer.

Comme l'indique clairement le titre, la question principale qui est posée est celle de la formation initiale des futurs enseignants et l'entrée qui est privilégiée pour y répondre est celle de la didactique. Quelle formation didactique pour les enseignants du primaire ? La didactique, non comme pratique, bien évidemment, mais comme saisie intellectuelle et discursive spécifique de la pratique pédagogique est relativement récente. Mais, surtout, sa place et sa fonction restent très ambiguës. D'un côté, elle apparaît comme la possibilité de fédérer dans un ensemble cohérent un grand nombre de compétences qui sont requises de la part des enseignants, à côté d'autres ensembles comme ceux que le Conseil supérieur de l'éducation du Québec identifiaient en 1991(*b*) sous le nom de compétences disciplinaires, psychopédagogiques et culturelles. Le Rapport Bancel (1989), qui est, en France, à l'origine de la création des IUFM (Institut universitaire de formation des maîtres), recommandait également une formation à la fois pratique et théorique de la didactique. Et, de fait, la didactique est bien présente dans les programmes de formation. Mais d'une manière qui fait problème. D'une part, comme le soulignaient Carbonneau, Allard, Baillargeon, Laforest, Lainesse, Rebuffot et Soulières (1992), la formation à l'enseignement est, à tort, « considérée comme une démarche de spécialisation professionnelle faisant suite à une formation disciplinaire » (p. 48), alors que celle-ci devrait s'inscrire « plutôt comme partie intégrante d'une spécialisation à l'intérieur de la formation d'enseignant » (*Ibid.*, p. 48). D'autre part, dans cette partie de spécialisation professionnelle, la didactique est enclavée dans chaque discipline. Il y a autant de didactiques qu'il y a de disciplines.

Il en résulte un grand flottement dans les concepts et les notions entre tous les acteurs. Les didacticiens, tout d'abord, se voient confrontés, en tant que formateurs universitaires, à la fois à une absence de définition des concepts employés dans les discours institués et à une polysémie de sens dans les discours scientifiques. Bref, il n'existe guère de positions communes quant au sens et à la fonction à attribuer à la ou aux didactiques, pas plus qu'il n'en existe vis-à-vis du concept de compétence, de discipline et d'interdisciplinarité. On ne sera donc pas surpris si, en second lieu, la même imprécision se retrouve chez les formateurs du milieu universitaire, ceux du terrain, et les formés.

Une clarification s'impose donc avant tout sur la signification des concepts et des représentations. Elle prend d'abord la forme d'un état des lieux aussi bien chez les théoriciens de l'enseignement, chez les didacticiens en particulier, que chez tous les acteurs concernés, pour savoir ce qui est entendu pas didactique (en quoi se distingue-t-elle, par exemple, de la pédagogie ?), par discipline, par interdisciplinarité, par compétence, voire par compétence en chacun de ces domaines. Quels concepts et quelles représentations ces termes portent-ils ? Y a-t-il des relations entre les représentations des uns et celles des autres, notamment entre les représentations des formés et celles de leurs formateurs, et les concepts proposés par les didacticiens ?

La seconde forme de clarification porte sur le réseau conceptuel, ou, si l'on préfère, sur la logique d'ensemble qui permet de mettre en cohérence ces diverses notions et ainsi d'en limiter le flottement et de les mettre au service d'une action de formation aussi pertinente que possible. Or, dans la compréhension de l'enseignement primaire et de la formation à cet enseignement, didactique se définit, à tort ou à raison, comme la didactique des disciplines. La première question qu'il convient de se poser est donc de savoir ce qu'est une discipline scolaire, de quels caractères elle marque les enseignements ainsi qualifiés, et si les disciplines qui président à la formation du maître sont de même espèce que celles de l'élève, à l'acquisition desquelles pourtant, celles du maître préparent. C'est à quoi tente de répondre Maurice Sachot (chapitre 1) en considérant le signifiant et le signifié dans le cadre linguistique, culturel et politique de la France métropolitaine. Une discipline peut, d'une manière générale, être définie comme un *habitus* de médiation, de médiation externe, certes, mais avant tout de médiation interne, puisque, dans une République, il appartient à chaque sujet de porter un jugement de valeur, aussi bien d'ordre moral qu'esthétique et intellectuel. La seule logique acceptable, car la seule qui ne soit pas en elle-même inculquante, est la logique de scientificité. Ce qui fait de la discipline le vecteur de la forme scolaire de l'éducation républicaine. Concrètement, cependant, les disciplines ont pris corps dans le système universitaire de la fin du XIXᵉ siècle, c'est-à-dire dans le Lycée, consécutivement à l'installation durable du régime républicain. Fondées sur la logique de scientificité, les disciplines ont par la suite été entraînées dans la mouvance des disciplines proprement universitaires, qui étaient également qualifiées du même terme. Cette assimilation entraîna une fausse conception didactique des disciplines scolaires. Une double substitution eut lieu au niveau de leurs finalités fondamentales : le savoir (finalité de la recherche universitaire) fut substitué à la formation des élèves (finalité des disciplines scolaires), et le savoir savant fut substitué aux savoirs disciplinaires scolaires. Et c'est ce modèle ainsi conceptualisé qui, avec la création des IUFM en France, s'est récemment étendu aux enseignements du primaire et à la formation des maîtres, opacifiant le système aux yeux de tous les acteurs au lieu de le clarifier.

L'ambiguïté, sinon l'inadéquation d'une logique principalement disciplinaire dans l'espace du primaire, est clairement mise en évidence par la façon dont sont mises en corrélation trois disciplines distinctes : l'histoire, la géographie et l'éducation civique. Dans le discours français sur l'école et la conception des programmes, ces trois disciplines ont en effet un statut particulier. Elles sont traitées comme si elles formaient un ensemble cohérent et spécifique, comme si elles formaient en quelque sorte une seule discipline. Telle est la situation particulière que François Audigier (chapitre 2) analyse, aussi bien dans ses liens que dans ses écarts. Une mise en perspective historique fait apparaître que ce regroupement est originel et date de l'avènement de la République en France. Il tient au projet d'éducation républicaine, tout entier sous-tendu par un projet d'éducation civique : «jusqu'à présent, pour connaître les sociétés présentes et passées, l'École française a choisi de s'appuyer sur trois disciplines scolaires [...] réputées complémentaires, solidaires. L'une appelle les deux autres pour contribuer de façon particulière à former et à éduquer un citoyen responsable, conscient, éclairé ». Ce bel ordonnance-

deux logiques dominantes s'affrontent: l'une que l'on peut qualifier de ⟨ plinaire, l'autre d'interdisciplinaire. La seconde, bien que faiblement thé sée, a jusqu'à présent prédominé. La première, qui s'est constituée dans l'esp. du secondaire, arrive en force dans le champ du primaire avec l'appui d'u pratique et d'une théorisation universitaire. Peut-on mieux les identifier et le caractériser, mettre en évidence leurs fondements et leurs implications?

Cette double clarification fait progressivement émerger une probléma-tique que l'on peut ainsi formuler: quelle logique convient-il de privilégier pour la formation didactique des futurs enseignants du primaire? Est-ce la logique disciplinaire? Est-ce la logique interdisciplinaire? La première ne risque-t-elle pas, si on la pousse jusqu'au bout, de morceler complètement la formation et de nier le projet de formation lui-même qui est de permettre au maître comme à son futur élève de se constituer comme sujet, seul véritable intégrateur des savoirs, quelle qu'en soit la nature? Partir de la seconde ne comporte-t-il pas, à l'inverse, le risque de privilégier le flou et l'à-peu-près, autrement dit de laisser finalement chacun faire ce qu'il entend, se donner à lui-même sa propre cohérence, bref à ouvrir la porte à une forme d'intelli-gence des choses qui, aussi légitime qu'elle soit sur le plan personnel, se trans-forme immédiatement, de par la fonction d'autorité qui est celle du maître, en abus de pouvoir caractérisé?

Pour instruire cette problématique, nous nous proposons de répartir les différentes études selon deux niveaux: le premier a pour objectif de situer, par une réflexion d'ordre plutôt théorique, le cadre historique et épistémolo-gique des trois principales catégories en conflit dans la formation didactique au primaire: discipline, interdisciplinarité et didactique. Le second saisit plu-tôt ces dernières et d'autres qui leur sont apparentées (pédagogie, compé-tence, pluridisciplinarité, polyvalence, etc.) comme représentations chez les principaux acteurs, les formateurs, universitaires ou non, et les formés, de manière à faire les apparaître et le rôle qu'elles peuvent jouer dans leurs dis-cours et leurs pratiques.

2. DISCIPLINE, INTERDISCIPLINARITÉ ET DIDACTIQUE: APPROCHE HISTORIQUE ET ÉPISTÉMOLOGIQUE

Ces trois catégories sont relativement récentes pour définir globalement, par les deux premières, la formation des élèves et, en y adjoignant la troi-sième, celle des enseignants. Par ailleurs, les deux catégories de discipline et de didactique entretiennent des liens très étroits et ont, du moins en France, comme premiers milieux de référence, l'enseignement secondaire et la for-mation universitaire qui y prépare, alors que l'interdisciplinarité apparaît plu-tôt pour caractériser, comme par défaut, l'ordre du primaire et peine à trouver une didactique qui lui soit appropriée.

Un ordre logique et historique préside aux relations entre elles: par définition, l'interdisciplinarité présuppose l'existence des disciplines et la

deux logiques dominantes s'affrontent : l'une que l'on peut qualifier de disciplinaire, l'autre d'interdisciplinaire. La seconde, bien que faiblement théorisée, a jusqu'à présent prédominé. La première, qui s'est constituée dans l'espace du secondaire, arrive en force dans le champ du primaire avec l'appui d'une pratique et d'une théorisation universitaire. Peut-on mieux les identifier et les caractériser, mettre en évidence leurs fondements et leurs implications ?

Cette double clarification fait progressivement émerger une problématique que l'on peut ainsi formuler : quelle logique convient-il de privilégier pour la formation didactique des futurs enseignants du primaire ? Est-ce la logique disciplinaire ? Est-ce la logique interdisciplinaire ? La première ne risque-t-elle pas, si on la pousse jusqu'au bout, de morceler complètement la formation et de nier le projet de formation lui-même qui est de permettre au maître comme à son futur élève de se constituer comme sujet, seul véritable intégrateur des savoirs, quelle qu'en soit la nature ? Partir de la seconde ne comporte-t-il pas, à l'inverse, le risque de privilégier le flou et l'à-peu-près, autrement dit de laisser finalement chacun faire ce qu'il entend, se donner à lui-même sa propre cohérence, bref à ouvrir la porte à une forme d'intelligence des choses qui, aussi légitime qu'elle soit sur le plan personnel, se transforme immédiatement, de par la fonction d'autorité qui est celle du maître, en abus de pouvoir caractérisé ?

Pour instruire cette problématique, nous nous proposons de répartir les différentes études selon deux niveaux : le premier a pour objectif de situer, par une réflexion d'ordre plutôt théorique, le cadre historique et épistémologique des trois principales catégories en conflit dans la formation didactique au primaire : discipline, interdisciplinarité et didactique. Le second saisit plutôt ces dernières et d'autres qui leur sont apparentées (pédagogie, compétence, pluridisciplinarité, polyvalence, etc.) comme représentations chez les principaux acteurs, les formateurs, universitaires ou non, et les formés, de manière à faire les apparaître et le rôle qu'elles peuvent jouer dans leurs discours et leurs pratiques.

2. DISCIPLINE, INTERDISCIPLINARITÉ ET DIDACTIQUE : APPROCHE HISTORIQUE ET ÉPISTÉMOLOGIQUE

Ces trois catégories sont relativement récentes pour définir globalement, par les deux premières, la formation des élèves et, en y adjoignant la troisième, celle des enseignants. Par ailleurs, les deux catégories de discipline et de didactique entretiennent des liens très étroits et ont, du moins en France, comme premiers milieux de référence, l'enseignement secondaire et la formation universitaire qui y prépare, alors que l'interdisciplinarité apparaît plutôt pour caractériser, comme par défaut, l'ordre du primaire et peine à trouver une didactique qui lui soit appropriée.

Un ordre logique et historique préside aux relations entre elles : par définition, l'interdisciplinarité présuppose l'existence des disciplines et la didactique se définit, à tort ou à raison, comme la didactique des disciplines. La première question qu'il convient de se poser est donc de savoir ce qu'est une discipline scolaire, de quels caractères elle marque les enseignements ainsi qualifiés, et si les disciplines qui président à la formation du maître sont de même espèce que celles de l'élève, à l'acquisition desquelles pourtant, celles du maître préparent. C'est à quoi tente de répondre Maurice Sachot (chapitre 1) en considérant le signifiant et le signifié dans le cadre linguistique, culturel et politique de la France métropolitaine. Une discipline peut, d'une manière générale, être définie comme un *habitus* de médiation, de médiation externe, certes, mais avant tout de médiation interne, puisque, dans une République, il appartient à chaque sujet de porter un jugement de valeur, aussi bien d'ordre moral qu'esthétique et intellectuel. La seule logique acceptable, car la seule qui ne soit pas en elle-même inculquante, est la logique de scientificité. Ce qui fait de la discipline le vecteur de la forme scolaire de l'éducation républicaine. Concrètement, cependant, les disciplines ont pris corps dans le système universitaire de la fin du XIXᵉ siècle, c'est-à-dire dans le Lycée, consécutivement à l'installation durable du régime républicain. Fondées sur la logique de scientificité, les disciplines ont par la suite été entraînées dans la mouvance des disciplines proprement universitaires, qui étaient également qualifiées du même terme. Cette assimilation entraîna une fausse conception didactique des disciplines scolaires. Une double substitution eut lieu au niveau de leurs finalités fondamentales : le savoir (finalité de la recherche universitaire) fut substitué à la formation des élèves (finalité des disciplines scolaires), et le savoir savant fut substitué aux savoirs disciplinaires scolaires. Et c'est ce modèle ainsi conceptualisé qui, avec la création des IUFM en France, s'est récemment étendu aux enseignements du primaire et à la formation des maîtres, opacifiant le système aux yeux de tous les acteurs au lieu de le clarifier.

L'ambiguïté, sinon l'inadéquation d'une logique principalement disciplinaire dans l'espace du primaire, est clairement mise en évidence par la façon dont sont mises en corrélation trois disciplines distinctes : l'histoire, la géographie et l'éducation civique. Dans le discours français sur l'école et la conception des programmes, ces trois disciplines ont en effet un statut particulier. Elles sont traitées comme si elles formaient un ensemble cohérent et spécifique, comme si elles formaient en quelque sorte une seule discipline. Telle est la situation particulière que François Audigier (chapitre 2) analyse, aussi bien dans ses liens que dans ses écarts. Une mise en perspective historique fait apparaître que ce regroupement est originel et date de l'avènement de la République en France. Il tient au projet d'éducation républicaine, tout entier sous-tendu par un projet d'éducation civique : «jusqu'à présent, pour connaître les sociétés présentes et passées, l'École française a choisi de s'appuyer sur trois disciplines scolaires [...] réputées complémentaires, solidaires. L'une appelle les deux autres pour contribuer de façon particulière à former et à éduquer un citoyen responsable, conscient, éclairé». Ce bel ordonnancement logique n'a cependant pas résisté à la logique disciplinaire : aujourd'hui, « le titre histoire et géographie recouvre deux rubriques différentes avec des contenus bien séparés [...]. L'éducation civique ajoute, sans les articuler, des éléments de morale, de la formation à des comportements personnels et des connaissances sur les institutions politiques ». Une brève incursion du côté des pratiques d'enseignement et de formation confirme ce diagnostic : « les logiques propres à chaque discipline commandent l'organisation des programmes et des pratiques ». Or, si l'on tente d'identifier « les différents pôles à prendre en considération pour réfléchir ce couple discipline/interdiscipline dans l'enseignement » de ces trois « matières » à l'école primaire, force est de reconnaître que « ni le monde, ni les élèves ne sont disciplinaires » et que les connaissances scolaires ne sont pas davantage des disciplines au sens savant du terme : « les disciplines scolaires ne sont pas des petites sciences en réduction ou en simplification ». Ce qui revient à dire que, dans ce groupe de disciplines de sciences sociales, la distinction, de nature disciplinaire, l'emporte largement sur la cohérence d'ensemble, laquelle, fondée sur l'unité de la formation, sur l'unité du sujet, sur la cohérence de sens ou encore un projet de citoyenneté, relèverait du sens commun.

La catégorie d'interdisciplinarité est-elle alors plus appropriée et cohérente ? Yves Lenoir et Mario Laforest (chapitre 3) montrent, par une investigation socio-historique très fouillée, comment la question de l'interdisciplinarité est née, s'est développée et s'est introduite dans l'enseignement primaire québécois, mais a été en quelque sorte phagocytée par la notion d'« intégration des matières » dont le Québec est seul à faire usage. « Associée durant les années soixante-dix aux questions du développement de l'enfant sur les plans affectif et social », l'intégration des matières « a été récupérée au cours de la décennie suivante » pour faire face, au niveau des commissions scolaires, au problème de l'application de chacun des programmes d'études et à celui de l'évaluation des apprentissages, puis au niveau de la gestion pédagogique du curriculum, comme une manière de sortir de l'impasse générée par l'application de ces programmes. La notion d'intégration a fini par être vidée de son sens et la question de l'interdisciplinarité a ainsi été privée de la réflexion théorique qui aurait dû accompagner sinon précéder ces transformations et dont tous les acteurs de l'enseignement primaire du Québec ont été privés.

La didactique peut-elle alors être considérée comme la discipline capable de suppléer cette carence de réflexion théorique, mieux encore, d'assurer comme une ossature de la formation, de mettre en cohérence l'ensemble des objectifs, des contraintes et des potentialités, et de les décliner sous le mode de la formation ? Oui, répond Nadine Bednarz (chapitre 4). À la condition, toutefois, de ne pas l'entendre selon le sens commun et ainsi que, en particulier, le ministère de l'Éducation du Québec la réduit. La didactique, qui ne peut être qu'une didactique de telle ou telle discipline, met le focus sur les processus par lesquels les élèves créent une signification propre à telle ou telle discipline dans des situations particulières. Elle « permet de clarifier les processus de construction de connaissances par l'apprenant, en regard de contenus de connaissance particuliers, et les conditions d'émergence et de développement de ces connaissances, éclairant ainsi des pistes d'intervention possibles au niveau de la situation d'enseignement-apprentissage ». Les études et les expériences menées en didactique des mathématiques montrent que la didactique permet, après avoir déstabilisé les futurs enseignants, c'est-à-dire après les avoir arrachés à leur tranquille certitude ignorante et déclenché chez eux un processus de questionnement sur l'apprentissage et l'enseignement des mathématiques, de « reconstruire un nouveau rapport aux savoirs à enseigner » et d'assurer « une formation à l'intervention en enseignement des mathématiques ». Le cadre de référence « à l'élaboration des situations qui sont discutées avec les étudiants en formation » n'est pas celui d'une didactique générale, mais celui d'une perspective socioconstructiviste et d'une prise en compte du contexte de l'enseignant. « Les grandes théories de la didactique des mathématiques ne sont pas exposées. Il ne s'agit pas d'enseigner la didactique, mais de former le futur enseignant à l'intervention en mathématiques par la didactique [...]. Nous ne tenons pas un discours sur l'action à faire en classe, mais nous faisons en sorte que l'étudiant se construise les connaissances professionnelles qui lui permettront d'aborder cette intervention ».

La didactique comme action, telle pourrait être aussi la thèse d'Emmanuel Triby (chapitre 5). Ce dernier, en effet, participe à une expérience menée à Strasbourg sur l'aménagement des rythmes scolaires, c'est-à-dire sur le développement des activités périscolaires et de leur impact, en retour, sur le temps et les activités scolaires proprement dites. Par le déplacement ou le décentrement qu'elle opère, cette expérience permet de poser un regard distancié sur l'activité pédagogique des enseignants du primaire. Il est clair, en effet, comme le montre Emmanuel Triby, que les catégories intégratrices par lesquelles nous appréhendons et gérons les formations des futurs enseignants sont comme frappées de non-pertinence. C'est d'emblée celle de l'action qui semble la plus pertinente pour penser « l'engagement de l'individu dans un projet », engagement dans lequel « l'enseignant met en jeu ses propres croyances et ses propres conceptions, ses connaissances et ses savoir-faire dans une activité qui redouble celle de l'élève ». Du coup, c'est toute « l'écologie didactique des savoirs » en milieu scolaire, selon l'expression de Chevallard, qui est revisitée grâce à la mise en évidence d'une écologie du même ordre en milieu extra-scolaire, la première ayant la discipline pour principe fondamental d'organisation, la seconde l'activité de l'enfant. La confrontation entre les deux écologies fait apparaître la disciplinarité comme un processus de rationalisation et d'économisation progressive des activités d'apprentissage et l'interdisciplinarité comme le moyen de le rompre : « Parce qu'il construit son enseignement comme l'apprentissage même de l'enseigner, peut conclure Emmanuel Triby, l'enseignant peut devenir l'acteur de l'interdisciplinarité ».

Cette orientation est-elle de nature à lever l'ambiguïté, pour ne pas dire la confusion qui règne chez les théoriciens eux-mêmes ? Car ils sont loin d'être au clair avec le concept de didactique, comme le montre la revue d'une documentation scientifique réalisée par Johanne Lebrun et Yves Lenoir (chapitre 6) dans le domaine des sciences humaines, c'est-à-dire, dans le vocabulaire québécois, les enseignements dispensés au primaire traitant de dimensions historiques, géographiques, sociales et économiques. Sur 123 textes recensés et lus attentivement, 39 articles provenant de 24 auteurs ou groupes d'auteurs ont été retenus. Si nous nous en tenons non pas aux résultats, mais à leur interprétation, il ressort principalement que, ce qui ne saurait nous surprendre, demeure encore un certain flou entre didactique et pédagogie. « Tout au plus, note-t-on une tendance à situer la didactique, de type disciplinaire, par rapport à la pédagogie, de type général et adisciplinaire ». Cependant, d'une manière générale, les auteurs considérés placent la didactique du côté des disciplines-objets. C'est à ce niveau qu'ils se séparent en deux grandes tendances, selon que, par disciplines, ils entendent disciplines scolaires ou disciplines scientifiques de référence, la transposition didactique étant, dans le second cas, le propre du travail didactique. Autres traits communs : la visée de la didactique est praxéologique, non épistémologique ; l'apprentissage est compris selon une perspective constructiviste-cognitiviste ; de ce fait, enfin, la didactique des sciences humaines est à la fois très ouverte aux autres didactiques, leur empruntant de nombreux concepts, et relève d'un agencement conceptuel original, voire spécifique à chaque auteur. La didactique se révèle donc être encore « une discipline en gestation », aux assises théoriques encore mal définies. Ce qui est préjudiciable, comme cela sera également noté par François Larose et Abdelkrim Hasni, à toute recherche sur les compétences didactiques des enseignants du primaire.

Une première clarification notionelle s'impose. L'interdisciplinarité, avons-nous déjà dit, s'oppose à la disciplinarité que, pourtant, elle présuppose. On ne saurait pour autant en conclure que le caractère disciplinaire de tout enseignement est une nécessité épistémologique incontournable, à moins de se situer dans un discours idéologique avec lequel Michel Herr (chapitre 7) invite à rompre, considérant que « les rapports entre les deux ne se posent pas dans les mêmes termes selon qu'on envisage la question sur le plan de la recherche ou sur celui de la formation ». Dans le domaine des sciences, en effet, seule la disciplinarité, nécessairement plurielle et, donc, cloisonnée, répond à une nécessité épistémologique, même si « la cohérence nécessaire que réalise le caractère étanche des cloisonnements disciplinaires débouche sur l'incohérence des savoirs produits ». L'interdisciplinarité, que ce soit sous la forme du dialogue des sciences, du croisement des approches ou de la tentative « du dépassement d'une épistémologie régionale qui cherche une rationalité supérieure transcendant la rationalité disciplinaire » se heurte à des problèmes épistémologiques insurmontables : « sur le plan de la confrontation des savoirs produits, l'impossible dialogue et la chimère de la synthèse renvoient le projet dans les limbes de l'encyclopédisme comme antithèse du savoir intégral ». Or, si tel est le cadre épistémologique de la constitution des savoirs savants, il ne s'ensuit pas qu'il en va de même dans le domaine didactique. Celui-ci, il est vrai, se théorise et s'organise selon une logique de transposition du modèle scientifique. Pourtant, le vecteur de la formation est inverse de celui de la recherche. L'interdisciplinarité didactique est épistémologiquement fondée tant du point de vue de la méthode que de la cohérence des apports disciplinaires et de la cohérence des objectifs de formation. « L'enseignement disciplinarisé n'est [donc] pas une nécessité : il résulte de l'application d'un modèle d'organisation des savoirs issu du champ des sciences sur l'enseignement et ceci sans aucune vigilance épistémologique ».

3. DIDACTIQUE ET PÉDAGOGIE, DISCIPLINE ET INTERDISCIPLINARITÉ, COMPÉTENCE, ETC. : UNE CERTAINE CONFUSION CHEZ LES PRINCIPAUX ACTEURS

Une double conclusion peut être tirée de ces réflexions d'ordre épistémologique et historique. La première est que les catégories de discipline, d'interdisciplinarité et de didactique peuvent permettre d'appréhender de manière relativement nette, parce que ne se situant pas sur le même plan, l'enseignement du primaire et la formation qui y prépare. La seconde est, à l'inverse, que des liaisons se sont historiquement établies entre ces catégories de telle sorte que, plus qu'une discordance entre les théoriciens, elles forment autant d'obstacles épistémologiques à une saisie intellectuelle pertinente. Aussi, plutôt que d'aider à la clarification, leur introduction dans le champ de l'éducation primaire semble-t-elle contribuer à la confusion dans les esprits, ce que confirment et précisent différentes études menées auprès des différents acteurs du champ de l'enseignement primaire, enseignants, formateurs et chercheurs.

Dans le cadre de la formation à l'enseignement primaire au Québec, telle que le Gouvernement du Québec souhaite la voir se réformer, à savoir en sachant trouver un équilibre entre les composantes principales que sont les disciplines, la psychopédagogie et la polyvalence, Abdelkrim Hasni et Yves Lenoir (chapitre 8) ont mené une enquête auprès de futurs enseignants du primaire et de leurs formateurs à la Faculté d'éducation de l'Université de Sherbrooke. Cinq concepts ont été investigués dans leurs relations : compétence, didactique, discipline, interdisciplinarité et pédagogie. L'une des principales conclusions à retenir de cette enquête est que ces différents concepts n'en sont pas vraiment pour les personnes interrogées. Des deux concepts de discipline et d'interdisciplinarité, en particulier, le premier fait référence à des savoirs et le second à des pratiques, comme si « les différents acteurs, formateurs et formés, adhéraient à des épistémologies réalistes et ne voyaient guère de pertinence à questionner les savoirs scolaires prescrits par les programmes d'études ».

La situation en France est-elle différente ? Marthe Kempf (chapitre 9) a, de son côté, mené une enquête comparable à la précédente auprès des futurs enseignants en formation à l'IUFM d'Alsace (Institut universitaire de formation des maîtres). Ceux-ci ont été interrogés pour savoir, à partir de notions comme celles de pédagogie, de didactique, d'interdisciplinarité et de pluridisciplinarité, comment ils se positionnaient par rapport à la didactique, à la pédagogie et à la polyvalence. Les conclusions rejoignent celles de l'étude précédente de Hasni et Lenoir. Un tiers des sondés ne font pas la distinction entre didactique et pédagogie. Pour ceux qui la font, la première est plutôt en relation avec les disciplines, la seconde avec l'interdisciplinarité. La première est considérée comme un préalable à la seconde, laquelle a une fonction englobante.

Peut-on préciser davantage, en prenant pour cible l'une de ces représentations sociales? C'est ce que font François Larose et Abdelkrim Hasni (chapitre 10) au moyen d'une enquête auprès d'un échantillon d'une bonne trentaine d'enseignants représentant deux grandes catégories socioprofessionnelles distinctes mais en relation: des enseignants du primaire et des formateurs universitaires (professeurs et chargés de cours) du Département d'enseignement au préscolaire et au primaire de la Faculté d'éducation de l'Université de Sherbrooke. La cible de cette enquête est la didactique en tant que représentation sociale, un concept que François Larose et Abdelkrim Hasni rappellent et précisent utilement. Les résultats ne font pas que confirmer les précédents. Tout d'abord, l'analyse lexicométrique du discours des uns et des autres ne permet pas de «présumer l'existence d'une représentation commune du concept de didactique», bien au contraire. Les enseignants du primaire ne semblent pas distinguer entre didactique et pédagogie. Ces deux termes ne renvoient pas à deux schèmes distincts ni même complémentaires, mais plutôt à des «variantes lexicales d'un même discours». Les auteurs de l'enquête se demandent si, chez ces derniers, il existe même une «définition informelle» du concept de didactique. Les professeurs du Département, quant à eux, rapportent nettement le concept de didactique à celui de discipline, comme «encadrement d'un processus de construction de savoirs particuliers de la part de l'élève, ces savoirs étant issus de domaines disciplinaires [...] qui sont au départ distincts et qui, chacun, possèdent leur cohérence inhérente». Un tel écart entre les praticiens et leurs formateurs soulève de graves questions que les auteurs posent en conclusion: « si le concept de didactique est le vecteur de posture épistémologique, l'absence de concept unitaire de la didactique chez les médiateurs de la relation enseignement-apprentissage laisse place à un éclatement du fondement conceptuel de chaque pratique enseignante. [...] Sans représentation sociale du concept de didactique, il ne peut y avoir de représentation unitaire de ses composantes, comme, par exemple, celui de compétence didactique ».

Si la didactique ne représente pas, pour les enseignants, le cadre conceptuel dans lequel ils comprennent leur fonction médiatrice, aussi bien par rapport à l'objet de leur enseignement que par rapport à leurs élèves, de quel ordre ce cadre peut-il être? Pour répondre à cette question Monique Lebrun et Colette Baribeau (chapitre 11) ont interrogé douze « novices » inscrits en première année du baccalauréat en enseignement dans deux universités québécoises, la moitié au préscolaire-primaire, l'autre au secondaire. L'entretien portait sur une matière de leur futur enseignement : le français. Or, pour ces futurs maîtres, le français « forme bel et bien une "discipline" ». Et c'est à l'intérieur de cette discipline qu'intervient une certaine forme d'interdisciplinarité, laquelle, si l'on reprend la distinction faite par Boisot (1971), est soit structurale (distinction interne entre langue et littérature, puis dans le domaine de la langue, entre oral et écrit, ce dernier se décomposant encore entre lecture et écriture), soit restrictive (la langue étant mise en rapport avec la psychologie de l'apprentissage pour les représentations et avec la sociologie pour la norme). Cette diversification interne ouvre la porte à l'expression d'un fort coefficient personnel. Des configurations personnelles concrètes peuvent ainsi être identifiées chez ces enseignants, comme « la classique nouveau genre », « le pragmatique », « la stressée » et « la volontariste ». Le clivage entre primaire et secondaire est également déterminant, « le groupe préscolaire-primaire adoptant globalement une perspective généraliste de l'acte d'enseigner, alors que les étudiants et étudiantes du secondaire adoptent une perspective relevant davantage de la spécialisation. […] Le modèle provisoire [que l'on peut dégager] de la conception de l'objet langue et de certaines facettes de son enseignement-apprentissage chez les futurs maîtres [comporte, comme aspects majeurs, une] tension entre une vision fonctionnelle et une vision normative de la langue [la dimension sociopolitique leur échappant] une hésitation quant à l'aspect culturel de la langue [entre culture personnelle et culture française comme objet, d'où] une vision assez réductrice ou étriquée et non riche et ouverte [de la culture, enfin] un grand sentiment de responsabilité sociale [lié à] un sentiment de toute puissance [à laquelle la formation donnera les moyens de s'exercer. L'une des questions que l'on peut poser, en constatant] les hésitations de langages, les balbutiements terminologiques et l'artistique flou conceptuel qui se dégagent de leurs propos, est celle de la pertinence de la catégorie de discipline à laquelle ils disent se référer, tout comme celle de didactique du français qui est supposée encadrer conceptuellement leur formation, voire celle d'interdisciplinarité. Aussi, Monique Lebrun et Colette Baribeau sont-elles amenées à conclure, avec Yves Lenoir, que « le développement de la *praxis* humaine appartient nettement à une approche transdisciplinaire ».

Une observation relevée par l'ensemble de ces enquêtes est que les notions de disciplines, d'interdisciplinarité, de didactique ou de pédagogie ne sont ni appréhendées ni corrélées de la même façon selon que l'on est au primaire, que l'on s'y destine ou que l'on y prépare, ou que l'on enseigne au secondaire, que l'on s'y prépare ou que l'on y forme. Or, un événement majeur s'est produit dans le système français en 1991 avec la création des Instituts universitaires de formation des maîtres (IUFM) : et les futurs enseignants du primaires et les futurs professeurs du secondaire sont désormais recrutés et formés par une unique institution. Théoriquement, donc, cette intégration institutionnelle, associée à un recrutement plus homogène (tous sont titulaires d'une licence), aurait dû enregistrer sinon promouvoir une conception commune de la formation des uns et des autres et, par voie de conséquence, une certaine unification des conceptions.

Or, et c'est l'un des nombreux aspects que met en évidence une enquête d'envergure réalisée par Frédéric Charles et Jean-Paul Clément (chapitre 12) sur l'ensemble des étudiants de l'IUFM d'Alsace de seconde année, les effets de cette nouvelle institution sur la façon dont les futurs enseignants perçoivent leur formation comme sur celle dont l'institution les traite ne sont pas exactement ceux qui sont attendus. L'étude montre en effet « que les deux types de formation hérités des anciennes structures, les écoles normales d'instituteurs, d'une part, et les centres pédagogiques régionaux, d'autre part, survivent, cohabitent et fonctionnement de façon autonome dans la nouvelle institution. Elles s'opposent non seulement au niveau des contenus, mais surtout dans les modalités d'application des formations et dans les manières de concevoir les rapports entre formateurs et étudiants. [...] Les étudiants du secondaire bénéficient d'une formation pratique et théorique caractérisée par la continuité et l'alternance entre théorie et pratique tandis que les étudiants du primaire alternent ces deux niveaux par périodes bloquées ». Ce maintien et ce renforcement des spécificités sont principalement dus, selon les auteurs de l'enquête, au fait que, pour sauvegarder le volume horaire d'intervention des professeurs des anciennes écoles normales, on n'a pas tenu compte de l'élévation significative de la formation universitaire des étudiants du primaire. Le résultat, en ce qui concerne la formation, est que, si les futurs enseignants du secondaire, diplômés dans la discipline qu'ils enseigneront, manifestent une plus grande assurance à l'égard de leur pratique professionnelle, en particulier de la maîtrise de la didactique, ceux du primaire, en revanche, se montrent moins confiants dans la maîtrise de certains savoirs et savoir-faire spécifiques à leur future profession. Peut-être convient-il d'expliquer ce dernier constat par l'observation faite par Maurice Sachot (chapitre 1) : en renforçant la disciplinarité des enseignements, la didactisation des disciplines favorise, à tort ou à raison, une conception cohérente des enseignements secondaires et de la formation qui y prépare, mais brise la cohérence pédagogique de ceux du primaire, en leur donnant à chacun une physionomie spécifique et fermée sur elle-même.

La boucle est bouclée : cette étude de Frédéric Charles et de Jean-Paul Clément ramène en quelque sorte à celle qu'Yves Lenoir et Mario Laforest (chapitre 3) ont faite pour le Québec. La formation à l'enseignement primaire ne sort pas bénéficiaire des réformes qui ont été réalisées. Les véritables vecteurs qui catalysent l'action de formation et l'orientent, et que des termes comme discipline, interdisciplinarité et didactique identifient, y sont plus malmenés et brouillés que clarifiés, éprouvés et valorisés. Leur prise en compte dans la réflexion de tous permettrait certainement d'éviter l'enlisement et de progresser, comme l'atteste la dernière étude de cet ouvrage, laquelle s'offre comme un *zoom* sur une pratique de formation en IUFM, où s'articulent de manière heureuse, selon nous, l'ensemble des catégories et des notions qui ont retenu notre attention. En livrant un témoignage concret et précis d'une séquence de formation faite auprès de maîtres stagiaires, Gérard Teste (chapitre 13) attire en effet l'attention sur sa façon de considérer les liens qui unissent les disciplines de formation du maître et celles de ses élèves. Toute séquence de formation des maîtres à laquelle il procède enchâsse celle de ses élèves. La description du travail effectué par le maître formateur sur la relation entre les deux, pour qu'elle soit formatrice, fait ressortir que « le niveau de discursivité qui préside à la formation ne relève d'aucune discipline particulière, mais les transcende toutes [parce que c'est] le niveau général, celui de la langue et de la parole communes, le niveau d'intégration conceptuelle le plus élevé et le plus riche, le niveau où le réel est saisi dans sa complexité maximale ». L'intervention du maître formateur auprès des enseignants en formation ne s'élabore donc non pas comme l'application de disciplines théoriques, mais « comme la mise en œuvre simultanée d'une double grammaire, l'une portant plutôt sur les aspects didactiques, l'autre sur les savoirs et savoir-faire de la matière ». De la même manière, le travail qui est fait auprès des élèves, travail qui a en l'occurrence pour objet la production d'un écrit au cycle 3 du primaire, suit une « logique d'apprentissage [qui] ne conduit pas à référencer directement le savoir à apprendre et le savoir-faire à acquérir aux différentes disciplines universitaires qui peuvent avoir l'écrit pour objet [...], mais [qui] se borne à identifier des analyseurs de nature diverse [...] fonctionnant, là encore, comme une grammaire plutôt que comme une science précise ». La mise en évidence de telles grammaires conduit donc, en conclusion, à remettre profondément en cause certains schèmes qui prédominent dans la théorisation de l'enseignement et de la formation à l'enseignement, schèmes qui envisagent en particulier ces derniers dans une logique applicationniste, comme le passage de théories à la pratique, grâce, notamment, au concept de transposition didactique.

Et la boucle est doublement bouclée avec le texte de Gérard-Raymond Roy et Mario Désilets (chapitre 14) qui renvoie à la première phrase de cette introduction. Ces deux auteurs montrent, en prenant comme cas type l'enseignement de l'orthographe grammaticale, combien les pratiques d'enseignement en usage sont peu appropriées, les situations d'apprentissage s'avérant fortement déconnectées des pratiques sociales effectives. S'agit-il d'une surdidactisation du volet grammaire qui conduirait à une décontextualisation de l'apprentissage de la langue écrite ? Ce que ces deux auteurs constatent, c'est que les enseignants sont à la fois le produit et les victimes de leur formation, les applicateurs et les victimes des programmes d'études, les utilisateurs et les victimes des manuels scolaires. Pourtant, il est des possibilités de concevoir l'enseignement-apprentissage de la grammaire d'une façon tout autre, ainsi qu'ils l'illustrent en présentant les résultats d'une recherche, en recourant à la console d'écriture et à un outil d'analyse qu'ils ont conçu, le *Grammaticiel.* Ainsi, on peut conclure avec ces deux auteurs que tout processus de didactisation en français écrit impose de l'approcher en priorisant les apports réflexifs et critiques qu'il devrait promouvoir, ainsi que son intégration dans les pratiques discursives. Si ces dernières ne sont pas *a priori* interdisciplinaires, elles peuvent favoriser une telle approche par leur ancrage dans les usages sociaux.

*DISCIPLINE, INTERDISCIPLINARITÉ
ET DIDACTIQUE : APPROCHE HISTORIQUE
ET ÉPISTÉMOLOGIQUE*

CHAPITRE 1

Disciplines du maître, disciplines de l'élève : contre une « disciplinarisation » du primaire

MAURICE SACHOT
Université Marc Bloch à Strasbourg

1. INTRODUCTION

La notion de discipline scolaire implique un rapport intrinsèque entre les disciplines dans lesquelles sont formés les élèves et celles dans lesquelles sont formés les maîtres qui les enseignent. Mais ce rapport, pour constitutif qu'il soit, est-il de même nature selon les disciplines et selon le niveau académique des disciplines ? En France, par exemple, la pratique oppose traditionnellement le niveau primaire, où les maîtres sont polyvalents (un maître pour toutes les disciplines), au niveau secondaire, où ils sont monovalents (un maître par discipline), et au niveau supérieur, où ils sont « intravalents[1] » (plusieurs maîtres pour une même discipline). Cette distribution est le produit d'une histoire complexe dont la part qui relève de la théorie, si elle n'est pas absente, ne doit pas conduire à envisager cette situation comme la mise en pratique d'une théorie particulière, surtout si l'on comprend celle-ci dans un sens scientifique. De la même façon, l'analyse didactique que l'on peut en faire aujourd'hui ne saurait avoir pour objectif, sous le couvert d'en dégager les fondements, de chercher à la justifier en théorie, autrement dit, à la cautionner : par un travail de déconstruction historique qui implique une confrontation interne avec les principes qu'elle a voulu et entend encore mettre

---

1. Le lecteur nous pardonnera ce néologisme qu'appelle moins le jeu même de la langue que la nécessité de spécifier une réalité par un nom.

en œuvre et une confrontation externe avec des référents d'ordre didactique, elle s'efforce plutôt de dégager des modèles susceptibles de rendre compte d'une réalité qui, tout à la fois, est attestée (y compris dans sa variété et/ou sa variabilité historique) et utopique (comme projet ou idéal-type).

Faire ce travail de déconstruction présente quelque urgence. La notion de discipline, introduite depuis une centaine d'années dans l'enseignement scolaire et universitaire, se trouve être, en effet, le vecteur d'une évolution qui affecte profondément aussi bien les pratiques pédagogiques que les modèles qui en rendent compte, au point de rendre problématique la formation scolaire que reçoivent les élèves. Nous assistons à une « disciplinarisation » du primaire à laquelle, justement, contribue, en France tout au moins, la formation que reçoivent désormais les futurs professeurs des écoles – d'où le titre de cette étude –, disciplinarisation qu'il nous apparaît nécessaire et urgent de soumettre à l'examen et à la critique.

Si la notion de discipline (au singulier) a pu, à l'origine, comme l'a décrit Chervel (1988), recouvrir l'ensemble de l'enseignement scolaire, nous estimons que la notion qui structure son usage au pluriel (*les* disciplines) s'est d'abord forgée au sein du lycée. L'épistémologie qui la fonde est la même que celle qui fonde les enseignements, appelés également disciplines, qui sont donnés dans les universités. La rupture institutionnelle qui crée à cette époque les universités comme institutions propres dispensant un enseignement supérieur (elles sont les héritières des facultés qui, avec les lycées auxquels elles étaient rattachées, formaient jusqu'alors l'université au sens napoléonien du terme) n'entraîne pas de rupture épistémologique entre les deux niveaux. L'université est appelée, à côté des écoles normales supérieures et en concurrence avec elles, à former les enseignants qui, justement, enseignent au lycée. Mais, par définition, la recherche et la formation à la recherche sont aussi une fonction de l'université. Du coup, le terme *disciplines* (au pluriel) ne signifie plus seulement les disciplines dans lesquelles sont formés les futurs professeurs du lycée ; il désigne également celles dans lesquelles sont formés les futurs chercheurs, universitaires ou non. Par *discipline*, il faut entendre aussi les dispositifs institutionnels, organisationnels et pédagogiques dont l'objectif principal est la formation à produire des savoirs savants par la production de ces mêmes savoirs (en vertu du principe d'homologie dont l'immersion est la figure emblématique). Tournées vers la production et l'augmentation des savoirs savants, ces nouvelles disciplines en viennent alors à désigner ces savoirs eux-mêmes, les sciences constituées, indépendamment de toute fonction de formation. Ce qui constitue une rupture épistémologique entre les deux types de disciplines, même si c'est la même logique de scientificité (il ne saurait y en avoir plusieurs) qui est mise en œuvre de part et d'autre. S'effectue alors une démarche à rebours qui, à la faveur de l'homologie du terme, va marquer au coin de la scientificité savante toutes les autres disciplines : celles de la formation des enseignants, celles des lycées et des collèges, enfin, celles des écoles primaires, élémentaires et maternelles[2].

2. LA NOTION DE DISCIPLINE LYCÉENNE

La notion de « discipline », telle qu'elle est le plus ordinairement partagée dans l'espace, sinon francophone, du moins français, est façonnée par le modèle que lui a imprimé le lycée. Sans reprendre les analyses que nous avons déjà faites à ce sujet (voir Sachot 1992 ; 1993*a* ; 1994*a* ; 1994*b* ; 1994*c* ; 1996*a* ; 1997*b* ; 1998*b*), il nous semble indispensable pour notre propos d'en rappeler les caractéristiques essentielles.

Il semble tout d'abord que l'on puisse ranger la notion de discipline d'enseignement dans la catégorie générale des *habitus*, tels que les a définis Pierre Bourdieu (1980), à savoir des « systèmes de dispositions durables et transposables, structures structurées prédisposées à fonctionner comme structures structurantes, c'est-à-dire en tant que principes générateurs et organisateurs de pratiques et de représentations qui peuvent être objectivement adaptées à leur but sans supposer la visée consciente de fins et la maîtrise expresse des moyens nécessaires pour les atteindre, objectivement « réglées » et « régulières » sans être en rien le produit de l'obéissance à des règles, et, étant tout cela, collectivement orchestrées sans être le produit de l'action organisatrice d'un chef d'orchestre » (p. 88-89).

C'est dire la fonction centrale sinon exclusive des disciplines : elles recueillent, catalysent et rendent opérationnel pour les différents acteurs du champ éducatif tout projet de formation impliquant un enseignement. Il n'est par ailleurs aucun enseignement digne de ce nom qui, voulant s'implanter dans le système scolaire et universitaire, ne puisse y parvenir sans s'inscrire dans cette matrice.

Si nous acceptons cette catégorisation, il apparaît, en second lieu, que la particularité des disciplines d'enseignement est d'être des « *habitus* de médiation »[3], c'est-à-dire des *habitus* ayant pour finalité de façonner des *habitus*. Considérée au niveau de l'élève, une discipline a en effet pour but de doter son esprit de « structures structurées prédisposées à fonctionner comme structures structurantes ». Cette structuration, à laquelle contribuent toutes les disciplines, est, dans la tradition républicaine française, définie par *la* discipline (au singulier), à savoir l'instruction par laquelle la société doit former l'enfant pour en faire pleinement, si possible, un adulte-être-au-monde, c'est-à-dire un homme libre et responsable. Pour qu'une discipline soit, en aval, créatrice d'*habitus* chez l'enfant, il est nécessaire qu'elle structure, en amont, l'*habitus* qui préside à la formation des maîtres. Le maître n'existe, en tant que

---

2. Ce n'est pas une vue de l'esprit. Des enseignants de maternelle envisagent sans sourciller d'enseigner en maternelle en suivant l'ouvrage de Giordan et de De Vecchi (1987).

3. Sur cette notion, voir Yves Lenoir (1996*a*).

maître, que dans la mesure où il sert la formation de l'élève. Toutefois, l'*habitus* qui résultera de la formation du maître n'est pas pour autant la simple réplique spéculaire de la discipline de l'élève : celui-ci se construit intellectuellement dans une discursivité dont l'*habitus*, à son tour, est défini par un autre niveau de scientificité (tant au niveau des matières-disciplines qu'à celui de la didactique elle-même). Ce qui suppose que, à son tour, le maître soit formé par des maîtres dont l'*habitus* s'inscrive à un niveau encore supérieur de scientificité. Il y a donc un lien constitutif entre les niveaux de configuration disciplinaire, lien qui ne résulte pas d'une structuration hiérarchique perçue comme une transmission de connaissances, version sécularisée d'une conception théologique de la connaissance comme révélation, mais lien défini par une même logique épistémologique de scientificité.

On comprendra, dès lors, la quasi-impossibilité de donner aux disciplines d'enseignement une définition qui soit valide pour tous les niveaux à la fois. Elle aurait un tel niveau de généralité et d'abstraction qu'elle n'en définirait que l'ossature. Elle serait du genre : une discipline d'enseignement est une partie constitutive d'un milieu institué (une configuration de disciplines) par lequel un milieu instituant (la République, la communauté scientifique...), en exerçant des personnes (enfants, adultes), dans un environnement adapté (établissement, dispositifs, activités, etc.), avec l'aide d'adjuvants spécialisés (professeurs, professionnels) et selon une logique procédurale spécifique (logique de scientificité) sur des objets également spécifiques (sciences, matières scolaires) vise à les doter d'un *habitus* spécifique (personnel, professionnel).

Saisie à son niveau scolaire, c'est-à-dire au niveau de scolarité qui encadre la formation générale d'un enfant – ce qui la distingue nettement et d'un enseignement professionnel et d'un enseignement pour adulte – cette définition peut ainsi être formulée, telle du moins qu'elle s'inscrit dans un espace républicain[4] : la discipline définit le milieu institué (concrètement : une configuration de disciplines) par lequel le milieu instituant (la République), en exerçant des enfants-être-au-monde (les élèves) dans un environnement adapté (établissement, classe, activités), avec l'aide d'adjuvants spécialisés (les maîtres ou professeurs) et selon une logique procédurale spécifique (logique de scientificité) sur des objets également spécifiques (les matières scolaires), vise à les former comme adultes-être-au-monde (personnes libres et responsables)[5].

À ce niveau de généralité, une telle définition est pertinente aussi bien pour les disciplines du primaire que du secondaire. Elle rend plus compte de *la* discipline (au singulier), telle que l'a bien mise en évidence André Chervel (1988), que *des* disciplines, perçues dans la multiplicité de leurs singularités.

---

4. La dimension politique est constitutive de la notion de discipline. Dans un espace qui serait défini, par exemple, par une religion révélée, la notion même de discipline y serait impossible, car amputée de l'épistémologie de scientificité sans laquelle elle devient une forme d'asservissement.

5. Nous reprenons cette définition de Sachot (1997*b*).

Mais quand nous parlons de disciplines scolaires, c'est au pluriel que nous les envisageons ordinairement et avec toutes sortes de connotations, favorables ou au contraire, défavorables. L'image source qui alors structure notre conception, le modèle qui, tel un paradigme, décline tous ses attributs, justifiés ou non, ne provient pas du primaire, mais du secondaire ou, pour être plus précis, de l'enseignement général des lycées, puisque, désormais, le secondaire français se différencie en filières générales, technologiques et professionnelles.

Lorsque, à la fin du XIXᵉ siècle, le terme et la notion de discipline ont été introduits pour caractériser l'enseignement scolaire, le primaire et le lycée étaient nettement distincts. Dans le primaire, même sous la IIIᵉ République[6], l'éducation primait sur l'instruction, alors que dans l'enseignement du lycée c'était plutôt l'inverse[7]. Cette distinction première en entraînait ou en

---

6. Voir à ce sujet l'ouvrage de Christian Nique et de Claude Lelièvre (1993).
7. Pour comprendre la distinction qui est faite dans la langue française entre instruction et éducation, distinction qui va parfois jusqu'à l'opposition, il est nécessaire de se référer aux projets sur l'éducation qui ont été élaborés lors de la Révolution française et, plus particulièrement, au débat qui eut lieu à la suite du Rapport de Condorcet de décembre 1792 au printemps 1793. Cette distinction était ainsi formulée par J. P. Rabaut Saint-Étienne dans son *Projet d'éducation nationale*, du 21 décembre 1792 : « Il faut distinguer l'instruction publique de l'éducation nationale. L'instruction publique éclaire et exerce l'esprit ; l'éducation nationale doit former le cœur ; la première doit donner des lumières et la seconde des vertus ; la première sera le lustre de la société, la seconde en sera la consistance et la force. L'instruction publique demande des lycées, des collèges, des livres, des instruments de calcul, des méthodes, elle s'enferme dans des murs ; l'éducation nationale demande des cirques, des gymnases, des armes, des jeux publics, des fêtes nationales, le concours fraternel de tous les âges et de tous les sexes, et le spectacle imposant et doux de la société humaine rassemblée. Elle veut un grand espace, le spectacle des champs et de la nature ; l'éducation nationale est l'aliment nécessaire à tous ; l'instruction publique est le partage de quelques-uns. Elles sont sœurs, mais l'éducation nationale est l'aînée. Que dis-je ? c'est la mère commune de tous les citoyens, qui leur donne à tous le même lait, qui les élève et les traite en frères, et qui, par la communauté de ses soins, leur donne cet air de ressemblance et de famille qui distingue un peuple ainsi élevé de tous les autres peuples de la terre. Toute la doctrine consiste donc à s'emparer de l'homme dès le berceau, et même avant sa naissance ; car l'enfant qui n'est pas né appartient déjà à sa patrie. Elle s'empare de tout l'homme sans le quitter jamais, en sorte que l'éducation nationale n'est pas une institution pour l'enfance, mais pour la vie tout entière » (Rabaut Saint-Étienne, 1792, p. 231-233). Bref, l'éducation inculque, l'instruction est métacritique. On n'en déduira pas, pour autant, que le primaire se caractérise uniquement par l'éducation et le secondaire uniquement par l'instruction. La République n'est pas une Église et ne détient aucune vérité (voir plus particulièrement Sachot, 1994*a* ; 1996*a* ; Sachot et Moll, 1995). Elle ne peut contraindre à l'obligation scolaire que dans la mesure où celle-ci n'est pas, au sens idéologique du terme, une inculcation, autrement dit dans la mesure où l'éducation (qu'elle poursuit en tant que patrie ou nation) se trouve comme vaccinée par la logique d'instruction qui la traverse. De la même manière, le lycée, s'il privilégie l'instruction sur l'éducation, c'est avec la conviction, héritée de la culture gréco-latine, qu'une bonne éducation ne peut être que le fruit d'une bonne instruction. « L'éducation, si on la prend dans toute son étendue, ne se borne pas seulement à l'instruction positive, à l'enseignement des vérités de fait et de calcul, mais elle embrasse toutes les opinions politiques, morales ou religieuses. Or, la liberté de ces opinions ne serait qu'illusoire, si la société s'emparait des générations naissantes pour leur dicter ce qu'elles doivent croire. Celui qui entrant dans la société y porte des opinions que son éducation

recouvrait d'autres, dont les deux principales, à nos yeux, se situaient d'une part, au niveau sociopolitique, et d'autre part, au niveau épistémologique. Tous les enfants de la République sont appelés à aller à l'école, voire y sont obligés. Seuls quelques-uns vont au lycée. Ceux-là appartiennent aux couches populaires, paysannes et ouvrières de la société. Ceux-ci proviennent des classes libérales. De tous, certes, il convient de faire de bons citoyens : tous passent par le primaire. Mais la société se doit de sélectionner ceux qui peuvent le mieux assumer les compétences et les responsabilités qu'exigent son administration et son développement scientifique, industriel et commercial. Telle est la fonction qui est dévolue au lycée napoléonien depuis le début du XIXe siècle, lequel recrute dans les milieux les mieux préparés culturellement à assurer ces fonctions. L'enseignement secondaire, dans ces conditions, avant même que n'intervienne la notion de discipline proprement dite, a pour fonction de sélectionner, une sélection qui pourrait être qualifiée de sélection par la réussite plutôt que par l'échec, puisqu'elle permet un passage à une plus grande élévation sociale, en cas de réussite, et qu'elle n'entraîne pas *ipso facto*, en cas de non-sélection, une dégradation sociale. Ce dispositif socio-politique n'est pas immédiatement bousculé par l'introduction de la notion de discipline, fondée sur une logique de scientificité. On pourrait même dire qu'il en est renforcé, dans la mesure où la dimension épistémologique qu'elle porte va assumer pédagogiquement et intellectuellement cette sélection. En soi, la notion de discipline est neutre quant à la sélection. Mais placée dans le cadre du lycée, elle l'assume en prenant, pour le maître, la forme d'une pédagogie sélective – si tant est que le terme de pédagogie convienne encore – qui permet surtout aux meilleurs d'être les meilleurs et, pour l'élève, la forme d'une compétition en connaissances pures. D'où les traits qui sont désormais attachés aux disciplines et qui en caractérisent le modèle que nous en avons : sélectives, abstraites, intellectuelles, déductives, coupées du monde et fermées sur elles-mêmes...

3.   LA DIDACTISATION DU MODÈLE

Si l'inscription de la didactisation du modèle dans le cadre du lycée, avec la fonction sociopolitique qui lui était dévolue, a considérablement contribué à façonner un certain nombre de traits d'ordre pédagogique aux disciplines scolaires, la logique de scientificité a encore renforcé ces traits par le biais de la formation des maîtres qui assurent l'enseignement de ces disciplines.

---

lui a données, n'est plus un homme libre ; il est l'esclave de ses maîtres, et ses fers sont d'autant plus difficiles à rompre, que lui-même ne les sent pas, et qu'il croit obéir à la raison, quand il ne fait que se soumettre à celle d'un autre. [...] Les préjugés donnés par la puissance publique sont une véritable tyrannie, un attentat contre une des parties les plus précieuses de la liberté naturelle » (Condorcet, 1791, p. 59-60).

La multiplicité des disciplines qui composent la configuration curriculaire d'un lycéen hérite d'une évolution historique complexe, où la part de la scientificité n'a pas toujours été première ni déterminante[8]. Appliquée aux enseignements scolaires, la notion de disciplinarité a cependant introduit ou désormais imposé comme fondement à ce morcellement disciplinaire la logique de scientificité. Les disciplines sont plurielles parce que chacune relève d'une discursivité qui lui est propre. Le monde peut être considéré comme formant une unité, mais non les regards qui peuvent l'appréhender. Pour qu'un enseignement soit, au sens métaphorique du mot, une discipline, c'est-à-dire une « structure structurante » sans être inculquante, les connaissances qu'il fait acquérir, procédurales et déclaratives, doivent nécessairement s'inscrire dans une logique de scientificité. Celle-ci est garantie par la formation scientifique que le maître a reçue. Dans une institution de niveau universitaire, le maître a acquis les connaissances procédurales et déclaratives non pas de la discipline qu'il aura à enseigner, mais des disciplines savantes qui sont pertinentes pour cet enseignement. S'il n'y a pas rupture de la logique de scientificité entre *une* discipline de l'élève et *celles* dans lesquelles son maître est formé, il y a rupture épistémologique entre les deux, dans la mesure où ce ne sont pas exactement les mêmes objets de part et d'autre[9]. Si cette rupture n'est peut-être pas évidente en mathématiques et, éventuellement, dans les disciplines dites exactes, elle l'est nettement dans les sciences humaines : la langue qui, pour un lycéen, est *une* discipline (le français, l'anglais, etc.), n'est pas *une* discipline pour son maître : elle désigne la configuration curriculaire qui comprend une diversité de disciplines, comme la linguistique diachronique, la linguistique synchronique, l'histoire de la littérature, la sémiologie, etc. Il n'y a pas identité disciplinaire entre la discipline de l'élève et les disciplines du maître.

Mais, parce que la logique de scientificité est commune, parce que la formation reçue par les enseignants dans les universités a été, dès l'origine, coupée de leur formation pédagogique pour ne retenir que la formation scientifique[10], la recherche d'un fondement théorique à la didactique des disciplines s'est dirigée vers les disciplines universitaires du maître, voire vers l'une des disciplines universitaires qui apparaît comme la métadiscipline aussi bien pour les autres disciplines du maître que pour la discipline de l'élève, par

---

8. « Tous les manuels d'histoire du monde n'ont jamais été que des livrets de propagande au service des gouvernements », dit Marcel Pagnol au début de *La Gloire de mon père* (1988, p. 16).

9. Ce point a été mis en évidence par les travaux sur la transposition didactique, même si le modèle théorique qui est à l'origine de cette notion didactique est récusable.

10. Pour qualifier cette « fracture institutionnelle profonde » qui, dans les années 1880-1890, a confié la formation professionnelle des maîtres à l'Inspection générale et leur formation académique à l'Université, Robert Galisson parle de « Yalta institutionnel » (Galisson, 1994, p. 27).

exemple, la linguistique pour les langues[11]. Or si les disciplines universitaires correspondant aux disciplines scolaires en tant que matières enseignées sont bien pour celles-ci des références internes impliquées (Sachot, 1997*a*), elles ne sont pas, comme on le pense ordinairement, pertinentes pour fonder et théoriser l'enseignement des disciplines scolaires en tant qu'elles sont à enseigner et à apprendre. On ne peut déduire de ces disciplines la didactique des disciplines scolaires. Celle-ci constitue une discipline universitaire autonome, mais discipline impliquée, comme les autres, dans l'enseignement des disciplines scolaires (Sachot, 1997*a*).

La théorisation didactique – ou didactisation des disciplines – à partir des disciplines universitaires dites « de référence » a conduit, comme nous l'avons écrit ailleurs (Sachot, 1996*b*), à une surdétermination universitaire du modèle lycéen, qui non seulement en renforce le pôle intellectuel, mais en dénature la fonction formatrice. Les didactiques des disciplines – et non *la* didactique des disciplines[12] –, en s'emparant du trop fameux « triangle didactique »[13], ont opéré une double substitution (Sachot, 1997*b*). La première substitution a consisté à remplacer l'objectif des disciplines scolaires par le savoir, lequel n'est pourtant qu'un support de médiation dans la constitution de l'enfant-élève. C'est la structuration structurante qui compte, l'*habitus*, et non une somme de connaissances[14]. La seconde substitution a consisté à définir le savoir scolaire dans la figure du savoir savant de référence, à remplacer le premier par le second, quitte, ensuite, à inventer la notion de transposition didactique pour réintroduire un écart que la réalité impose. La finalité des disciplines scolaires n'est pas de permettre à l'élève de produire un savoir (plus ou moins) savant. Au sortir du lycée, il n'est ni physicien, ni chimiste, ni historien, ni linguiste... Mais ce qu'il sait dans chacune de ces disciplines lui permet d'appréhender le monde (et lui-même), d'y vivre et d'y agir en homme libre et capable de responsabilité. Est-il besoin d'insister pour dire que cette double substitution-réduction au niveau des finalités des disciplines scolaires a entraîné une réduction du même ordre au niveau des deux autres pôles qui sont retenus dans le triangle didactique : celui du maître et celui de l'élève ?

---

11.   Voir nos études (Sachot, 1992 ; 1993*a* ; 1994*c*) où, reprenant et généralisant le schéma de Christian Puren (1990*a*), nous montrons que le méta-langage fait partie de l'objectif des disciplines scolaires appelé « pôle cognitif », et d'autres (Sachot, 1996*b*, 1997*a*, 1997*b*), où nous développons les rapports entre les disciplines et leurs didactiques.

12.   Le pluriel atteste, à lui seul, à quel point fait défaut une discipline universitaire. Chaque discipline a développé sa propre didactique, chaque chercheur théorisant à partir de la matière enseignée, puisqu'il était formé dans cette discipline, et non pas à partir de l'enseignement et de l'apprentissage de cette matière.

13.   Promu par Jean Houssaye sous le nom de « triangle pédagogique » (Houssaye, 1988, 1993).

14.   Il ne s'agit pas d'opposer connaissance et formation, comme s'il y avait un choix à faire entre les deux, comme le laisse entendre l'usage que l'on fait le plus souvent de la célèbre formule de Montaigne (1588), dans laquelle il invite à choisir un maître qui « eust plutost la teste bien faicte que bien pleine » (1, XXVI, p. 169). La formation ne s'obtient pas sans connaissances, sans « substantifique moelle », comme le dit Rabelais (1534).

Tous les deux sont perçus dans leur dimension cognitive, comme un miroir du savoir – et du savoir savant – qu'ils auraient pour l'un, à faire acquérir et pour l'autre, à apprendre.

4. DU SECONDAIRE AU PRIMAIRE

C'est ce modèle des disciplines scolaires, ainsi surdéterminé par sa didactisation qui, selon nous, s'introduit dans le champ du primaire, rendant plus difficile encore l'élaboration d'une pensée didactique pertinente.

Qu'ait disparu la coupure qui, à l'origine, séparait le secondaire et le primaire, on ne peut que s'en réjouir. La séparation enregistrait une distinction sociopolitique qui n'avait rien de républicain : pourquoi les enfants des classes populaires seraient-ils appelés à devenir des citoyens d'un niveau inférieur à celui des enfants des classes libérales ? Telle est la constatation qui fut faite après la fin de la Grande Guerre par un groupe d'universitaires et qui, en déplaçant l'orientation-sélection vers celle du mérite personnel de tout un chacun (sous l'appellation d'élitisme républicain), fut à l'origine de l'école unique : « Les distinctions entre primaire, secondaire et supérieur n'ont plus de sens. Séparer, dès l'origine, les Français en deux classes et les y fixer pour toujours par une éducation différente, c'est aller à l'encontre du bon sens, de la justice et de l'intérêt national. Parlons de l'enseignement tout court, de l'enseignement unique. [...] L'école unique résout simultanément deux questions : elle est l'enseignement démocratique et elle est la sélection par le mérite » (Les Compagnons de « l'Université nouvelle », 1918, cité par Lelièvre, 1990, p. 134).

Donc, en principe, même si l'école unique devra attendre la Vᵉ République pour entrer dans les faits, « la République n'éduquera plus », pour reprendre le titre de l'ouvrage de Christian Nique et de Claude Lelièvre (1993), au sens où elle ne cherchera plus à « éduquer » une partie de la population, jugée inférieure et incapable d'exercer pleinement sa citoyenneté libre et responsable. L'« instruction » sera désormais pour tous. Actuellement, la frontière entre le primaire et le secondaire est devenue très ténue. L'obligation scolaire, imposée jusqu'à 16 ans, correspond davantage à la durée de l'enfance (même si la fin juridique de celle-ci est encore fixée à 18 ans). Toute la scolarité est plutôt perçue comme un continuum : « Assez de l'ancien enseignement primaire, du nom et de la chose », disaient les Compagnons de l'« Université Nouvelle » dans leur manifeste de 1918 déjà cité. « Nous avons trop longtemps conçu l'enseignement primaire comme une branche à part de l'enseignement général, comme une catégorie indépendante, ou un cycle fermé. Il n'est, il ne doit être qu'un début, un point de départ. C'est le commencement de tout enseignement, quel qu'il soit, secondaire ou professionnel. C'est l'embarcadère. Ce n'est pas « un tout » qui n'est qu'un « pis-aller » : c'est une préparation, une introduction au reste » (*Ibid.*, p. 134).

Que l'on passe d'une école par ordres à une école par degrés est donc, en soi, une excellente chose. Mais à la condition – et elle est de taille – de spécifier didactiquement les enseignements en fonction des degrés (qu'il s'agisse de l'école primaire, du collège et des lycées ou, mieux peut-être, des cycles du primaire et des cycles du secondaire) et non, comme on le fait, de généraliser partout le modèle lycéen dans sa version didactisée. Cette généralisation n'est sans doute pas due uniquement à la création des IUFM en France. Elle participe d'un mouvement déjà fort ancien qui a déjà généralisé le modèle lycéen à tout le secondaire[15], ne permettant pas au collège de trouver sa consistance didactique propre. Les travaux en pédagogie et en didactique, en cherchant à construire des modèles d'intervention didactique autour d'objectifs (la PPO, pédagogie par objectifs) ou de tâches (avec les référentiels), ont préparé le terrain en focalisant sur l'objet « savoir » et en occultant la question des finalités. Mais on peut attribuer son extension massive au primaire à la création des IUFM.

Tout d'abord, en effet, les IUFM recrutent des étudiants seulement à partir de la licence. Tous ont derrière eux au moins trois années d'études universitaires sinon davantage (puisque certains redoublent ou poussent jusqu'à la maîtrise, voire au-delà[16]). On peut, certes, se féliciter, là encore, que les futurs professeurs des écoles aient un bagage intellectuel et culturel le plus élevé possible. Mais la formation qu'ils reçoivent dans les universités est une formation disciplinaire qui, loin de leur être spécifique, est spécifique à la formation des professeurs du secondaire. L'*habitus* de la formation disciplinaire qu'ils reçoivent à l'université fait que désormais, ils considèreront leur enseignement auprès des enfants des écoles primaires dans la logique du modèle lycéen. Ce ne sont pas les deux années passées ensuite à l'IUFM qui seront en mesure de corriger ou d'adapter pour un enseignement primaire une formation universitaire de biologiste, de physicien ou de chimiste (qui plus est a été amorcée au lycée par le choix d'une filière). Les formations universitaires en sciences humaines, parce que beaucoup plus ouvertes et disciplinairement moins marquées dans leurs cursus initiaux, instaurent certainement un écart moins grand avec le niveau d'appréhension envisageable pour le primaire. Il n'empêche que s'il y a eu une spécificité des enseignements du primaire (appelés « savoirs élémentaires » et non « disciplines ») la formation universitaire, liée à l'enseignement du lycée, ne prédispose pas à enseigner au primaire.

La seconde raison qui, me semble-t-il, a empêché les IUFM de tenir compte de la notion de niveau d'enseignement et de celle, perverse, de disciplines est l'absence d'une discipline universitaire, appelée « didactique ». En

---

15.   Christian Puren, faisant l'histoire de l'enseignement des langues vivantes en France, appelle cette extension « choc en retour » du second cycle sur le premier cycle (Puren, 1988, p. 176 sq. ; 1990*b*, p. 68).

16.   Des étudiants titulaires d'un doctorat se présentent désormais au concours d'entrée à l'IUFM.

l'absence de modèles de formation que celle-ci aurait pu proposer, les IUFM ont bâti une formation par référentialisation qui, parce qu'atomisée et cumulative, ne peut pas en être véritablement une et qui, pour cette raison, a conduit à penser la formation des enseignants du primaire à partir de la formation disciplinaire déjà existante pour les lycées. La circulaire qui porte sur la création des IUFM dit que l'un des objectifs poursuivis par cette nouvelle institution est, par une formation commune, « de favoriser l'émergence d'une culture professionnelle commune à tous les enseignants par delà les spécialités, les disciplines, les niveaux d'enseignement » (Ministère de l'Éducation nationale de France, 1991, p. 1797). Cet objectif visait directement les disciplines du secondaire, en raison des multiples défauts qui leur sont reconnus. Qu'en est-il après six années de fonctionnement ? Serait-ce exagéré de dire que le pari n'a pas été tenu, que ce n'est pas la logique d'une pédagogie ouverte qui l'a emporté, mais bien la logique des disciplines ? Pour définir la formation des enseignants du secondaire, des groupes techniques disciplinaires ont été logiquement constitués, même si c'est au détriment de la culture professionnelle commune. Pour définir celle des enseignants du primaire, qu'a-t-on mis en place ? Des groupes techniques interdisciplinaires, c'est-à-dire constitués de représentants *des* disciplines[17]. La première année de formation, consacrée à la préparation au concours, est de part en part disciplinaire. Il ne s'agit pas d'accuser les IUFM et encore moins tous ceux qui y travaillent. Il s'agit de constater que ceux qui ont eu à mettre en place cette nouvelle institution de formation n'avaient pas à leur disposition un outillage conceptuel pertinent et à la mesure du projet. Le référentiel de compétences professionnelles qui était à leur disposition, référentiel établi par le Recteur Daniel Bancel (Bancel, 1989), n'était vraiment pas l'outil adapté. Et cela pour une raison fort simple : une formation ne s'obtient pas par accumulation de savoirs et de savoir-faire, aussi exhaustifs soient-ils. Pour justifier son nom, une formation doit être structurante. Ce qui n'est pas du tout la même chose. Il lui faut des principes épistémologiques et méthodologiques dont la maîtrise est seule capable de construire l'*habitus* de professionnalité, sans lequel il n'y a que bricolage, amateurisme, pas même un « métier »[18]. Une formation n'est pas le fruit d'un *zapping*. Or, comme l'analyse Raisky (1998), la construction d'un référentiel de formation professionnelle procède d'un double mouvement d'atomisation et d'accumulation ; les savoirs mis en jeu « ne constituent pas un tout homogène, mais des ensembles intégrant des savoirs de nature différente » (p. 45) ; ils ne

---

17. Dans le même temps, l'appellation d'instituteur a été remplacée par celle de professeur des écoles. Sans doute était-ce pour pointer la nouvelle référentialité que l'on voulait prendre en compte, définie par la professionnalisation avec laquelle le terme professeur partage l'étymologie. Mais la langue française ne s'articule pas ainsi à l'étymologie : il y a longtemps que le terme professeur est défini par son usage. Et celui-ci est lié aux disciplines scolaires et universitaires. Cette nouvelle appellation contribue finalement à assimiler les enseignants du primaire à ceux du secondaire.

18. Nous reprenons la distinction qu'établit Perrenoud (1994) avec les sociologues entre profession et métier. Voir à ce sujet les deux notes de synthèse de Raymond Bourdoncle (1991, 1993) dans la *Revue française de pédagogie*.

sont pas «validés par une communauté scientifique» ; «le principe qui les constitue est l'action» (*Ibid.*, p. 45)[19].

Recrutant des étudiants déjà engagés dans une formation mono-disciplinaire, n'ayant pas de modèle approprié pour penser la formation des enseignants du primaire et s'inspirant, pour cette raison, de la formation disciplinaire du secondaire, les IUFM n'ont pas pu éviter que la formation didactique des enseignants du primaire (objectif de la seconde année) ne se fasse à partir *des* didactiques des *disciplines*. Faute d'une didactique universitaire, comme nous l'avons déjà dit, les IUFM n'ont eu à leur disposition que les didactiques élaborées dans le champ de chaque discipline, lesquelles avaient surdéterminé universitairement le modèle disciplinaire du lycée par un jeu de double substitution que nous avons également noté. Les modèles didactiques théoriques qui sont à la base de la formation des enseignants du primaire font tous tourner le triangle didactique et les satellites qui gravitent autour comme la transposition didactique et les représentations des élèves. On peut gager que, lorsqu'un modèle théorique est faux, les formateurs et les formés qui en font l'utilisation, parce qu'ils sont confrontés au principe de réalité, ne se laissent pas piéger par lui, l'utilisateur en limitant la portée et en corrigeant certains effets[20]. De même, une analyse de l'évolution des plans de formation à l'IUFM depuis leur création montrerait certainement que la prétention initiale de donner à tous une formation culturelle commune a progresssivement cédé du terrain devant la logique d'une formation distincte pour les professeurs des collèges et lycées et pour les professeurs des écoles. Mais elle révélerait aussi que, à la suite de ce passage par cette voie commune, la formation des enseignants du secondaire reste bien ancrée dans la logique disciplinaire qui était déjà la sienne et que la formation des enseignants du primaire, en revanche, a été en grande partie secondarisée[21].

---

19. Sur l'introduction d'une approche par référentialisation dans le champ scolaire et la formation des enseignants, nous nous permettons de renvoyer le lecteur à l'ouvrage collectif publié sous notre direction (Sachot, 1998*a*) et comprenant des contributions de François Galichet, de Philippe Jonnaert, de Marthe Kempf, de Claude Raisky, de Maurice Sachot, d'Emmanuel Triby et d'Antoine Zapata.

20. On ne sera donc pas surpris si, après cela, les étudiants de l'IUFM se préparant à l'enseignement primaire disent ne pas bien comprendre la liaison entre théorie et pratique (voir Charles et Clément, 1995, p. 131-133).

21. Nous laissons à Jean-Paul Clément et à Frédéric Charles (chapitre 12) le soin de nuancer et de préciser nos propos à la suite de l'enquête qu'ils ont menée auprès des étudiants de l'IUFM d'Alsace. Interprétant les différences faites par les deux formations d'étudiants, selon qu'ils se préparent au primaire ou au secondaire, ils disent que «le modèle de formation appliqué aux étudiants du secondaire est fortement similaire à celui précédant la formation. Quant au modèle réservé aux étudiants du primaire, il s'inspire encore très fortement de celui en vigueur dans les écoles normales avant la réforme. Autrement dit, les IUFM ont hérité au moment de leur création des logiques spécifiques à chaque formation, de leur mode de fonctionnement mais aussi des principes qui les sous-tendaient» (1995, p. 154). Cette conclusion confirme ce que nous disons de la formation des futurs enseignants du secondaire et semble contredire ce que nous disons des étudiants se préparant à enseigner dans les écoles primaires. Sur ce dernier point, nous maintenons cependant l'hypothèse que l'une des causes des difficultés ressenties par les étudiants se destinant au primaire provient d'une surdétermination de leur modèle par la logique disciplinaire du secondaire.

Qu'en est-il sur le terrain ? Qu'en est-il dans les écoles ? L'enquête est à faire. Nous pouvons néanmoins relever des indices de changements dont une partie peut être directement imputée à cette secondarisation du primaire. D'abord, les maîtres polyvalents, signes les plus visibles que les enseignements du primaire ne relèvent pas de la logique des disciplines (au pluriel), n'ont plus le monopole : certains enseignements, identifiés alors comme disciplines, sont assurés par des maîtres spécialisés. Des maîtres modulateurs spécialisés interviennent dans des classes de différents niveaux. Certains enseignements sont donnés selon une perspective épistémologique et méthodologique qui ne se distingue en rien de ce qui se fait au collège. Du reste, en raison des évaluations qui sont faites aussi bien des institutions que des élèves, notamment au regard de l'articulation entre la dernière année du primaire (CM2) et la première année du collège (sixième), même d'anciens instituteurs confondent préparation et anticipation et font travailler les élèves comme s'ils étaient déjà en sixième. Travail personnel et autonomisation, deux caractéristiques fortes des disciplines, sont deux objectifs que l'on cherche à atteindre très tôt et pour l'obtention desquels l'un des moyens privilégiés est de donner des travaux personnels à faire à la maison. La sélection n'est plus très loin, non pas seulement la sélection correspondant à l'élitisme républicain, mais la sélection sociologique, celle qui tient au contexte familial et social de l'enfant. Ce qui fut, à l'origine, la marque distinctive des lycées, assumée par les disciplines.

5. CONCLUSION : QUELLE FORMATION DES FUTURS ENSEIGNANTS DU PRIMAIRE ET POUR QUEL ENSEIGNEMENT ?

La conclusion principale à laquelle conduit ce travail de déconstruction est qu'il est urgent d'élaborer en France une didactique du primaire, une didactique qui puisse proposer des modèles susceptibles d'éclairer la nature et les modalités de la formation que reçoivent les enfants au niveau primaire, aussi bien en elle-même que par rapport aux autres qui la suivent (au collège et au lycée) et par rapport à la formation de ceux qui ont à la dispenser. On ne peut laisser le modèle des disciplines lycéennes, avec la surdétermination universitaire et didactisée que nous lui avons reconnue, envahir le primaire comme s'il s'agissait d'une extension naturelle.

On peut être d'accord pour que le primaire entre pleinement dans la logique de la discipline (au singulier) et privilégie, en conséquence, l'instruction sur l'éducation[22]. Mais comment éviter que cette instruction ne se construise selon le modèle des disciplines du secondaire ? Comment peut-elle se

---

22.   Un indice que la logique d'instruction prend le pas sur l'éducation – déséquilibre qu'il faut compenser – peut encore être perçu dans le fait que, depuis quelques années, les établissements scolaires sont de plus en plus invités à introduire des éléments d'enseignement et de formation sous le titre d'éducation à... (à la santé, à l'environnement, à la sécurité routière, au développement, à la démocratie, à la consommation, à l'information, etc.).

construire selon une logique de scientificité qui ne se traduise pas immédiatement par un morcellement en disciplines ? La première condition, pour y parvenir, est d'éviter totalement l'utilisation du terme *disciplines* (au pluriel) pour parler de l'enseignement primaire. Son usage, tout d'abord, entraîne *ipso facto* l'intégration de ce qui est impliqué dans la configuration imposée par le modèle lycéen. On ne rebaptise pas aussi facilement les mots ! En second lieu, en qualifiant les enseignements primaires de « disciplines », on introduit inévitablement la question de leur égalité ou de leur hiérarchie (cf. Larose et Lenoir, 1997). Or, peut-on considérer que le français en France, l'anglais en Angleterre, l'allemand en Allemagne, etc., soit une discipline à mettre au même rang que la dizaine d'autres matières qui est enseignée au primaire ? De quelle discipline peut relever l'apprentissage de la lecture en français ? Du français et donc, de fil en aiguille, de la linguistique française et de la phonétique[23] ? Poser la question des enseignements du primaire en termes de disciplines conduit à raturer complètement la question de leurs finalités, comme si celles-ci se ramenaient aux savoirs et savoir-faire par lesquels elles peuvent être atteintes. Or, apprendre et maîtriser la langue officielle du pays dans lequel non seulement on vit mais dont on est appelé à être un citoyen, ce n'est pas apprendre un savoir disciplinaire, c'est s'intégrer et pouvoir vivre et agir en homme libre et responsable dans un espace politique, institutionnel, juridique, culturel, social, éthique, économique, etc. qui fait l'épaisseur de la langue, c'est-à-dire qui définit la langue et que la langue définit. Autre est la langue ainsi comprise et autres sont les procédures et éventuellement les disciplines qui contribuent à la connaître et à la maîtriser. Oblitérer cet enjeu premier de la langue, c'est rendre l'individu nomade, le rendre vulnérable, esclave de lui-même ou marchandise pour autrui. Savoir lire et écrire n'est pas une discipline. C'est pourtant la première condition pour s'affranchir par soi-même de la parole qui environne et qui peut enfermer. Tous les savoirs et savoir-faire scolaires ne sont pas à mettre sur le même plan. C'est ce qui augmente la difficulté de leur trouver une appellation commune.

Sans cette caractérisation de la formation à l'école primaire, il sera difficile de définir la formation de ceux qui doivent l'assurer. On ne peut, cependant, continuer à la considérer comme une simple accumulation de connaissances : accumulation, d'un côté, des connaissances disciplinaires correspondant aux matières enseignées ; accumulation, de l'autre, des connaissances tirées des sciences qui ont l'éducation comme champ, depuis la psychologie jusqu'à la sociologie, en passant par la philosophie, l'histoire, la docimologie, bref par toutes les disciplines scientifiques convoquées en sciences de l'éducation. Peut-être seraient-elles encore plus nombreuses si l'on partait

---

23. Un certain apprentissage de la lecture à partir d'une écriture phonétique de la langue, d'abord apprise, pourrait le laisser croire.

d'un référentiel de compétences[24]. Mais quel Pic de la Mirandole pourrait aujourd'hui se piquer de maîtriser toutes ces disciplines ? Se pose donc la question du choix de la configuration disciplinaire qui composerait idéalement la formation du professeur des écoles, c'est-à-dire des disciplines qui seraient chacune suffisamment maîtrisées pour constituer la « structure structurante » qui permet d'aller au delà des simples savoirs ou savoir-faire acquis pour, justement, faire face avec compétence à toute situation nouvelle. Comment dépasser une formation *zapping*, atomisée et accumulative ? Jusqu'à quel niveau de scientificité aller dans chacune des disciplines constitutives ? Ne serait-il pas judicieux de sortir les didactiques de leur enclave disciplinaire (une didactique par discipline) pour en faire « la » discipline maîtresse qui permettrait de trier, de gérer et d'intégrer les savoirs liés à l'éducation et, plus précisément encore, à l'éducation d'enfants du premier degré[25] ? Quant à la formation préparant à l'enseignement des différents savoirs scolaires, quelles disciplines peuvent la constituer ? À quel niveau de scientificité peut-elle raisonnablement se situer ? Partir des disciplines qui constituent les formations des professeurs des collèges et lycées, ainsi que du niveau de scientificité qui est le leur, n'est-ce pas une aberration ? Convient-il de proposer une licence pluridisciplinaire spécifique, de façon que chaque étudiant ait la possibilité d'entrer dans la logique spécifique de chaque discipline et d'en avoir une certaine maîtrise ? Est-ce que la notion d'interdisciplinarité, telle qu'elle est développée à Sherbrooke, notamment sous l'impulsion de Lenoir (1991 sq.), peut offrir, malgré les pièges que le terme présente, une voie de sortie à l'aporie dans laquelle nous nous trouvons en France ? La confrontation que Lenoir permet d'établir entre les situations de formation de divers pays, et notamment entre la situation québécoise et la situation française, constitue, en tout état de cause, une voix privilégiée pour dégager quelques modèles susceptibles de devenir des « structures structurantes » pertinentes pour l'enseignement primaire comme pour la formation de ceux qui ont à l'assurer.

---

24. Construisant non pas un référentiel de compétences, mais un référentiel de disciplines impliquées dans la compréhension savante d'une discipline comme la « didactologie/didactique des langues et cultures », Galisson (1985, p. 8) énumère plus d'une trentaine de disciplines savantes.

25. « Le caractère disciplinaire de la formation didactique risque souvent de cloisonner la formation des futurs enseignants en autant de tiroirs qu'il y a de disciplines à enseigner à l'intérieur d'un niveau d'enseignement donné », écrit Philippe Jonnaert (1998, p. 156) en remarque à l'une des cinq questions qu'il pose avec pertinence pour la formation des maîtres et qui restent encore sans réponse.

CHAPITRE 2

L'histoire, la géographie et l'éducation civique : quelle discipline ? Regards sur l'expérience française

François Audigier
Université de Genève

1. INTRODUCTION

Depuis que le monde est monde, les humains produisent et se transmettent, sous forme orale ou écrite, récits et autres textes, images fixes ou mobiles, cartes et croquis, etc., usent de différents langages et de divers procédés, tout cela pour dire l'expérience qu'ils ont du monde et de leur manière de vivre ensemble, d'agir, d'échanger, de bâtir des projets, etc. La connaissance de la vie sociale et de l'expérience qu'en ont les hommes combine à l'infini d'innombrables constructions. Quelle que soit son origine et comme toute connaissance, celle-ci est construite à l'aide d'un nombre très varié de procédures intellectuelles, théoriques et pratiques, découpant le réel, créant et utilisant concepts, problématiques et modèles, confrontant ceux-ci aux données recueillies, données elles aussi construites, etc. Les plus nombreuses de ces constructions relèvent du sens commun ; certaines sont réalisées dans le cadre de « sciences » dûment reconnues et estampillées, qui forment autant d'univers particuliers de connaissances et de compréhension. Parmi les lieux et les institutions où s'élaborent et se transmettent des connaissances sur le monde, l'École[1] occupe une position éminente dans nos sociétés

---

1. *École*, avec une majuscule désigne l'institution scolaire en général, *école* avec une minuscule, la seule école primaire.

contemporaines. Cette transmission scolaire s'opère dans le cadre de disciplines[2] dont les dénominations reprennent, plus ou moins précisément et en partie seulement, les découpages propres aux sciences. Surtout, les compétences prises en charge par ces disciplines scolaires sont censées se référer prioritairement à ces sciences homonymes qui seraient ainsi la source de ce qui s'enseigne dans l'École. Ces sciences conféreraient donc aux compétences leur légitimité en les situant du côté de la vérité. Enfin, cette transmission concerne avant tout l'élève, les élèves, eux aussi divers, divers dans leurs inscriptions sociales et culturelles, divers dans leurs intérêts et leurs curiosités, divers dans leurs résultats et leurs attentes vis-à-vis de l'École, divers dans leurs projets personnels et professionnels. Donner aux élèves des connaissances et des outils pour connaître le monde présent et passé est un des buts de l'École, notamment de l'école primaire ; traditionnellement, ces connaissances ont pour finalité principale de construire du lien social et politique, une connaissance partagée et à partager pour pouvoir vivre ensemble, communiquer, bâtir des projets, agir.

Jusqu'à présent, pour connaître les sociétés présentes et passées, l'École française a choisi de s'appuyer sur trois disciplines scolaires, trois disciplines différentes identifiées et identifiables par des horaires et des programmes distincts, trois disciplines réputées complémentaires, solidaires. L'une appelle les deux autres pour contribuer de façon particulière à former et à éduquer un citoyen responsable, conscient, éclairé[3]... Mais le bel ordonnancement de jadis, cohérent au moins sur le plan théorique, se délite depuis plusieurs décennies. Quelques tentatives ont eu lieu pour lui redéfinir ses assises tant sur un plan général pour l'ensemble des matières scolaires que de façon plus précise pour nos trois disciplines. Certaines de ces tentatives mettaient en avant le caractère complémentaire de ces dernières et appelaient ainsi des approches pluridisciplinaires. Ces tentatives ont aussi eu lieu au nom de l'unité du sujet, sujet-élève qui apprend et à qui l'École doit donner les moyens de se repérer dans un monde de plus en plus complexe avec des savoirs de plus en plus

---

2.   Discipline/interdiscipline : pour des raisons de commodité, nous désignons par « discipline » une matière scolaire identifiable et identifiée par un nom, un horaire, un programme. Les trois disciplines qui sont au centre de notre travail sont l'histoire, la géographie, l'éducation civique. Nous appelons « science » un domaine de connaissance identifié dans le champ savant, c'est-à-dire dans les institutions dont la fonction est de produire de la connaissance nouvelle, principalement l'université. Nous utilisons le terme de « sciences sociales » pour désigner l'ensemble des disciplines ou des sciences dont l'objet d'étude est les sociétés présentes ou passées. Nous utilisons les termes « pluridiscipline », « pluridisciplinaire », « interdisciplinaire » dans leurs acceptions les plus fréquemment admises sans avoir besoin ici de les repréciser.

3.   La formation du citoyen, d'un individu autonome et éclairé par l'instruction, est le fondement théorique essentiel de l'École française ; pour ce faire, toutes les matières scolaires et toutes les activités scolaires concourent à cette formation. L'histoire, la géographie et l'éducation civique ont une place particulière mais non exclusive. Les relations entre les disciplines que nous examinons ici ne sont donc qu'un ensemble possible de relations dans quelque chose de plus vaste.

fragmentés et une information de plus en plus abondante. Cependant, malgré quelques expériences et approches qui combinent les disciplines, les découpages disciplinaires habituels constituent toujours le socle de certitudes sur lequel se fondent les programmes, la très grande majorité des enseignements et la formation. Ainsi, entre, d'un côté, la multiplication, le morcellement et la très grande diversité des savoirs dont nos sociétés sont l'objet, que ces savoirs soient scientifiques ou non, et, de l'autre, l'attente d'un minimum de références communes et de compréhension partagée pour transmettre et construire une culture commune qui permette au sujet de développer sa personnalité ; les tensions sont nombreuses et de plus en plus vives. Cette situation met en cause les finalités, les contenus et les méthodes de nos disciplines ; elle nous demande d'interroger de façon approfondie les liens que les élèves établissent, comme sujets, entre l'expérience qu'ils ont du monde et les apports de nos disciplines qui étudient ce monde.

Nous examinons ici la situation particulière de trois disciplines, l'histoire, la géographie, l'éducation civique, entre leur solidarité affirmée qui semble appeler très naturellement des collaborations pluridisciplinaires voire interdisciplinaires et leur définition institutionnelle qui se traduit, dans les pratiques, en trois moments séparés de l'enseignement et donc en trois ensembles de discours et de compétences qui n'ont guère de relations entre eux. L'examen des conditions de cette union, si rarement consommée, précède une tentative d'explicitation des raisons de ces difficultés, traçant ainsi quelques pistes à explorer pour peu qu'une réelle consommation de cette union proclamée soit jugée pertinente pour la formation des élèves. Cet examen porte principalement sur les relations entre trois disciplines considérées ici comme des entités ; il ne préjuge pas des relations internes à chacune de ces disciplines, relations dont l'examen serait nécessaire pour approfondir, corrélativement à la tentative menée ici, des notions, souvent brandies comme étendards, telles celles de la cohérence de la formation, de la cohérence de telle ou telle discipline. Les quelques rares réflexions et études portant notamment sur la question des transferts laissent à penser que les univers disciplinaires sont eux aussi très éclatés et qu'il n'est pas toujours aisé, pour les élèves, d'y trouver de la cohérence et d'y penser des relations.

2. HISTOIRE, GÉOGRAPHIE, ÉDUCATION CIVIQUE : UNE UNION SOUVENT DÉCLARÉE MAIS RAREMENT CONSOMMÉE

Dans la tradition de l'École française, la forte relation de l'histoire, de la géographie et de l'éducation civique se traduit dans des horaires et des programmes souvent réunis dans un même ensemble, même si l'éducation civique, plus ou moins liée à la morale, apparaît plus autonome. Ce sentiment de complémentarité est renforcé par le fait que, dans l'enseignement secondaire, le professeur enseigne l'histoire et la géographie, voire l'histoire-géographie, auxquelles s'ajoute, de 1945 à 1976, l'instruction civique, qui devient « éducation civique » en 1985. Ce lien est ancien, comme en témoigne l'*Arrêté réglant l'organisation pédagogique et le plan d'études des écoles primaires publiques,* signé le 27 juillet 1882 par Jules Ferry, ministre de l'Instruction publique et des Beaux-Arts. La répartition des trente heures de classe hebdomadaire indique un premier ensemble autour de la morale, puis un quatrième ensemble ainsi défini : « L'enseignement de l'histoire et de la géographie auquel se rattache l'instruction civique, comportera environ une heure de leçon tous les jours » (Gouvernement de la France, 1882, Art. 16, I, 4°). Ce point « origine » rappelé, notre approche n'étant toutefois ni historique ni une approche des textes officiels, nous ne plongerons pas dans les méandres des écritures et des réécritures dont ces textes sont l'objet. Ce qui retient notre attention est une préoccupation contemporaine, une réflexion sur les liens à tisser entre ces trois disciplines avec, ici ou là, quelques incursions dans le passé lorsque nous les jugeons éclairantes pour cerner notre objet.

2.1   Aperçu historique selon les textes officiels

Restons encore un moment sur ces éléments du passé de nos disciplines pour mieux cerner les logiques qui président à leur organisation. Dans les textes officiels, l'appartenance à un même ensemble est affirmée sur un plan général et théorique, puis elle fait place à des programmes et à des commentaires distincts. Quant aux pratiques dans les classes, elles sont, elles aussi, séparées. Tels sont les traits majeurs du panorama qui se dessine sur la longue durée et qui nous sert de toile de fond.

2.1.1   Aux origines républicaines

Lors de sa mise en place, dans la version « républicaine », l'école primaire[4] était entièrement sous-tendue par un projet d'éducation civique. De nombreux textes en ont dit la traduction dans les différentes matières enseignées. Par exemple, dans un manuel de leçons de choses publié en 1886 et dont il était l'auteur, Paul Bert, scientifique et homme politique français, plaçait

---

4.   Dans ce texte à vocation réflexive, nous procédons souvent par grandes généralités. Chacune d'elle demanderait des précisions et des argumentations qui ne sauraient trouver place dans ce cadre. Par exemple, rappelons que jusque vers les années soixante, il y a en France trois systèmes scolaires qui n'ont pas toujours, à l'égard de nos trois disciplines, les mêmes principes ou les mêmes positions : l'*École primaire* organisée par Jules Ferry et la Troisième République, école du peuple, école pour éduquer le peuple, pour le « républicaniser » ; l'*École privée*, principalement catholique, qui a longtemps combattu toute intervention de l'État dans le domaine de l'éducation, en particulier dans sa dimension morale, et qui a tout aussi longtemps livré ses propres interprétations du passé ; les *petites classes de lycée*, qui accueillent les enfants de ce que l'on peut appeler « la bourgeoisie laïque », où l'instruction morale et civique a attendu un certain temps avant d'être introduite (ce qui ne signifie pas être effectivement enseignée), classes qui fonctionnent sous le modèle de la culture humaniste, notamment en mettant les élèves au contact avec les grands Anciens. Ceci n'est pas éloigné de notre propos, car les disciplines qui enseignent le social présent et passé sont très fortement marquées par le projet idéologique et politique qui préside à l'éducation et par les valeurs qui inspirent et légitiment ce projet.

l'étude des sciences au premier rang de l'instruction civique, puisqu'en développant les capacités de raisonnement, cette étude mettait l'élève en garde contre les fausses croyances. Dans cette perspective, une formule ramassée situe l'histoire, la géographie et l'instruction civique parmi les disciplines ayant pour finalité première la transmission d'une représentation partagée de la mémoire, du territoire et du pouvoir. Les programmes de ces trois disciplines pour l'école primaire avaient et conservent pour principale référence organisatrice la France, la nation française. Elles contribuaient par là, et doivent encore contribuer, à la construction de l'identité nationale en développant un sentiment d'appartenance collective par la transmission de connaissances sur l'histoire de la France, sur sa géographie – même si la référence aux voisins et à l'Europe se fait plus fréquente –, sur les règles de vie collective, les symboles, les valeurs et les institutions politiques de la République. Puisque l'École ne saurait enseigner que des choses vraies, puisque seul le savoir est universel donc qu'il a seul le pouvoir d'arracher les enfants à leurs particularismes l'histoire, la géographie et le civisme transmettent des connaissances auxquelles il convient d'adhérer puisqu'elles sont, en principe, vraies. Enfin, tout ceci s'inscrivait dans le projet même de la modernité, dont l'idée de progrès, progrès matériel, moral et politique, est un des axes majeurs. De cette manière, le sens des savoirs scolaires était clairement assumé. On savait pourquoi on enseignait ces trois disciplines, au nom de quelle conception du «vivre ensemble». À la fois direction et signification, le sens donné conduisait à privilégier l'histoire, forte de sa dimension narrative liée au déroulement du temps dans lequel s'inscrit toute existence personnelle et collective. Insérer les jeunes, c'est les inscrire dans la continuité des générations.

La présentation faite ici de ce modèle est théorique et générale ; elle n'accorde pas de place aux nombreuses contestations dont celui-ci fut l'objet, par exemple les contestations de l'Église catholique d'un côté, celles des anarchistes et des socialistes de l'autre. Elle n'entre pas non plus dans le quotidien des classes, dans les manières dont les instituteurs et les institutrices négociaient, s'arrangeaient, construisaient en fait la réalité de l'enseignement. Malgré ces absences, l'ancrage très fort de ces disciplines sur les savoirs et les vertus qu'on leur attribuait et que les discours officiels leur attribuent toujours, demande d'être rappelé, car, chaque fois que d'autres choix se profilent ou sont argumentés, cette conception resurgit massivement dans les débats. Le sens établit ici un lien entre plusieurs disciplines, mais l'affirmation de ce lien n'entraîne aucun effet automatique ni sur le plan de la conception de chaque discipline ni sur celui des pratiques. Toute perspective de pluri ou d'interdisciplinarité plus affirmée a toujours été reçue par la majorité des enseignants et des responsables éducatifs comme une menace des équilibres fragiles, équilibres entre les disciplines et équilibres internes à chacune. Cette perspective menace également la relation à des savoirs considérés comme valides et donc, au nom de leur vérité, seuls légitimes pour inspirer l'enseignement.

2.1.2 Le renouveau des années soixante

Cette construction est restée à peu près stable et dominante jusque vers les années soixante où elle a commencé à être mise à mal. Cette période fut marquée par diverses évolutions que l'on peut brièvement résumer ainsi : la République est admise et n'a plus guère d'ennemis à l'intérieur ni à l'extérieur, les questions coloniales sont à peu près résolues, la France s'ouvre à l'Europe, les Français voyagent de plus en plus, les horizons s'élargissent, le passé et le territoire national ne sont plus les seules références, la massification de l'École s'accélère et le système scolaire s'unifie, l'exception des petites classes de lycée rentre définitivement dans le rang, l'Église reconnaît la validité des programmes de l'État, les jeunes sont plongés dans un environnement culturel nouveau, de plus en plus marqué par les médias (avant que ceux-ci soient de plus en plus soumis aux industries de la culture qui prennent ces jeunes comme cible spécifique), etc. La question de ce qui est bon, utile, juste, important d'enseigner resurgit avec d'autant plus d'ampleur que les méthodes traditionnelles d'enseignement sont elles aussi contestées. Tout cela appelait un renouveau. La construction du lien collectif, du « vouloir vivre ensemble », ne privilégiait plus le politique-national, mais se diversifiait et obliquait vers une insertion plus économique et sociale. Ces évolutions et les débats qui les accompagnent sont loin d'être clos et la France n'est pas ici une exception.

Pour revenir à notre domaine, les activités d'éveil, retenues en 1969 comme composante du tiers-temps pédagogique, furent le cadre organisateur de la réflexion et l'enjeu de bien des combats au cours des années soixante-dix. Les discussions qui présidèrent à leur définition, aux choix des méthodes et des contenus à retenir pour les élèves, furent vives. La négociation et la confection des textes officiels durèrent plus de dix ans, suscitant à chaque étape de nouveaux conflits. C'est dans ces textes, publiés entre 1977 et 1980, que la formule « sciences sociales » apparut pour la première fois. L'histoire et la géographie restèrent présentes, mais elles furent rangées sous une rubrique plus générale : « domaine des sciences sociales et humaines » au cours préparatoire, « domaine des sciences sociales » aux cycles élémentaire et moyen. Les textes officiels furent aussi très marqués par la *pédagogie par objectifs* qui pénétra à cette époque dans le monde pédagogique français. L'École primaire n'était plus que le premier étage d'une scolarité que tous les élèves, ou presque, menaient jusqu'à la fin du collège. Les travaux de psychologie appuyaient l'idée que de jeunes enfants ne sauraient entrer de plain-pied dans le temps historique et la complexité des sociétés ; il convenait donc d'en faire des objets d'apprentissage explicites et spécifiques. Les logiques qui présidaient à l'organisation des enseignements durent ainsi reconnaître d'autres considérations, voire s'y soumettre. De géographie, il n'était question qu'en termes d'« initiation géographique » ; d'histoire, qu'en termes d'« initiation historique ». Prudence, prudence ! Ce n'était plus la connaissance disciplinaire, comme décalque supposée de la connaissance savante, qui organisait les programmes et l'enseignement, mais l'élève et la relation qu'il convenait d'établir entre lui et les savoirs. Les élèves étaient face à un monde complexe. Il convenait de partir de ce monde pour les faire travailler à son analyse et à sa compréhension, et d'introduire peu à peu, avec des méthodes actives, les outils propres à l'histoire, à la géographie et plus largement aux sciences sociales.

Le monde présent, en particulier celui qui était directement accessible à l'élève, était le point de départ du travail. Certes, l'insistance sur le « local », sur le territoire de la commune comme premier ancrage républicain et national, sur l'utilisation des ressources du patrimoine, tout cela n'était pas strictement nouveau : ces appuis étaient traditionnellement soumis à la continuité chronologique en histoire, à l'inventaire du territoire national en géographie, aux élargissements concentriques en instruction civique. Ce qui était nouveau, c'était le souci de se servir du local comme d'un ensemble de données disponibles pour le maître et pour les élèves. Ces données étaient une opportunité pour construire des notions et des concepts, acquérir des méthodes ; elles restaient à la disposition des maîtres et des élèves pour des comparaisons avec l'avant et avec l'ailleurs, et ces comparaisons ouvraient à l'utilisation des médias dont l'expansion devait être saisie comme une chance. Dès lors, la géographie se trouvait propulsée au premier rang et, avec elle, divers apports rattachés aux autres sciences sociales. Avec le paysage, l'autre thème d'étude était les « découvertes d'unités ou d'activités socio-économiques ». Le politique, réputé trop peu lisible pour les élèves, passait au second rang : il convenait de privilégier des activités pouvant donner lieu à des enquêtes, à du travail actif, des activités censées être plus proches de l'expérience que chacun a du monde, monde où l'on est plus souvent consommateur, échangeur, voire producteur qu'acteur politique direct. La stricte succession chronologique des origines à nos jours n'organisait plus les programmes d'histoire. Les concepts et les savoir-faire étaient mis en avant. Il s'agissait avant tout de construire des repères, des outils de pensée que l'on posait *a priori* transférables, de comparer l'ici et le maintenant avec l'ailleurs et l'avant. L'École avait toujours pour but d'insérer les élèves dans un monde déjà là en les mettant en situation de construire un certain nombre d'outils intellectuels et pratiques, savoirs et savoir-faire, connaissances et méthodes, mais l'idée de sentiment d'appartenance nationale se modifiait, voire déclinait et, d'un certain point de vue, se dissolvait dans des horizons plus vastes. Le sens des savoirs scolaires, tel que nous l'avons approché précédemment, n'était plus vraiment assumé. En brisant l'ordonnancement traditionnel, en proposant de partir de quelques exemples étudiés dans le monde d'aujourd'hui, les sciences sociales réclamées atteignaient en leur cœur les logiques politiques et civiques qui fondaient et légitimaient l'enseignement de nos disciplines et sa conception traditionnelle. Dès la fin de la décennie, les courants hostiles à ces propositions fortement habitées d'attentes pluridisciplinaires, se mobilisèrent autour de deux critiques qui ne sont pas analysées ici en détail, mais dont quelques éléments sont rappelés en fonction de la question disciplines/interdisciplinarité :

–   Il n'y avait plus d'histoire de France, au sens traditionnel du terme, qui fasse le parcours chronologique des Gaulois aux Français d'aujourd'hui. Cette transformation s'identifiait à la perte d'une connaissance des racines nationales et donc d'un des fondements de l'identité collective ; aucun débat ne portait alors vraiment sur les autres chemins possibles pour transmettre ces racines et fonder l'identité collective, de façon certes différente mais plus proche des préoccupations et des exigences contemporaines. La géographie alors promue était en même temps accusée de diluer la connaissance du territoire national dans un vague vernis économique et social, voire de perdre sa spécificité disciplinaire. Ici aussi, le débat évitait la question de ce qui était important de connaître dans le monde d'aujourd'hui, au profit d'un ressassement de positions habituelles plus ou moins modernisées. Enfin, le civisme semblait laisser sa dimension républicaine et n'être plus qu'une introduction à la vie quotidienne. À ces éléments de contenu, il convient d'ajouter que la référence aux méthodes actives, référence pourtant séculaire, était accusée d'ignorer les exigences du savoir et la puissance cognitive et culturelle du livre.

–   Les sciences sociales étaient une appellation commode pour désigner un ensemble de sciences qui ont chacune leur spécificité et leur particularité propres sans que leurs liens aient été précisément établis. La quasi-impossibilité d'identifier sur un quelconque objet d'étude un « discours de sciences sociales » suffisamment valide et validé pour servir de support à l'enseignement rendait suspecte cette orientation : on ne pourrait donc rien enseigner de sérieux à l'École en se réclamant des sciences sociales. En revanche, il existait bien des discours venant de l'économie, de la sociologie, de la géographie, etc. ; ce serait donc les seules constructions rigoureuses propres à chacune des sciences qui seraient à même d'inspirer, et donc de légitimer, les savoirs enseignés par les instituteurs, plus largement par les enseignants.

Cette réaffirmation d'identités disciplinaires arc-boutées sur les sciences homonymes laissait évidemment de côté l'éducation civique, création propre de l'École ; l'absence de lobby universitaire pour défendre cette discipline l'a totalement marginalisée lors des campagnes médiatiques menées autour des années quatre-vingt. Plus encore, personne n'interrogeait l'énorme place du sens commun dans l'enseignement traditionnel, sens commun qui réduisait le sens des mots « géographie », « histoire » ou « civisme » à leurs usages dans la vie courante, sens commun qui empruntait de nombreuses figures explicatives à la vie quotidienne.

2.1.3 Le retour aux programmes distincts des années quatre-vingt

Le rétablissement de programmes distincts d'histoire, de géographie et d'éducation civique s'est fait au cours des années quatre-vingt. Cependant, un retour ne signifiait pas que les problèmes qu'étaient supposées résoudre les nouvelles orientations aient miraculeusement disparu. Au contraire, ceux-ci s'aggravaient : hétérogénéité des élèves, développement du présentisme et brouillard de plus en plus épais sur l'avenir, fragmentation croissante des savoirs et mise en examen d'idées comme celle de la cohérence de la formation ; plus spécifiquement pour l'école primaire appel, à d'autres organisations du temps scolaire, affichage d'une priorité quasi impérialiste pour la langue et les mathématiques, etc. Tout cela déstabilise et marginalise nos disciplines. Les derniers textes officiels publiés illustrent à nouveau les hésitations propres à une alternative où nous avons, d'un côté, le monde, même proche, comme point de départ et, de l'autre, les constructions traditionnelles se réclamant de domaines bien établis. Ainsi, les nouveaux programmes de l'école primaire distinguaient un ensemble « Découverte du monde » pour les plus jeunes, avant de faire place, pour les trois dernières classes, à un retour des matières habituelles. Sous le vocable « Découverte du monde » se rangeaient quatre rubriques au sein desquelles étaient définis les contenus ou les thèmes d'enseignement : « l'espace et la diversité des paysages », « le temps dans la vie des hommes », « le monde de la matière et des objets », « le monde du vivant ». Le monde à découvrir s'offrait déjà découpé en quatre, avec la force d'une évidence naturelle (l'espace, le temps, la matière inerte, le vivant) qui suggérait quatre champs disciplinaires : géographie, histoire, physique, biologie. Le monde était un ; heureusement, il se livrait immédiatement en quatre, les découpages disciplinaires étant déjà dans la nature. Curieusement, l'éducation civique était absente de cette « découverte » et était énoncée comme un ensemble à part ; elle était directement associée à la vie quotidienne et aux règles de comportement, aux civilités. Ce n'était pas seulement, ou pas beaucoup, un monde à connaître ; c'était des attitudes comprendre pour mieux les respecter. Pour les dernières années, le titre « histoire et géographie » recouvrait deux rubriques différentes aux contenus bien séparés dans lesquels on retrouvait l'affirmation d'une priorité donnée à la France, bien que l'ouverture aux autres et notamment à l'Europe fût aussi affirmée comme nécessaire. L'éducation civique ajoutait, sans les articuler, des éléments de morale, de la formation à des comportements personnels et des connaissances sur les institutions politiques.

Ces brèves indications contextuelles rappellent avec force la signification profondément politique, civique et culturelle qu'ont revêtue et que revêtent toujours ces disciplines, le choix des contenus enseignés, des méthodes employées, de l'articulation des uns et des autres, voire de leur mise en pluri- ou en inter-disciplinarité. Ces questions renvoient aux sciences elles-mêmes et au sujet qui apprend, mais elles sont d'abord liées au projet d'éducation et de formation que la société et les adultes choisissent pour les générations à venir.

2.2 Les pratiques

Cette première approche s'est appuyée sur les textes officiels et ce qu'ils expriment. Il est utile de la compléter par une brève incursion du côté des pratiques d'enseignement et de formation, du moins vers ce qu'on peut en savoir. Cela a été dit : même si histoire, géographie et instruction civique sont mêlées, hormis quelques tentatives au moment des activités d'éveil, les programmes différencient chacune de ces matières. Ce que nous savons des pratiques et de la formation des enseignants confirme cette séparation, voire l'ignorance dans laquelle chacune tient les deux autres. Cela tient autant aux logiques disciplinaires et à l'affirmation de leurs spécificités qu'aux contraintes propres à l'École et à la forme scolaire[5]. En ce qui concerne les pratiques, si certains enseignants travaillent dans le sens d'une intégration des disciplines autour des idées de sujets d'étude, de thèmes intégrateurs, etc., la plupart des observateurs expriment l'avis que les enseignants, dans leur très grande majorité, ont des pratiques qui distinguent chaque matière. On fait de l'histoire, de la géographie, de l'éducation civique. Quant à la formation, il semble qu'elle suive un enchaînement qui s'énonce ainsi : à l'Université, les professeurs, anciennement d'École normale (EN), aujourd'hui des instituts universitaires de formation des maîtres (IUFM), suivent une formation spécialisée donnée par des universitaires d'histoire et des universitaires de géographie. Chaque science est fortement autonome et de plus en plus spécialisée voire éclatée (il n'y a pas d'enseignement pour l'éducation civique). Chargés de la formation des maîtres, les professeurs d'EN-IUFM reproduisent les distinctions universitaires (par goût, par commodité, par conviction ?) La formation des maîtres du primaire reproduit ces découpages descendants, puis eux-mêmes les reproduisent en classe, etc. Dans cette chaîne de formation, « on » sait enseigner l'histoire ou la géographie, quelquefois ce qui relève du civisme. Toutefois, « on » sait plus difficilement enseigner le monde, des sujets intégrés ou toute entrée qui correspond à d'autres logiques que celle de cet enseignement universitaire, qui préside si fort aux destinées des autres ordres d'enseignement, pas seulement dans l'imaginaire.

À ce moment de l'analyse qui oppose la complémentarité rêvée et souvent affirmée à la séparation quotidienne, il convient de formuler une différence majeure entre l'histoire et la géographie. L'histoire étudie les actions humaines dans leur singularité et, sous son unité narrative, elle est dans le singulier, l'idiographique. Si l'histoire, même lorsqu'elle présente un tableau à un moment donné, est toujours prise dans le flux narratif, la géographie est dans une situation plus complexe, sous-tendue par deux manières de dire le monde, soit elle parle, dans leur singularité, des lieux et des territoires prédécoupés, soit, dans une version plus récente, elle étudie ces territoires à l'aide de modèles, de concepts, utilisant et cherchant à construire des lois d'organisation spatiale. Dans le premier cas, elle est résolument idiographique ; dans

---

5.   La notion de « forme scolaire » est empruntée à des sociologues de l'éducation, comme Vincent (1980, 1993). Elle demanderait à être travaillée de façon précise en relation avec les notions de culture scolaire et de discipline scolaire, rencontre possible de ces sociologues avec les didacticiens.

le second cas, elle se veut alors plus nomothétique, même si, *in fine*, elle retourne à la singularité de toute organisation territoriale. La première approche de la géographie se combine aisément à l'histoire ; elle semble souvent planter le décor dans lequel les hommes agissent. Cette approche est la plus connue et a longtemps été la plus pratiquée. Une analyse intéressante est proposée par Chartier dans un article paru en 1989. Chartier y analyse « les véritables mutations du travail historique ces dernières années » (p. 71). L'un des principes d'intelligibilité traditionnel de l'historiographie française reposait sur l'importance accordée au découpage territorial : « la définition territoriale des objets de recherche, volontiers identifiés à la description d'une société installée dans un espace particulier (une ville, un "pays", une région) » (p. 71). Ainsi, l'histoire d'un pays comme la France au XVIIe siècle par exemple, était construite comme une somme des histoires particulières des différentes provinces ou entités régionales. Bien sûr, le point de vue national était plus complexe et quelque peu différent de la somme des parties, mais le découpage territorial imposait sa forme d'intelligibilité. Pour Chartier, cette tradition venait « de la démarche d'inventaire qu'elle (l'histoire) avait reçue de l'école de géographie humaine » (p. 72). L'analyse pourrait se poursuivre avec des exemples scolaires. D'une part, on retrouve une géographie qui étudie des espaces prédécoupés, d'autre part, une géographie dont les données dites naturelles sont privilégiées. Nous citerons un exemple de ces relations, exemple qui concerne la première année du collège avec les programmes du milieu des années soixante-dix. Ceux-ci conseillaient aux enseignants d'histoire et de géographie de procéder à l'étude du milieu désertique avant celle de l'Égypte ancienne et à l'étude du milieu méditerranéen avant celle des civilisations antiques. Quelles que soient les ouvertures vers les modes de vie et les sociétés actuelles, la géographie devenait ainsi le décor au sein duquel s'épanouissaient ces civilisations. Si la combinaison histoire et géographie paraît ici réelle, cela se faisait aux dépens de ce que la géographie développait par ailleurs de plus intéressant. La seconde approche renouvelle les problématiques historiennes en introduisant des concepts et des modèles issus d'autres sciences sociales. Ces emprunts et rencontres sont anciens ; la première approche en témoigne à sa manière. Plus largement, histoire et sciences sociales, notamment l'économie, ont des histoires mêlées. La nouveauté réside ici dans le changement de perspective apporté par la référence ou la rencontre avec des outils plus actuels de la géographie. Cette approche peut être abordée par la lecture de plusieurs travaux, tels ceux de Lepetit (1988), Margairaz (1988), Ozouf-Marignier (1988), Lepetit et Pumain (1993). Ainsi, dans l'introduction de son ouvrage *Les villes dans la France moderne*, Lepetit utilise un vocabulaire que ne renieraient pas les géographes les plus actuels : organisation de l'espace, espace comme objet de représentations contrastées, espace comme enjeu de conflits, réseau d'échanges, etc. Plus que des termes de vocabulaire, il s'agit bien d'une reprise de certaines interrogations sur les systèmes spatiaux et leurs évolutions. La géographie n'est plus en situation de « planter le décor » ; l'espace devient un acteur social, ou plus exactement une composante essentielle pour les acteurs sociaux, avec ses logiques propres, toujours contextualisées, tout en étant pensées avec des concepts et des modèles généraux. Si la première approche est présente de façon massive à l'École, cette dernière est très peu scolarisée.

Ainsi, malgré quelques tentatives de faire autrement, les unes inspirées en grande partie de divers courants pédagogiques et souvent fort anciennes, les autres plus récentes et plus officielles, maintenues par les uns, abandonnées par les autres, l'enseignement des disciplines de sciences sociales reste cloisonné. Les logiques propres à chaque discipline commandent l'organisation des programmes et des pratiques. En fait, si l'histoire impose sa logique chronologique qui n'est ni une logique du travail scientifique, ni une logique d'apprentissage, la géographie et l'éducation civique n'ont pas de déterminant aussi fort qui imposerait un ordre pour l'enseignement. Ces situations brièvement présentées, nous tentons d'identifier de façon plus explicite les différents pôles à prendre en considération pour réfléchir ce couple discipline/interdiscipline dans l'enseignement de l'histoire, de la géographie, de l'éducation civique/sciences sociales à l'école primaire. Sans fournir à proprement parler un modèle, nous avons pour projet d'éclairer par là les points de vue qui s'affrontent, entrent en concurrence, mais aussi collaborent nécessairement dans les choix et la construction de l'enseignement.

3.   NI LE MONDE, NI LES ÉLÈVES NE SONT « DISCIPLINAIRES », MAIS LES CONNAISSANCES ?

Lorsque l'enseignement prend pour objet d'étude les sociétés présentes et passées et transmet des éléments de leur connaissance, il se trouve aux prises avec un dilemme complexe. Comme tout enseignement, celui-ci s'inscrit dans les formes et les habitudes scolaires ; dans ce cadre, les élèves sont d'abord confrontés au bon exercice de leur « métier » et les compétences enseignées n'ont de sens que par rapport aux règles, aux normes et aux contenus de ce métier. Mais le projet de l'École est évidemment de mettre l'élève en situation de faire le lien actuel et futur entre ces compétences et l'expérience qu'il a du monde. Travailler sur le social, c'est donc travailler sur le sens que les élèves donnent à leur insertion dans une société particulière, plus largement dans la communauté des hommes, c'est travailler également sur l'importance qu'il y a, pour construire ce sens, à considérer la succession des générations. Le projet d'enseignement est alors immédiatement aux prises avec des complications délicates. D'une part, les élèves arrivent dans un monde déjà là ; à ce titre, ils héritent d'un sens et ce sens est construit et accompagné par des conceptions du monde et de la vie commune, par tout un ensemble de valeurs. D'autre part, ils ont à participer à l'invention de ce monde d'aujourd'hui et de demain, à prendre part au débat public concernant cette invention, les valeurs communes, les héritages à prendre en charge, les innovations à promouvoir, entre devoir de mémoire, oubli nécessaire et création du nouveau, etc. Du moins sont-ce des orientations conformes au projet de l'École dans une société démocratique.

Le monde est déjà-là ; il faut le décrypter, le comprendre. Mais comment ? Avec quels outils ? En donnant à ce dernier mot une signification très large et pas seulement instrumentale ? Sans entrer ici dans un débat infini sur l'unité du monde ou l'unité du sujet, il est aisé d'admettre que ni le monde, ni les élèves ne sont disciplinaires. La connaissance, celle qui relève plutôt de la connaissance commune, du sens commun et qui correspond à l'essentiel de ce qui se produit, se transmet et circule dans nos sociétés en termes d'informations, de représentations et de conceptions de la vie sociale, ne l'est pas non plus. La connaissance que nous avons du monde est fragmentaire. Quant aux constructions dites scientifiques, réputées plus valides, plus raisonnées, plus rigoureusement bâties, offertes à la contradiction, au débat public selon un régime de contrôles et de preuves acceptés, constructions censées inspirer les savoirs scolaires, elles sont elles aussi diverses, composites et insérées dans les champs de force de nos sociétés. Même si chaque science aspire souvent à une certaine totalité, aussi bien pour l'histoire qui affirme sa compétence sur tout le passé que pour la géographie qui se donne le globe pour horizon, elle ne construit que des discours partiels, selon un certain point de vue et elle n'est pas, que ce soit pour l'enseignement ou pour des usages sociaux plus larges, des références stables, limpides ou tranquilles.

Cette troisième partie est une tentative d'identifier trois lieux d'où considérer l'enseignement des sciences sociales entre disciplines et interdisciplines : le monde étudié, les élèves qui l'étudient, les connaissances disponibles sur le monde. Ces dernières sont elles-mêmes séparables en trois ensembles : entre les deux qui ont déjà été identifiés, les savoirs de sens commun qui circulent dans nos sociétés et les constructions produites et identifiées comme constructions scientifiques, il convient de faire place aux savoirs scolaires qui se présentent comme un mélange du sens commun et de la connaissance scientifique[6], mélange spécifiquement construit par l'École.

3.1 Le monde n'est pas disciplinaire

Puisque la principale finalité de ces disciplines, finalité constamment proclamée et rappelée, est la formation d'un citoyen actif et responsable, d'une personne autonome douée d'esprit critique et d'esprit d'initiative, puisqu'en étudiant les sociétés présentes et passées, il y a non seulement construction d'une identité collective, mais également acquisition de compétences destinées à aider une insertion sociale citoyenne, c'est le monde, le vaste monde qui est l'objet de la connaissance et l'horizon de l'action. C'est dans ce vaste monde que l'on introduit les élèves, c'est dans ce vaste monde qu'ils ont et qu'ils auront à vivre. Pourtant, ce monde n'est pas disciplinaire. La présence

---

6.   Pour une analyse des représentations sociales comme mixtes, voir Moscovici et Hewstone (1984).

de chaque personne au monde n'est pas disciplinaire. La connaissance qu'elle en a ne l'est pas plus. Son action dans le monde l'est rarement. Les multiples informations transmises par des canaux très diversifiés ne s'inscrivent nulle-ment dans des constructions disciplinaires. Aussi, dès lors qu'une grande par-tie du travail de l'École est d'aider les élèves à décrypter le monde, une possibilité est bien évidemment de « partir du monde », ou plus exactement des informations et des constructions que le sujet reçoit, et d'en faire des objets d'étude et de travail avec et pour les élèves. Il est évident que cette vaste et vague formule « étudier le monde » ne désigne qu'une intention et qu'il y a toujours des choix à faire, choix d'une partie du monde, d'un problème, d'une question, d'un thème, d'une manière de le construire, de le découper et de le traiter, avec des concepts, des modèles d'interprétation, etc.[7] De plus, on n'étu-die à l'École que de « petites choses » rangées sous des catégories ou des appel-lations très générales et englobantes. On n'étudie pas « les » villes en France mais une carte, deux photographies, un texte, une liste statistique, etc., dont les informations, sélectionnées et remises dans cet ordre vont tenir lieu de totalité. Dès lors surgissent maintes interrogations : que choisir ? au nom de quoi ? comment dire, nommer, circonscrire, délimiter, etc., les objets étudiés en classe ? Dire, nommer, etc., c'est obligatoirement choisir un point de vue. Quel est-il ? Qui dit le thème étudié et le point de vue ? Le sens commun ? Lequel ? Celui ou ceux des élèves, avec le désir de voir les savoirs scolaires proches d'eux et le risque, en se limitant à leur univers, de reproduire cet univers et de les y enfermer ? Celui du maître, qui n'échappe pas nécessaire-ment beaucoup plus aux modes culturelles que ses élèves ? Celui établi par les usages scolaires avec les manières habituelles de construire les objets d'ensei-gnement, objets qui sont eux aussi inscrits dans les contextes sociaux ? Il est ainsi des modes qui surgissent et se répandent au gré des influences média-tiques et des croyances relatives à ce qu'il est important d'étudier, qui s'intro-duisent d'autant plus aisément qu'elles trouvent écho dans les constructions savantes et que leur scolarisation, c'est-à-dire leur insertion dans les contrain-tes de fonctionnement de l'École, dans la forme scolaire, est aisée. Sous ré-serve d'inventaire, quelques « préoccupations » semblent aujourd'hui se diffuser et réduire les trois disciplines et la vision qu'on en a : l'histoire se centre sur le patrimoine, la géographie sur l'environnement en relation plus ou moins forte avec le paysage, l'éducation civique sur la politesse et les civili-tés. Identifier ces préoccupations n'est pas mésestimer leur importance, mais d'autres sont probablement aussi pertinentes et importantes et leur choix demande à être raisonné et débattu par l'ensemble des citoyens. Avec eux s'affirment des entrées dans le monde qui ne sont pas « disciplinaires », au sens où elles ne correspondent à aucune science homonyme. Elles appellent

---

7.   Le point de vue développé ici est résolument constructiviste au sens de Glasersfeld et Watzlawick. Nous ne connaissons le monde qu'avec et par la médiation des langages et des constructions faites à l'aide de ces langages... Autrement dit, les mots ne sont pas les choses, ce qui, soit dit en passant, est très largement contraire à ce que l'on observe dans les classes.

immédiatement des collaborations pluridisciplinaires : géographie, sciences de la vie et de la terre, histoire, économie, droit, etc., mais aussi littérature, arts plastiques, etc. La légitimité sociale renforce les potentialités pédagogiques.

Plus généralement, lorsque l'on énonce un objet d'étude qui n'est pas antérieurement et immédiatement reconnu comme disciplinaire, il porte en lui une force d'ouverture et de collaboration. Mais le nommer et affirmer ses promesses ne dit pas comment le construire et l'étudier. Il s'inscrit nécessairement dans des univers de signification construits avec et par des langages, des modes d'intelligibilité qui sont propres à l'objet et aux univers de significations retenus. Se retrouve à nouveau ici l'oscillation déjà énoncée entre le sens commun, les univers de culture les plus partagés qui s'imposent par leur naturalisation, leur proximité supposée avec chacun et les univers des sciences qui étudient le social, les uns et les autres aussi construits avec et par des langages, des pratiques et des significations particulières.

3.2   ... les élèves non plus

Comme personne, comme sujet apprenant, comme acteur de sa construction, l'élève n'est pas plus disciplinaire que le monde dans lequel il vit. L'expérience qu'il a de ce monde, expérience directe, ce qu'il a lui-même vécu, ou expérience indirecte, les innombrables informations qui lui parviennent, et les capacités qu'il développe ne sont pas *a priori* disciplinaires. Mais si l'expérience est une source de connaissances, la connaissance n'est pas dans l'expérience ; concepts et modèles d'analyse et d'interprétation ne sont pas dans le monde ; le sens n'est pas affaire de méthode, de raisonnement ou de maîtrise de quelques instruments intellectuels. Entre cultures communes et constructions scientifiques, les sources de ces concepts et modèles sont aussi variées que le sont les réélaborations auxquelles les sujets les soumettent. De plus, nous avons à faire, à l'école primaire, à des élèves jeunes dont les potentialités d'apprentissage dépendent également de l'âge et du développement de ces potentialités. Par exemple, divers auteurs insistent sur la grande difficulté de l'histoire, compte tenu de la non-maîtrise d'un minimum de compréhension des temps historiens ; d'autres auteurs justifient certains choix pédagogiques au nom de leur cohérence avec le développement des élèves. Au-delà des débats et parfois des contestations que ces positions provoquent, ce sont souvent autant de références qui sont mobilisées pour justifier de travailler avec les élèves, à partir de situations vécues ou de situations globales et non de constructions disciplinaires systématiques.

En fait, nous nous retrouvons devant une double exigence : d'un côté, l'enseignement des sciences sociales a pour objet d'aider les élèves à mettre en ordre leur expérience, à réfléchir le monde dans lequel ils vivent, à transmettre du sens commun raisonné et à raisonner le sens commun constamment présent ; de l'autre, cet enseignement s'efforce d'introduire l'élève dans des univers déjà constitués qui disent le passé et le présent des hommes d'une certaine manière. Certes, d'un point de vue très général, cette double exigence ne fait qu'une ; les savoirs raisonnés, transmis et construits par l'École, sont supposés donner du sens à l'expérience, au monde vécu, voire à inspirer les actions. Cependant, trop d'enquêtes et de travaux mettent à jour les liens difficiles entre les univers de chacun et ceux des disciplines scolaires, pour accepter trop aisément l'union de ces deux exigences. Sur le plan pratique, la construction des programmes, des progressions, des situations d'apprentissage diffère selon qu'on les aborde d'un point de vue ou de l'autre. Sur le plan théorique, l'élève ne construit pas le même type de compétences dans un cas et dans l'autre. Au-delà de ces différences, il y va de la légitimité même de ce qui est enseigné à l'École et du jeu complexe des relations de la connaissance à l'exigence de vérité.

3.3 ... et les connaissances ?

En rappelant le caractère non disciplinaire du monde et de l'élève, nous avons constamment été conduit à les lier ou à les opposer à certaines caractéristiques de la connaissance, selon que celle-ci est commune, scientifique ou disciplinaire. Sans reprendre de nombreux travaux épistémologiques et sans ignorer les débats dont ils sont l'objet, nous avons séparé les savoirs de sens commun, les univers qualifiés et qualifiables de scientifiques et de ceux qui correspondent à nos disciplines. Poursuivre une interrogation sur la connaissance en vue de mieux comprendre les savoirs scolaires demande de passer un moment sur ces séparations. L'analyse approfondie de celles-ci appelle, dans le domaine didactique, l'usage de quelques concepts, comme ceux de transposition didactique ou de pratique sociale de référence, ainsi qu'un retour sur les idées de rupture et de continuité épistémologiques. Les constructions et les significations qui circulent dans nos sociétés sur les mondes présents et passés sont multiples, mouvantes, localisées, échangées, etc. Elles se partagent, sont nécessaires à la communication, ; elles forment des univers souvent analysés en terme de représentations sociales. À l'autre pôle, nous avons des domaines, correspondant à un autre découpage du monde, mais plus encore à d'autres constructions, à d'autres univers de signification. Pour comprendre le monde, l'étudier, y agir, rassembler l'infinie diversité des actions humaines, leur donner un sens, des sciences sociales se sont peu à peu développées ; elles se sont appelées sciences, en référence à un projet de connaissance qui, à la fois, se réclame de méthodes raisonnées, rigoureuses, ayant un relation explicite avec la vérité, la preuve... et s'offre au débat public, à la discussion, à l'examen. Nous ne revenons pas sur ces différences entre représentations et connaissances scientifiques. Cependant, dans notre domaine, il convient de noter que les unes et les autres se construisent et s'expriment avec et par la langue naturelle, que ce sont les mêmes mots qui sont utilisés selon des significations et des mises en contexte variables. Cela n'arrange guère notre travail qui, à la fois, s'ancre dans les significations partagées socialement, dans les représentations et cherche à s'en éloigner, à construire d'autres significations pour répondre à d'autres questions et s'inscrire dans d'autres usages.

Si la connaissance de type scientifique et, de la même façon, la connaissance disciplinaire sont partielles, découpées, etc., cela ne signifie nullement qu'elles ne sauraient être sans lien avec la connaissance commune. Mais la science construit d'autres modèles, d'autres systèmes de relations, d'autres hiérarchisations, d'autres faits que le sens commun. La distinction sciences/connaissances communes ne rend que très imparfaitement compte de la situation scolaire. En effet, les disciplines scolaires ne sont pas des petites sciences en réduction ou en simplification. Constructions propres à l'École, elles mêlent constamment sens commun et éléments scientifiques. Même conçue séparément, chacune de nos disciplines invite constamment des mots, des mécanismes, des bribes de connaissances produites chez les voisines. Le partage et les liens sont rarement explicités, encore plus rarement objet de travail, ce qui tend à les naturaliser. Mais il y a de l'économique, du sociologique, du politique, etc., qui sont constamment présents dans nos disciplines, accentuant leur caractère hétérogène. L'horizon est bien la globalité du monde social. Le projet est un projet de formation d'un sujet et non la construction de rationalités locales. La recherche de cohérence et d'unité appelle un dépassement constant des caractères partiels des savoirs scientifiques. Mais cette recherche rencontre aujourd'hui de plus en plus d'obstacles et de limites que le terme de pluralisme caractérise d'une manière forte.

4. CONCLUSION : UNITÉ DE LA FORMATION, UNITÉ DU SUJET, COHÉRENCE DE SENS... UN PROJET DE CITOYENNETÉ ?

L'enseignement de disciplines de sciences sociales a pour objet d'accompagner l'élève, de l'orienter dans sa découverte, sa compréhension permanente du monde. Ces disciplines se situent toujours entre le sens commun et les sens particuliers qu'elles construisent. D'un côté, le but est de permettre à chacun de mieux raisonner les expériences et les connaissances qu'il a du monde, à la fois en augmentant son stock de connaissances, son « encyclopédie » et en développant ses capacités de réflexion, son autonomie de pensée. De l'autre côté, le but est d'introduire les élèves aux constructions particulières qu'établissent les différentes disciplines plus ou moins liées à des univers scientifiques.

Enfin, les manières de considérer et de lier les univers des élèves, les connaissances communes sur le monde, les disciplines scolaires et les sciences qui les inspirent au moins partiellement, d'établir avec tout cela des programmes, des curricula, des progressions, des situations d'apprentissage est en relation très profonde avec des projets de société et des conceptions de la citoyenneté. D'un côté, il y aurait la première place accordée au développement de la capacité des élèves à s'insérer dans le monde, dans leur monde, à y être capable d'initiative, de négocier avec les autres des projets d'actions, des compromis locaux ; il s'agit d'une vision où la capacité à vivre ensemble est le critère de vérité, en quelque sorte un critère de vérité pratique. De l'autre côté, une priorité serait accordée à la transmission aux élèves d'un ensemble de compétences et de connaissances, en principe validées, c'est-à-dire établies, reconnues vraies par une communauté scientifique qui jouerait un rôle de témoin ; la maîtrise de ces compétences serait la meilleure garantie de la formation d'un individu libre et critique. Ces deux pôles ne sont évidemment pas incompatibles. Mais nous voyons pourtant les risques que chacun comporte. Dans le premier cas, le seul critère est un critère d'efficacité : on ne s'embarrasse pas de la construction d'une culture commune susceptible de conforter un espace public, un espace politique commun. Dans le second cas, le réel de chacun risque de s'évaporer, les connaissances scolaires ayant quelques difficultés à être reliées avec les expériences que chacun a du monde. La position de la pluri-interdisciplinarité et les conséquences possibles pour la formation des maîtres dépendent des choix faits en ce domaine.

CHAPITRE 3

Préoccupations interdisciplinaires dans l'enseignement primaire québécois: éléments de contextualisation sociohistorique

Yves Lenoir et Mario Laforest
Université de Sherbrooke

1. INTRODUCTION[1]

Les préoccupations interdisciplinaires, associées à l'idée d'intégration des matières, dans l'enseignement primaire québécois émergent de façon explicite en 1970 pour des raisons qui demandent d'être retracées. Elles s'expriment de manière originale, puisqu'il est alors question d'intégration des matières et non d'interdisciplinarité. Cette expression, spécifique au Québec, requiert également d'être expliquée.

Dans un premier temps, les sources proches et lointaines qui ont conduit au questionnement interdisciplinaire sont rapidement rappelées. Puis, dans un deuxième temps, l'attention porte surtout sur les facteurs de changement qui, au sein du système scolaire québécois, ont conduit à mettre de l'avant l'idée de l'intégration des matières dans l'enseignement primaire. Quatre grandes périodes sont ainsi identifiées : avant 1960 ; les années soixante ; de 1970 à

---

1. Ce texte a été produit dans le cadre des activités du LARIDD (Laboratoire de recherche interdisciplinaire en didactique des disciplines), devenu en 1997 le GRIFE (Groupe de recherche sur l'interdisciplinarité dans la formation à l'enseignement), et à la lumière des travaux de recherche subventionnés par le Fonds FCAR (1992-1995, programme d'établissement de nouveaux chercheurs n° 94-NC-0952) et par le Conseil de recherches en sciences humaines du Canada (CRSH) (1995-1998, programme de recherche ordinaire n° 410-95-1385).

1980 ; après 1980. Ces périodes se caractérisent par le recours à des curricula de formation et par des régimes pédagogiques différents. Ceux-ci, à côté d'autres facteurs socio-idéologiques, ont directement influé sur le discours et sur les pratiques qui recourent à ces perspectives « intégratrices ».

2. DES FACTEURS LIÉS À L'ÉVOLUTION DU MONDE OCCIDENTAL

La question de l'interdisciplinarité, dans ses dimensions actuelles, est récente et dépasse largement l'enseignement primaire ou secondaire. Plusieurs auteurs ont approché le phénomène d'un point de vue historique (Fazenda, 1994, 1995 ; Frank, 1988 ; Gusdorf, 1983 ; Klein, 1990 ; Kockelmans, 1979 ; Resweber, 1981). Pour ce qui concerne l'apparition de l'interdisciplinarité comme l'un des thèmes récurrents faisant l'objet de débats, nous avons montré (Lenoir, 1995*a*, 1999) qu'il s'agissait d'une question moderne, liée à la constitution du savoir en disciplines scientifiques et non d'une question transhistorique, débattue de tout temps. On peut même dire, avec Lucier (1986), qu'elle est née « en dehors de l'enseignement primaire et secondaire, ceux-ci n'y participant que de manière indirecte et dérivée » (p. 2). En effet, comme nous l'avons rappelé (Lenoir, 1995*a*) en nous appuyant entre autres sur Ansart (1990), les germes de l'interdisciplinarité émergent au XVIIᵉ siècle du phénomène de la pluralisation des savoirs et de la formation scientifique, que ce dernier nomme cet « expansion quantitative » et « extension des champs d'investigation [...] à des domaines antérieurement ignorés » (p. 22). On pourrait également situer cette émergence en se référant à la lecture épistémologique de Foucault (1966), lors du passage de l'*épistémê* classique à l'*épistémê* moderne. Par contre, le souci de l'unité du savoir est, quant à lui, une constante qui s'est exprimée différemment, en fonction de visions du monde et de schèmes de référence bien différents des nôtres, dans l'histoire de l'humanité.

Toutefois, les questions interdisciplinaires ne prennent leur essor qu'avec la constitution de la science en disciplines scientifiques, sous l'impulsion entre autres des encyclopédistes. L'interdisciplinarité fait assurément l'objet de travaux et de préoccupations dès le XIXᵉ siècle et elle devient progressivement l'objet d'enjeux et de controverses au niveau universitaire à partir de deux axes majeurs. D'une part, le débat universitaire, en cette seconde moitié du vingtième siècle, est à la fois questionnement social (dépassant la simple mise en cause de l'organisation des études pour poser le problème du sens même de la présence de l'être humain dans le monde) et interrogation épistémologique, où il s'agit essentiellement d'explorer les frontières des disciplines scientifiques et les zones intermédiaires entre elles, dans un souci d'organisation des savoirs savants et d'évitement de leur parcellisation. D'autre part, l'activité professionnelle quotidienne dans les différentes sphères de la société réclame, sous la poussée des exigences de nos sociétés industrielles capitalistes, des réponses empiriques et opérationnelles concrètes à des questions complexes, pour lesquelles les disciplines scientifiques sont insuffisamment armées. Le *problem solving* s'est ainsi érigé, particulièrement aux États-Unis, en véritable panacée modélisant la réflexion, la conception, la réalisation et l'évaluation d'à peu près toutes les activités humaines. En éducation, le *problem solving* est associé autant à la recherche qu'à la formation. Modalité organisationnelle et opérationnelle, cette approche est souvent la seule privilégiée dans une perspective de développement durable. Dès lors que les *problems* sont complexes, leur résolution fait appel à plusieurs disciplines...

À cet égard, Klein (1985) et Lynton (1985) ont montré que l'interdisciplinarité répond à deux grandes orientations distinctes : la recherche d'une synthèse conceptuelle, c'est-à-dire la quête de l'unité du savoir, et l'approche instrumentale. Dans le premier cas, celui de la recherche d'une synthèse conceptuelle, il s'agirait de rechercher, soit une structuration cohérente et solidement articulée hiérarchiquement entre les différentes disciplines constitutives de la science – ce qui est le projet explicite du positivisme d'Auguste Comte ou du Cercle de Vienne en particulier, et des travaux d'un Carnap (1938) ou d'un Neurath (1938) par exemple –, soit une superscience marquée par la tentation d'un holisme et soutenue par des préoccupations fondamentalement d'ordre philosophique et épistémologique, qui viserait à réconcilier l'être humain avec sa finitude (Fourez, 1992). Dans les deux approches, l'objectif poursuivi est la constitution d'un cadre conceptuel global qui pourrait, dans une optique d'intégration, unifier tout le savoir scientifique. Dans le second cas, l'approche instrumentale promeut le recours à un savoir directement utile, fonctionnel et utilisable pour répondre à des questions et à des problèmes sociaux contemporains, à des attentes de la société, par exemple en termes de formation professionnelle. Sinacœur (1983) met de l'avant l'idée que l'interdisciplinarité ne se réfère pas à une catégorie de connaissances, mais bien à une catégorie d'action : « l'interdisciplinarité trahit une caractéristique de notre époque : l'intégration sociale du savoir, élément désormais constitutif du pouvoir, et le pouvoir s'intéresse essentiellement au savoir applicable, le seul capable de la guider dans la formulation des programmes qui articulent son exercice » (p. 28). Dans ce sens, l'interdisciplinarité est d'ordre instrumental, opératoire, méthodologique. Elle est alors davantage un indicateur d'une orientation de nos sociétés occidentales que l'émanation de cette tendance : « elle n'est pas l'émergence de la situation faite à des connaissances de plus en plus scissipares, elle est le signe des préférences pour la décision informée, appuyée sur des vues techniquement fondées, sur le désir de décider à partir de scénarios bâtis sur des connaissances précises. C'est donc dans toutes les sciences appliquées, sociales ou non, que l'interdisciplinarité trouve les lieux où elle se greffe » (*Ibid.*, p. 25-26). Hamel (1995) signale pour sa part que « l'interdisciplinarité découvre peut-être moins sa forme et sa nécessité dans l'élaboration des connaissances, des explications auxquelles aspire chaque discipline que face à l'action pratique ou politique » (p. 17).

3. L'INTERDISCIPLINARITÉ SCOLAIRE ET SES PRÉCURSEURS

Ainsi, à côté de la constitution de ce qui pourrait s'appeler une inter-disciplinarité scientifique (ou académique) et une interdisciplinarité instru-mentale – lesquelles « ne sont pas mutuellement exclusives » (Lynton, 1985, p. 141), mais, au contraire, elles possèdent une nécessaire complémentarité dans la perspective d'une intégration du savoir (Hermerén, 1985 ; Klein, 1985 ; Lenoir, 1995*b* ; Lynton, 1985) – s'est développée une interdisciplinarité sco-laire, relative à la dynamique enseignement-apprentissage. En effet, si, aux alentours des années 1970, ce sont les pressions sociales qui ont suscité le ques-tionnement interdisciplinaire, « les termes du débat ont profondément changé aujourd'hui comme ont changé les interlocuteurs. Ce sont aujourd'hui les professeurs, chercheurs et responsables de programmes qui reposent les interrogations, non plus sous la pression des demandes étudiantes, mais en raison des difficultés de construire des programmes cohérents et formateurs » (Ansart, 1990, p. 26). La question fondamentale à l'ordre du jour, étant donné l'impossibilité de retourner à une formation encyclopédique ou à toute autre formule qui a marqué l'évolution de la société occidentale, se réfère à la défi-nition de ce que l'on entend par « formation générale […] dont on suppose qu'elle devrait être commune à tous et surtout, qu'elle constituerait une « base », une culture « fondamentale », une conceptualisation commune » (*Ibid.*, p. 27). Ansart souligne cependant le danger d'une fascination à l'égard d'une forma-tion de base qui serait dispensée non comme un moyen de réflexion et de créativité, mais comme une fin en soi. C'est pourquoi le véritable débat ne devrait pas porter sur la défense d'une formation générale préétablie et figée, « mais sur le bon usage de cette formation » (*Ibid.*, p. 28), ce qui requiert une reconsidération régulière de ses contenus sous l'éclairage du développement scientifique.

Il importe par ailleurs de noter que l'introduction des perspectives in-terdisciplinaires n'a pas adopté aux États-Unis les mêmes voies qu'en France. C'est à la suite d'Herbart (1776-1841) que le mouvement herbartien a, à la fin du siècle dernier et au cours de la première moitié de ce siècle, mis l'accent sur les concepts de *concentration*, qui conduit à l'organisation du curriculum en thèmes (*topics*), et de *correlation* entre les objets d'enseignement (Connole, 1937 ; Pinar, Reynolds, Slattery et Taubman, 1995). Ce dernier concept, de *correlation*, « remains today in notions of interdisciplinarity » (*Ibid.*, p. 83). La question interdisciplinaire a toujours été associée aux États-Unis à celle de l'intégration. Ciccorio (1970) signale, en effet, que la notion d'intégration a essentiellement été liée à la personne humaine, non à un cours, à une matière scolaire ou à un curriculum. C'est pourquoi il importe d'établir une nette distinction « between "content integration" and "process integration" » (Foundation for Integrated Education, 1948, p. 62). Bref, « Content and process are two ways […] of looking at integration » (Ciccorio, 1970, p. 62). Cette dis-tinction doit donc être prise en considération.

Enfin, au niveau scolaire, il faut mentionner, ainsi que nous l'avons amplement abordé (Lenoir, 1991*a*, 1999), que la réflexion interdisciplinaire s'abreuve à deux sources contemporaines, l'une européenne, l'autre américaine. Ces deux sources ont contribué à introduire cette réflexion dans la problématique éducative au cours de la première moitié du XXe siècle. D'une part, en Europe, également à la suite d'Herbart qui réclamait dès le XIXe siècle « the correlation of subject matter » (Dressel, 1958*a*), on ne peut oublier Montessori qui, prônant un enseignement individualisé visant « à aider l'enfant à faire seul » (Dubuc, 1990, p. 10), recourt à « une approche classique du savoir » (*Ibid.*, p. 9) pour élaborer son programme scolaire, lequel « intègre complètement toutes les matières. Il n'y a pas de Montessori sans intégration des matières » (*Ibid.*, p. 12). Indépendamment de la conception de son approche des plus traditionnelles du savoir, Montessori tend à assurer une « intégration des matières » en associant systématiquement le français et les mathématiques à l'étude des matières constitutives du champ culturel (Killer, 1986).

Toutefois, le Dr Decroly est sans doute l'un des premiers et, surtout, le plus marquant au niveau de son influence ultérieure, à avoir proposé et expérimenté une approche de type interdisciplinaire dans l'école qu'il avait fondée, l'« école pour la vie, par la vie », l'Ermitage. Son souci pour une insertion de l'enfant dans un milieu social dans lequel il puisse s'épanouir l'amène à promouvoir des activités d'apprentissage qui assurent une alternance entre le travail individuel et le travail coopératif. La voie est ainsi ouverte à la mise en place de la pédagogie des centres d'intérêt qui concrétise dans l'enseignement le concept de globalisation, ce dernier relevant des observations auxquelles Dr Decroly a procédé sur le plan de la psychologie de l'enfant. Pour lui, la présentation analytique et morcelée du savoir, telle qu'il la retrouve dans les programmes traditionnels, n'est pas compatible avec le globalisme de l'enfant : « La connaissance n'est pas construction synthétique d'un savoir par une action extérieure ; elle est saisie d'une réalité globale » (Not, 1979, p. 96).

L'enseignement par le biais des centres d'intérêt a connu beaucoup de succès qui dépassa largement la sphère des écoles d'obédience decrolyenne. L'influence de Decroly est perceptible chez d'autres pédagogues, en particulier chez Freinet[2]. Cependant, remarque Boyer (1983*b*), en reprenant

---

2.   Chez Freinet, la mise en contact direct de l'enfant, intégré dans un groupe de travail opérant de façon collective, avec le milieu humain et naturel, ainsi que la méthode du tâtonnement empirique et les techniques utilisées, l'imprimerie en particulier, favorisent des activités d'apprentissage qui recourent à une démarche globale. Actuellement, les continuateurs de la pédagogie Freinet apparaissent comme des promoteurs de l'interdisciplinarité, qui est « sentie d'abord comme la coanimation d'une classe avec les élèves dans la recherche commune d'une organisation coopérative du travail » (Cixous, Brunet, Poitevin, Favry et Bel, 1979), ce qui a pour effet d'abolir les barrières entre les matières d'enseignement. En fait, la perspective interdisciplinaire est valorisée et expérimentée par tous les courants privilégiant les méthodes d'autostructuration cognitive (Not, 1979), à différents degrés et dans un rapport toujours difficile

Tronchère et Priouret (1972), le thème a, « "en raison d'une confusion avec une application étroite et déformante ", pris la place du centre d'intérêt ; de sorte qu'aujourd'hui, on rencontre couramment l'expression "enseignement par thème " ou "enseignement thématique " » (Boyer, 1983*b*, p. 434). Boyer souligne également avec beaucoup de justesse, en se référant aux travaux de plusieurs auteurs, que l'approche thématique n'est qu'un avatar malheureux des centres d'intérêt, qu'elle est fréquemment artificielle, déterminée de l'extérieur, souvent par des manuels, qu'elle ramène sournoisement, n'étant qu'un simple prétexte, à un enseignement traditionnel et à des apprentissages livresques (Boyer, 1983*a*). Il n'en demeure pas moins, conclut-il, que les approches par centre d'intérêt et par thème « ont en commun d'ouvrir la barrière des cloisons scolaires et, partant, de favoriser une forme d'intégration des matières » (Boyer, 1983*b*, p. 434).

Du côté américain, Dewey est sans doute le premier chercheur contemporain à promouvoir aussi explicitement et systématiquement l'interdisciplinarité scolaire. En réaction à un enseignement traditionnel en porte-à-faux avec les structures socioéconomiques existant à la fin du XIXe siècle aux États-Unis, il considère que « l'école n'a pas d'autre fin que de servir à la vie sociale » (Dewey, 1962, p. 137), ce qui implique que c'est cette dernière qui doit guider l'établissement des contenus et des formes de programmes : « Le critère social est indispensable non seulement pour situer chacune des branches d'études mais encore pour justifier leur présence dans les programmes et pour déterminer les motifs auxquels l'enseignement doit les rattacher » (*Ibid.*, p. 150). C'est pourquoi l'école doit être organisée comme une petite société actualisant les principes fondamentaux de toute vie sociale harmonieuse.

Dans ce sens, l'apprentissage a pour fonction de favoriser l'adaptation progressive de chaque enfant à son milieu social. D'où la nécessité d'établir une théorie éducative, centrée sur l'intérêt et non plus sur la discipline (la matière), qui assure un équilibre approprié entre des programmes d'études, aux « matériaux qui s'échelonnent indéfiniment dans le temps et qui s'étendent indéfiniment dans l'espace » (*Ibid.*, p. 92), nécessaires parce qu'ils expriment l'héritage culturel acquis « par l'expérience mûrie des adultes » (*Ibid.*, p. 91), et la dynamique du devenir de l'enfant, « être qui évolue » (*Ibid.*, p. 91) et qui appréhende son vécu de façon globale, « sans conscience d'une transition ou d'un hiatus » (*Ibid.*, p. 92). Il appartient aux enseignants d'assurer cet équilibre en abandonnant « la notion de programmes fixes et valables par eux-mêmes, en dehors de l'expérience enfantine » (*Ibid.*, p. 98) et en poursuivant une pédagogie fonctionnelle qui « va de l'expérience toujours changeante de l'enfant aux vérités organisées qui forment ce qu'on appelle les "études" » (*Ibid.*, p. 98). Pour Dewey, « l'éducateur n'a donc pas affaire aux matières

---

(Lenoir, 1991*a*, 1992*c*), sauf dans les cas marginaux et extrêmes qui rejettent toute référence à l'idée de programme d'études, entre le savoir à enseigner, expression de choix socio-institutionnels, et les activités émanant de l'intérêt immédiat de l'enfant.

d'enseignement en elles-mêmes, mais à ces matières dans leurs relations avec un processus de croissance intégrale » (*Ibid.*, p. 110) ; les programmes d'études ne constituent qu'un éclairage et que des balises pour l'enseignant.

Pour parvenir à cette rencontre souple entre l'expérience de l'enfant et le legs culturel, à considérer comme des informations dont celui-ci se servira pour se réaliser socialement et non comme des connaissances achevées qu'il doit assimiler pour elles-mêmes (Brubacher, 1972), Dewey met de l'avant une approche pragmatique, la « méthode des projets », que développera son disciple W. H. Kilpatrick, au travers de laquelle se réalise son *learning by doing*, donnant ainsi la priorité aux activités concrètes de l'enfant nécessitées par son milieu de vie. Par le biais d'une formule de cogestion, il accorde à l'enseignant un rôle d'intervenant, il cherche à résoudre l'antinomie entre les intérêts de l'enfant et les exigences d'un savoir auquel il reconnaît une importance majeure.

Si la pédagogie fonctionnelle de Dewey n'a eu que peu d'influence en France, aucune au dire de Claparède (Debesse et Mialaret, 1969), au Québec, ses conceptions ne sont pas encore jugées favorablement au début des années 1960. Pour Guérin et Vertefeuille (1960), professeurs à l'École normale et auteurs d'une *Histoire de la pédagogie par les textes*, « sa philosophie est trop étroite » parce qu'elle promeut trop l'action et pas assez la contemplation, « sa psychologie est trop terre à terre » parce qu'elle tient compte des réflexes et néglige l'intuition, « sa pédagogie, enfin, est trop spécifique » (p. 302) parce qu'elle réduit la formation à la préparation à la vie et néglige l'essentiel, la formation générale.

Quant à l'influence française au Québec, elle s'avère aussi bien mince, du moins en ce qui regarde l'interdisciplinarité scolaire. L'auteur qui semble avoir eu le plus d'influence est Freinet. En effet, lors d'une recherche menée en 1989-1990 sur les représentations de l'interdisciplinarité chez les enseignants du primaire au Québec[3] (Lenoir, 1991*a*, 1992*b*), seulement 90 des 250 répondants, soit environ 38 %, ont mentionné que leurs conceptions de l'interdisciplinarité avaient été inspirées par un ou plusieurs auteurs ; les autres (62 %) ont signalé explicitement qu'ils n'avaient pas été influencés par des lectures. Sur un total de 268 mentions d'auteurs relevées, soit une moyenne de 3 mentions par répondant ayant déclaré avoir été influencé par des auteurs, quatre auteurs sont cités 142 fois et reçoivent ainsi 53 % de l'ensemble des mentions : Claude Paquette, André Paré, Célestin Freinet et le ministère de l'Éducation du Québec. Les références à Freinet proviennent d'un contact établi à la fin des années soixante essentiellement par le biais des « techniques Freinet », largement diffusées dans les stages d'entraînement aux méthodes de l'école

---

3. Cette recherche, intitulée « Enquête sur la conception et la pratique des liens interprogrammes auprès d'un échantillon d'enseignants du primaire », a été menée dans le cadre des études doctorales de Yves Lenoir.

active (Semea) dispensés par le ministère de l'Éducation. Au Québec, ces références sont toutefois restées déconnectées des visées sociales et politiques du pédagogue. Il faut noter cependant que deux auteurs québécois, Paquette et Paré, auxquels se sont référés des répondants, ont été influencés principalement par des travaux américains. Ainsi, indirectement, cette influence s'est faite sentir.

Bref, les résultats de cette recherche et ceux de deux autres recherches qui ont suivi[4] (Larose, Lenoir, Bacon et Ponton, 1994 ; Larose et Lenoir, 1995) montrent clairement que, pour l'enseignement primaire au Québec, les assises qui ont prévalu lors de l'émergence des discours et des pratiques relatives à l'interdisciplinarité ne renvoient pas directement, du moins, chez les enseignants, aux travaux d'auteurs français et américains ayant jeté les bases de l'interdisciplinarité à l'école.

4. L'ÉMERGENCE DE LA QUESTION INTERDISCIPLINAIRE DANS L'ENSEIGNEMENT PRIMAIRE QUÉBÉCOIS

Le panorama qui vient d'être esquissé à grands traits sert de toile de fond à la présentation de l'émergence de la question interdisciplinaire dans l'enseignement primaire québécois. Quatre grandes phases sont retenues, en lien avec l'existence de deux types de curriculum scolaire qui ont eu cours et avec celui encore en application aujourd'hui à l'ordre primaire : avant 1960, en relation avec un curriculum qualifié d'encyclopédiste ; les années soixante et l'apport du Rapport Parent ; les années soixante-dix, en relation avec les programmes-cadres ; après 1980, en relation avec l'introduction de programmes d'études conçus en termes d'objectifs de comportements dits observables et évaluables.

4.1 L'état de la situation avant 1960

Au Québec, l'emprise d'une certaine « culture générale », alliée à une conception traditionnelle de l'enseignement, a été telle jusqu'à tout récemment sur le plan socio-idéologique que la question interdisciplinaire n'avait aucune raison d'être un tant soit peu considérée. Il aura fallu les transformations de ces quarante dernières années pour qu'elle occupe finalement une place importante dans les débats scolaires. En fait, la question de l'interdisciplinarité ou de l'intégration ne se posait pas, puisqu'au Québec les valeurs

---

4. Il s'agit, d'une part, d'une recherche subventionnée par le Fonds Fcar (1992-1995, programme d'établissement de nouveaux chercheurs n° 94-NC-0952), intitulée « Les représentations des titulaires de l'enseignement primaire québécois au regard de l'interdisciplinarité pédagogique et de son actualisation dans la pratique » et, d'autre part, d'une recherche subventionnée par le ministère de l'Éducation du Québec (1991-1994), intitulée « L'interdisciplinarité pédagogique au primaire : étude de l'évolution des représentations et des pratiques chez les titulaires du premier cycle du primaire dans le cadre d'une recherche-action-formation ».

et les messages de la foi chrétienne constituaient la force intégratrice de toute action éducative, y compris des curriculums. Élément intégrateur hégémonique et qui excluait de l'organisation les savoirs scolaires, le message chrétien imposait son sens. Après 1960, la perte de ce sens ouvrira la porte à une nouvelle quête de sens et conduira à poser la question de l'intégration en éducation et du rôle de l'interdisciplinarité pour y parvenir. Elle reposera également avec force la question de la définition d'une culture générale en dehors de la chrétienté.

Cette culture générale qui a prévalu de la deuxième moitié du XIXe siècle jusque pratiquement au milieu des années 1960 est profondément marquée par le néothomisme qui, plus que partout ailleurs en Occident peut-être, a pesé sur la formation de la jeunesse québécoise. Comme le souligne Thibault (1972), « nos esprits étaient assujettis au moule dès l'entrée à l'école. Des années durant, un catéchisme péripatéticien y façonnait à tel point nos catégories que, plus tard, en classe de philosophie, nous avions l'impression du « déjà vu » en abordant le thomisme. L'enseignement secondaire des petits séminaires et des collèges était couronné par deux années de philosophie où l'on consacrait une dizaine d'heures par semaine à l'exégèse d'un manuel thomiste. Nous y apprenions, ce que nous étions déjà tout disposés à accueillir comme une évidence, que les philosophes non thomistes n'avaient pu être que débiles ou pervers. Les manuels, « rationalistes », s'en tenaient en général au premier diagnostic. L'Index se chargeait d'accréditer le second : à compter de Descartes, peu de philosophes y avaient échappé. Inébranlablement assis sur le sens commun et le catéchisme, consacré par la triple infaillibilité magistrale, sacerdotale et pontificale, l'univers aristélothomiste a été pour de nombreuses générations de Québécois l'univers « naturel et évident » (p. xxi).

Il faut ici comprendre que l'Église catholique, qui régissait culturellement le Québec depuis la Conquête anglaise de 1760, devait, pour assurer la survivance canadienne-française, garantir ce délicat équilibre entre l'obéissance à un pouvoir étranger – hérétique en outre – et le maintien de la langue française, la plus sûre gardienne non seulement de la tradition religieuse, mais aussi « du monopole culturel sur les masses qui permettait justement aux clercs de tenir le pouvoir civil en respect » (*Ibid.*, p. xxviii). L'introduction du néothomisme pontifical au XIXe siècle et son application aux niveaux politique et éducatif ne pouvaient être qu'une bénédiction pour l'Église québécoise. Il lui apportait les arguments épistémologiques dont elle avait besoin pour tenter de retrouver au niveau européen, et pour imposer au niveau québécois, son hégémonie tant culturelle que politique. Centré au départ sur le problème des fondements de la connaissance, des « universaux » et de la notion aristotélicienne de « science », le néothomisme y répond par un dogmatisme métaphysique. D'une part, celui-ci évacue tout simplement le problème pour cause de non pertinence et lui substitue la notion finaliste de « faculté » ; d'autre part, il s'appuie sur le Concile du Vatican (1869-1870) qui s'est prononcé en faveur de l'infaillibilité de la raison par l'affirmation de celle du pape qui, « à son tour, a proclamé que cette raison infaillible avait donné son fruit le plus parfait dans l'œuvre de saint Thomas » (*Ibid.*, p. 162)[5]. Il recourt même, si besoin est, à l'argument ultime qu'est « l'appel au bon sens » (*Ibid.*, p. 162)[6]. Le savoir néothomisme apparaît bien comme discours de légitimation idéologique : une fois érigé en orthodoxie officielle en 1879 par Léon XIII, après avoir discrédité toutes les oppositions internes comme externes à l'institution catholique, il peut, dès lors, servir de fondement théologique et philosophique à l'ultramontanisme politique, importé d'Europe, qui a pris la forme du pouvoir indirect[7] : « Le thomisme offrait une conception du monde génialement formalisée dont la vocation était de maximiser le pouvoir sacerdotal en désarmant subtilement les instances intellectuelles et politiques qui pouvaient prétendre rivaliser avec lui. Son discours se situait quelque part entre une vision du monde implicite et syncrétique, et un discours programmatique explicitement politique » (*Ibid.*, p. xxv).

Ainsi que le souligne Ansart (1974), il s'agit, par ce détour, de légitimer un ordre social et le système normatif qui en assure l'opérationalisation par un fondement indiscutable. C'est ce à quoi s'est employé le néothomisme, idéologie intellectuelle portant sur le niveau cognitif, qui se présente donc à la population comme la seule rationalisation possible de la structure sociale qui s'instaure au Québec au cours de la deuxième moitié du XIXe siècle.

Il faut se rappeler que 1840 met un terme, à toutes fins utiles, à l'espoir d'une émancipation nationale de la part des Canadiens français. À la suite de l'échec de la révolution de 1837-1838, il ne s'agit plus, en effet, aux yeux de la petite bourgeoisie, de revendiquer l'indépendance, mais bien de lutter contre l'assimilation anglaise dont le gouverneur Durham avait signalé, dans son rapport de février 1839, qu'elle était déjà commencée (Wade, 1966). La suprématie cléricale s'installe alors progressivement pour cent ans au Québec. Entre 1840 et 1867 s'opère, dès lors, un grand tournant idéologique à partir duquel naît ce qu'il a été convenu d'appeler la « société traditionnelle » québécoise : « Le républicanisme, le laïcisme, le libéralisme et le nationalisme émancipateur de la petite bourgeoisie cèdent la place au cléricalisme, à l'ultramontanisme, à l'agriculturisme et au nationalisme défensif de la survivance, qui sont les principaux thèmes idéologiques de l'élite cléricale » (Monière, 1977, p. 184).

---

5. Sur l'œuvre de saint Thomas, voir entre autres Weber (1970) et Verger (1973).
6. « L'évidence, signale Thibault (1972), est postulée comme « critère de vérité » au nom de l'aptitude au vrai considérée comme la finalité de nos facultés, cette finalité se fondant, à son tour, sur le postulat de son... évidence » (p. 163). La foi du charbonnier, ou le réalisme naïf, les deux aux antipodes d'une pensée scientifique, constituent cette évidence !
7. Le processus de discréditation est un des processus indispensable auquel doit recourir une idéologie en élaboration : « Quant à la création idéologique, elle s'opère à partir du champ constitué par un double travail de critique à l'égard des systèmes présents et de proposition d'une synthèse nouvelle » (Ansart, 1974, p. 31). Tout l'ouvrage de Thibault s'avère une illustration concrète de ce double processus.

Ainsi, se met en place une idéologie de conservation, idéologie monolithique, dont les trois principales composantes sont l'agriculturisme, le messianisme et l'anti-étatisme (Brunet, 1958 ; Dumont, 1965 ; Monière, 1977 ; Rioux, 1968 ; Vallerand, 1969). En son sein, antiétatisme, nationalisme et cléricalisme vont de pair. Ils se développent à travers l'ultramontanisme pour lequel « l'action de l'État doit être subordonnée à l'Église, seule mandataire pour interpréter la loi de Dieu » (Monière, 1977, p. 187). L'Église agit comme un parti politique sans en posséder les structures ; elle intervient indirectement auprès des électeurs et influe au besoin sur les représentants politiques. Monière résume ainsi le programme idéologique ultramontain : « rien ne doit changer » (*Ibid.*, p. 223), ou encore « hors de l'Église point de salut » (*Ibid.*, p. 224). Toutes les réponses aux questions de la vie individuelle et sociale se trouvent déjà formulées dans le dogme et la société québécoise, peuple élu, ne peut être que guidée par la divine Providence, c'est-à-dire par l'Église et ses mandataires qui sont, eux, éclairés par la grâce...

Quant au nationalisme, de politique qu'il était avant 1840, il dégénère et se restreint dorénavant à la dimension culturelle, comme défense de la langue et de la foi. C'est pourquoi, au Québec, l'ultramontanisme a fait bon ménage avec ce nationalisme sans danger. Il se permet même de l'incorporer, compte tenu de son utilité stratégique, alors qu'il le combat en Europe où, en particulier, le nationalisme italien s'attaque au pouvoir politique de la papauté. Avec, en complément, la dimension agriculturiste et le rôle messianique alloué à la « race canadienne française », l'idéologie de conservation, « idéologie globale » selon l'expression de Rioux (1968), va se maintenir au sein d'une société immobile grâce à l'alliance politicoecclésiastique. En 1944, le parti de l'Union nationale (16 ans de règne) prit le relais du parti conservateur qui avait régné sur le Québec au XIXᵉ siècle pendant 25 ans. Le parti libéral détint le pouvoir entre les deux, pendant 44 ans, sans cependant remettre vraiment en question le rôle de l'Église, ayant abandonné le libéralisme intégral et le radicalisme « rouge », doctrinaire et anticlérical avec lesquels il avait frayé au XIXᵉ siècle. L'idéologie de conservation va influer de façon constante et prépondérante sur toutes les sphères de la vie québécoise jusqu'au début des années 1950, sur l'enseignement aussi, bien entendu.

L'institution scolaire est ainsi demeurée pendant tout ce temps aux mains du clergé. Le processus éducatif en vigueur au Québec a donc été marqué par une idéologie éducationnelle d'inspiration essentiellement néothomiste. Dans ce contexte, « à l'opposé de la connaissance scientifique qui engage dans un processus jamais achevé de recherche, le discours idéologique impose une vérité simple, schématique, nécessairement très éloignée de l'infinie complexité de la réalité. C'est à juste titre que les définitions de l'idéologie retiennent les critères de non-connaissance, de distorsion par rapport au réel, pour caractériser ce savoir » (Ansart, 1974, p. 79). L'enseignement ne pouvait alors être que simple, schématique et fatalement éloigné de la complexité de la réalité. Il s'est enfoncé dans un traditionalisme à tous crins, en tout temps surdéterminé par la dimension religieuse. Confessionnel, acritique, sinon anticritique et antiréflexif, il a engendré un obscurantisme philosophique, une stagnation au niveau de la connaissance, le développement d'attitudes antiscientifiques, entre autres par l'exclusion de toute perspective herméneutique et critique, par le recours à la Vérité divine révélée et au « bon sens », par la transmission de résultats préétablis en accord avec les principes idéologiques, par une projection du regard vers un passé mythifié, par le refuge dans un encyclopédisme. Toutes ces caractéristiques ont déterminé la conception des programmes d'études et de l'apprentissage, celui-ci se fondant avant tout sur l'exercisation et sur la mémorisation de faits de connaissance.

Le dernier programme d'études (dans le sens de curriculum) de ce type au primaire, celui de 1959, s'inscrit dans cette lignée. Il est d'ailleurs présenté par le surintendant du Département de l'instruction publique en termes de « changements de détails » (Gouvernement du Québec, 1959, p. 3), dans une perspective de continuité avec ceux qui le précèdent. L'objectif central d'un tel curriculum, à l'intérieur d'un système scolaire primaire et secondaire dont « le cadre d'organisation [...] ne change guère » (*Ibid.*, p. 3), est de « comprendre dans les premières années que les matières essentielles à la formation de l'homme, du citoyen, du chrétien sont : la religion, la langue maternelle, l'arithmétique ; un peu d'histoire, de géographie auxquelles se greffent des connaissances pratiques sur d'autres matières qu'on pourra introduire d'une façon plus formelle à mesure que le permettra le développement mental de l'enfant » (*Ibid.*, p. 6).

L'enseignement des matières scolaires apparaît ainsi ne constituer, de façon toute cohérente d'ailleurs avec les orientations de la société, qu'une extension et qu'un renforcement de la formation religieuse. La centration sur la mémorisation d'une quantité innombrable de faits de connaissance relève de cette conception cumulative et additive qui caractérise une vision appauvrie de la culture générale, celle de la « tête bien pleine » et de la rétention de « vérités toutes faites » présélectionnées. Conception bancaire, dira Freire (1974) !

D'interdisciplinarité, il n'est donc nullement question ! Pour l'essentiel, l'enseignement est au mieux disciplinaire, si l'on veut bien prendre ce terme dans son acception la plus large possible, celle de contenus quelconques d'enseignement présentés comme un tout unifié. En fait, plusieurs des matières retenues sont avant tout instrumentales (par exemple la lecture, l'arithmétique, la calligraphie, le dessin), ce qui n'exclut nullement la touche cléricona-tionaliste. D'autres matières possèdent un contenu idéologique plus prégnant : l'histoire (Laforest, 1989), l'agriculture, l'enseignement ménager, les bienséances. Et si « unité du savoir » il y a, ce ne peut être que dans une perspective cumulative et qu'au niveau d'un ensemble de convictions progressivement assimilées à travers un processus de transmission solidement contrôlé ! L'enseignement n'a plus, alors, pour objectif premier d'instruire, mais bien d'inculquer, de convaincre, de transmettre un système de valeurs dogmatiques. Il s'agit là d'une illustration de ce que Ansart (1974) nomme une « situation d'orthodoxie », c'est-à-dire d'une situation « où un pouvoir symbolique s'affirme comme seul détenteur des biens idéologiques et impose à la population le discours légitime. La répétition est alors la loi générale du système : toute création échappant à l'autorité est proscrite et le pouvoir s'affirme comme le gardien d'une vérité qu'il a charge d'incarner et de mettre en œuvre. [...] Simultanément, l'idéologie revêt les caractères de la fixité et du dogmatisme, nul ne pouvant contester l'idéologie dominante sans risquer de s'exclure dangereusement de l'unanimisme proclamé » (p. 57-58).

4.2 Les années soixante et le Rapport Parent

Cette situation va se poursuivre formellement jusqu'à la fin des années 1960, même si la société québécoise vit de sérieux bouleversements depuis la fin du XIXe siècle, avec de profonds changements sociaux (croissance de la classe ouvrière, urbanisation, syndicalisation, etc.) qui accompagnent un développement économique saccadé, fait de croissance rapide, comme entre 1896 et 1918, et de profondes récessions, comme en 1921-1922 et à partir de 1929. Depuis le milieu des années 1940 se développe une idéologie de contestation et de rattrapage, que Rioux (1968) qualifie de « version moderne de l'idéologie de conservation » (p. 122), à laquelle participent « syndicalistes, intellectuels, journalistes, artistes, étudiants et certains membres des professions libérales » (*Ibid.*, p. 112). Il faudra, cependant, attendre la prise du pouvoir par le parti libéral en 1960 pour que la situation évolue au niveau scolaire en fonction de l'orientation fournie par un troisième courant idéologique, de développement et de participation, qui s'impose rapidement à cette époque, sans faire disparaître toutefois les deux qui la précédaient temporellement. Plus particulièrement, les deux idéologies, celle de rattrapage et celle de développement, vont s'entrechoquer à l'intérieur même du parti libéral et lutter pour l'hégémonie, surtout après 1964, c'est-à-dire à la fin de cette Révolution tranquille, dont les derniers soubresauts se poursuivent jusqu'en 1966. À une faction néocapitaliste, satisfaite de la modernisation réalisée et désireuse de maintenir dorénavant un certain *statu quo* idéologique, s'oppose une faction technocratique dont les revendications nationalistes sont plus poussées et plus vigoureuses. Ce conflit interne conduira à la scission du parti libéral et à la formation du Mouvement souveraineté-association, transformé par la suite en Parti québécois, lequel se fera le champion de l'idéologie de développement et de participation au cours des années 1970.

Dès 1960-1961, le nouveau gouvernement libéral adoptait une dizaine de lois, connue ensuite sous le nom pompeux de Grande charte de l'éducation. Ainsi fut lancée la réforme scolaire au Québec, l'un des volets majeurs de la Révolution tranquille, dont le principal résultat, selon Bourque et Laurin-Frenette (1970), fut, d'une part, l'appropriation par la nouvelle petite bourgeoisie francophone néolibérale des appareils d'un État qui devait devenir interventionniste et, d'autre part, l'affirmation du rôle économique de l'État.

Il s'ensuivit la mise en place de mécanismes pour assurer l'un et l'autre, en fonction des intérêts de la nouvelle classe dirigeante. C'est dans le sens de « modernisation » qu'il faut interpréter, toujours selon ces deux auteurs, les autres réformes qui accompagnent la refonte du système d'éducation : le rapatriement de certains pouvoirs et capitaux du fédéral vers le provincial, la création de la Société générale de financement, les tentatives d'aménagement rationnel du territoire sur le plan régional, la nationalisation de l'électricité, etc.

Parmi les lois de la Grande charte de l'éducation, l'une décrétait la gratuité scolaire et prolongeait la fréquentation scolaire jusqu'à l'âge de quinze ans. Une autre instituait une commission royale d'enquête sur l'enseignement, mieux connue sous le nom de *Commission Parent* (Gouvernement du Québec, 1963-1965). Cette dernière dépose, dès avril 1963, le premier volume de son rapport, qui traite des structures du système scolaire et propose, parmi les recommandations visant la rationalisation et la modernisation de ce système, la création d'un ministère de l'Éducation, ce qui devint une réalité en 1964. Pour les auteurs du rapport, l'école primaire apparaît comme dépassée par le peu de connaissances qu'elle fournit ; anachronique, car elle inculque les aptitudes intellectuelles plutôt que d'aider à les développer ; insuffisante, car « elle néglige les aptitudes manuelles et artistiques » (*Ibid.*, t. 2, n° 150) ; trop rigide, car elle impose le même rythme d'apprentissage à tous les écoliers ; déphasée, car elle n'est plus terminale du fait qu'elle doit préparer aux études secondaires. L'école primaire propose également des méthodes figées au niveau des orientations et des conceptions pédagogiques et maintient, par la rigidité de la discipline, un climat qui empêche l'enfant de s'épanouir. Elle souffre, de plus, des conditions d'enseignement déplorables, qu'il s'agisse des manuels, frappés d'une pauvreté pédagogique, scientifique et culturelle, du matériel pédagogique absent ou d'un aménagement physique inadéquat.

Face à ce procès en règle, les deuxième et troisième volumes, qui analysaient les structures pédagogiques, recommandaient dès lors une nouvelle organisation des études, dont un cours élémentaire réparti sur six ans, une refonte des programmes d'études à tous les niveaux qui abandonneraient les programmes-catalogues, encyclopédiques, pour les remplacer par des programmes-cadres. Ceux-ci devaient corriger « les abus de l'enseignement livresque et stéréotypé que nous avons connu » (*Ibid.*, t. 2, n° 170) et faire appel à un nouvel esprit : un enseignement concret, centré sur l'enfant, des méthodes pédagogiques actives et individualisées, une éducation ouverte sur le monde, une meilleure préparation des enseignants, etc., le tout reposant sur une conception humaniste contemporaine qui emprunterait ses schèmes – la rationalité et le respect de l'individu – à la société industrielle.

Le Rapport Parent, qui constatait une crise de la culture et de l'enseignement, entendait dégager, en effet, un humanisme moderne en opposition à l'humanisme traditionnel, « trop univoque et trop exclusivement littéraire » (*Ibid.*, t. 2, n° 18). Pour ce faire, il favorisait un enseignement spécialisé qui se substituerait à l'enseignement général tout en s'appuyant sur la culture générale, précédemment définie comme étant désormais de type pluraliste (les humanités, la formation scientifique, la formation technique et la culture de masse), et qui s'inscrirait néanmoins dans une perspective humaniste à la vision élargie et enrichie par les sciences et la technique.

Joly (1966) ne s'y était pas trompé : il a bien vu que cette « pluralité de l'humanisme » ne signifiait pas grand-chose et que le modèle éducatif traditionnel, à travers des propos aussi vagues et aussi emberlificotés, était évacué. Il ne pouvait que regretter le « véritable humanisme ancien [qui soutenait] le rêve, conservé jusqu'à la mort, de maîtriser raisonnablement les éléments d'une culture reconnue humaine parce que "générale" » (p. 40). Vingt-cinq ans plus tard, en 1988, dans leur analyse de la situation présente de l'éducation scolaire à la lumière du Rapport Parent, les membres du Conseil supérieur de l'éducation (1988) réaffirment cette « perception de la culture comme univers polyvalent » (p. 19) qui inclut les quatre univers culturels et les intègre, tout en soulignant que le rapport privilégiait déjà l'union de la « culture des humanités », « spécialement la tradition de l'humanisme littéraire » (*Ibid.*, p. 20), et de la culture scientifique. Il importe ici, sans en reprendre l'analyse (Lenoir, 1991*a*; Lenoir et Laforest, 1995), de relever que cette référence à l'humanisme, dont les fondements émanent de ce courant nord-américain dit précisément de « pédagogie humaniste », développé surtout par des psychologues transfuges du behaviorisme[8], revient de façon constante, comme un leitmotiv, un « label de qualité » dans de nombreux documents de source gouvernementale. Notons seulement que cette notion, présentée de manière transhistorique, entend avant tout prouver la spécificité québécoise et la valeur exceptionnelle et particulière de la formation scolaire dans un monde nord-américain anglo-saxon, quant à lui axé sur une culture beaucoup plus matérielle, d'ordre scientifique, sinon pragmatique.

La question interdisciplinaire n'est pas abordée comme telle dans le Rapport Parent. Celui-ci regrette cependant « les fossés [qui] séparent les uns des autres ces divers ordres de connaissances » (Gouvernement du Québec, 1963-1965, t. 2, n° 10) ; il relève qu'« on a souvent souligné les liens qui unissent les humanités et les sciences » (*Ibid.*, n° 10) ; il dénonce « les cloisons trop étanches entre les programmes » (*Ibid.*, n° 14, 24), particulièrement au secondaire. Il considère néanmoins que la fragmentation de la connaissance peut

---

8. Beaucoup plus centré sur la pratique que sur la théorisation de leurs pratiques, ces psychologues, Maslow en tête, entendent porter leurs efforts éducatifs sur la mise en place des conditions permettant à chaque être humain de s'épanouir comme personne : « On reconnaît là le concept « d'individuation » cher à Jung ou celui de « self-actualization » lancé par Maslow, ou de « fully-functionning person » qu'affectionne Rogers » (Piveteau, 1976, p. 474). La pédagogie humaniste projette ainsi « une vision qu'on peut qualifier d'optimiste, en ce qu'elle a tendance à gommer les oppositions entre le social et l'individuel ou à croire que la résolution de ces conflits se situe au sein de la personne. C'est une vision de plus anti-institutionnelle qui fait de l'individu et non des structures le moteur du changement » (*Ibid.*, p. 474-475).

être bénéfique par les échanges et l'émulation qu'elle crée auprès des spécialistes. Devant « l'extraordinaire multiplication des connaissances depuis trois siècles [...] la seule forme d'universalité possible désormais est peut-être l'initiation aux divers modes d'approche de la vérité, comme on arrive à les coordonner ou à les utiliser » (*Ibid.*, n° 61). Au niveau primaire, la formation ne peut être que générale, que formation et non plus information, et être centrée sur l'acquisition des outils intellectuels de base nécessaires au développement humain futur en général et à l'enseignement secondaire en particulier. Le rapport ne propose donc pas d'approches de type interdisciplinaire ; il serait même tenant d'un enseignement par matière, au secondaire de toute évidence, pour assurer ce début de spécialisation qu'il met de l'avant à travers un système à options. Cependant, il rompt avec le modèle d'enseignement traditionnel et avec la « culture générale » (en tant que contenu d'enseignement des humanités classiques) qui y est associée et il privilégie l'apprentissage du travail intellectuel en constatant qu'« il n'est plus suffisant, pour gagner sa vie, de savoir lire, écrire et compter ; on doit, en quelque sorte, "apprendre à apprendre" » (*Ibid.*, n° 61). Il ne peut cependant rompre avec des éléments plus fondamentaux qui appartenaient à l'idéologie globale de conservation, du fait qu'il participe à cette idéologie de rattrapage qui n'en constitue qu'une adaptation et qui pense « que la culture des Québécois doit être modernisée mais pas nécessairement en prenant les sociétés nord-américaines comme modèles. En effet, la plus grande mutation que cette idéologie représente par rapport aux autres, c'est qu'elle se fait une idée différente de l'homme et de la société en général et en particulier de l'homme québécois et de sa société » (Rioux, 1974, p. 122).

Pour Rioux, ce qui différencie fondamentalement les deux idéologies globales, c'est que la première revendique l'autonomie du Québec afin de préserver sa culture, tandis que la seconde promeut l'intégration au Canada en vue de bénéficier des avantages d'un pays moderne et de diffuser la culture québécoise, ce dont témoignent, par exemple, les politiques de bilinguisme mises de l'avant par le parti libéral fédéral. C'est ainsi qu'en 1969, Rocher soulignait encore que « ce qui témoigne le plus éloquemment du divorce qui existait encore récemment au Québec entre la société industrielle et la mentalité traditionnelle, c'est qu'on n'ait alors senti aucun besoin d'adapter le système d'enseignement aux exigences de la société nouvelle. En particulier, l'industrialisation en cours aurait normalement dû provoquer au Québec comme aux États-Unis et dans le Canada anglais une forte poussée vers l'école secondaire et un éclatement de ce niveau d'étude. Il n'en fut rien : la majorité des jeunes continuaient d'abandonner l'école au cours ou au terme des études primaires, tandis que l'enseignement secondaire demeurait la voie royale réservée à une mince élite destinée aux études supérieures. En même temps, l'enseignement secondaire et universitaire continuait à être exclusivement privé » (p. 12).

Certes, l'institution scolaire, même prise complètement en charge par l'État, si l'on veut bien excepter l'enseignement privé, était toujours largement influencée par des forces conservatrices, laïques et religieuses, de l'intérieur même de l'institution comme de l'extérieur, par le biais, entre autres, des comités catholique et protestant dorénavant reliés au Conseil supérieur de l'éducation. Ce qui précède expliquerait cependant davantage le fait qu'il ait fallu attendre la fin de la décennie soixante pour que soit modifié le système scolaire.

Au cours de cette décennie, si l'intention du Gouvernement québécois était bien à l'origine d'investir dans une révision substantielle, sinon dans une refonte complète des programmes d'études, ainsi que le rappelle Grégoire (1987), les exigences reliées à la législation, à la réglementation, à l'organisation du système et aux équipements, bref la mise en place de l'infrastructure a conduit le ministère de l'Éducation à maintenir les programmes des années quarante et cinquante au primaire et au secondaire, à en justifier l'existence et à annoncer la prochaine publication de programmes « assouplis [...], réellement fonctionnels [...], adaptés au rythme de développement des étudiants, à la diversité de leurs aptitudes et de leurs conditions de vie aussi bien qu'à la nature et aux impératifs du rôle qu'ils auront à jouer plus tard dans la société, à la fois comme citoyens et comme travailleurs » (*Ibid.*, p. 76-77)[9].

4.3 Les années soixante-dix et les programmes-cadres

Le pluralisme culturel[10], observé par la Commission Parent, est retraduit en termes de pluralisme humaniste qui devint le pivot de la réforme sur le plan idéologicopédagogique. Celle-ci ne pouvait, dès lors, que permettre des lectures plurielles, ambiguës, par son effort de conciliation de tendances idéologiques et d'enjeux divergents. Il faut reconnaître que, par le biais de cette opération, les réformes structurelles désirées ont été menées à bien. Et, comme l'ont remarqué Bélanger et Rocher (1970), la Commission Parent a cherché à proposer un système d'éducation qui puisse correspondre à ce que le Québec était progressivement devenu de fait. Il s'agissait bien plus de rattraper, de mettre à jour, que d'innover. Il n'en demeure pas moins que le Québec est entré dans une période agitée au cours de laquelle les différentes idéologies qui avaient cours se sont heurtées publiquement à travers de nombreux conflits sociaux et ont fait l'objet de révision dans le sens que Ansart (1974) donne à ce terme et qui décrit exactement ce qui s'est passé à ce moment-là au Québec : « Appelons révisionniste (même si ce terme risque de suggérer d'autres associations) toute situation (ex. dans les pays capitalistes actuellement) où les idéologies sont objets de débat, de critique, de réécriture permanente, où le champ se divise en réseaux rivaux de création, de diffusion et

---

9. Grégoire (1987) cite le premier rapport du ministre de l'Éducation de 1965.
10. On ne peut confondre ce pluralisme culturel avec la pluralité culturelle qui se rencontre dans une collectivité multiethnique.

d'inculcation. [...] Un travail permanent d'ajustement, de révision s'opère entre la fidélité aux traditions et la nécessité de répondre aux défis nouveaux. [...] Les idéologies sont alors peu fixées et les luttes ne cessent de poursuivre le rêve d'une orthodoxie que le système rend inaccessible » (p. 58).

Dans le domaine de l'éducation, au cours des années soixante-dix, plusieurs idéologies éducationnelles se sont développées en relation avec les idéologies sociales globales. Ainsi, dans un laps de temps finalement très court, plusieurs modèles éducationnels proposés sont entrés dans un rapport compétitif. Chacun des documents publiés, qui exposait ces idéologies, analysait l'éducation scolaire sous différents angles (les approches pédagogiques, les types d'écoles, les paradigmes éducationnels, les pensées rivales, etc.) et confrontait diverses conceptions relatives à l'éducation, à l'enseignement, à l'apprentissage, à l'enfant, au rapport au monde et, par là, à la culture, au modèle attendu d'un être humain éduqué et à la société. La plupart des documents privilégiaient explicitement l'un des modèles étudiés. Ainsi, en plus de proposer la leur, Bertrand et Valois (1980) ont recensé quelque quinze typologies différentes. Il importe ici de souligner simplement que tous ces modèles éducationnels, tout en étant en compétition entre eux, participent tous à un modèle pédagogique plus large, que Not (1979) a qualifié d'« autostructuration cognitive » et que Snyders a analysé sous les angles de la pédagogie progressiste (1971) et des pédagogies non directives (1973).

En ce qui concerne le Québec, il faut noter que, sauf pour quelques exceptions, en particulier le modèle critique visant la transformation radicale de l'école et de la société développé par la Centrale de l'enseignement du Québec (1972), il ne s'agit pas, pour ces modèles, de révolutionner ni l'école ni les structures et les rapports sociaux, mais de moderniser la formation et d'adapter la pédagogie en concordance avec l'idéologie globale qui prédomine alors. L'ensemble des modèles font de l'école un instrument de libération individuelle et d'intégration sociale en opposant leur vision à d'autres représentations, jugées sociohistoriquement inadéquates ou dépassées. Le modèle syndical par contre dévoile la fonction de reproduction sociale de l'appareil scolaire et, plutôt que de célébrer ses capacités de transformations et d'améliorations et d'y voir « une instance d'émancipation et de progrès (mobilité – savoir) » (Dandurand et Ollivier, 1987, p. 92), il dénonce l'école comme un lieu de violence symbolique et de reproduction sociale, aux mains des classes dominantes.

Dans la perspective pluraliste ainsi définie, renforcée par une volonté de démocratisation de l'enseignement et en s'inspirant de courants de pensée d'origine américaine (Bélanger, 1972) prônant la croissance, l'autonomie et l'épanouissement de l'individu dans un contexte qualifié de « non directif », le gouvernement a procédé enfin, en 1968-1969, la pression des événements sociaux aidant, à un réaménagement en profondeur du système scolaire, du préscolaire à l'université, à la révision du régime pédagogique et à la production des programmes-cadres demandés par le Rapport Parent, lesquels ont été progressivement appliqués au tournant des années soixante-dix.

Ces programmes-cadres, qui devaient corriger « les abus de l'enseignement livresque et stéréotypé que nous avons connu » (Gouvernement du Québec, 1963-1965, t. 2, n° 170), trouvaient leur légitimité pédagogique dans le rapport annuel du Conseil supérieur de l'éducation de 1969, paru en 1971, explicitement intitulé *L'activité éducative*. Ce document fournit les orientations théoriques d'un modèle d'intervention éducative déjà signalé, celui de l'autostructuration cognitive. Le rapport, qui considérait que le système scolaire se compose de trois plans – les structures administratives, le régime pédagogique et l'activité éducative –, estime que le troisième plan est resté le « parent pauvre » du renouveau scolaire. Aussi convie-t-il à une réflexion sur les fondements mêmes et sur les buts du système d'éducation, en attirant l'attention sur « le rôle de l'être humain face au phénomène éducatif » en vue de proposer « une philosophie de l'homme et de la société » (*Ibid.*, p. ix). Le ministre de l'Éducation ne dit pas autre chose quand il déclare, lors de la rentrée de septembre 1970, que « les années '60 ont été témoins de réformes administratives, structurales, juridiques » et que, au cours de la la prochaine décennie, le système scolaire « devra réaménager son intérieur [...], adapter ses contenus et son style à la société moderne » (Gouvernement du Québec, 1977*b*, p. 13).

Dans *L'activité éducative*, le Conseil supérieur de l'éducation (1971) entreprend un plaidoyer pour une « conception organique » de l'activité éducative, en opposition à la « conception mécaniste » qui a régné jusqu'alors, qui voit « dans l'enseignement un processus de transmission et dans l'apprentissage un processus de réception » (p. 35). La conception organique, pour sa part, est centrée sur le développement de la personnalité de celui qui apprend (le « s'éduquant », le « s'apprenant », selon le jargon à la mode !), développement qui donne la priorité à l'épanouissement individuel et à l'apprentissage des relations interpersonnelles et qui est considéré comme plus important que celui de la connaissance. La conception organique vise « à favoriser [...] le développement de la créativité, de l'imagination, de l'expression spontanée, de l'autonomie personnelle, de la faculté d'évaluation interne, du jugement » (*Ibid.*, p. 25). Elle reconnaît que « l'activité éducative a son centre et son dynamisme dans l'étudiant » (*Ibid.*, p. 25), c'est-à-dire que celui-ci est le sujet responsable de ses apprentissages. Il l'est d'autant plus que, pour la conception organique, profondément innéiste, l'enfant est naturellement spontané, inventif, autonome, ingénieux, curieux (*Ibid.*) et que le dynamisme vital interne à toute personne humaine, s'il est placé dans des conditions favorables – d'où « l'école milieu de vie »[11] –, ce que doit stimuler la pédagogie, « tend naturelle-

---

11. Ce slogan gouvernemental, qui désignait l'institution scolaire, voulait mettre en évidence que celle-ci est totalement au service de l'enfant, que c'est ce milieu qui est avant tout objet d'exploration, en accord avec les principes de l'école active, et que le but premier de l'école est d'apprendre à vivre en harmonie avec son milieu. Cette vision très psychologisante tend à ne considérer que la relation psychopédagogique.

ment à la croissance et au développement de tout l'être ; il est rationnel, réaliste et dirigé vers le progrès de la personne » (*Ibid.*, p. 38). En conséquence, l'apprentissage est alors défini « comme une expérience active qui se passe toute entière dans la vie intérieure de l'étudiant ; ce dernier possède le dynamisme et les ressources pour effectuer cette expérience, l'accomplir, lui donner un caractère authentique. [...] L'étudiant possède en lui-même les ressources principales nécessaires à sa croissance, à son développement, à son orientation et à ses choix » (*Ibid.*, p. 37). Les auteurs du rapport renforce encore leur conviction en la généralisant à tout être humain et en affirmant que ces ressources nécessaires sont suffisantes : « Cette conception soutient que toute personne humaine possède, en elle-même, les ressources nécessaires et suffisantes pour se développer vers l'autonomie et la responsabilité et dans le sens de la maturité affective, intellectuelle et sociale » (*Ibid.*, p. 62).

Largement influencée par les travaux de Bany et surtout par ceux de Rogers[12], cette conception prône une formation individualisée du « moi intérieur », l'autoformation et la nécessité d'« apprendre à apprendre », ainsi que le recours à des méthodes actives et à des approches non directives, dans une perspective d'insertion sociale, de « réformation » ou de catharsis personnelle de son être.

En fonction de cette conception organique de la formation scolaire qui évacue de ses préoccupations centrales les matières scolaires et leurs contenus, les programmes-cadres ne proposent pas d'approches interdisciplinaires. Les contenus d'apprentissage sont avant tout de l'ordre expérientiel, existentiel et non cognitif, puisque le processus cognitif est associé à la conception mécanique en des termes « où l'élève est un être passif à qui on demande d'écouter le maître, d'emmagasiner des connaissances » (Conseil supérieur de l'éducation, 1971, p. 45). Il est même prévu que l'étudiant pourra, tant au primaire qu'au secondaire, « dans une certaine mesure, [...] bâtir son propre programme » dont il sera ainsi le « co-auteur » (Grégoire, 1987, p. 89). Les promoteurs de cette conception réagissent ainsi au modèle antérieurement dominant, qualifié de mécaniste.

En conséquence, la préoccupation à l'égard de l'interdisciplinarité ne pouvait émerger. Par contre, l'accent fut mis sur l'intégration des apprentissages effectués par l'écolier, ces apprentissages étant d'abord, rappelons-le, de type socioaffectif et orientés vers la capacité à s'intégrer au milieu social. C'est avec cette vision des buts de la formation scolaire que le rapport demande de

---

12. Notons que nous retrouvons la pensée de Rogers presque mot pour mot, tout au long de la présentation de la conception organique. N'indiquons qu'un exemple, en référence avec la vision de l'être humain, à comparer avec ce qu'en dit le rapport à la page 38 et cité ci-haut : « le centre, la base la plus profonde de la nature humaine [...] est naturellement positif, fondamentalement socialisé, dirigé vers l'avant, rationnel et réaliste » (Rogers, 1972, p. 74). Voir également Rogers (1973, 1976). Il faut reconnaître que, quand Rogers parle ainsi, il traite du développement de la personnalité, tout particulièrement dans un cadre thérapeutique. Il ne définit donc pas des orientations éducatives...

« respecter la principale polyvalence qui existe déjà dans le système scolaire et à laquelle on accorde encore une attention distraite, à savoir l'originalité et la singularité de chacun des étudiants » (Conseil supérieur de l'éducation, 1971, p. 50). Dans l'esprit des auteurs du rapport, la polyvalence équivalait donc à la reconnaissance de l'unicité de chaque être humain et de là, à la nécessité d'une individualisation de l'enseignement.

Si la polyvalence a essentiellement concerné l'enseignement secondaire au niveau de l'organisation de l'enseignement, puisqu'elle constituait « l'essence de la rénovation de notre enseignement secondaire » (Conseil supérieur de l'éducation, 1972, p. 68), elle requérait également au primaire le décloisonnement, c'est-à-dire la suppression des barrières entre les catégories de personnel, entre l'instruction et l'éducation, entre l'enseignement et la vie étudiante, au niveau des horaires et des ressources matérielles (Groupe Poly, 1974) et même l'élimination des murs entre les salles de cours. L'école devenait alors un « milieu de vie » au sein duquel s'intégreraient harmonieusement cours et vie étudiante. Ainsi, de façon cohérente avec le modèle éducatif qui prédominait alors, l'accent était mis sur la convivialité, sur les relations humaines, et non sur les apprentissages cognitifs identifiés par le curriculum.

Les programmes-cadres n'étaient pas implantés que le gouvernement planifiait, dès le début des années soixante-dix, la production de nouveaux programmes plus structurés et plus conformes aux orientations idéologico-technocratiques qui avaient cours au niveau global. Il était d'autant plus incité à entreprendre cette opération que, « à peine a-t-on commencé, dans les écoles, à vivre avec les nouveaux programmes que de vives critiques s'élèvent de toutes parts à leur sujet » (Grégoire, 1987, p. 103). Dès 1972, assurément, le ministère de l'Éducation était décidé à reconsidérer les programmes d'études dans une autre perspective : « l'orientation que [la Direction générale] donne et entend donner à l'élaboration de ses programmes par objectifs » (Pelchat, 1972, p. 3) ne permettrait-elle pas de poursuivre la mise en œuvre de l'une des finalités préconisées par le Rapport Parent, à savoir une formation axée sur l'économie et la technologie[13] ? En lieu et place de la défense du *statu quo* culturel, le développement économique est reconnu comme prioritaire. Il faut

---

13.   Deux extraits du Rapport Parent indiquent bien cette orientation. Sous le titre *Exigences de l'enseignement dans la société moderne*, on peut lire ce qui suit : « L'ouvrier qui avait succédé à l'artisan cède maintenant la place au technicien. Pour former un technicien, l'apprentissage de quelques heures ne suffit plus ; une éducation générale assez poussée est nécessaire à la base [...]. [À l'usine] la mécanisation et l'automation exigent des cadres supérieurs plus nombreux ; la programmation des opérations, l'organisation du travail, les services auxiliaires de la production (achat, vente, prévisions, etc.) requièrent de fortes équipes de spécialistes et de techniciens » (Gouvernement du Québec, 1963-1965, t. 1, n° 91-92). « Il faut donc assurer à l'ensemble de la population un niveau d'instruction assez élevé, préparer des cadres pour tous les secteurs et se préoccuper surtout de donner une formation poussée à cette fraction croissante de la population destinée à servir dans le secteur tertiaire [...] Si ces conditions ne sont pas remplies, la vie économique risque de marquer le pas et la nation de perdre son rang » (*Ibid.*, n° 94).

une école qui puisse former les ressources humaines appropriées pour assurer ce développement.

Les programmes-cadres ont donc surtout servi à faciliter une certaine rupture avec le modèle d'enseignement traditionnel qui demeurait, malgré tout, vivace. Ils n'étaient que transitoires. Leur durée de vie fut, en réalité, fort courte. En fait, l'interprétation de ces programmes-cadres fut des plus variées et donna libre cours, au nom d'une pédagogie active et en fonction d'options sociopolitiques diverses, à des pratiques qui allaient du conformisme le plus rigide à un anarchisme débridé. L'étude sociopédagogique entreprise en 1978 par Cormier, Lessard, Valois et Toupin (1981) pour le compte du ministère de l'Éducation, appuyée sur une enquête auprès de soixante-quinze pour cent des enseignants du primaire et du secondaire, souligne que les pratiques éducatives, au niveau de la relation maître-élève, sont restées profondément traditionnelles, qu'un pourcentage élevé d'enseignants a adhéré à l'un ou l'autre des paramètres caractéristiques de cette conception, ce qui traduit une grande confusion tant sur le plan opérationnel qu'idéologique, et qu'une application cohérente de la conception organique a été réalisée par moins de dix pour cent des enseignants. Et, parmi ces derniers, les auteurs se demandent si une bonne part ne serait pas plutôt des adeptes d'un modèle anarchique ou libertaire.

En conclusion à la présentation de cette décennie, il importe de mettre en évidence l'émergence du concept d'intégration, sur lequel nous reviendrons, alors que celui d'interdisciplinarité est absent, du moins du discours gouvernemental.

4.4 Les années quatre-vingt et les « nouveaux » programmes d'études

La prise de pouvoir par le Parti québécois en 1976 est venu accélérer le processus d'élaboration des nouveaux programmes d'études et leur donner une coloration plus en accord avec l'idéologie de développement et de participation que ce parti véhiculait. En recourant aux conceptions behavioristes de l'apprentissage et à une approche systémique de l'école, un modèle général de production des programmes (Gouvernement du Québec, 1978) fut imposé aux différentes équipes de concepteurs, dont la plupart ont débuté leurs travaux en 1977.

C'est précisément cette année-là que le ministère de l'Éducation a lancé une vaste consultation sur les politiques scolaires, à la suite de la publication du Livre vert *L'enseignement primaire et secondaire au Québec.* Gouvernement du Québec, 1977*a*), dans lequel il présentait son analyse de la réforme scolaire dans son évolution depuis les années 1960 et proposait diverses orientations administratives et pédagogiques. Ainsi que le souligne Laforest (1989), « ce diagnostic est de type fonctionnaliste. Il repose sur la perception que les tenants du pouvoir ont d'un système idéal qui fonctionne selon les orientations qu'ils entendent lui donner. C'est à partir de ce modèle implicite qu'ils déterminent les dysfonctionnements du système qu'ils analysent. En fait, leur diagnostic est porteur de ses propres prescriptions en fonction des changements qu'ils désirent introduire. Il constitue une justification des réformes à introduire » (p. 121). En effet, les orientations furent données à plusieurs programmes avant que la consultation n'ait débuté et les travaux étaient bien avancés quand les résultats de cette consultation furent connus.

Le Gouvernement reconnaît alors que la réforme scolaire a porté de nombreux fruits, mais qu'elle a dévié de ses objectifs fondamentaux sur plusieurs points : les programmes ont des contenus imprécis ; l'évaluation des apprentissages est insatisfaisante ; l'encadrement des élèves est insuffisant, tant au niveau des apprentissages qu'à celui des activités scolaires ; le calendrier scolaire est fréquemment perturbé ; les parents sont inquiets face aux nouvelles approches pédagogiques ; l'administration scolaire souffre d'une normalisation trop poussée ; le milieu scolaire s'est radicalisé ; les conventions collectives sont trop détaillées ; l'éventail du choix d'écoles est restreint ; enfin, la participation des parents demeure mitigée (Gouvernement du Québec, 1977*a*). Bref, l'école souffre d'un manque généralisé de rigueur. Il importe, dès lors, selon le Gouvernement, de procéder aux redressements qui s'imposent. Déjà, dès septembre 1976, le Comité catholique du Conseil supérieur de l'éducation avait signalé l'urgence de « reprendre en main le projet scolaire » : « C'est la vision qui s'est obscurcie ; c'est l'esprit qui s'est évaporé. Une nouvelle étape dans la réforme s'impose, plus difficile que la première : c'est la réforme du sens de l'école et de ses orientations » (Conseil supérieur de l'éducation, 1976, p. 1). De 1977 à 1979, différents discours du ministre de l'Éducation de l'époque, Jacques-Yvan Morin, vont exactement dans ce sens (Gouvernement du Québec, 1977*b*, 1979*a*). Leurs titres sont en eux-mêmes suggestifs, en ce qu'ils prônent un nouveau départ et un renouveau pédagogique !

En 1979, le ministère de l'Éducation publie son énoncé de politique (Gouvernement du Québec, 1979*b*) qui vient largement confirmer les propositions antérieures et ouvrir la porte à leur mise en application. Toujours dans cet effort d'affirmer la continuité avec le passé et avec la conception « organique » qu'il avait antérieurement endossée, le Gouvernement réitère, dans ce plan d'action, que l'action éducative de l'école aura pour objectif de « permettre aux enfants et aux adolescents de se développer selon leurs talents particuliers et leurs ressources personnelles, de s'épanouir comme personnes autonomes et créatrices et de se préparer à leur rôle de citoyen » (*Ibid.*, p. 12). La formation ne peut être qu'intégrale : elle l'était, elle le sera, quels que soient les changements apportés ! Or, un autre rapport écolier-enseignant-programmes est ici signifié et il rejette cette idée précédemment admise que l'être humain est apte, dès son enfance et son adolescence, à déterminer seul ses besoins cognitifs, à choisir en fonction de ses intérêts les contenus d'apprentissage et à établir les modalités de son cheminement qui soutiendront son développement intégral. Il appartient dorénavant à l'État de définir démocratiquement les besoins éducatifs de la société. De plus, le plan d'action se distancie du modèle éducationnel antérieur en ce qu'il retient comme objectif pour le cours primaire d'» assurer à l'enfant le développement des *apprentissages fondamentaux*, nécessaires au développement intellectuel, à l'intégration de l'expérience et à l'insertion sociale» (*Ibid.*, p. 29). La tendance d'un retour aux apprentissages de base avait déjà été annoncée, dès 1975, par le ministre de l'Éducation de l'époque, Raymond Garneau: «À l'école élémentaire, ce sont les connaissances de base qu'il faut inculquer aux enfants: lire, écrire et compter; ce sont aussi les valeurs fondamentales qu'il faut leur apprendre: valeurs religieuses et valeurs morales» (Gouvernement du Québec, 1975, p. 13).

Voici, énoncée on ne peut plus clairement, cette volonté d'un retour à une conception plus traditionnelle, révisionniste, pour les enfants de six à douze ans. Les deux pôles de la formation primaire sont explicitement exprimés: les apprentissages de base, ici réduits aux savoir-faire usuels, et l'inculcation idéologique. La vision mise de l'avant par le gouvernement du Parti québécois, qui prendra en charge la réalisation de ce projet à partir de sa victoire aux élections de 1976, sera un peu plus large sur le plan des apprentissages et divergera au niveau idéologique en privilégiant le rôle de citoyen et en nuançant quelque peu la place de la religion dans le développement intégral de la personne: «L'éducation au Québec vise à développer la personne dans toutes ses dimensions: la personne est corps, intelligence, affectivité. Elle a une dimension sociale. Dans son existence, elle intègre une morale et, très souvent, une religion» (Gouvernement du Québec, 1979*b*, p. 26.

Sur le plan pédagogique, le redressement attendu passe par la production non seulement de nouveaux programmes (le Ministère parle pudiquement d'une «révision de programmes» pour témoigner de la continuité), conçus selon une structuration par objectifs de comportements déclarés observables et mesurables, mais aussi par la production de guides pédagogiques qui accompagnent ces programmes, ainsi que d'autres documents de clarification, particulièrement en français et en mathématiques, de devis de production et de grilles d'évaluation du matériel didactique s'adressant aux maisons d'édition et aux auteurs, de devis d'implantation pour les commissions scolaires, d'une politique d'évaluation et de guides d'évaluation des apprentissages, de guides de production de matériel divers, etc.

Un nouveau régime pédagogique est introduit et progressivement appliqué au cours des années quatre-vingt. Il prévoit une nouvelle répartition des matières au primaire (Gouvernement du Québec, 1981*a*)[14]. Il ne s'agit pas là d'un changement radical par rapport à ce qui existait pendant la décennie qui avait précédé. Ce qui change vraiment à ce niveau au primaire, au-delà de

---

14. Grégoire (1987) présente un tableau qui compare la proportion de temps accordée en principe à l'enseignement des matières obligatoires au primaire en 1959 et en 1981.

certaines modifications somme toute mineures (excepté l'introduction de deux nouveaux volets dans le programme d'art), c'est l'annonce de l'obligation de dispenser ces matières de façon hebdomadaire, de leur consacrer un certain laps de temps, de poursuivre l'atteinte des objectifs énoncés par les programmes d'études ainsi que d'appliquer des mesures relatives à l'évaluation des apprentissages. Tous les aspects reliés à la relation enseignement-apprentissage sont ainsi touchés. Les investissements sur le plan financier et au niveau des énergies et des ressources humaines furent considérables lors de cette phase de production.

À l'aube des années 1980, la documentation ministérielle abonde, les règlements aussi! Quant à leur application, c'est une autre question. Cette responsabilité est octroyée aux commissions scolaires qui, faute de préparation, de moyens financiers et de ressources humaines suffisantes et adéquatement formées, sont vite dépassées par les événements qu'elles sont d'ailleurs incapables de comprendre, leurs cadres n'ayant pas eux-mêmes été préparés à planifier, à orienter, à supporter et à superviser des changements aussi profonds sur le plan pédagogique[15]. L'entreprise, mise en branle au début des années soixante-dix, avant la première crise internationale du pétrole, entre dans sa phase d'implantation alors que l'Occident vit une crise économique sévère qui « se prolonge dans une crise sociale globale » (Dandurand et Ollivier, p. 94) dont l'impact dans le domaine scolaire « passe d'abord par la crise fiscale et le doute sur l'État providence » (*Ibid.*, p. 95).

Le matériel didactique et les manuels scolaires promis, qui avaient été reconnus comme indispensables par le Ministère et qui devaient soutenir directement l'enseignement des programmes, se font cruellement attendre. Leur absence pendant plusieurs années dans de nombreux cas, tout particulièrement au deuxième cycle du primaire, alors que les règlements imposent l'application des programmes à des dates préétablies, est source de profonds mécontentements et de sérieuses résistances dans le milieu scolaire. Les enseignants sont largement laissés à eux-mêmes. Ce qu'ils ont devant les yeux, ce sont les quelque trois mille pages ou le demi-mètre de haut que forment les programmes d'études, les guides pédagogiques d'accompagnement, les guides d'évaluation et les autres documents qui leur sont spécifiquement adressés!

Les implications d'un passage d'une pédagogie centrée, selon le cas, sur la matière et son enseignement ou sur l'enfant et la prise en charge par celui-

---

15.   À titre illustratif, nous mentionnerons que le ministère de l'Éducation a délégué aux commissions scolaires la responsabilité d'élaborer, pour chaque programme d'études, une planification intermédiaire, « instrument de gestion pédagogique proposant une distribution dans le temps des objectifs de chacun des programmes » (Gouvernement du Québec, 1984, p. 40), qui se situe entre le programme provincial et la préparation de cours qui relève de chaque enseignant. Cette opération a seulement débuté dans quelques commissions scolaires au mieux en 1986 et elle s'est traduite très souvent par un simple découpage de contenus, selon le modèle traditionnel d'une répartition des connaissances sur les trente-six semaines d'enseignement d'une année scolaire.

ci de son épanouissement personnel, à une pédagogie centrée sur les apprentissages – qui plus est établie selon une structure d'objectifs de comportements observables et mesurables (en théorie !) avec laquelle les enseignants étaient loin d'être familiers[16] – n'avaient assurément pas été évaluées sérieusement. Leur pédagogie demeure largement traditionnelle, ce que constate le Conseil supérieur de l'éducation (1988)[17]. Par conséquent, les manuels mis finalement sur le marché reflètent très souvent cette pensée traditionnelle, même si leur présentation visuelle est stimulante et diversifiée : « ils ne se sont guère renouvelés sur le plan pédagogique, particulièrement dans le cas des cahiers d'exercices dont on continue de faire un usage abusif » (*Ibid.*, p. 59, citant Carbonneau)[18]. Les auteurs de ces manuels n'ont pas eux-mêmes modifié leurs conceptions ; les exigences du marché réclament, à la limite au détriment de tout souci didactique et scientifique, de vendre des outils qui puissent sourire immédiatement à la clientèle potentielle.

Dorénavant, tous les programmes d'études sont officiellement prescriptifs et doivent tous être dispensés selon des modalités régies par un nouveau régime pédagogique beaucoup plus contraignant (du moins au départ) et selon une répartition des matières que celui-ci détermine aussi, alors qu'une grande liberté d'action avait été laissée jusqu'alors aux commissions scolaires et aux enseignants. Différentes mesures sont progressivement mises en place pour procéder simultanément à l'évaluation sommative et formative des apprentissages réalisés par les écoliers et les programmes d'études eux-mêmes. La notion de supervision pédagogique est également introduite pour caractériser l'évaluation formative de l'action des enseignants, c'est-à-dire les opérations d'observation, d'analyse et d'interprétation par lesquelles les commissions scolaires, par le biais des directions d'école, vérifient la cohérence entre les pratiques et les politiques éducatives et décident des actions à entreprendre pour maintenir, corriger ou améliorer la situation observée. La perspective évaluative

---

16.　Notons que ce modèle est en contradiction avec la perspective « organique » que le ministère de l'Éducation maintient dans ces écrits ! Cet état des choses ne peut qu'accroître la confusion auprès de tous les intervenants dans le milieu scolaire.

17.　« S'il fallait le dire en quelques mots, il faudrait affirmer [...] que l'école primaire actuelle conserve une approche éducative plutôt traditionnelle. On peut observer cette approche dans les orientations de la pratique pédagogique, l'organisation de l'enseignement, les programmes d'études, la formation et le perfectionnement des enseignants et les conditions d'enseignement » (Conseil supérieur de l'éducation, 1988, p. 57). Plus loin, le Conseil précise qu'en ce qui concerne la pratique pédagogique, « dans l'ensemble, les maîtres pratiquent l'exposé magistral, font peu appel aux situations de la vie de tous les jours et enseignent les matières plutôt séparément » (*Ibid.*, p. 57).

18.　Le Conseil supérieur de l'éducation (1989) condamne à nouveau ces cahiers dans *Les visées et les pratiques de l'école primaire* : « C'est d'ailleurs au profit d'outils ponctuels et à vocation très limitée que sont les « cahiers d'exercice » que s'est orientée la production pédagogique des dernières années [...]. Il faut craindre les limites qu'impose un tel usage [...]. Un enseignement qui ne fait appel qu'aux fonctions intellectuelles élémentaires comme la mémorisation et l'acquisition d'automatismes ne peut pas conduire très loin dans les voies de la formation et de la culture » (p. 26).

acquiert une importance majeure sur les trois plans de l'évaluation des apprentissages, de l'évaluation de l'intervention éducative et de l'évaluation des objets d'apprentissage.

Par ailleurs, le retour aux apprentissages de base est de plus en plus réclamé. Le ministre de l'Éducation en reconnaît la nécessité et en promeut l'idée : « Nous devons renforcer et améliorer la qualité des apprentissages dans les matières de base, en particulier dans les secteurs où les faiblesses majeures ont été remarquées, par exemple le français écrit et parlé, les mathématiques, les sciences, l'anglais et le français langues secondes, les connaissances générales » (Gouvernement du Québec, 1986a, p. 6).

Ainsi décrits, ces apprentissages de base rejoignent en fait tous les programmes d'études du primaire. Apprentissages de base et matières obligatoires sont alors synonymes. Mais, dans la réalité quotidienne, ce mouvement *Back to Basics*, qui est l'objet de débats publics dans plusieurs pays occidentaux et, entre autres chez notre voisin du sud (National Commission on Excellence in Education, 1983) et au Québec (Conseil supérieur de l'éducation, 1986, 1989), réfère essentiellement aux programmes de français et de mathématiques (Lenoir, 1991a, 1992c). D'ailleurs, les préoccupations et les ressources relatives à l'implantation, puis à l'application et à l'évaluation des apprentissages, ont avant tout porté sur ces deux programmes d'études. La plupart des investissements les concernaient. Entre les objectifs de formation intégrale (les orientations éducatives) et la centration sur les apprentissages de base (les orientations politiques) concrètement perçus comme sélection de deux matières[19] auxquelles, selon les pressions du moment, est annexé l'un ou l'autre programme (l'enseignement religieux, l'éducation physique, les sciences, etc.), la position des enseignants ne peut être qu'inconfortable. Cependant, de façon pragmatique, elle penche majoritairement du côté d'un enseignement des matières reconnues comme importantes[20], d'autant plus que cette façon de faire rejoint leurs pratiques traditionnelles.

Malgré le principe d'une formation intégrale et l'obligation d'enseigner tous les programmes d'études, il apparaît bien vite qu'un certain nombre d'entre eux ne sont carrément pas ou sont très mal enseignés. De toute façon, ces matières ne l'étaient pas ou pratiquement pas antérieurement, ou alors l'étaient selon un schéma des plus traditionnels fondé sur l'exercisation, l'imitation et la mémorisation. Les efforts et les ressources mis pour les implanter sont fréquemment inexistants, ou bien largement insuffisants, ou bien encore

---

19. Il importe de distinguer entre les « apprentissages de base », qui relèvent de choix socioéducatifs, et les « matières de base », qui sont, selon la définition qu'en donne De Landsheere (1979), des « savoirs-outils [...] des connaissances qui sont l'instrument des autres acquisitions » (p. 170).

20. Le Conseil supérieur de l'éducation (1982a) constate que « les titulaires se conforment aux prescriptions de leur commission scolaire » (p. 8). Nombre de commissions scolaires modifient ou laissent modifier par les écoles la « grille horaire » du régime pédagogique pour ajouter plus de temps à l'enseignement de la langue maternelle et des mathématiques, ainsi que les résultats de recherche le révèlent (Lenoir, 1991a, 1992c).

inappropriés. Enfin, une étude gouvernementale fait état de la non-application, sinon de la non-applicabilité de ces programmes d'études (Gouvernement du Québec, 1990).

C'est dans le contexte que nous venons d'esquisser qu'émerge et se développe l'idée de l'interdisciplinarité ou, plus exactement, de l'«intégration des matières» qui avait émergé au cours de la décennie précédente[21]. En juin 1982 paraît un avis du Conseil supérieur de l'éducation intitulé *Le sort des matières dites «secondaires» au primaire* qui, à partir d'une enquête menée par la Commission de l'enseignement primaire du Conseil et de plusieurs témoignages qu'elle a recueillis, fait état de la situation observée, procède à son analyse et formule des recommandations.

Après avoir dégagé, des résultats de l'enquête, un ordre d'importance des différentes matières, la Commission constate que les «petites matières» ou «matières secondaires» – exception faite de l'enseignement religieux (à cause du règlement du Comité catholique) et des matières enseignées par des spécialistes : le plus souvent musique, arts plastiques, anglais, éducation physique et, à l'occasion, là où ces matières sont inscrites à l'horaire, danse et art dramatique – ne reçoivent pas toute l'attention requise, particulièrement les sciences humaines et les sciences de la nature qui «seraient parfois même ignorées pour de plus ou moins longues périodes de temps» (Conseil supérieur de l'éducation, 1982*a*, p. 8)[22]. Toujours selon la Commission, plus de soixante pour cent des enseignants mettraient de côté l'enseignement des sciences humaines, des sciences de la nature et des arts et consacreraient le temps ainsi récupéré à l'enseignement du français et des mathématiques.

La Commission conclut que certaines matières (la langue maternelle et les mathématiques) sont nettement privilégiées à tous les points de vue, que d'autres le sont à maints égards (l'enseignement religieux et l'éducation physique), que la situation de certaines matières varie selon les milieux (la langue seconde, la musique), tandis que les sciences humaines et les sciences de la nature sont toujours nettement défavorisées. Elle attribue cet état des choses à sept causes :

1° Les «grilles horaires» locales n'accordent que cinquante pour cent du temps à tout ce qui n'est pas enseignement de la langue maternelle et des mathématiques et le cloisonnement des matières (trop de programmes à enseigner!) renforce l'incapacité de traiter tous les objectifs

---

21. Notons toutefois que le ministère de l'Éducation privilégiait déjà, au cours des années soixante-dix, une approche d'intégration des disciplines. Dès 1975, il suggérait l'emploi d'activités pédagogiques faisant appel à plusieurs programmes : «Par rapport à l'agent coopérateur, l'enseignant [...] Organiser les activités de l'élève en situation d'apprentissage favorisant l'intégration des disciplines» (Gouvernement du Québec, 1975, p. 19).

22. Des recherches ultérieures (Laforest, 1989 ; Lenoir, 1991*a*, 1992*c*) arrivent à des résultats semblables au regard de la hiérarchisation des matières scolaires par les enseignants du primaire. Voir Hasni et Lenoir, dans cet ouvrage et Lenoir, Larose, Grenon et Hasni (2000).

reliés à un développement intégral, ces deux facteurs entraînant des problèmes de gestion du temps de la part des enseignants ;

2° Plusieurs programmes, dont les sciences humaines, les sciences de la nature et les arts, souffrent de l'absence de précision depuis plusieurs années et d'une absence d'un matériel pédagogique adéquat ;

3° Les conditions matérielles d'enseignement sont déficientes (absence de locaux spécialisés, bibliothèque sous-équipée, etc.) ;

4° L'évaluation des apprentissages n'est réellement considérée qu'en langue maternelle et en mathématiques ; ailleurs, elle est pratiquement inexistante ;

5° Les enseignants ne sont ni aptes ni intéressés à enseigner ces « matières secondaires » ;

6° Le ministère de l'Éducation, les commissions scolaires et les directions d'écoles ne fournissent un véritable soutien pédagogique que pour les deux matières déjà privilégiées ;

7° Enfin, les parents n'ont d'exigences qu'à l'égard de ces deux matières, ignorant largement la fonction formatrice des « matières complémentaires ».

Après analyse, la Commission estime que cet état des choses provient, sous l'angle de la spécificité des matières, de la primauté accordée aux programmes d'études, par là « de la fragmentation du savoir et de l'évolution de la spécialisation » ainsi que de « toute l'organisation scolaire, à commencer par le régime pédagogique » qui détermine cette vision de l'enseignement (*Ibid.*, p. 14). L'issue se trouverait, toujours selon la Commission, dans l'introduction de divers changements : dans la grille-horaire, dans l'aménagement physique, le matériel didactique, l'évaluation, etc. Selon cette analyse, la responsabilité politique du Gouvernement et des instances locales est fortement atténuée. Cette mise en sourdine est étonnante quand on voit que, malgré le peu d'intérêt manifesté pour l'enseignement religieux, celui-ci est cependant rigoureusement enseigné.

Sous l'angle de la cohérence de l'enseignement – l'aspect qui l'intéresse surtout –, la Commission revendique la nécessité d'affirmer la primauté du sujet qui apprend et de le considérer comme un « être "global" appelé à un "éveil global" » (*Ibid.*, p. 16), un sujet inséré dans un environnement donné en vue de le placer au cœur de l'activité pédagogique. Dès lors, l'issue proposée va dans le sens de l'intégration des matières qui « est le résultat d'un long processus. La trame centrale de ce processus consiste à l'occasion d'une activité, à relier les objectifs propres à diverses matières et à les traiter de façon concomitante » (*Ibid.*, p. 19). La Commission assure que de telles pratiques sont déjà entreprises : « Plus de 60 % des titulaires disent « intégrer » de cette façon l'enseignement de la langue maternelle, des arts plastiques, des sciences humaines, des sciences de la nature et des mathématiques » (*Ibid.*, p. 19).

Prudemment, la Commission souligne à juste titre que « toutes ces données demeurent cependant sujettes à caution puisqu'il est impossible de savoir ce que chacun entendait par "intégrer" ou pratiquait comme "intégration"» (*Ibid.*, p. 19). De plus, elle ne considère pas que « l'interdisciplinarité ou l'intégration des matières soit une panacée à tous les maux qui affectent les matières dites "secondaires"» (*Ibid.*, p. 19)[23]. Il s'agit cependant, conclut-elle, d'une voie prometteuse en ce qu'elle permettrait un enrichissement mutuel des différents savoirs et qu'elle favoriserait l'établissement de liens entre les différents apprentissages de la part des écoliers. C'est pourquoi, parmi les diverses recommandations que met de l'avant le Conseil supérieur de l'éducation, il faut retenir celle qui propose « que l'interdisciplinarité ou l'intégration des matières devienne un axe du développement pédagogique des prochaines années, tant pour le ministère de l'Éducation que pour les commissions scolaires» (*Ibid.*, p. 20).

Le Conseil supérieur de l'éducation avait déjà constaté dès 1982, en référant alors au contexte des années soixante-dix, des pratiques intégratrices chez des enseignants : « Soucieux de réaliser les objectifs d'apprentissage plutôt que de respecter des grilles horaires et désireux de renouveler leur pratique pédagogique, des enseignants proposent des solutions fort intéressantes. Sous un thème général intégrant toutes les activités d'une année, la pédagogie s'élabore à partir de sous-thèmes que choisissent des enfants regroupés en équipes. La pondération apparente de la grille horaire est complètement inversée. La plupart des activités semblent consacrées à l'histoire, à la géographie, aux arts, aux sciences de la nature, à des aspects de la vie écologique et culturelle d'une région. Ces matières, la plupart du temps négligées ailleurs, deviennent des centres d'intérêt passionnants pour les enfants. Qu'advient-il du français et des mathématiques ? Au lieu d'occuper la quasi-totalité du champ horaire jusqu'à saturation des enfants, ces deux matières sont intégrées dans les démarches des enfants. Ceux-ci « font » du français en échangeant entre eux, en rédigeant leurs textes, en communiquant leur projet aux autres enfants. Ils « font » des mathématiques en mesurant des distances, en pesant un animal, en faisant des regroupements, etc. Et les résultats de l'évaluation hebdomadaire, précédée par des évaluations quotidiennes, démontrent que tous les élèves, y compris les élèves en difficulté, atteignent tous les objectifs des programmes et même que plusieurs les dépassent » (Conseil supérieur de l'éducation, 1982*b*, p. 19-20).

Face à ce modèle qui semble être si simple et si efficace tel que présenté, le Conseil ajoutait néanmoins comme condition d'opérationalisation qu'»une telle solution n'est pas applicable sans une préparation et un accompagnement appropriés des éducateurs du primaire. Son mérite le plus grand est peut-être

---

23. ‚ Nous attirons l'attention sur le fait que le Conseil supérieur de l'éducation utilise ici les deux termes « intégration des matières » et « interdisciplinarité » comme des synonymes.

de montrer qu'il est possible de travailler efficacement à la formation intégrale des enfants du primaire en respectant les programmes et leurs objectifs
de formation » (*Ibid.*, p. 20).

En 1989, il revenait à la charge en considérant que l'une des trois pistes
d'action prioritaires à explorer « concerne *l'enseignement intégré des matières*. Celui-
ci consiste en la mise en œuvre d'activités permettant de viser simultanément
des objectifs de plusieurs matières et, de cette façon, de se rapprocher davantage de la globalité du réel et des modes de perception des enfants. Plutôt que
de poursuivre séparément et successivement les objectifs des disciplines et des
matières, il s'agit de mettre à profit les possibilités offertes par le titulariat
propre au primaire et d'intégrer, dans des activités plus riches, des objectifs
différents mais convergents : la leçon de sciences de la nature peut alors être
en même temps leçon de français, de mathématiques, d'écologie, etc. » (Conseil supérieur de l'éducation, 1989, p. 23). Il reprenait les mêmes considérations déjà avancées, à savoir que l'intégration des matières n'est pas une
panacée, qu'elle n'épuise pas l'éventail des méthodes pédagogiques possibles
et qu'elle n'exclut pas l'approche disciplinaire. Ce document insistait, par contre, sur deux nouveaux aspects qu'il importe de souligner. D'une part, l'intégration des matières « ne dispense [pas] d'avoir à initier aux approches propres
à chaque discipline » (*Ibid.*, p. 26) et, d'autre part, elle « exige de chaque enseignant une maîtrise poussée du contenu et des structures des programmes »
(*Ibid.*, p. 26). Plus encore, « tout ce que l'on peut faire pour favoriser cette
appropriation personnelle est donc aussi un acquis pour l'intégration des
matières » (*Ibid.*, p. 26).

Ainsi, la position du Conseil supérieur de l'éducation à l'égard de l'intégration des matières est devenue de plus en plus nuancée et souligne, avec le
temps, la nécessité d'un ensemble de conditions pour progresser petit à petit
dans ce sens, de même que d'un respect des caractéristiques (objectifs, contenus et démarches) respectives de chaque programme d'études, ce qui implique effectivement une maîtrise suffisante de tous les programmes.

Entre temps, en réponse à l'une des recommandations contenue dans
l'avis du Conseil supérieur de l'éducation de 1982, le ministère de l'Éducation
a publié quelques autres documents sur l'intégration des matières, dont certains seront traités plus loin.

Le début des années quatre-vingt voit donc se manifester explicitement
une préoccupation à l'égard de l'intégration des matières (celle-ci n'étant pas
différenciée de l'interdisciplinarité) qui ira en s'amplifiant. Cet intérêt trouve
sa source dans un ensemble d'événements qui viennent influer directement, à
ce moment-là, sur l'organisation pédagogique de l'enseignement et sur les
pratiques éducatives dont, en particulier, l'arrivée de nouveaux programmes
obligatoires, la mise en place d'un nouveau régime pédagogique et l'introduction de nouvelles modalités d'action aux différents niveaux de la gestion
pédagogique de la classe (la planification, le rapport maître-élève, l'évaluation, etc.). Un tel intérêt doit être également relié aux conceptions de la

formation scolaire (le développement intégral de l'être humain) dont s'était fortement imprégné le système scolaire au cours des années soixante-dix, conceptions qui trouvaient leurs racines dans les différentes visions humanistes qui se sont succédé à travers divers modèles éducationnels depuis 1840, eux-mêmes influencés par les idéologies globales qui ont marqué la société québécoise. À ce niveau, compte tenu des perspectives éducationnelles de type humaniste que le Conseil supérieur de l'éducation a traditionnellement véhiculées, il se devait de les réactiver pour contrebalancer une orientation par trop techniciste et mécaniste, jusqu'alors combattue, qui paraît dans les nouveaux programmes ainsi qu'il le constate en 1989 : « Dans les typologies courantes des conceptions de l'éducation, on considère que ce modèle d'élaboration de programme s'harmonise naturellement avec une conception à dominante « ystématique-technologiques » plutôt qu'avec un conception humaniste de l'éducation. [...] Ce modèle d'élaboration des programmes s'allie même assez naturellement avec une perspective « mécaniste » et loge aux antipodes de l'esprit d'une « pédagogie ouverte », option pourtant amplement favorisée, même dans les publications du Ministère, la revue *L'école coopérative* des années 1970 en constituant une éloquente illustration » (*Ibid.*, p. 22).

L'intégration des matières devenait ainsi un concept qui permettait de sauver les meubles, c'est-à-dire de maintenir l'idée de cet humanisme à l'intérieur du développement intégral de l'être humain tout en réalisant un compromis avec la vision behavioriste qui se dégage des programmes d'études[24]. Le point de vue du Conseil supérieur de l'éducation a évolué depuis 1982, alors qu'il publiait son avis sur les « matières secondaires ». Celui-ci allait davantage dans le sens de trouver une solution administrative à un problème d'application de tous les programmes d'études. De plus, l'intégration des matières permettrait de garder prioritaires les deux matières de base tout en assurant, au moins dans la forme, que toutes les autres matières seraient enseignées. En 1989, il s'agit davantage de tempérer, sinon de contrecarrer, des orientations qui vont à l'encontre de modèles éducationnels ancrés dans la tradition. Le Conseil considère que la piste d'action prioritaire, sur le plan du support à apporter à l'application des programmes d'études, réside dans un travail d'explicitation des objectifs en vue d'assurer leur convergence et, de là, favoriser des « approches plus intégrées dans l'enseignement des matières au primaire » (*Ibid.*, p. 25).

L'avis que le Conseil supérieur de l'éducation produit en 1991 et qui s'adresse à l'ordre secondaire témoigne d'un changement radical de perspective par rapport au concept d'intégration. Le concept central dont il est maintenant question est celui d'intégration des savoirs et non plus celui d'intégration

---

24. Le Conseil supérieur de l'éducation (1988) reconnaît que « le modèle behavioriste s'est imposé avec force dans l'enseignement et dans les programmes d'études. Ce modèle accorde une grande importance aux données observables du comportement, parfois au détriment de la référence à la conscience et à l'intériorité ! » (p. 63).

des matières. Le Conseil entend par là adopter un point de vue dynamique et « se recentrer sur l'élève, sur sa démarche d'apprentissage et de développement, sur son besoin et son désir d'apprendre » (Conseil supérieur de l'éducation, 1991, p. 2). S'inspirant largement des travaux d'Artaud (1981, 1989), l'avis se centre sur les processus d'appropriation du savoir et, sous le vocable « intégration des savoirs », il englobe ce que les Américains appellent les *Integrating Processus*, les processus cognitifs intégrateurs, et l'*Integrated Knowledge*, le savoir intégré en tant que produit résultant de ces processus. Selon Artaud, l'apprentissage procède à partir de trois démarches : l'exploration des savoirs d'expérience ; la confrontation des savoirs d'expérience avec les savoirs théoriques ; la production d'un nouveau savoir. Pour lui, « la démarche d'intégration vise d'abord la prise de conscience de ce nouveau savoir qui a pris forme à mesure que le savoir théorique était en train de remanier le savoir d'expérience [...]. Le mot *intégration* signifie précisément que ce nouveau savoir ne peut prendre forme qu'en s'intégrant à la structure de la personnalité et en la modifiant. Si, en effet, les perceptions que l'individu a de son monde et qui entrent dans la structure de son image de soi sont remaniées, c'est l'image de soi tout entière qui est soumise à un remaniement » (Artaud, 1981, p. 149).

En 1994, le Conseil supérieur de l'éducation, qui a reçu le mandat de la ministre de l'Éducation d'identifier des modifications qu'il serait souhaitable d'apporter aux régimes pédagogiques de l'enseignement primaire et secondaire, propose, « à titre de conditions pour faire avancer l'école et son curriculum » (Conseil de l'éducation, 1994*a*, p. 4), comme deuxième clé de lecture des grilles-matières et des programmes (la première clé de lecture étant l'élaboration de profils de sortie en termes de compétences) de réaliser « l'équilibre et la jonction [...] entre le contenu d'une discipline et sa contribution au développement d'habiletés transdisciplinaires ou génériques [c'est-à-dire] l'initiation aux différents volets de la culture [et le développement des] capacités d'analyse, de synthèse, de pensée rationnelle ou de résolution de problèmes » (*Ibid.*, p. 5). Quant à la troisième clé de lecture, elle « a trait au choix d'intégrer divers thèmes dans des matières d'enseignement existantes ou bien de les juxtaposer en les insérant comme matières distinctes dans les grilles-matières » (*Ibid.*, p. 5). Il s'agit alors, pour le Conseil, de considérer l'apport de l'intégration des matières ou de ce qu'il nomme le « rapprochement des matières », qu'il tend à privilégier comme approche une insertion de thématiques dans diverses matières. Ainsi, à titre strictement illustratif, le document présente l'éducation à la santé ou l'éducation à l'environnement comme pouvant constituer des thématiques fédératives.

La même année, le Conseil dépose auprès du ministre de l'Éducation un avis qui a pour objet la rénovation du curriculum de l'enseignement primaire et secondaire (Conseil supérieur de l'éducation, 1994*b*). En s'appuyant tout particulièrement sur la notion de « profil de sortie » définie, en s'inspirant de D'Hainaut (1982), comme « l'expression synthétique d'un ensemble de compétences à viser explicitement, [cet ensemble étant] capable de guider et d'orienter le travail éducatif à effectuer dans l'élaboration et la mise en œuvre du curriculum » (*Ibid.*, p. 27), le Conseil met de l'avant trois axes de développement du curriculum. Si le premier axe porte sur « l'enracinement nécessaire des profils de sortie dans les enjeux sociaux actuels », le deuxième axe « concerne le lien nécessaire entre les compétences visées et les apports des disciplines constituées » (*Ibid.*, p. 29). Quant au troisième axe, il vise le développement des « grandes capacités et [des] dispositions ou [des] attitudes qui demeurent transdisciplinaires » (*Ibid.*, p. 30), telles que apprendre à penser, apprendre à coopérer, exercer l'analyse, la synthèse et l'esprit critique.

Constatant que « l'intégration des matières est devenue un élément courant et même banalisé du discours normatif ayant trait à ce que devraient faire les enseignants et les enseignantes, au primaire » (*Ibid.*, p. 52), le Conseil porte un jugement extrêmement sévère sur le curriculum actuel. Pour lui, si le ministère de l'Éducation a encouragé dès 1982 l'intégration des matières, c'est « dans une sorte de prise de (« mauvaise ») conscience d'un acte manqué » (*Ibid.*, p. 52-53), la structure curriculaire qui venait d»être élaborée à cette époque ne permettant pas, dans son organisation cloisonnée, l'établissement ni de convergences ni d'une cohérence... que les concepteurs avaient oubliées ! L'atomisation des contenus dont souffrent les programmes d'études (quelque 3000 objectifs) « n'est pas particulièrement facilitateur, conclut l'avis, en ce qui concerne une perspective d'intégration des matières » (*Ibid.*, p. 53). Bref, il faut maintenant étayer et rajeunir plusieurs programmes d'études...

Enfin, en 1995, le Conseil revient à la charge en réclamant *Une école primaire pour les enfants d'aujourd'hui*. Parmi les nombreuses pistes qu'il met de l'avant, il constate l'intérêt croissant manifesté au Québec au regard de l'interdisciplinarité et de l'intégration des matières et il retient la nécessité de créer « davantage de liens entre les savoirs [...] pour que s'effectue leur intégration » (Conseil supérieur de l'éducation, 1995, p. 37).

Il importe de souligner le glissement majeur opéré dans le discours du Conseil supérieur de l'éducation relativement à la signification qu'il octroie au concept d'intégration, en plus de la distanciation qu'il affiche à l'égard des conceptions behavioristes du curriculum actuel et de sa difficulté à porter un regard critique sur certaines options humanistes nord-américaines qui imprègnent la pensée curriculaire québécoise. En effet, d'une conception davantage centrée sur l'établissement de liens entre les matières scolaires et leurs contenus, avec tous les dangers de dérives de sens dans les liens à tisser, le Conseil tend progressivement à privilégier une conception de l'intégration davantage centrée sur les apprentissages, bien plus en accord avec des travaux menés aux États-Unis sur la question (Lenoir, 1995*b*, 1996*b*). Ainsi que nous l'avons déjà présenté (Lenoir, 1995*a* ; Larose et Lenoir, 1998), à la suite de bien d'autres (Beane, 1993 ; Dressel, 1958*b* ; Goodlad et Su, 1992 ; Organ, 1958), l'intégration relève avant tout du sujet qui apprend et elle requiert la mise en œuvre, de la part de l'enseignant médiateur (Lenoir, 1993, 1996*a*), de conditions intégratives appropriées (des pratiques interdisciplinaires) de manière à favoriser et à soutenir l'intégration des apprentissages et l'intégration des savoirs (Lenoir, 1995*b*).

Le Conseil supérieur de l'éducation a donc joué un rôle important, bien que non exclusif, dans la mise en exergue du questionnement sur les possibilités d'assurer une intégration des matières. D'autres intervenants, dont le Conseil pédagogique interdisciplinaire qui regroupe les différentes associations d'enseignants (surtout celles du secondaire), des intervenants pigistes œuvrant dans le milieu scolaire, des maisons d'édition et des universitaires ont sans doute eu aussi une influence certaine, difficile à cerner cependant. Ce sont en tout cas les diverses pratiques éducatives des enseignants, réalisées dans le cadre de méthodes actives mises de l'avant par différents courants pédagogiques, dont la conception organique de l'activité éducative en opposition avec le modèle traditionnel, et surtout leurs vigoureuses réactions lors de l'implantation de ces nouveaux programmes, auxquelles il faut associer l'observation d'un profond écart dans l'application du régime pédagogique, qui ont conduit à faire émerger avec plus d'acuité cette problématique. Le ministère de l'Éducation a, quant à lui, suivi le mouvement. S'il ne l'a pas initié, il a toutefois contribué fortement à sa promotion.

5.   CONCLUSION

Comme on vient de le présenter, l'émergence des préoccupations interdisciplinaires s'est produite au Québec, en recourant à l'expression « intégration des matières ». Or la notion d'intégration, telle qu'elle est employée dans l'expression « intégration des matières », est exclusive au Québec, ainsi que le signale Boyer (1983*b*), pour qui cette dernière ne semble pas courante en France. Aux États-Unis, il n'existe pas d'expression anglaise qui lui soit exactement équivalente. Par contre, le terme *integration* y est largement utilisé. Cette différence terminologique proviendrait (Lenoir, 1991*a*) du fait que, traditionnellement, en Europe, on observe une centration d'abord sur le savoir à enseigner, tandis qu'aux États-Unis, l'attention est davantage portée sur le sujet en situation d'apprentissage. Dans ce dernier pays, la notion d'intégration est, de plus, étroitement associée à l'organisation du curriculum ; celle d'interdisciplinarité y est, cependant, de plus en plus fréquemment utilisée (Jacobs, 1989).

Il importe de souligner que l'« intégration des matières » est une expression ambiguë, source de multiples confusions et de dérives pédagogiques. En plus de se substituer au concept d'interdisciplinarité qui concerne le « pôle objet », de renvoyer au « pôle enseignant » en s'identifiant à des stratégies d'enseignement, à l'occasion, de se confondre avec le « pôle sujet » et, éventuellement, avec les processus eux-mêmes d'apprentissage (l'intégration des apprentissages et des savoirs qu'implique le rapport sujet-objet), elle suscite et entretient l'idée mystificatrice d'une fusion des matières dans un grand tout unifié. Elle devrait plutôt se référer, sur le plan curriculaire (Dressel, 1958*a*,

p. 10-11), à la manière avec laquelle les parties interdépendantes d'un ensemble sont mises en relation les unes avec les autres. La confusion sémantique qu'une telle expression entraîne et qui mène à n'importe quelle utilisation pédagogique, ce qui lui enlève toute pertinence, ainsi que le danger qu'elle puisse servir d'alibi pédagogique à tout un chacun pour ne rien changer réellement, devraient être des motifs suffisants pour conduire à son abandon. L'expression continue de soutenir cette conception de l'intervention éducative et cette façon de faire qui font de l'enseignant ou de l'auteur du manuel utilisé le seul acteur réel de l'intégration, celui qui intègre dans les faits, qui établit les liens et qui soumet ensuite le résultat de son travail aux écoliers. Il oublie ainsi que son rôle fondamental est de concevoir et d'actualiser les conditions didactiques et pédagogiques les plus appropriées devant permettre l'intégration des apprentissages et des savoirs, non de se substituer aux processus d'apprentissage des écoliers. Cela ne peut que maintenir le rapport de dépendance intellectuelle propre aux pédagogies d'hétérostructuration cognitive, tant traditionnelles que coactives (Not, 1979) et contraint l'écolier à demeurer un simple consommateur d'un produit préemballé.

Si l'intégration des matières a été associée durant les années soixante-dix aux questions du développement de l'enfant sur les plans affectif et social, la notion a été récupérée au cours de la décennie suivante dans une tout autre perspective. Il s'agit tout particulièrement de faire face, au niveau des commissions scolaires, à deux problèmes majeurs : celui de l'application de chacun des programmes d'études (incluant bien entendu la mise en place des conditions qui assurent leur application) et celui de l'évaluation des apprentissages. Ainsi, la gestion pédagogique du curriculum scolaire a été progressivement considérée et perçue comme un troisième problème de fond, sans doute avant tout à cause du ressac causé par les exigences d'une application de tous ces programmes d'études, qui devait se réaliser dans le cadre d'un « retour aux apprentissages de base ». Alors que le système scolaire avait été irrigué au cours de la décennie précédente par les méthodes d'autostructuration cognitive, ces deux contraintes ont su paraître aux différents intervenants comme des objectifs antinomiques et difficilement atteignables. Dans cette perspective, l'idée de l'intégration des matières a d'abord été vue comme une manière de sortir d'une telle impasse, soit selon des modalités administratives, soit selon des modalités pédagogiques. Et le ministère de l'Éducation, face aux résistances et aux difficultés multiples observées, a fait de l'intégration des matières une voie royale pour l'application des programmes d'études. Actuellement, les programmes d'études ayant été apprivoisés, l'« intégration des matières » sert largement de légitimation à un maintien du *statu quo* antérieur chez une partie des enseignants du primaire ou, encore, à un enseignement centré fondamentalement sur le français et les mathématiques. D'autres enseignants, par contre, recourent à la notion d'« intégration des matières » pour caractériser leurs tentatives de mise en œuvre de pratiques interdisciplinaires visant l'intégration des apprentissages et des savoirs.

Ainsi, la question interdisciplinaire au Québec s'est développée dans l'ambiguïté, en symbiose néfaste avec la notion d'«intégration des matières». Celle-ci, justifiée d'abord par une perspective dite «organique» de l'enseignement, a été récupérée à des fins d'économie du système comme modalité pédagogicoadministrative. Comme bien des notions éducationnelles, celle d'«intégration des matières», reprise par les milieux de la pratique et insérée dans un processus de résolution de problèmes, n'a su être digérée par ses utilisateurs qui, faute d'un système théorique référentiel approprié, lui ont attribué toutes sortes de significations et, avec le support du ministère de l'Éducation, des structures scolaires locales et de quelques apologistes, en ont fait presque un mythe. Cependant, dans le même mouvement, la notion a été vidée de son sens, comme le montre une analyse approfondie du discours qui y recourt (Lenoir, à paraître), peut-être parce que, justement, le sens n'a pas de signification. Seule l'action en aurait! Or dans le cas de l'intégration des matières, cette action demeure des plus confuses.

CHAPITRE 4

Former les futurs enseignants à la didactique ou par la didactique ?

NADINE BEDNARZ
Université du Québec à Montréal

1. INTRODUCTION

Mes réflexions porteront d'abord sur la didactique, dont j'essaierai de montrer la spécificité dans le champ de l'éducation en regard des questions qui concernent la formation des enseignants, montrant à cette occasion la distance qui sépare cette façon de voir de l'interprétation courante à laquelle elle est encore très souvent associée. Cette première caractérisation permettra de comprendre ce que recouvre cette réalité contemporaine qu'est la didactique des disciplines et d'entrevoir de manière générale sa contribution possible à la formation des enseignants.

Lorsqu'on aborde les questions liées au développement professionnel des enseignants, plusieurs perspectives, culturellement marquées, peuvent être mises de l'avant, reflétant des conceptions fort différentes de la didactique et de son utilisation. Ces didactiques de formation ne sont pas indépendantes, comme nous le verrons dans la troisième partie de ce chapitre, des positions épistémologiques des didacticiens, de leur propre rapport au savoir, à l'apprentissage et à l'enseignement.

Nous reviendrons sur ces diverses positions et sur celle retenue par une équipe de didacticiens des mathématiques de l'Université du Québec à Montréal, après avoir présenté les interventions qu'ils ont mises en place, interventions visant une formation des futurs enseignants en mathématiques au secondaire. Le cadre de référence qui guide cette équipe dans l'élaboration de ces interventions – on se réfère dans ce cas à la didactique de formation – sera alors mis en évidence.

2.   DIDACTIQUE ET FORMATION DES ENSEIGNANTS : QUELLE DIDACTIQUE ?

La discussion sur le rôle possible de la didactique dans la formation des enseignants exige une réflexion préalable sur le sens qu'on accorde générale-ment à celle-ci. Une telle réflexion permettra de mettre en évidence l'écart qui existe entre la conception contemporaine de la didactique, telle qu'elle s'est développée au cours des vingt dernières années, et sa conception cou-rante. Toutefois, dans un premier temps, nous nous attarderons sur cette con-ception de sens commun et sur le rôle restreint qu'on attribue à la didactique dans la formation des enseignants, à travers ce que nous en disent les discours officiels provenant du ministère de l'Éducation du Québec (MEQ). Nous ren-drons compte à cette occasion des orientations globales qui sont retenues par le Gouvernement du Québec en matière de formation des enseignants au secondaire et du contexte global dans lequel s'insèrent les expériences qui seront décrites par la suite.

2.1   Orientations générales des programmes de formation des maîtres au Québec : cadre global orientant la formation des enseignants au secondaire

La mise en œuvre d'un processus d'agrément des programmes de for-mation des maîtres, dans la perspective de contribuer à la qualité de la forma-tion professionnelle menant à l'exercice d'une profession, ici celle d'enseignant, est une activité nouvelle au Québec. Cette formation, prise en charge depuis près de 30 ans par les universités, n'était pas soumise à un tel processus. L'énoncé par le Gouvernement du Québec (1993*a*), d'une poli-tique d'agrément des programmes de formation et les nouvelles orientations ministérielles qui accompagnent cette politique d'agrément ont conduit, en 1994, à la mise en place, dans les différentes universités du Québec, de chan-gements importants dans les programmes de formation des maîtres. Quelles sont ces orientations délimitant désormais la formation des enseignants de l'ordre secondaire ?

L'énoncé de politique situe d'emblée l'orientation professionnelle gé-nérale qu'on souhaite donner à ces programmes de formation, qui passent à cette occasion d'une durée de trois ans à une durée de quatre ans. Cette visée s'exprime ainsi : « La formation à l'enseignement doit être considérée comme une formation à caractère professionnel orientée vers la maîtrise de l'inter-vention pédagogique dans les matières enseignées » (Gouvernement du Qué-bec, 1992*b*, p. 10).

Un certain nombre de principes directeurs découlent de cette orienta-tion globale impliquant entre autres une meilleure intégration de la forma-tion dans les disciplines, de la préparation à enseigner, de l'ensemble des cours théoriques et des activités pratiques. Nous reviendrons tout d'abord sur cer-tains de ces principes en identifiant les nombreuses questions qu'ils soulèvent.

2.1.1 Une formation polyvalente

Un changement important prend ici place dans la formation des enseignants du secondaire avec l'introduction de l'idée de polyvalence du futur enseignant. Ce nouveau concept, comparable à celui d'«intégration des matières» pour le primaire (Lenoir, 1995*b*), est conçu, en théorie tout au moins, pour préparer les enseignants à intervenir en fonction des grands objectifs de formation intégrale de l'école secondaire. Cette polyvalence semble susceptible d'être atteinte, pour les concepteurs, par le biais d'une préparation à l'enseignement dans au moins deux matières inscrites au régime pédagogique de l'enseignement secondaire. Celle-ci s'appuie donc sur des fondements avant tout pluridisciplinaires (Fourez, 1992). Il nous semble important de nous arrêter quelque peu sur cette interprétation que le ministère donne de la polyvalence et sur les interrogations qu'elle soulève.

Une telle interprétation semble en effet tenir pour acquis que le fait de préparer les étudiants-maîtres à enseigner deux disciplines[1] contribuera à approfondir leur culture générale. Nous référons ici à l'un des arguments invoqués dans les documents officiels pour justifier ce choix. L'angle d'attaque pour aborder le développement d'une certaine polyvalence chez le futur enseignant est donc celui de la bidisciplinarité. Nous pourrions toutefois assister à une simple juxtaposition de deux formations dans des disciplines différentes sans pour autant contribuer à une mise en lien et en continuité des matières enseignées, ce qui semble d'ailleurs le choix retenu par plusieurs universités. Une telle perspective risque peu alors de susciter un questionnement sur le rapport au savoir, à l'apprentissage et à l'enseignement de ces disciplines chez les futurs enseignants. En effet, plusieurs études réalisées en formation des maîtres auprès de divers programmes de formation nous indiquent que les étudiants-maîtres se voient offrir peu d'occasions de changer leurs conceptions à l'égard de ces savoirs, de la façon dont ils ont appris et dont ils ont été enseignés durant leurs études antérieures (Kagan, 1992). Ces recherches nous révèlent également que dans leurs propres pratiques de classe et leurs stratégies d'enseignement, ces étudiants adhèrent souvent à ces conceptions. Il est donc probable, dans ces conditions, qu'une telle formation développe une représentation tout aussi étroite des disciplines et de leur enseignement, ne contribuant nullement à un décloisonnement de celles-ci et à un changement de perspective dans la formation de l'élève.

Il serait à l'opposé possible, en considérant des disciplines ou champs d'étude comme éléments contributoires d'une certaine polyvalence du futur maître, de penser qu'en partant d'une conception différente d'un champ disciplinaire d'intervention, tel l'enseignement des mathématiques, et des ses

---

1.   Le concept de discipline dans les orientations ministérielles n'est pas vraiment explicité. On semble faire l'adéquation entre disciplines et matières inscrites au régime de l'enseignement secondaire.

liens avec d'autres matières enseignées au secondaire, telles les sciences physiques ou la géographie, nous puissions contribuer à l'intérieur d'une formation dite monodisciplinaire à une ouverture plus grande, à un enrichissement et à une meilleure intégration de la formation à l'intervention dans l'enseignement au secondaire, que ne l'est la simple juxtaposition proposée d'une formation dans deux disciplines. Autrement dit, ce qui nous apparaît central dans une approche qui privilégierait cet angle d'attaque de la formation (celui de la discipline d'enseignement) n'est pas tant la formation dans plus qu'une discipline, qu'une approche renouvelée de la discipline instituant chez les étudiants en formation un tout autre rapport aux savoirs qu'ils vont avoir à enseigner.

Dans le cadre de l'enseignement des mathématiques, les travaux sur la culture de la classe (Bauersfeld, 1980 ; Voigt, 1985) ou sur le contrat didactique (Brousseau, 1980, 1988 ; Schubauer-Leoni, 1986*a*, 1986*b*,1988) nous montrent bien cette nécessité de reconstruire un tout autre rapport aux savoirs à enseigner. En effet, ce rapport est à la base des actes par lesquels les enseignants vont placer les élèves face à un problème, à une situation et il oriente la façon dont les élèves vont appréhender un certain savoir : « Lorsque les enseignants structurent l'activité, lorsqu'ils la présentent, selon les consignes choisies, selon la manière de la mettre en scène, de cadrer les savoirs et de les situer par rapport aux savoirs anciens censés être connus des élèves, ils orientent la prise en charge de ce savoir par l'élève » (Schubauer-Leoni, 1989, p. 352).

Ainsi, le rapport étroit que l'étudiant en formation entretient *a priori* avec les savoirs qu'il aura à enseigner aura une incidence fondamentale sur les choix didactiques qu'il fera dans l'exercice de sa profession : dans la planification de son enseignement, dans ses réponses aux questionnements des élèves, dans le regard qu'il posera sur leurs apprentissages, dans les évaluations qu'il effectuera... Nous reviendrons sur cette question ultérieurement et sur les choix qui, en conséquence, doivent être faits dans la préparation du futur enseignant. Retournons pour l'instant à la question de la polyvalence.

Si, retournant à la question de la polyvalence, nous reprenons la position adoptée par les discours officiels relativement à la bidisciplinarité, nous constatons très vite qu'aucune allusion n'est faite, dans cette politique d'agrément, aux deux disciplines spécifiques qu'il est possible de considérer, ce qui laisse la porte ouverte à diverses interprétations. Ainsi, les disciplines retenues dans les programmes de formation ne présenteront pas nécessairement de liens sur un plan épistémologique. Cela rend extrêmement périlleuse toute intégration éventuelle de cette formation dont la logique relève avant tout, on le voit dans ce qui précède, de la pluridisciplinarité, sans véritable modification dans la discipline elle-même et dans le projet d'enseignement.

Une tout autre logique aurait pu, selon nous, être à l'œuvre, en regard de cette idée centrale de polyvalence : une logique de formation davantage centrée sur l'élève et ses apprentissages. L'idée de polyvalence retenue force, en effet, une considération de la formation à l'enseignement dans deux disciplines, quel que soit le champ d'intervention visé. Elle ne prend nullement en compte la complexité plus ou moins grande que suppose une telle préparation en fonction du champ visé, de l'importance de celui-ci dans le curriculum scolaire ou de la réalité scolaire. Ainsi, selon les diverses enquêtes réalisées au secondaire, l'enseignant de mathématiques est appelé souvent à intervenir non pas dans une autre matière mais à différents niveaux scolaires (auprès d'élèves de secondaire 1, 12-13 ans, à secondaire 5, 16-17 ans), auprès de divers types d'élèves (élèves en difficultés d'apprentissage, classes de doubleurs, tripleurs, classes de douance...), dans des classes d'accueil (composées d'étudiants immigrants pour qui l'apprentissage des mathématiques se fait dans une langue seconde, le français), auprès de groupes en cheminement particulier (élèves en difficultés d'adaptation ou de comportement) ou dans des projets particuliers (ex. : la voie technologique) s'adressant par exemple, aux décrocheurs potentiels. Dans ce contexte fort complexe auquel le futur enseignant en mathématiques risque d'être confronté, d'autres interprétations possibles de la polyvalence, plus appropriées à la réalité professionnelle de cet enseignant du secondaire, semblent *a priori* davantage pertinentes. On pourrait penser par exemple, à une préparation des enseignants centrée sur l'élève et ses besoins de formation, cherchant à préparer le futur enseignant à mieux intervenir dans un domaine donné auprès de diverses clientèles (élèves en difficultés, tripleurs, décrocheurs, élèves du régulier, classes de milieu défavorisé, classes multiethniques, etc.) et ainsi, à mieux affronter la réalité scolaire telle qu'elle se présente notamment sur l'île de Montréal. Une telle perspective, que nous avons cherché à mettre de l'avant dans notre programme de formation,[2] est davantage en accord, comme nous le montre Develay (1995), avec une nouvelle identité professionnelle à construire chez l'enseignant du secondaire : « Il suffit de fréquenter une salle des professeurs dans un collège ou un lycée pour percevoir que les enseignants qu'on y rencontre sont en quête d'une nouvelle identité professionnelle sous l'effet de la massification de l'enseignement. Hier, un professeur enseignait à des élèves sélectionnés, acquis aux normes d'une culture scolaire empreinte de tradition et dont l'appropriation pouvait les promouvoir socialement. Aujourd'hui, un professeur enseigne à des élèves souvent étrangers par leur vécu familial aux normes du collège ou du lycée et vivant parfois le temps scolaire comme une contrainte sans contrepartie. La réussite sociale ne leur semble plus aussi nettement dépendre de la réussite scolaire. L'identité professionnelle d'un professeur se confondait hier avec l'enseignement de sa discipline. L'identité professionnelle d'un enseignant se caractérise aujourd'hui par sa capacité à faciliter pour ses élèves l'apprentissage de sa discipline. Un professeur de mathématiques était hier un professionnel de l'enseignement des mathématiques, il lui faut

---

2.   Un tel programme de formation centré sur l'élève et l'intervention en regard de différents types de clientèles avait été soumis par l'UQAM dès 1994 au Comité d'agrément. Une interprétation de la polyvalence non conforme aux normes attendues (formation dans deux disciplines) a conduit à la non acceptation de ce programme.

devenir un professionnel de l'apprentissage des mathématiques. La transformation à opérer est de taille. De nouvelles compétences sont ainsi à acquérir par les enseignants s'ils souhaitent faire des élèves le centre incontournable de savoirs qui leur apparaissent étrangement étrangers » (Develay, 1995, p. 11).

Nous sommes cependant loin d'une telle perspective. En fait, les arguments mis de l'avant pour justifier les choix qui ont été posés sont sans doute, au-delà des raisons pédagogiques renvoyant par exemple au meilleur suivi des élèves et à leur encadrement (un même groupe pouvant être suivi dans deux matières différentes par un même enseignant), d'un tout autre ordre ! Des arguments d'ordre économique justifient en effet également les choix retenus. Cette formation a en effet l'avantage de rendre possible les affectations et réaffectations du personnel enseignant, l'enseignement dans un domaine donné pouvant alors être donné par un enseignant formé dans un autre champ. Cette décision, à la lumière du profil d'entrée de nos étudiants en formation, que nous tracerons ultérieurement, n'est pas sans conséquences importantes pour la qualité de l'intervention au secondaire.

Au-delà de cette dimension importante de la bidiscipinarité, l'orientation de base donnée à tous les programmes de formation à l'enseignement réaffirme le caractère professionnel de l'acte d'enseigner. Cette orientation professionnelle implique une formation intégrant davantage les dimensions théoriques et pratiques et accordant une importance accrue aux stages.

2.1.2 Une formation intégrée

Les orientations globales retenues proposent de mettre de l'avant une formation davantage intégrée pour contrer l'éclatement et la fragmentation de celle-ci. Cette intégration devra se manifester notamment dans l'aménagement et le contenu des cours et des activités, en montrant des liens organiques entre ceux-ci. Ainsi, notamment, la formation pratique, la formation psychopédagogique et la formation dans les deux disciplines devront s'articuler. Il est donc, en théorie, désormais impossible d'opter, comme semble le faire le modèle de la formation des maîtres en France (diplôme universitaire dans une discipline, suivi d'une première année en IUFM centrée sur la préparation à un concours, puis d'une formation professionnelle, la dernière année), pour une formation disciplinaire suivie d'une formation en éducation et de stages. Le Ministère pose là des balises importantes en regard de ce que l'on retrouvait dans le passé au sein de certaines universités. Une telle intégration sera mise en place, entre autres, au moyen de compétences transversales qui chevauchent les diverses activités du programme.

2.1.3 Une plus grande place réservée à la formation pratique

Les nouveaux programmes de formation mettent l'accent sur la formation pratique du futur enseignant en proposant, entre autres, un contact avec le milieu scolaire survenant tôt dans le cheminement de l'étudiant et des stages d'une durée totale d'au moins 700 heures. Même si cette formation pratique peut prendre d'autres formes (ateliers, laboratoires d'études de cas, d'expérimentation, de simulation, etc.), ces recommandations font ressortir *a priori* une certaine conception de la formation pratique avant tout associée à une présence sur le terrain. Dans un tel contexte, on peut se demander quelle sera la place de la réflexion conduite en classe en regard de l'enseignement, de l'apprentissage des élèves dans un champ d'intervention donné, réflexion que nous considérons, en accord avec Bauersfeld (1994), comme essentielle : « La formation pratique ne devrait pas servir à introduire les techniques d'enseignement ni à développer des habiletés professionnelles, comme l'ont bien montré les expériences de micro-enseignement, par exemple. Son rôle principal serait plutôt de développer un cadre personnel de réflexions théoriques tout en suscitant la motivation à mener de telles réflexions, et de sensibiliser les étudiants aux structures cachées d'un champ complexe, tout particulièrement en regard de leurs propres expériences en tant qu'élèves (en rétrospective) et des limites de celles-ci, et ce, pour continuer à développer un habitus mathématique alternatif » (p. 182).

Où sera réalisée cette réflexion et par qui sera-t-elle supportée ? Les premières expériences que les étudiants en formation des maîtres vivront à différentes étapes de leur formation devraient permettre la construction d'un savoir-enseigner dans un champ d'intervention spécifique ainsi que l'élaboration d'un répertoire d'interventions pédagogiques et didactiques qui prennent en compte la complexité de la classe. La formation doit, à cette fin, miser sur le développement d'une réflexion sur l'action, supportée par les différents intervenants (maître associé accueillant le stagiaire dans sa classe, didacticien le supervisant, etc.).

Les diverses recommandations mentionnées précédemment (polyvalence, formation intégrée, plus grande place réservée à la formation pratique) visent avant tout le développement de compétences professionnelles chez l'enseignant. Celui-ci suppose l'orientation de certaines activités sur l'intervention en classe dans un domaine spécifique et une réflexion sur cette intervention. On peut penser *a priori* que la didactique s'insère avantageusement dans cette réflexion dans et sur l'action (Bauersfeld, 1994). Mais quelle place les orientations officielles lui réservent-elles au sein de la formation professionnelle ? Un examen attentif de ces orientations nous révèle l'absence de références au terme « didactique ». La formation à l'intervention dans l'enseignement au secondaire semble faire appel avant tout, pour les concepteurs, à des composantes disciplinaires, psychopédagogiques et pratiques (un bon enseignant est en quelque sorte quelqu'un qui connaît sa matière, qui a développé des habiletés de gestion et qui a une assez longue expérience sur le terrain). Où se développe, dans ce contexte, le savoir-enseigner lié à un champ d'intervention spécifique ? Suffit-il de connaître la matière pour enseigner celle-ci ? Suffit-il d'être présent en classe et dans le milieu scolaire pour développer cette nouvelle identité décrite précédemment, celle d'un professionnel de l'apprentissage des mathématiques ? Quelle conception implicite de la didactique et de son utilisation peut-on retracer à travers ces orientations ?

2.2   Didactique et sens commun : une certaine conception de la didactique et de son rôle dans la formation des enseignants

Selon la conception courante, la didactique est souvent associée à un ensemble de techniques d'enseignement, à l'art ou à la science de l'enseignement. Les cours de didactique sont ainsi perçus comme un lieu où il est question d'approches d'enseignement, de l'interprétation détaillée du programme obligatoire à un moment donné dans un pays, d'étude des manuels en usage, du matériel disponible. La didactique est perçue comme un lieu où l'étudiant en formation doit pouvoir trouver des réponses sous forme de schémas didactiques *a priori* déterminés, à des questions qu'il se pose relativement à la planification d'enseignement. Cette conception de la didactique est celle qui prévaut non seulement chez bon nombre de pédagogues et d'intervenants du milieu scolaire et universitaire, mais également dans les documents officiels récents émanant du MEQ (Gouvernement du Québec, 1992*c*, 1997). Ces derniers situent très clairement le rôle de la didactique à ce niveau, comme nous essaierons de le montrer à travers l'énoncé des compétences attendues chez les personnes diplômées.

Certaines de ces compétences professionnelles concernent plus spécifiquement l'enseignement d'une matière. Nous reprenons ci-dessous quelques-unes de ces compétences[3] pour mieux expliciter les conceptions implicites de la didactique qui guident cette formation, le type de professionnel que l'on cherche à former et les moyens qu'on semble privilégier pour atteindre ces objectifs.

–   Avoir une connaissance approfondie de deux disciplines : contenu et fondements épistémologiques. Pour le MEQ, cette compétence relève d'une formation avant tout disciplinaire. Or la formation en didactique peut contribuer de manière centrale à un approfondissement, à une complexification de cette connaissance, à l'établissement d'un nouveau rapport aux savoirs et à leur apprentissage (on se réfère ici à l'expérience de l'étudiant comme apprenant) qui n'est pas sans conséquences sur la façon d'envisager l'apprentissage des élèves.

–   Être initié aux méthodes et à l'histoire des disciplines ou champs d'études, de même qu'à leurs limites, composantes qui semblent aussi relever de

---

3.   Nous ne reprenons pas ici de manière détaillée ce concept de compétence. Il a fait l'objet de présentations dans ce volume. Il constitue toutefois dans les orientations mises de l'avant par le Ministère à différents niveaux scolaires, un concept central. Dans le cas de la formation des maîtres, les compétences constituent un lieu d'intégration des diverses activités. On parlera en ce sens de compétences transversales guidant la mise en place et l'orientation des diverses activités du programme.

la formation disciplinaire. Or la formation didactique est intimement liée à une mise en perspective de cette discipline.

– Avoir la capacité de situer ces disciplines les unes par rapport aux autres et d'établir des liens entre elles. On peut se demander à quels endroits une telle compétence sera travaillée dans la formation. Pour le MEQ, celle-ci semble assurée par la préparation du futur enseignant à l'enseignement de deux disciplines. Nous avons déjà amplement discuté de cette question précédemment.

– Avoir une attitude positive à l'égard des disciplines enseignées, ainsi qu'une bonne connaissance de l'ensemble des programmes d'étude. On voit apparaître ici, l'un des objets pour le MEQ de la formation didactique : une bonne connaissance des programmes.

– Être en mesure de planifier des activités d'enseignement et d'apprentissage en lien avec les objectifs des programmes d'étude et pouvoir utiliser à cette fin des ressources didactiques appropriées (l'une des compétences sans doute visée par la formation didactique). On perçoit le sens restreint qu'on lui accorde : avant tout d'outiller le futur enseignant en termes de planification et de ressources. D'ailleurs, il s'agit là d'ailleurs d'un énoncé dans lequel apparaît de façon explicite le terme « didactique ».

– Être en mesure de procéder à l'évaluation formative et sommative dans les matières enseignées. Cette compétence relève-t-elle, comme semble le penser le MEQ, de la formation pédagogique générale ? L'évaluation formative et sommative peut-elle se faire indépendamment d'une connaissance des raisonnements des élèves, de leurs difficultés, erreurs, conceptions dans un domaine donné, et n'est-elle pas également au cœur de la didactique (Brousseau, 1980) ?

– Être en mesure de déceler les besoins pédagogiques des différentes catégories d'élèves. Pense-t-on à la formation psychopédagogique lorsqu'on énonce un tel objectif ? La pédagogie, dans la généralité de son discours, apparaît pourtant inapte à rendre compte des échecs des élèves dans les apprentissages spécifiques. En redonnant une place centrale aux savoirs dans l'analyse des difficultés, des erreurs, des productions des élèves, la didactique des disciplines rompt avec cette généralité du discours des sciences de l'éducation. La didactique permet de mieux comprendre le processus de construction des connaissances des élèves à différents niveaux scolaires et elle met en relief les conditions de construction de ces connaissances.

Par ailleurs, les compétences attendues à l'égard de la maîtrise de l'intervention pédagogique sont également instructives, puisque celles-ci sont avant tout conçues de manière générale, indépendamment du champ d'intervention spécifique visé (on pense par exemple, à la gestion de classe, à la motivation des élèves ou à leur apprentissage de manière générale). Or peut-on vraiment parler de gestion de classe et de manière de créer un milieu propice à l'apprentissage des élèves sans prendre en compte le domaine spécifique dans lequel se fera l'intervention ? Il suffit d'être dans une salle de classe lors des visites de stagiaires, pour s'apercevoir que les problèmes de discipline qu'ils rencontrent sont aussi liés à leur façon de présenter l'activité, à leur choix de mise en situation, à la manière dont ils questionnent et impliquent les élèves, dont ils tiennent compte de leurs idées. Plusieurs études montrent que ces différents aspects sont intimement liés, pointant à cette occasion le rôle déterminant que joue le rapport au savoir dans l'élaboration de stratégies pédagogiques, dans la manière de cadrer l'apprentissage, de gérer l'activité en classe, de porter un jugement, à travers l'évaluation, sur le développement conceptuel des élèves (Bauersfeld, 1980 ; Voigt, 1985 ; Schubauer-Leoni, 1986*a*).

2.3 Nécessité d'une autre conception de la didactique et de son rôle dans la formation des enseignants

Les travaux précédents, ainsi que ceux portant sur l'analyse des activités qui ont cours dans les classes de mathématiques et sur les éléments implicites qui se cachent derrière les régularités sociales émergeant de certaines cultures scolaires (Bauersfeld, 1980 ; Voigt, 1985) mettent bien en évidence toute l'importance de prendre en considération la didactique dans la formation des enseignants. Nous sommes loin, en effet, dans les analyses qui précèdent, de la conception courante généralement associée à celle-ci, qui transparaît dans les orientations générales des programmes québécois de formation des enseignants au secondaire, tels que mis en évidence précédemment (cette analyse vaudrait tout autant pour la formation des enseignants au primaire).

Toute réflexion didactique renvoie nécessairement à une interrogation sur le sens des apprentissages et sur les conditions susceptibles de favoriser une transformation des savoirs chez l'apprenant, que celui-ci soit l'élève ou l'enseignant. La réflexion didactique permet entre autres de mieux comprendre les difficultés récurrentes liées à la compréhension de certains concepts fondamentaux par les élèves (par exemple, l'apprentissage des fractions, des nombres décimaux, des nombres relatifs, de la notion de variable), la difficile utilisation en mathématiques de certains raisonnements ; elle oblige à questionner des éléments fondamentaux de cet apprentissage, telles les notions de preuve, d'explication, de validation, ou encore le rôle qu'y jouent le langage et le symbolisme. Cela que reflète l'évolution de nos propres travaux de recherche dans le domaine de l'apprentissage, de l'enseignement des mathématiques et de la formation des enseignants (formation initiale et continue) depuis plus de vingt ans.

Dans ces travaux, le focus est mis sur les processus par lesquels les élèves créent une signification mathématique dans des situations particulières. La conduite observée chez l'apprenant est ici associée au problème de sa signification. Celui-ci n'est pas étudié pour lui-même mais dans l'interaction avec la situation. On analyse donc le statut des réponses produites par l'élève en regard de ses conditions de production, on cherche à caractériser les éléments de la situation qui se révèlent déterminants dans ce processus de construction.

Dans cette réflexion, une place centrale est accordée aux élèves et aux savoirs qui constituent la clé pour aborder l'analyse des processus d'apprentissage et d'enseignement et aussi, nous le verrons ultérieurement, de formation d'enseignants. Ainsi, l'élaboration d'interventions en enseignement des mathématiques va s'appuyer sur un certain nombre d'analyses préalables (réflexion épistémologique, balise du champ conceptuel concerné, etc.) et se traduire par des situations dans lesquelles l'élève sera appelé à agir, à communiquer ses raisonnements, à argumenter face aux solutions amenées par d'autres. Sont considérées des variables didactiques susceptibles d'influencer : le contexte, le matériel ou les représentations servant de support à la tâche, nature et taille des nombres, etc. On travaille à l'élaboration de situations didactiques visant l'évolution des connaissances des élèves ; on analyse les *patterns* d'interactions rendant compte du processus d'argumentation, de la négociation en classe.

De quel mode de connaissances participe ainsi la recherche en didactique ? Elle permet avant tout de clarifier les processus de construction de connaissances par l'apprenant, en regard de contenus de connaissance particuliers, et les conditions d'émergence et de développement de ces connaissances, éclairant ainsi des pistes d'intervention possibles au niveau de la situation d'enseignement-apprentissage. Cette didactique des disciplines telle qu'elle s'est constituée depuis une vingtaine d'années aborde donc le champ de la formation professionnelle des enseignants avec un corpus important de données relatives à l'apprentissage de savoirs spécifiques et à leur enseignement, en s'appuyant sur ses propres concepts et ses propres méthodes de recherche : « Le concept de didactique désigne bien plus que l'art ou la science de l'enseignement. Il implique en particulier un ensemble de problématiques, de concepts et de méthodologies qui lui sont propres, utilisables dans l'analyse d'une situation éducative donnée. Cette situation éducative ne milite pas en elle-même en faveur d'une perspective psychologique centrée sur les relations interpersonnelles, elle ne peut faire fi de l'étude du développement par les étudiants d'un certain rapport aux savoirs formels » (Larochelle, Bednarz et Garrison, 1998)[4].

L'analyse précédente nous conduit, en tant que didacticienne, à nous intéresser aux conditions susceptibles de contribuer à une évolution de la culture de la classe en mathématiques. Cette évolution passe par une nécessaire prise en compte des acteurs importants que sont les intervenants dans ce processus et débouche pour nous sur la problématique de la formation et du développement professionnel des enseignants.

---

4. Il s'agit ici de notre traduction en français du texte original.

3. LA DIDACTIQUE, SON RÔLE FONDAMENTAL DANS LA FORMATION DES ENSEIGNANTS

Avant d'aborder dans la pratique la mise en œuvre de la formation didactique des futurs enseignants, il nous semble important de situer ses enjeux dans le contexte qui est le nôtre. L'un des défis est lié au profil d'entrée des étudiants en formation et au rapport au savoir, à l'apprentissage et à l'enseignement qu'ils ont élaboré au fil de leur formation antérieure.

3.1 Quelques enjeux de la formation des enseignants en mathématiques

L'analyse du profil d'entrée de nos étudiants, en termes des savoirs préalables sur lesquels la formation peut prendre appui, met en évidence certaines données que nous ne pouvons ignorer[5]. Ces constatations ne sont pas propres au Québec comme nous le montraient déjà les propos de Krygowska lors de son passage à l'UQAM en 1973 : « Nous ne pouvons compter sur des étudiants particulièrement doués qui choisiraient la profession d'enseignant en mathématiques. Nous travaillons avec des étudiants moyens et même plutôt faibles au début de leurs études [...] ce sont ces enseignants et ceux qui les préparent à cette tâche difficile qui sont et seront responsables de la culture mathématique des élèves [...], L'enseignant moyen qui n'a pas une large formation en didactique des mathématiques ne perçoit pas les problèmes et n'a aucune imagination pédagogique. Il connaît le plus souvent une seule voie, un seul programme, une seule manière de le réaliser ; il n'a pas de doutes, il ne se pose pas de questions, il ne cherche pas de réponses. Il n'a pas besoin de comparer son enseignement à celui des autres » (Krygowska, 1973, p. 2).

Les interventions qui sont mises en place au niveau de la formation des maîtres ne peuvent ignorer cette réalité. Elles ne peuvent faire fi non plus des représentations que ces étudiants se sont construites au fil de leur scolarisation antérieure à l'égard de savoirs spécifiques, de leur apprentissage et de leur enseignement (Bauersfeld, 1994). Les études conduites en formation des maîtres nous rappellent d'ailleurs à ce sujet, de manière générale, que les pratiques de formation ne permettent guère aux futurs enseignants de rompre avec ces représentations qu'ils ont développées, celles-ci demeurant inchangées après un programme de formation et suivant les candidats dans leur pratique de classe et dans leur enseignement (Kagan, 1992). Ces représentations modulent les approches mises en place en classe avec les élèves en regard de savoirs spécifiques, et affectent profondément en retour le rapport à ces savoirs chez l'élève : « N'oublions pas que dans la plupart des contrats didactiques en

---

5. Les nombreuses observations que nous avons été amenés à faire dans les premiers cours de mathématiques ou de didactique offerts dans le programme de formation des enseignants au secondaire mettent en évidence la compréhension souvent instrumentale que les étudiants ont au départ des mathématiques.

vigueur dans les classes de mathématiques, le problème est tel que pour les élèves, le maître a déjà une (la?) solution en tête, solution qu'il traduit, la plupart du temps, en étapes de résolution selon les différents élèves et les représentations qu'il s'est construites de leurs potentialités conceptuelles» (Schubauer-Leoni, 1989, p. 353).

La formation doit par conséquent chercher à prendre en compte ces représentations que les étudiants ont, au départ, à l'égard des savoirs qu'ils vont être appelés à enseigner, de leur apprentissage et de leur enseignement, de la manière dont ils voient leur future pratique professionnelle et chercher à articuler ces représentations pour les faire évoluer.

3.2 Formation des enseignants en mathématiques : une restructuration nécessaire du savoir-enseigner

La question qui se pose pour nous, compte tenu de l'analyse précédente, est la suivante : comment promouvoir les changements requis chez les futurs enseignants au niveau de leur vision de l'enseignement des mathématiques, vision qui est fondamentale pour les pratiques qui seront mises en place ?

Nous présentons les tentatives de réponses articulées dans ce sens par une équipe de didacticiens des mathématiques de l'Université du Québec à Montréal (UQAM) dans le cadre du programme de formation des enseignants au secondaire, et nous illustrons à cette occasion le rôle qu'est appelée à jouer la didactique dans cette formation. Les changements que le formateur veut provoquer sont nombreux et difficiles à induire chez le futur enseignant. Il est alors essentiel d'amener, dans le processus de formation, des phases de déstabilisation, des instants de confrontation. Il faut que s'enclenche chez le futur enseignant un processus de questionnement de l'apprentissage et de l'enseignement des mathématiques.

3.2.1 Reconstruire un nouveau rapport aux savoirs à enseigner

Cette déstabilisation va être présente dès la première session à l'intérieur de cours de mathématiques[6], dont l'objectif est avant tout de questionner les idées que les futurs enseignants ont développées tout au long de leur scolarisation antérieure à l'égard des mathématiques, de leur apprentissage et de leur enseignement, et de les rendre ainsi réceptifs au questionnement didactique qui suivra lors de leur formation. Il s'agit ici de leur faire expérimenter d'autres univers possibles d'intervention, de «sensibiliser les étudiants aux structures cachées d'un champ complexe, tout particulièrement en regard de leurs propres expériences en tant qu'élèves (en rétrospective) et des limites de celles-ci, et ce, pour continuer à développer un habitus mathématique alternatif» (Bauersfeld, 1994, p. 182).

---

6. Un cours « activités de résolution de problèmes en mathématiques » existait à cette fin jusqu'à récemment.

Confrontés dans ces cours de mathématiques à différents problèmes, à diverses formes de questionnement, les étudiants en formation se retrouvent eux-mêmes dans le rôle d'apprenants. Les problèmes choisis servent de déclencheurs. Ils sont divers quant au contenu mais surtout quant à la forme. Par exemple, certains problèmes sont ouverts et favorisent le développement de stratégies de recherche, d'autres demandent une argumentation poussée quant à la validité des solutions, d'autres encore forcent une remise en question en regard de l'application purement technique de procédures. Les étudiants ont, dans ce cadre, à expliciter leurs solutions aux autres, à verbaliser leurs raisonnements pour les communiquer, à argumenter sur la validité de solutions présentées par d'autres.

Ce premier contact avec une manière différente de voir l'apprentissage et l'enseignement des mathématiques sera repris dans les différents cours de didactique, tout au long de la formation : dès la première année, le cours Didactique 1 et Laboratoire associé, entrecoupés d'un stage d'observation ; au début de la deuxième année, les cours Didactique de l'algèbre et Raisonnement proportionnel et concepts associés, cours suivis d'un premier stage avec prise en charge de l'enseignement des mathématiques à un niveau du secondaire, puis les cours Didactique de la variable et fonction et Didactique 2, ce dernier cours étant centré sur l'élaboration d'une séquence d'enseignement sur une longue période de temps ; en 3ᵉ année, option dans la deuxième discipline et stage associé, puis le cours Applications pédagogiques de l'ordinateur dans l'enseignement des mathématiques ; en début de 4ᵉ année, stage d'enseignement avec prise en charge complète de la tâche d'un professeur régulier, etc.

Ainsi, par exemple, dans le cours de didactique de l'algèbre, les étudiants en formation sont confrontés à d'autres façons de voir l'algèbre, son apprentissage et son enseignement. Lorsqu'on connaît la place qu'occupe ce sujet dans le curriculum du secondaire, ce qu'il représente dans la transition de l'école primaire à l'école secondaire et les rapports difficiles que les étudiants en formation entretiennent à l'égard de ce domaine de connaissances (Schmidt, 1994), il nous semble important de mettre en place des activités qui les amènent à reconsidérer et à reconstruire un nouveau rapport avec ces savoirs qu'ils auront à enseigner. Les étudiants seront dans ce cours confrontés à diverses activités de généralisation (à partir de *patterns* géométriques, de contextes, etc.) qui les conduiront à construire différents messages en mots (destinés à d'autres) permettant de rendre compte d'une manière de faire pour trouver, par exemple, le nombre d'éléments nécessaires dans la construction de n'importe quel motif (on réfère ici à des *patterns* géométriques). Le retour aux différents messages produits par le groupe conduira (en misant ici sur les différents points de vue et l'interaction entre les étudiants dans lesquels ces derniers seront amenés à argumenter leurs positions) à valider les messages produits, à les modifier au besoin, à les préciser, à discuter de leur équivalence, etc. Un passage au symbolisme sera alors provoqué, puis un retour sera fait sur les différents messages symboliques produits, conduisant à discuter du sens de la lettre et des divers symbolismes utilisés, à voir la pertinence de certaines conventions d'écriture, à discuter de l'équivalence de diverses expressions, à argumenter sur la validité des formules construites. En un mot, les étudiants ont amenés à apprécier pour eux-mêmes le caractère fécond et plausible des situations proposées en regard de l'apprentissage de l'algèbre et à enrichir la vision même de ce domaine de connaissances (pour eux souvent associé à une manipulation formelle d'un certain langage symbolique, dont ils ne voient nullement la pertinence).

3.2.2 *Une formation à l'intervention en enseignement des mathématiques*

Les interventions élaborées par l'équipe visent aussi le développement de compétences professionnelles à l'intervention en mathématiques au niveau secondaire (on permet à des compétences d'intervention de se développer et de gagner, au fil de la formation, une certaine maturité). Ainsi, une intégration constante des dimensions théoriques (analyses conceptuelles, analyses préalables conduisant à l'élaboration d'activités, etc.) et pratiques (observations d'élèves, expérimentations d'entrevues, de situations auprès d'élèves, réflexion dans et sur l'action, etc.) y est favorisée, et ce, dans l'ensemble de la formation[7]. Elle va se retrouver notamment dans les cours de didactique, mais elle dépasse cette simple composante. L'implication de l'équipe de didacticiens dans la supervision des stages et la prise en charge parallèle des cours de didactique et de mathématiques rendent ici possible cette intégration et des liens significatifs et complémentaires entre les diverses composantes du programme de formation de l'étudiant. Ce modèle ne se ramène donc pas à une simple juxtaposition de différentes activités (cours de mathématiques, de didactique, de psychopédagogie, stages, etc.), contribuant à une vision morcelée et compartimentée de la formation. Les compétences professionnelles sont au contraire reprises à travers plusieurs cours.

Il en est ainsi, par exemple, des compétences suivantes : apprendre à observer les stratégies des élèves, prévoir leurs difficultés, les questionner avec pertinence, tirer parti de leurs interventions et productions. Différents cours donnent l'occasion à ces compétences de se développer par l'intermédiaire, entre autres, d'un répertoire d'erreurs sur lesquelles les étudiants en formation sont amenés à travailler (repérer les circonstances où se produit l'erreur, cerner les raisonnements sous-jacents, les conceptions en jeu, prévoir une intervention sur le champ, etc.), par l'intermédiaire aussi d'entrevues réalisées par les étudiants avec des élèves ou de situations en classe filmées sur vidéo. Des jeux de rôles pourront également servir à développer des habiletés de questionnement chez le futur professionnel, lequel sera centré davantage sur

---

7. Cette préparation ne se fait pas à vide ; elle s'articule sur une réflexion à propos de concepts mathématiques précis, sur leur apprentissage et leur enseignement.

les élèves et leur apprentissage (retour sur un devoir, sur des solutions d'élèves, intervention face à une erreur, mise en route d'une activité, utilisation de situations de la vie quotidienne, etc.).

De plus, chaque étudiant doit, à plusieurs reprises, élaborer des situations d'enseignement, les réaliser et les analyser, lors de la préparation d'une suite de leçons sur un sujet donné (suite réalisée dans le cours Didactique 1 devant les pairs à l'université, en présence d'enseignants du milieu scolaire et dans le cadre du premier stage d'enseignement, en contexte réel de classe du secondaire). Une telle démarche est reprise plus tard lors de l'élaboration d'une séquence d'enseignement sur un thème cette fois développé en plusieurs semaines (séquence élaborée dans le cadre du cours Didactique 2 et dans le cadre du stage d'enseignement en dernière année du programme). L'étudiant est alors appelé à faire une analyse conceptuelle du sujet ou des concepts qu'il doit aborder (significations du concept, raisonnements clés, analyse épistémologique de l'évolution de ce concept, etc.), à anticiper les difficultés, erreurs, conceptions, raisonnements des élèves (en s'appuyant pour cela sur les travaux faits dans le domaine), à élaborer un certain nombre de situations types dans lesquelles des raisonnements importants ou des erreurs sont susceptibles d'être activés, etc. Les grandes étapes de la séquence sont ainsi élaborées, se concrétisant par une suite de leçons articulées les unes aux autres rendant compte d'une progression dans l'apprentissage ; certaines étapes sont détaillées (choix de mises en situation, verbalisation des raisonnements clés, support prévu de matériel, de représentations, questionnement, anticipation de diverses solutions, etc.). Un véritable développement conceptuel sur une longue période de temps est ainsi pensé, réalisé et analysé, en prenant appui sur une réflexion didactique qui apparaît, à chacun des moments, essentielle.

Enfin, la réflexion sur l'activité mathématique, son enseignement et son apprentissage (choix de problèmes et de contextes pertinents pour introduire ou donner du sens à un concept) fait également l'objet de la quasi-totalité des cours.

3.2.3 Un exemple d'intervention

Nous expliciterons plus précisément la composante didactique de cette formation à travers un exemple d'intervention apparaissant en début de formation (en 1re année, avant le premier stage d'enseignement), à travers le cours Didactique 1 et son laboratoire. Cette activité est un premier pas important dans le sens d'une préparation du futur enseignant à l'intervention en mathématiques. Les préoccupations de l'enseignant dans sa classe sont présentes dans ce cours, plus particulièrement sous les aspects suivants.

– L'élève, avec ses difficultés, ses raisonnements, ses conceptions. On travaille dans le cours à partir de vraies productions d'élèves ; on dispose de vidéos de leurs propos, de leurs actions en situation ; les étudiants en formation interrogent aussi des élèves et reviennent avec le compte rendu de leurs observations dont ils rendent compte aux autres étudiants du cours. Différents thèmes sont ici abordés, touchant à différentes composantes du curriculum du secondaire : introduction à l'algèbre et statut du symbolisme pour les élèves, moyenne et initiation aux statistiques, aux fractions, aux décimaux, aux deux concepts clés à la jonction entre l'apprentissage au primaire et l'apprentissage au secondaire.

–   La formation au diagnostic dans l'action (Schön 1983, 1987). Les étudiants sont appelés à faire de l'analyse d'erreurs, de raisonnements d'élèves à partir de leurs productions ou de ce qu'ils disent en classe. Ils élaborent des stratégies d'intervention possibles face à l'erreur ou en prenant en compte les différents raisonnements élaborés. Les erreurs dans les opérations sur les fractions, dans la mise en ordre des nombres décimaux, l'introduction des structures multiplicatives et la résolution de problèmes seront, par exemple, une occasion de réfléchir sur ces interventions.

–   Des situations sont proposées, utilisées, analysées et les objectifs sont questionnés. On travaille ici à ce que les étudiants soient en mesure de faire un choix de situations pertinentes face à l'enseignement d'un sujet mathématique donné. Par exemple, afin de faire réfléchir à la complexité éventuelle de la résolution de problèmes par les élèves, les étudiants en formation seront amenés à composer eux-mêmes des problèmes à contexte impliquant une multiplication ou une division, en respectant certaines contraintes, etc. Collectivement, le retour sur les problèmes composés, auxquels on ajoutera d'autres problèmes, amènera à établir des critères qui permettront de juger de la complexité et de la gradation possible de problèmes proposés aux élèves.

–   L'utilisation de la langue maternelle dans l'enseignement. L'étudiant est appelé à verbaliser constamment son raisonnement ou une idée en mathématiques. On travaille ici sur un aspect particulièrement déficient de l'enseignement des mathématiques (Bauersfeld, 1994) pour contrer la formalisation excessive de cet enseignement, souvent à la source de beaucoup de difficultés chez les élèves. Les étudiants sont ainsi amenés à pouvoir jouer avec différents niveaux de langage, à expliciter une idée, un raisonnement, un symbolisme en utilisant une verbalisation accessible aux élèves. Par exemple, les étudiants sont appelés à donner un sens à une équation en algèbre et à sa résolution en verbalisant celle-ci de différentes manières.

–   L'utilisation de matériel, de représentations, de contextes pour appuyer la verbalisation et la construction de sens. Le travail de verbalisation, de contextualisation et de représentation sera effectué par exemple, lorsqu'on aborde les fractions (les étudiants sont amenés à verbaliser et à donner un sens à la mise en ordre des fractions 4/3, 5/7, 5/8, sans passer par le dénominateur commun, en s'appuyant sur un contexte et un matériel) ou à propos de l'enseignement de l'algèbre (on a vu précédemment des exemples de ceci lors de l'introduction à l'algèbre dans un contexte de généralisation).

– On forme enfin à une première réflexion sur l'action lors de l'élaboration et de la réalisation d'une intervention pédagogique sur un sujet mathématique donné : introduction à l'algèbre et construction de formules, résolution d'équations, constructions géométriques, introduction à l'addition de fractions, à la multiplication de fractions, etc. La réalisation d'une des leçons s'effectue devant le groupe de pairs et un enseignant du milieu scolaire. Cette réalisation donnera lieu à une critique sur différents aspects : gestion de classe, questionnement, prise en compte des stratégies des élèves, etc. Il y a alors analyse et réinvestissement dans une nouvelle leçon (pour une description plus détaillée du cours, voir Bednarz, Gattuso et Mary, 1995).

On peut entrevoir à travers cet exemple les visées de ce programme de formation et le rôle fondamental qu'y joue la didactique. Ce programme s'éloigne des modèles dominants de formation des maîtres et, notamment, du cadre ministériel qui associe une fonction très restreinte à la didactique. Il met au contraire de l'avant une formation intégrée visant constamment à la fois une appropriation critique des contenus à enseigner et la préparation à leur enseignement, un rapport plus averti aux savoirs mathématiques, à leur apprentissage et à leur enseignement.

4. CADRE DE RÉFÉRENCE SOUS-JACENT : FORMER À LA DIDACTIQUE OU FORMER PAR LA DIDACTIQUE

Nous avons présenté quelques exemples d'activités réalisées dans le cadre d'un programme de formation des enseignants en mathématiques au secondaire, mettant en place une pédagogie qui encourage les étudiants-maîtres à expérimenter une culture de classe alternative susceptible d'inspirer leurs futures pratiques professionnelles. Il nous semble important de mettre en évidence, à cette étape, le cadre de référence implicite qui guide cette conception de la didactique des mathématiques et de son rôle dans la formation, en situant celui-ci par rapport à d'autres cadres de référence possibles, non indépendants des positions épistémologiques du didacticien-formateur et de son propre rapport au savoir mathématique, à l'apprentissage et à l'enseignement.

L'étude de l'appropriation par les étudiants d'éléments typiques d'un certain domaine de connaissances, de leurs représentations ne va pas sans dire, toutefois, que de telles représentations n'existent que dans la tête de l'observateur, dans ce cas le didacticien, dont les options épistémologiques et idéologiques et son propre rapport au savoir et à l'enseignement colorent la perception de cette situation éducative (Larochelle et Bednarz, 1998). Différentes perspectives peuvent en effet être envisagées à l'égard de la formation d'un futur professionnel.

4.1 Formation des enseignants et didactique : différents points de vue

Il serait possible (perspective qui est reprise dans certains pays) de valoriser un enseignement de la didactique élevé au rang de discipline dans lequel on présente les concepts, les théories, les méthodes qui sont propres à cette discipline. La didactique serait alors enseignée comme une discipline au même titre que les mathématiques ou la psychologie. Dans une telle perspective de formation, la didactique apparaît comme une connaissance théorique sans articulation aucune, avec les problèmes qui se posent au futur enseignant dans sa pratique. Dans une tout autre perspective (dans laquelle nous nous inscrivons), les connaissances didactiques (qui forment en quelque sorte le cadre de référence implicite du formateur) serviraient davantage à problématiser les activités de formation mises en place. Dans ce dernier cas, plusieurs pistes peuvent également être retracées. Nous les reprendrons ci-dessous, pour mieux situer la didactique de formation que nous cherchons à mettre en place.

Ainsi, il serait ainsi possible de concevoir la formation comme un système didactique dans lequel on essaie de contrôler les variables didactiques susceptibles d'engager l'étudiant dans tel ou tel raisonnement. Une telle approche puise ses sources dans la théorie des situations didactiques (Brousseau, 1986).

Il serait également possible (ce qui est plus près de notre perspective) de concevoir la formation comme un mode de participation à une certaine culture de mathématisation (Bauersfeld, 1994), une telle approche puisant ses fondements dans le constructivisme et l'interactionnisme : « L'enseignement désigne la tentative d'organiser un processus interactif de réflexion impliquant, de la part de l'enseignant, une différenciation conceptuelle continue et une réalisation d'activités avec les étudiants, c'est-à-dire l'établissement et le maintien d'une culture scolaire, plutôt que la transmission, l'introduction ou même la redécouverte d'un savoir objectif et préexistant » (Bauersfeld, 1994, p. 195).

Il serait enfin possible de concevoir la formation comme une initiation à une certaine communauté de pratique, une telle approche puisant ses fondements dans des travaux comme ceux de Lave (1988). Le développement et l'appropriation d'un savoir-enseigner apparaît alors comme une construction en situation spécifique, plutôt qu'un entraînement *a priori* défini, valable pour toute situation. Sur le plan épistémologique, cela signifie que la construction de connaissances, de stratégies d'intervention liées à une certaine pratique professionnelle (ici l'enseignement des mathématiques) ne se fait pas en dehors des situations dans lesquelles cette pratique est actualisée et est conditionnelle à la compréhension que les acteurs (ici les futurs enseignants) ont de cette pratique.

Les approches développées non seulement dans le cadre du programme présenté précédemment mais également en formation continue des enseignants (Bednarz, 1998, 2000) trouvent leurs fondements dans les perspectives socioconstructivistes (Bednarz et Garnier, 1989 ; Garnier, Bednarz et Ulanovskaya, 1991 ; Larochelle, Bednarz et Garrison, 1998) et la cognition en contexte (Lave, 1988).

4.2 Cadre de référence sous-jacent aux interventions élaborées par l'équipe de didacticiens de l'UQAM

Dans notre cas, une perspective socioconstructiviste et une prise en compte du contexte de l'enseignant servent de cadre de référence à l'élaboration des situations qui sont discutées avec les étudiants en formation. Cette perspective contribue à problématiser et à éclairer les pratiques de formation mises en place.

Nos pratiques de formation vont ainsi chercher à s'articuler sur les raisonnements et les conceptions développés par les étudiants-maîtres et essayer de les faire évoluer. Les tentatives d'intervention réalisées en ce sens sont diverses : elles touchent autant la formation mathématique que la formation à l'enseignement par le biais des cours de didactique, de mathématiques et les stages. Dans tous les cas, ces interventions privilégient, de la part de l'étudiant, la participation à des activités dans lesquelles le questionnement, l'explicitation de divers points de vue, les interactions (étudiants entre eux, étudiants-professeur) jouent un rôle important. Nous organisons la formation des enseignants comme une culture qui actualise elle-même les caractéristiques désirées : « Pour comprendre l'apprentissage et l'enseignement des mathématiques, le modèle de participation à une culture nous semble plus pertinent que le modèle de transmission des connaissances, ou d'introduction à un corpus de connaissances objectives [...]. Participer au processus mathématique de la classe, c'est aussi participer à une culture utilisant les mathématiques ou, mieux encore, à une culture de mathématisation » (Bauersfeld, 1994, p. 177).

Dans cette formation, les grandes théories de la didactique des mathématiques ne sont pas exposées. Il ne s'agit pas d'enseigner la didactique, mais de former le futur enseignant à l'intervention en mathématiques par la didactique. Celle-ci sert en quelque sorte de cadre de référence à nos interventions comme formateurs. Nous ne tenons pas un discours sur l'action à faire en classe, mais nous faisons en sorte que l'étudiant se construise les connaissances professionnelles qui lui permettront d'aborder cette intervention.

CHAPITRE 5

La formation par l'action éducative :
une interdisciplinarité impliquée

EMMANUEL TRIBY,
Université Louis Pasteur à Strasbourg

1. INTRODUCTION

L'aménagement des rythmes scolaires, dans la mesure où il porte essentiellement sur les activités périscolaires, peut apparaître sans rapports directs avec la formation didactique des enseignants du primaire et de la question de savoir si celle-ci doit être disciplinaire ou plutôt interdisciplinaire. Cette apparence est trompeuse pour trois raisons. D'abord, il est impossible de spécifier ces activités et la formation de ceux qui auront à les assurer sans les confronter aux activités proprement scolaires et à la formation des maîtres. Ensuite, cette nouvelle formation qui est mise en place, et dont le principe de base est l'action, plus qu'une alternative, se présente comme une remise en question de la formation des maîtres du primaire. Enfin, cette expérimentation implique directement les enseignants dans la mesure où ils participent à l'animation de certaines de ces activités ; en ce sens, leur formation initiale est en jeu dans l'expérimentation.

Deux hypothèses fortes et complémentaires inspirent nos travaux. La première est qu'une formation par l'action peut permettre de sortir réellement du carcan disciplinaire et d'accéder à une formation interdisciplinaire. Toute formation qui penserait s'extraire de ce cadre structurant sans rompre avec la situation élémentaire d'apprentissage se confronterait au risque du retour du système : celui-ci porte la division disciplinaire à un tel point qu'on ne peut guère en sortir qu'en brisant la situation élémentaire de l'apprentissage. L'action impose une décentration par rapport à une relation normale au savoir et à l'apprenant ; elle constitue le *détour* nécessaire – au sens que lui donne Balandier (1985) – pour construire un nouveau rapport aux savoirs à enseigner, pour s'extraire des routines culturelles et professionnelles qui risquent toujours de faire resurgir la structuration disciplinaire des savoirs.

La deuxième hypothèse est qu'il est possible, à condition d'être capable de repérer les savoirs en jeu dans l'action éducative et d'en faire un des matériaux de cette action, d'établir un lien entre les attitudes développées (exprimées ou mises en œuvre) dans ou par rapport à une action pédagogique dans un cadre scolaire, et les conceptions construites à l'égard du savoir à enseigner. C'est là une hypothèse pour laquelle nous pensons avoir au moins échafaudé quelques outils d'observation susceptibles de nous permettre d'entrevoir le jeu de la didactique dans les comportements professionnels des différents acteurs.

Telles sont les hypothèses et les questions dont cette étude voudrait montrer la pertinence sans attendre la validation d'une expérimentation qui n'en est qu'à mi-parcours.

2. PROBLÉMATIQUE ET HYPOTHÈSE D'UNE FORMATION PAR L'ACTION

L'hypothèse de base qui fonde l'expérimentation et légitime notre recherche est que l'action peut être formatrice dans la constitution d'une identité et de compétences professionnelles. Elle peut l'être si elle met en question(s) les formations antérieures, formelles et informelles, scolaires et non scolaires : l'initial, l'historique, vient se mettre en cause dans le devenir, continu et incertain, que sous-tend l'action.

2.1 La qualification initiale en crise

La crise qui frappe la qualification initiale n'est pas un monopole de la profession des enseignants et de leur formation. Elle frappe toutes les qualifications au travers des positions symboliques et matérielles qui structurent l'espace social des savoirs : rapport au savoir, rapport à l'apprenant, rapports sociaux impliqués dans l'action pédagogique : en tant que repère dans la régulation des rapports sociaux, la qualification est aujourd'hui en crise.

Cette crise comporte dans le milieu enseignant des dimensions spécifiques, compte tenu du rôle central que joue le savoir dans leurs activités. Ces spécificités concernent à la fois :

– La formation à la qualification. La formation initiale des enseignants censée rendre capable d'enseigner est largement déterminée par le cadre des disciplines. Or celui-ci ne contrarie pas seulement l'efficacité de l'enseignement mais la question même de l'efficacité, dans une société marquée de plus en plus par une culture de l'évaluation.

– La qualification pour la formation. Le contenu des connaissances et des habiletés paraît être en décalage croissant par rapport à l'évolution sociale des élèves, de leurs parents et des candidats à l'enseignement. Il existe des évolutions sociales qui disqualifient de fait certaines pratiques d'enseignement. La disciplinarité nous paraît être une de ces traditions frappées de caducité.

– La structuration d'une qualification. Elle est constituée essentiellement de rapports. Cette dimension de communication, à la fois sociale, politique et institutionnelle, nous paraît décisive, et décisivement délégitimée par le cadre disciplinaire.

2.2 L'intérêt du détour par l'action dans la formation

Par action, nous entendons l'engagement de l'individu dans un projet, engagement qui implique l'apport de ses propres attentes, de ses propres représentations et des différentes stratégies qu'il est amené à mobiliser dans la réalisation de ce projet. L'action nous intéresse ici non pas seulement dans le rapport qu'elle entretient avec le savoir, mais aussi dans ce qu'elle peut révéler comme *habitus* de pensée, comme attitudes et modalités cognitives ancrées chez l'individu à l'occasion de formations antérieures.

2.2.1 Action et discipline

L'action ne peut être simplement opposée dans la formation à ce qui est considéré comme mode traditionnel d'apprentissage dans le système scolaire, l'enseignement par disciplines. Si l'action est habituellement liée à l'apprentissage des savoir-faire, ce n'est pas seulement parce que « c'est en forgeant qu'on devient forgeron », mais parce que l'action organisée, finalisée et contrainte, constitue en elle-même une discipline, dans le sens qui a prévalu jusqu'à la naissance des disciplines scolaires à la fin du XIXᵉ siècle : « Dans les disciplines, il s'agit de discipliner l'esprit, autrement dit les disciplines sont constituées non seulement pour désigner des « contenus », mais dans une perspective formatrice » (Cornu et Vergnioux, 1992, p. 31).

Le passage des disciplines du corps à celles de *l'esprit* – au cœur de la révolution didactique du XIXᵉ siècle – est ici particulièrement important : « par ces mots de discipline intellectuelle, de gymnastique de l'esprit, on entend le développement du jugement, de la raison, de la faculté de combinaison et d'invention » (Hippeau, 1885, cité dans Chervel, 1988). Outre que l'action ne permet plus de se laisser enfermer dans le dualisme corps-esprit, elle implique nécessairement une multitude de connaissances et d'habiletés qui, pour peu qu'elle soit effectivement conçue comme formative, implique la globalité de cette « gymnastique ».

2.2.2 L'action comme révélateur de la formation

Par rapport à nos hypothèses initiales, l'action est aussi, pour le formé, l'occasion de faire émerger des modes d'organisation de sa pensée, des manières de rapport au monde, des attitudes dans les interrelations, qui, à notre sens, expriment les traces d'une formation antérieure, dans la mesure même où l'action révèle les compétences à l'œuvre (Charlot, 1997). Par compétence, il convient d'entendre un « ensemble stabilisé de savoirs et de savoir-faire, de conduites-types, de procédures standards, de types de raisonnement que l'on peut mettre en œuvre sans apprentissage nouveau et qui sédimentent et structurent les acquis de l'histoire professionnelle : elles permettent l'anticipation des phénomènes, l'implicite dans les instructions, la variabilité dans la tâche » (Samurçay et Pastré, 1995, p. 15). Les compétences sont apprises, soit à travers des formations explicites, soit par l'exercice d'une activité : « Leur modalité d'acquisition a des effets sur leur structuration » (*ibid.*, p. 15).

L'action permet donc de révéler la manière dont les divers acteurs – incluant les enseignants – ont investi leur activité des savoirs acquis antérieurement dans leur formation (ou leur expérience). Plus précisément, l'action pour les enseignants en particulier, elle permet de mettre au jour les traces d'une formation développée dans une situation traditionnelle de face à face et leurs effets sur des comportements de formateurs dans l'action : la relation pédagogique initiale et ses contraintes institutionnelles déterminent durablement les modes de mobilisation des savoirs jusque dans des situations très éloignées de ce cadre originel.

2.3 La formation par l'action

Cette modalité de formation comporte nécessairement des préoccupations particulières au regard de la question des savoirs mis en jeu. Elle exige, par ailleurs, que soit réinterrogé le rapport à la formation initiale, activité formelle en centre de formation. Elle appelle enfin une autre conception du triangle didactique au sein duquel l'apprenant-adulte occupe une position centrale.

2.3.1 La formation par l'action : des préoccupations particulières

Une formation fondée sur l'action exige d'être plus attentif encore aux savoirs mis en jeu que dans des situations de formation plus académiques. Notre attention sera en particulier portée sur les quatre aspects suivants :

– Identifier les savoirs à acquérir. Ces savoirs ne préexistent pas nécessairement à l'action, comme quelque chose qui serait à atteindre. L'action n'est pas vraiment utile à la formation si elle n'est pas l'occasion de faire émerger des savoirs qui, sans l'action, ne pourraient apparaître. Ils sont à la fois préalables et en construction dans le cours de l'action elle-même. Si cette deuxième occurrence n'était pas fondée, à quoi cela servirait-il d'user de l'action pour apprendre ?

– Affirmer que les savoirs sont à la fois préalables et en construction doit être entendu dans deux sens. C'est d'abord affirmer que le concepteur du projet d'action (qu'on qualifie trop rapidement de concepteur de l'action elle-même[1]) est censé connaître les savoirs qui seront en jeu et l'enjeu dans l'action ; dans le cas présent, ces savoirs concernent aussi bien le partenariat, la coordination horizontale, les réseaux de savoirs, la régulation cognitive au cours de l'action... Mais cela signifie simultanément que ce savoir est littéralement abstrait ; il n'a même pas de théorie pour fonder son lien à la réalité ; il ne peut qu'être éprouvé dans l'action[2]. Les notions, les idées, les attentes, les intentions, vont prendre forme dans l'action.

– Identifier l'apport spécifique et nécessaire de l'action. Une action est formatrice et vraiment nécessaire que si elle apporte ce qui ne peut être apporté par une autre situation d'apprentissage. L'apport spécifique de l'action est d'être en elle-même et *a priori* interdisciplinaire. La conceptualisation qui s'y construit emprunte nécessairement à la transversalité des paradigmes et des schèmes mobilisés dans la mise en œuvre de l'action. Dans notre cas, celle-ci doit être l'occasion d'interroger le fonctionnement du paradigme disciplinaire dans la tête des partenaires de l'action, en particulier chez ceux pour qui ce paradigme paraît le plus prégnant, les enseignants.

– Repérer les modalités de l'activité cognitive des apprenants. Celle-ci est essentiellement centrée sur des concepts pragmatiques : « les opérateurs (ouvriers) ne font pas qu'appliquer des règles d'action. Ils conceptualisent leur situation de travail autour d'un certain nombre d'invariants que nous avons appelés des concepts pragmatiques » (Samurçay et Pastré, 1995, p. 13).

Notre référence aux pratiques d'ouvriers travaillant sur des machines automatiques n'est pas qu'un simple rapprochement, un lien pittoresque. Nous pensons que dans le cadre d'une action, des acteurs ayant une certaine expérience professionnelle vont réagir, prendre position, raisonner, en usant d'abord de concepts pragmatiques[3], traces de conceptualisations antérieures

---

1. On ne peut concevoir l'action elle-même, on ne peut guère qu'anticiper certaines dispositions de sa réalisation mais pas plus. L'action se construit en se faisant.

2. On pourrait sans aucun doute élargir ce propos à l'ensemble des savoirs d'action qui se donnent pour des savoirs théoriques. C'est le cas tout particulièrement de la gestion. Voir Barbier (1996).

3. Dans le domaine professionnel, « seule une analyse du travail qui porte sur l'analyse de la tâche prescrite et de l'activité effective – plus particulièrement une analyse des stratégies efficaces utilisées par les acteurs – permet d'identifier les compétences à transmettre. C'est pour désigner cette dimension importante des compétences qu'a été introduite la notion de *savoirs de référence*, définie comme un ensemble de savoirs reconnus par la profession sur les objets du domaine et de savoirs en actes efficaces manifestés dans les pratiques professionnelles. Cela revient à identifier les invariants conceptuels et stratégiques qui organisent l'activité efficace pour le traitement d'une classe de situations qui, elles, sont toujours contextualisées et spécifiques. On appellera *concepts pragmatiques* ces unités opérationnelles organisatrices et constitutives des savoirs de référence » (Samurçay et Pastré, 1995, p. 16).

ayant fait la preuve de leur utilité en situation connue. Cela se produit spontanément tant que la situation nouvelle qu'est censée amener l'action n'aura pas réussi à déstabiliser les concepts au point de les rendre caducs.

Une activité cognitive propre ne se produira que lorsque des événements suffisamment inhabituels, inattendus auront commencé à interroger la trame cognitive de l'enseignant. Cette construction hypothétique s'alimente à un postulat : dans l'activité professionnelle enseignante, comme dans la plupart des professions, c'est la routine qui l'emporte toujours comme moyen de se protéger, d'éviter de se poser des questions et comme modalité normale (et normalisante) de réagir en situation.

2.3.2 De la formation continue à la formation initiale

Ce questionnement s'étend à la formation continue elle-même. Mais faut-il réserver le terme à des actions délibérément choisies, organisées principalement sinon exclusivement pour produire des effets de formation ? N'y a-t-il formation que par des actions formellement destinées à former ?

Limiter le champ de la formation continue à un domaine réservé des actions de formation, dans et hors des organisations, c'est exclure l'essentiel de ce qui constitue la formation des adultes. Nous ne faisons pas seulement référence ici à la formation dans le cadre même de l'emploi, formation sur le tas et formation plus formalisée, mais plutôt à la formation expérientielle d'une part (Courtois et Pineau, 1991), à l'innovation comme source de formation d'autre part (Cros, 1993 ; Zay, 1994) : « Dans le contexte de l'éducation continue, l'expérience d'une situation (la relation de formation) se présente comme une expérience globale. L'individu qui y participe est amené à dégager de cet ensemble de faits certains éléments particuliers qui, selon la façon de les agencer, traduisent sa perception et sa compréhension de la situation générale » (Ouellette, 1996, p. 77).

Cette façon dépend essentiellement des schèmes laissés par la formation initiale antérieure. C'est pourquoi l'action est formatrice, structurante pour l'adulte, quand elle mobilise les cadres antérieurement construits par les sujets.

2.4 De l'action à la didactique

Le triangle didactique doit être reconstruit en considération de l'action et des savoirs qu'il mobilise. Avec Samurçay et Pastré, nous suggérons la représentation suivante du triangle conceptuel (figure 1). Remarquons que le triangle proposé, à la différence du triangle didactique habituellement retenu[4], est contextualisé et que le savoir se trouve sous deux avatars : les savoirs mis en œuvre et les systèmes de signifiants.

---

4.   Pour la critique du triangle didactique, voir Sachot (1996*b*).

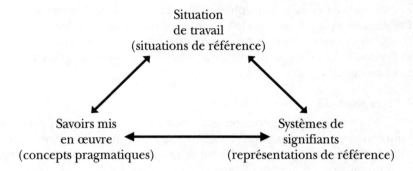

FIGURE 1

Une autre représentation du triangle didactique

Situation
de travail
(situations de référence)

Savoirs mis
en œuvre
(concepts pragmatiques)

Systèmes de
signifiants
(représentations de référence)

L'apprenant n'est plus à un angle mais il est au cœur du triptyque. Les relations entre les trois pôles fonctionnent sur le double principe du questionnement et de la consolidation ; l'interrogation résulte du changement ou de la mise en cause de l'un des trois pôles ; la consolidation émerge dans la durée comme autant de routines assurant l'adéquation à la situation. Remarquons que chacun de ces trois angles comporte une dimension cognitive, cristallisée dans la situation de travail, éprouvée dans les concepts pragmatiques, mise en mémoire dans les représentations de référence.

3. DÉMARCHE

Nous nous appuyons sur les enquêtes et les observations menées dans le cadre d'une expérimentation dont une équipe de l'université Louis Pasteur (ULP) à Strasbourg a été chargée d'assurer l'évaluation[5]. Chargée plus particulièrement du suivi de l'action des adultes engagés dans cette action, notre démarche consiste à porter le questionnement didactique là où on ne l'attend guère : non dans une situation d'enseignement, mais dans une situation pratique de mise en question de l'enseignement scolaire. Pour la clarté de notre propos, il nous a paru nécessaire de circonscrire notre analyse aux seuls enseignants. Et, compte tenu de la mise en évidence de l'importance du paradigme disciplinaire constitué dans la formation initiale sur les comportements de ces enseignants, nous considérons que les conclusions d'une telle analyse peuvent être transposées dans le domaine de la formation initiale des enseignants.

---

5.   Précisons que c'est une commande de la Ville de Strasbourg, initiatrice de l'expérimentation, adressée au Laboratoire de sciences de l'éducation (LSE) de l'Université Louis Pasteur (ULP, Strasbourg I). Les membres de l'équipe sont Y. Abernot, P. Marquet, M. J. Rémigy et E. Triby.

3.1 Contexte

C'est une expérimentation sociale, relevant d'une politique locale de l'enfance, lancée avant même que l'évaluation ait pu démarrer ; le laboratoire évaluateur n'en est ni le concepteur, ni l'initiateur, ni le réalisateur. S'il en est l'évaluateur, ce n'est pas dans le sens du contrôle mais véritablement dans le sens d'un jugement de valeur générateur de sens et de connaissances (Ardoino et Berger, 1986). Pour nous, elle est surtout l'occasion d'une diversité d'entrées méthodologiques.

3.1.1 Le projet ARS

Nous limitons la description aux éléments strictement indispensables à l'intelligence de notre propos. Il s'agit d'une expérimentation lancée par la Ville de Strasbourg, qui a pour objectif de proposer des activités périscolaires dans un cadre temporel modifié par rapport à l'emploi de temps habituel de l'élève. Les finalités explicites d'une telle opération sont, d'une part, un aménagement des rythmes scolaires (ARS) et, d'autre part, l'accès pour des enfants issus de milieux modestes à des activités culturelles et sportives auxquelles ils ne pourraient autrement participer spontanément. La première finalité devrait impliquer que les emplois du temps scolaires soient mieux adaptés aux rythmes d'apprentissage de l'enfant ; la seconde vise un objectif de justice sociale, mais elle vise très certainement aussi, quoique de manière implicite, un contrôle renforcé sur des enfants parce qu'on pense que l'école doit faire toujours davantage pour favoriser la socialisation.

Suivant les dispositifs horaires (il y a cinq types d'emplois du temps différents), des enfants se retrouvent libérés certains après-midi pour effectuer leurs activités périscolaires ; d'autres prennent part à ces activités pendant des créneaux horaires intercalés entre le repas et les cours de l'après-midi, ou encore le mercredi. Du côté des enseignants, les différents dispositifs horaires doivent permettre de travailler autrement pendant la journée de classe et de développer des relations avec des partenaires extérieurs à l'établissement avec lesquels la plupart ne sont pas habitués à travailler : « on ne peut s'étonner que l'idée de partenariat ne traverse pas réellement une pratique professionnelle centrée sur le face à face de la relation éducative ou pédagogique » (Zay, 1994, p. 198).

3.1.2 Le dispositif d'évaluation

L'équipe de l'ULP a signé une convention avec la Ville de Strasbourg pour réaliser l'évaluation de cette expérimentation, ce qui pose immédiatement question en termes de recherche[6]. Une part de cette évaluation concerne

---

6. « Une recherche est considérée comme scientifique en fonction de certaines caractéristiques. Dans quelle mesure ces caractéristiques peuvent-elles être utilisées en évaluation ? » (Ouellette, 1996, p. 76). À l'inverse, comment produire des connaissances à partir d'un jugement et d'une interprétation visant prioritairement le retour à l'action ?

les élèves, leurs progrès cognitifs et l'évolution de leurs comportements, l'autre, celle des adultes engagés dans cette action. C'est cette dernière, à laquelle nous participons, qui constitue notre contribution.

Évaluer l'action des adultes, en se centrant sur les enseignants, revient à chercher à comprendre les représentations et les savoirs – au sens le plus large : savoirs théoriques, d'action, savoir-faire, connaissances factuelles, etc. – que ces acteurs mobilisent dans l'opération d'aménagement du temps de l'élève. C'est chercher à comprendre les conceptions d'un métier qu'ils mettent à l'épreuve de l'innovation, les résistances qu'ils développent pour se protéger ou préserver des places ou des positions sociales, matérielles, symboliques. C'est finalement chercher à identifier ce qui change éventuellement dans leurs modes de rapport à leur travail, aux enfants, aux savoirs à enseigner. En somme, c'est chercher à reconnaître en quoi cette action est l'occasion d'une formation.

3.1.3 Une innovation, donc une action de formation

En quoi cela intéresse-t-il la question qui nous occupe ? Quelques postulats initiaux paraissent peu contestables :

– pour produire un effet de formation, une action doit comporter la dimension du changement ;

– pour produire des effets durables, ce changement doit s'inscrire dans un cadre institutionnel ;

– pour que l'effet produit implique la totalité de la fonction enseignante, et en particulier son activité dans la classe, il faut que l'innovation implique explicitement la mise en jeu de ses conceptions du savoir et des modalités de son acquisition.

Il nous faut dès lors interroger le concept d'innovation quand il s'applique au champ pédagogique. L'innovation y est présente (très présente) sous la forme d'intentions et de projets pour la plupart marqués par une importante personnalisation (Cros, 1993).

Nous réserverons le terme d'innovation à toute action concertée – impliquant au moins deux partenaires (non compris les élèves) – organisée en fonction de finalités explicites, soucieuses dès le départ d'une évaluation et visant le changement des pratiques et/ou des relations dans le champ de l'enseignement-apprentissage. Dans le tableau 1 ci-dessous, nous présentons la typologie des innovations et des changements que chaque catégorie d'innovation implique.

Le projet ARS relève de l'innovation organisationnelle à condition de susciter un changement dans les rapports de pouvoir et de coopération entre les acteurs. Il peut acquérir une capacité de changement irréversible s'il devient explicitement un dispositif de transformation des modalités d'organisation du temps et de l'espace scolaire ; en somme, s'il requiert un changement des normes organisationnelles. Le droit, la norme sociale instituée jouent alors le rôle que la technologie ne peut pas jouer dans ce dispositif.

Tableau 1

innovations et catégories de changements

Degré de changement /de formation	Catégories d'innovations	Facteurs et objets du changement
1er degré de changement	Innovation technologique – formation à l'utilisation des techniques	Des nouvelles technologies éducatives comme support d'un changement de mode de travail[7]
2e degré de changement	Innovation organisation-nelle – formation des compétences	Des principes d'organisation susceptibles d'exiger des changements de prati ques et de fonctionnement des rapports de travail
3e degré de changement	Innovation sociale – formation des attitudes et questionnement des modes de pensée	Des changements dans les structures sociales et leur re-flet dans la culture comme fondement d'une transfor-mation des représentations et d'une évolution des valeurs

3.2 Matériaux

Ces matériaux résultent respectivement des trois démarches mises en œuvre conjointement pour réaliser l'évaluation du partenariat : l'enquête par questionnaire, les entretiens individuels, l'observation des moments de con-certation.

3.2.1 L'enquête auprès des enseignants

Il s'agit d'une simple enquête par questionnaire, à questions ouvertes, lancée au début de l'expérimentation auprès de tous les enseignants de toutes les écoles participant au projet. Elle visait un triple objectif :

---

7. Nous ne sommes pas loin de penser que fondamentalement il n'y a que les changements tech-nologiques qui produisent des effets irréversibles. Pourtant, ce type d'innovation ne produit d'effets (effectifs) que s'il s'accompagne d'une innovation organisationnelle ; or cette der-nière peut finir par s'épuiser. Les changements qui resteront finalement sont ceux que l'inno-vation technologique aura rendu indispensables pour réaliser la valeur qu'elle comporte potentiellement.

- définir les représentations que se faisaient ces acteurs du projet ARS ;
- identifier les attentes des enseignants au regard de l'expérimentation ;
- repérer les intentions de ces acteurs quant à leur éventuel engagement dans le projet.

L'enquête a permis d'évaluer la segmentation de l'univers des représentations professionnelles des enseignants, la hiérarchie des savoirs qui le structure, la mesure de leur engagement dans un processus de changement mettant en question leurs conceptions cognitives et didactiques.

3.2.2 Les entretiens individuels

Exploités selon les procédures habituelles, ils n'ont concerné jusqu'à présent que, d'une part, des directeurs d'école et, d'autre part, les partenaires extérieurs représentants les institutions extérieures à l'Éducation nationale (EN) engagées dans ce projet, la Direction départementale de Jeunesse et sports, la Direction régionale des Affaires culturelles (DRAC), etc.

Les entretiens avec les directeurs ont permis d'évaluer le degré d'avancement du modèle managérial qui tend à s'installer dans les établissements de l'EN au gré des revalorisations des directeurs, le développement d'une certaine autonomie des établissements, l'incitation au partenariat (Zay, 1994).

Les entretiens avec des personnalités extérieures à l'EN ont surtout été l'occasion de se rendre compte de la spécificité du regard sur l'éducation et la formation, porté par des acteurs qui conçoivent leurs actions et fonctionnent dans le dispositif avec des représentations assez radicalement différentes de l'EN. La spécificité de chaque position peut être identifiée à la conception du rapport que porte chaque acteur : type de savoir mobilisé, modalité d'apprentissage de l'enfant.

3.2.3 Les moments de concertation

Il s'agit essentiellement des moments institués tels que conseils d'école, conseils des maîtres, conseils d'élèves (plus rares). Nous n'avons pas (encore) eu l'occasion d'analyser des moments de concertation plus informels (préparation des conseils, rencontres avec les associations du quartier, etc.) ; ils supposent des outils d'observation plus spécifiques et plus fins.

Les situations observées ont été les sources les plus importantes d'informations et d'analyses dans cette recherche, car elles sont l'occasion de repérer et d'identifier des résistances et des préférences, toutes révélatrices de l'*habitus* professionnel et social que nous tentons de mettre à jour chez chacun des différents acteurs. À cet égard, la disposition des lieux, situant les différents partenaires les uns par rapport aux autres, est proprement éclairante. Elle dénote un rapport au savoir bien avant d'être un rapport au pouvoir.

3.3 Trois indicateurs des effets de formation

Notre démarche consiste à produire des indicateurs susceptibles de permettre de construire des grilles d'interprétation des réponses au questionnaire et un outil d'observation des réunions de coordination. Par indicateurs, nous n'entendons pas des grandeurs qui définiraient, en les réduisant sensiblement, la nature et l'importance d'un phénomène ou d'une action (tels les indicateurs économiques). Ils concernent plutôt des éléments qui permettent de construire une trame notionnelle et conceptuelle susceptible de donner du sens à ce qui se passe au regard des savoirs mobilisés dans l'action et considérés comme révélateurs des conceptions sous-jacentes de la profession. À l'heure actuelle, nous travaillons à la construction et à la mise à l'épreuve de trois indicateurs.

3.3.1 *Premier indicateur : le rapport de la formation au temps et à l'espace*

Le rapport de la formation au temps et à l'espace est conçu comme un rapport à la segmentation du rapport du sujet au monde, lui-même conçu comme un élément déterminant un rapport au savoir : segmenté, hiérarchisé, en somme *chosifié*. C'est certainement l'indicateur le plus facile à identifier et à observer : séparation et spécialisation des temps réservés à l'apprentissage, organisation des apprentissages selon une division synchronique et diachronique strictement compartimentée, affectation des moyens humains et matériels selon une clé de répartition strictement temporelle (induisant à la fois difficultés de concertation et crispation sur la séparation des lieux : lieux pour le scolaire, lieux pour le périscolaire, etc.).

Cet indicateur revient en partie à identifier le degré de changement impliqué par l'action, dans la mesure où l'action éducative non scolaire s'inscrit dans une autre temporalité. C'est ce degré qui conditionne tout particulièrement le niveau de questionnement que l'action peut produire et, par là, le caractère formateur de cette action. Ce degré de changement est essentiellement saisi à travers les modifications qui sont apportées à l'organisation du temps et de l'espace scolaires. Les résistances à modifier le cadre temporel de l'action éducative illustre la prégnance d'un modèle de division du temps, donc de l'espace, caractéristique de la *disciplinarité* propre au système scolaire.

Notre hypothèse sous-jacente est que le découpage du temps et de l'espace est à l'origine du découpage des savoirs engagés dans l'action éducative par l'enseignant, savoirs formés initialement à l'école puis confortés à l'école normale (devenue IUFM). Ce découpage est générateur d'un mode de fonctionnement de l'enseignement-apprentissage ; il trouve son expression matérielle dans l'organisation temporelle et spatiale de la formation (Triby, Abernot, Marquet et Rémigy, 1998).

3.3.2 Deuxième indicateur : la représentation qu'ont les enseignants de l'école dans leur environnement et de la place de ce dernier dans leur activité

Cet indicateur est typiquement lié à l'idée de partenariat qui fait florès dans les établissements scolaires depuis une décennie en France. La réalité de cette idéalité ne reste pas moins hautement problématique pour autant. Comme toute organisation, l'établissement a besoin, pour exister, d'entretenir des croyances communes ou de développer des croyances à partager. Le partenariat est l'une de ces croyances post-modernes. Par souci de plus grand réalisme, nous préférons parler d'environnement significatif.

Premièrement, qu'est-ce que l'environnement significatif de l'école ? Il n'est pas possible de répondre *a priori* à cette question. Cet environnement est un construit qui s'élabore tout au long de l'action. Il s'agit de repérer le type d'acteurs que l'enseignant implique pratiquement dans les situations qu'il échafaude. Par « pratiquement », nous n'entendons pas seulement le rôle très concret que tel ou tel acteur peut jouer. C'est l'ensemble des références qui sont faites à cet environnement qui compte : interventions dans l'action, mais aussi prises de position, interpellations, modèles éducatifs apparents ou explicités...

C'est en effet à la condition que l'enseignant se rende compte que les autres partenaires expriment d'autres attentes, révélatrices d'autres conceptions et de rapports à l'école, que le partenariat peut avoir un rôle proprement formateur. L'effacement ou la non-reconnaissance des autres partenaires sont à l'inverse révélatrice d'une conception exclusive du savoir et de l'accès au savoir, caractéristique une fois encore de la disciplinarité scolaire. En effet, cette dernière a besoin à la fois d'une pureté des savoirs (jusqu'à l'académisme), d'une unicité des sources des savoirs (jusqu'à l'exclusive) et d'une homogénéité dans l'exercice du savoir (jusqu'à l'extrême gratuité et le formalisme). L'irruption d'autres conceptions du savoir et de ses usages perturbe gravement ce triple statut du juste savoir scolaire, disciplinaire.

Il s'agit, deuxièmement, d'apprécier les modalités de l'intégration de cet environnement dans l'action éducative autrement que comme une contrainte intangible. Ces modalités commencent par la prise en compte des effets de l'appartenance de l'élève sur ses prédispositions à l'apprentissage, tels qu'ils fonctionnent dans les représentations des différents partenaires, et se terminent avec l'évaluation et la parole qui lui est donnée par les différents partenaires (qu'ils laissent parler l'élève ou qu'ils parlent à sa place). Entre ces deux extrêmes, on aura à relever les conceptions de l'apprentissage mobilisées dans les prises de position à l'égard du dispositif ARS, la lecture des finalités de l'école qui s'y trouveraient impliquées, etc.

C'est un processus d'interprétation qui se met en place en deux phases. La première consiste à identifier les termes du triangle didactique, en particulier le sens, le contenu et les formes d'expression des savoirs en jeu dans les situations créées à l'occasion de l'aménagement des rythmes. Le second sert à contextualiser ce triangle grâce à l'identification de son environnement significatif, tant du point de vue des représentations que de l'implication concrète respective de chaque partenaire dans l'action.

La première phase est indispensable pour rester enseignant, pour éviter que l'action se perde dans l'animation socio-éducative. Elle est surtout essentielle dans la perspective que nous avançons, parce que c'est le savoir (ou les savoirs) qui doit rester primordial ; l'action est conçue pour agir sur le rapport à ce savoir. Elle est également essentielle parce que l'enseignant doit prendre garde de privilégier une relation directe avec l'apprenant, risque que comporte toute situation d'apprentissage fondée sur l'action. La seconde phase est essentielle pour réintroduire l'action éducative dans le réel, c'est-à-dire les savoirs mobilisés et l'activité propre de l'élève que la conception scolaire des savoirs et de l'apprentissage installe dans l'irréalité (pour mieux les conserver).

3.3.3 Troisième indicateur : logique d'instruction et logique d'éducation[8]

On a pu identifier deux séries d'attitudes et de comportements relevant de deux logiques bien distinctes, une « logique instruction » et une « logique éducation ». Ces deux logiques renvoient à deux conceptions du rôle des savoirs de référence dans l'apprentissage et surtout à deux conceptions du champ de compétence de l'institution scolaire. Dans la première, la logique « instruction », le périscolaire constitue un modèle et des pratiques en concurrence avec le modèle et les pratiques scolaires. Cette concurrence n'affaiblit pas seulement l'efficacité de l'institution scolaire, elle tend à disqualifier progressivement les valeurs qui la fondent. Dans la seconde logique, le périscolaire trouve d'autant plus sa place vis-à-vis de l'institution scolaire que ses objectifs et sa mise en œuvre résultent d'une concertation poussée entre acteurs. L'absence de concertation introduit une forte extériorité du périscolaire par rapport au scolaire, jusqu'à son étrangeté.

Compte tenu de l'existence de ces deux logiques et des effets qu'elles impliquent ou induisent, il n'est guère étonnant que la « dichotomisation » domine les représentations et les pratiques des différents acteurs. Dans le tableau 2 ci-dessous, nous n'avons retenu des composantes de l'action pédagogique que celles qui constituent des lieux de résistance ou des points névralgiques dans l'expression ou la consolidation de l'une ou de l'autre logique.

---

8. Pour la distinction entre « éducation » et « instruction », voir Sachot (1997*b*). Mais que l'on nous dispense des gloses à propos de cette distinction ; notre point de vue n'est pas d'abord pédagogique, il est institutionnel : ce sont deux logiques internes et externes au fonctionnement du système scolaire.

Tableau 2

Les deux logiques à l'œuvre dans l'action pédagogique en ARS

Composantes de l'action pédagogique	Logique INSTRUCTION	Logique ÉDUCATION
La relation pédagogique Dans les activités périscolaires	Un support de l'action. La question de la formation des intervenants	Le cœur de l'action ; la question de l'implication des intervenants
Le comportement des élèves dans les activités périscolaires	Le risque de la déscolarisation des comportements	La diversité des activités comme moteur de l'apprentissage
L'interférence possible entre les activités scolaires et périscolaires	La concurrence entre des modalités d'apprentissage ; la confusion	La complémentarité et l'interaction ; la globalisation
Les activités scolaires dans les créneaux efficaces	La centration sur les disciplines structurantes	Le niveau d'exigence maximum
La représentation de l'établissement	Une existence très relative ; le primat de la classe	Un cadre pour des projets ; le centre d'un réseau

À partir des analyses de Berthelot (1994) et en référence à nos indicateurs, ce tableau suggère qu'il doit être possible d'articuler trois modalités de *savoirs* dans l'appréhension de ce qui constitue l'action :

– des conceptions des savoirs scolaires, de leur utilité et de leurs usages ;

– des modes d'être dans l'action éducative et de se situer par rapport à elle ;

– des valeurs et des finalités assignées à la formation initiale, celle des élèves comme celle des enseignants.

C'est pourquoi nos analyses de contenu des entretiens et nos outils d'observation de la concertation ont été élaborés autour de pôles et de couples révélateurs de ces trois domaines de la conceptualisation dans l'action (Vergnaud, 1996).

3.4 Premiers résultats : des rapprochements significatifs

« Pour justifier son nom, une formation doit être structurante » (Sachot, 1997a, p. 14) ; l'action est le moyen par lequel peuvent être mises en évidence les traces de la formation. Pour la formation des enseignants, nous voudrions ajouter qu'elle doit permettre aux acteurs de se rendre compte du processus de structuration en train de se faire. Et si « le principe qui constitue les savoirs mis en jeu dans la formation est l'action » (Raisky, cité dans Sachot, 1997a, p. 15), c'est dans le sens où l'action est le mot qui désigne l'activité cognitive de l'individu engagé dans une activité qualifiée de professionnelle. C'est en rapport à cette double conception cognitive de l'action que nous voudrions formuler nos premiers résultats.

Si des rapprochements utiles ont pu être mis en évidence dans nos analyses de contenu et nos observations, c'est essentiellement par le repérage de multiples séparations, divisions, fonctionnant autant dans les représentations que dans les pratiques.

3.4.1 *Segmentation de l'intervention formative et de l'action éducative*

Il n'y a que très peu de relations entre les activités ARS et les activités scolaires, ni du point de vue des contenus de savoirs, ni du côté des transferts opérés des unes aux autres. La segmentation paraît d'autant plus forte qu'un « applicationnisme » un peu primaire a été à l'origine de l'organisation du dispositif. En effet, la moitié des écoles engagées dans le projet ont pensé que le projet devait être l'occasion d'appliquer les résultats des chronosciences : la chronobiologie et la chronopsychologie suggèrent que des périodes de temps, le matin et l'après-midi, sont plus propices aux apprentissages formels que d'autres. L'emploi du temps s'en trouve alors particulièrement contraint.

À partir de ce moment-là, les activités scolaires ne peuvent plus être pratiquement autre chose que des activités compensatrices des perturbations de rythme occasionnées par les activités périscolaires. Moins on cherchera à connaître le contenu des ces activités, plus on a de chance de préserver l'intégrité du fonctionnement disciplinaire du savoir scolaire : à 15 heures, après les activités ARS, les seules activités qui se justifient sont le français sous ses formes les plus canoniques : la dictée et ses questions[9].

3.4.2 *Segmentation des lieux*

Pour l'instant, la tension est forte entre l'utilisation des locaux pour les activités ARS et pour les activités scolaires. Certains n'hésitent pas à parler de « désacralisation » pour définir l'attitude des élèves générée par le fait que les activités ARS se déroulent dans l'établissement selon des conceptions du savoir et du rapport au savoir tout-à-fait distinctes de celles prévalant dans l'espace scolaire. Et quand l'atelier d'arts plastiques n'est plus un savoir à acquérir en soi, mais le moment d'une réelle coopération entre enfants pour entrer dans une pensée de leurs actes créatifs, et que l'intervenant ne dispose d'aucun des pouvoirs que confère à l'enseignant la position de ce savoir dans le processus d'évaluation-sélection des élèves, la segmentation est inévitable ; elle est

---

9. La dictée aura alors un aspect doublement disciplinaire : elle sera la forme canonique de la discipline « français » ; elle sera l'occasion de réinstaurer une discipline après les dévoiements des activités périscolaires : « Il faut les reprendre en main », « Je n'peux faire qu'une dictée », « J'ai beaucoup de mal à les tenir ; alors il faut que je fasse une activité très structurée », etc. (paroles d'institutrices).

même vitale pour assurer la pérennité d'un système didactique, celui de l'école fondée sur les disciplines.

3.4.3 Segmentation des temps, des espaces et des savoirs sociaux

Cette triple segmentation recoupe très schématiquement les trois dimensions de la disciplinarité. Pour nous, celle-ci réfère à l'idée que des savoirs fusionnent en ensembles spécifiques et spécifiés, tant par le champ des connaissances qu'ils recouvrent que par les positions et les fonctions qu'ils occupent dans un système d'enseignement et de formation et par les représentations sociales qui concourent à fonder leur légitimité. La disciplinarité suggère l'existence d'un rapport non pas tant fonctionnel que stratégique au savoir (Charlot, 1997). Autrefois strictement conforme aux besoins de l'institution, ce rapport structure aujourd'hui des comportements scolaires marqués à la fois par l'allongement de la scolarité et la mise en question de ses issues. Ce qui pouvait donc passer pour naturel est le vecteur d'une modification des comportements par rapport à l'institution. En ce sens, la segmentation disciplinaire dénote, sans que les enseignants en aient une conscience claire, la prévalence de la fonction de sélection dans l'acquisition du savoir sur la fonction d'instruction et de développement personnel.

Curieusement, on retrouve un rapport que les élèves pratiquent déjà avec assiduité : « un rapport stratégique au réseau scolaire induit fréquemment un rapport utilitariste au savoir [...]. Il s'ensuit qu'on apprend de moins en moins pour maîtriser un savoir valorisé en tant que tel et de plus en plus pour satisfaire aux exigences de la sélection » (Perrenoud, 1995, p. 70). Par un effet de changement de contexte de la scolarisation, la disciplinarité finit par exprimer ses vraies raisons d'être au cœur du processus de différenciation des élèves et des parcours scolaires ; la négation du rôle éducatif des activités périscolaires devient alors inévitable.

4. CONCLUSION : UNE NOUVELLE CONCEPTION DE LA DIDACTIQUE

La mise en place de cette expérimentation pose d'abord la question d'une extension de la didactique au-delà du champ défini par la relation pédagogique scolaire et par ses différentes alternatives dans l'institution. Elle permet par ailleurs de réinterroger la notion même d'interdisciplinarité.

4. 1 L'écologie didactique des savoirs

Nous pensons que l'expérimentation décrite devrait permettre de donner une réalité à ce que Chevallard (1994) appelle « l'écologie didactique des savoirs » (p. 142), c'est-à-dire comment les objets de savoir vivent dans leur système, passent éventuellement d'un système à un autre et ce qu'il en résulte du point de vue de leur fonctionnement et de leur signification.

Il apparaît, au stade de déroulement de notre étude, que trop d'obstacles freinent, voire rendent impossibles, de telles circulations. Ces obstacles n'ont rien de fortuit ; ils ne relèvent pas seulement de rigidités et de nécessités propres au système scolaire. Ils relèvent surtout, à notre sens, de l'altérité de deux systèmes didactiques (Triby, 1994, 1997) : l'un propre au scolaire dont la discipline est un des principes organisateurs, l'autre propre aux activités périscolaires dont le principe organisateur est l'activité de l'enfant. Par système didactique, nous entendons un ensemble d'activités sociales finalisé et organisé dont le matériau de production, l'énergie de fonctionnement, le vecteur de régulation sont le savoir, les savoirs. En ce sens, il y a bien deux systèmes didactiques distincts, celui des activités ARS et celui des activités scolaires, entre lesquels les interactions et les passages réciproques sont limités. Or cette limitation nous paraît largement relever des contraintes relatives au fonctionnement disciplinaire du savoir scolaire, tant pour fonder la légitimité de ce savoir que pour maintenir son rôle dans le processus de sélection-orientation des élèves.

Finalement, bien que les deux systèmes aient entre eux de nombreux points communs (le lieu[10], un nombre significatif d'intervenants présents dans les deux sphères, des domaines d'activités communs, etc.), les éléments distinctifs suivants paraissent beaucoup plus déterminants :

- l'intégration ou non dans un système d'enseignement qui situe le savoir et sa transmission au centre de la relation d'apprentissage ;
- l'inscription ou non du savoir à acquérir dans un espace temporel et spatial marqué par la disciplinarité ;
- le texte du savoir intégré ou non à une programmation de l'apprentissage qui ne peut prendre son sens qu'en fonction des exigences d'un système d'enseignement ;
- le fonctionnement de la relation pédagogique à distance ou non des contraintes du système didactique qui lui est attaché.

4.2 L'interdisciplinarité : l'enseignement comme action de formation de l'enseignant

« Ce qui rapproche pédagogies et didactiques, c'est la tentative de rationalisation d'un métier, qu'on l'aborde sous l'angle institutionnel de la classe ou sous l'angle théorique des savoirs » (Cornu et Vergnioux, 1992, p. 19). Les disciplines scolaires ont largement concouru à alimenter et à renforcer ce processus de rationalisation. Elles constituent, depuis la fin du XIXᵉ siècle, les modalités par lesquelles une économie du savoir scolaire va pouvoir s'instituer progressivement. En ce sens, l'interdisciplinarité peut être conçue essentiellement comme le moyen de rompre cette marche vers la rationalisation, cette « économisation » progressive des activités d'apprentissage. D'une certaine

---

10. Un lieu commun, l'établissement, sauf pour les activités qui doivent se dérouler à l'extérieur, faute d'installations spécialisées disponibles.

façon, rompre avec la rationalisation, c'est chercher une alternative à la domination apparemment irrésistible de l'économie de marché dans le système productif comme dans le système de formation. Mais l'interdisciplinarité, pour n'être pas qu'une pluridisciplinarité laborieuse, doit mettre l'action au point de départ de sa pratique.

Sous l'angle théorique des savoirs, il nous paraît utile d'insister sur la nécessité de concevoir l'enseignement comme une action, comme quelque chose toujours en train de se faire dans un environnement contraint. Et dans cette action, le matériau, le support et le vecteur, c'est le savoir. Si le savoir n'est que le médium dans la relation pédagogique, on aura manqué l'essentiel. Si les savoirs professionnels sont replacés au cœur de cette action éducative, on aura du même coup rendu pensable et possible leur transversalité. Mais, pour ce faire, il faut prendre l'exacte mesure de ce que doit signifier concrètement, pour l'enseignant, l'enseignement comme action : l'enseignant met en jeu ses propres croyances et ses propres conceptions, ses connaissances et ses savoir-faire dans une activité qui redouble celle de l'élève. La conception, la construction et la mise en œuvre de situations d'enseignement-apprentissage ne constituent plus la seule activité de l'enseignant. Celle-ci doit se doubler d'une activité par laquelle l'enseignant interroge les présupposés qui inspirent son action et les conditions sociales et institutionnelles qui la rendent possibles. Parce qu'il construit son enseignement, comme l'apprentissage même de l'enseigner, l'enseignant peut devenir l'acteur de l'interdisciplinarité.

Annexe

LES ACTEURS EN PRÉSENCE

« Modéliser est une tâche essentielle de la didactique-recherche » (Sachot, 1996*b*, p. 13). Il en est ainsi du fait même de sa position épistémologique, parce qu'elle doit se situer par rapport aux pratiques d'enseignement et de formation et par rapport aux sciences de l'éducation. L'enjeu ne tient pas seulement au statut des résultats que l'on peut produire, mais dans la production de paradigmes qui peuvent aider les praticiens et questionner la validité de ceux élaborés par les sciences de l'éducation.

Figure 2

Les acteurs en présence

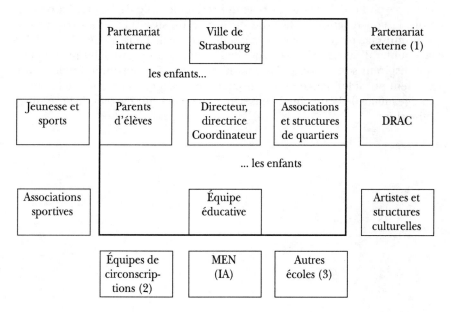

1. Cette opposition entre le partenariat externe et le partenariat interne n'est pas liée à la nature des différents acteurs, mais à la place de chaque acteur par rapport à l'action entreprise. Le partenariat interne correspond aux acteurs impliqués concrètement et presque quotidiennement dans cette action, dont les actes engagent directement les modalités et les formes d'avancée de l'action. Le partenariat externe intervient indirectement dans l'action, dans différents rôles : soutien matériel ou

financier, encadrement politique et relais institutionnel, instance de contrôle et de sanction. Un partenaire externe peut se trouver « internalisé » pour les besoins de l'action ou parce que cela correspond chez lui à un changement de stratégie, et inversement. Chaque partenaire externe dispose de relais et de structures adjacentes, mais la mobilisation effective de ces dernières dépend d'abord de l'attitude du partenaire principal vis-à-vis de l'expérimentation.

2. L'inspecteur ou l'inspectrice de la circonscription (IEN) et les conseillers pédagogiques, généralistes ou spécialisés.

3. Ce schéma est ouvert : on peut envisager d'y ajouter de nouveaux acteurs qui viendraient s'engager dans le projet : syndicats d'enseignants, associations de parents, etc.

CHAPITRE 6

La conception de la didactique des sciences humaines dans la documentation scientifique française

JOHANNE LEBRUN ET YVES LENOIR,
Université de Sherbrooke

1. INTRODUCTION

La question de l'interdisciplinarité dans l'enseignement primaire interroge fortement le champ de la didactique. En effet, « le plan didactique, par le biais de modèles didactiques qui y sont appliqués assure [...] une fonction d'interface indispensable entre la structuration curriculaire, de type disciplinaire, et l'actualisation pédagogique, de type transdisciplinaire » (Lenoir, 1995*b*, p. 37). Or jusqu'à maintenant, le champ de la didactique présente un visage hétéroclite aux contours mal définis. Dès lors, une clarification conceptuelle s'impose.

Ce texte a pour objet de dégager les principales caractéristiques du concept de didactique en sciences humaines[1] et d'en identifier le réseau conceptuel. Par là, il entend jeter les bases d'une analyse de son éventuelle spécificité

---

1. Au Québec, le vocable « sciences humaines » désigne un champ d'enseignement dispensé au primaire. Ce champ s'articule autour de trois concepts intégrateurs : la société, l'espace et le temps. La perspective de cet enseignement est intradisciplinaire, c'est-à-dire que l'objectif n'est pas l'apprentissage de l'histoire, de la géographie ou des sciences sociales, mais le développement de ces trois concepts intégrateurs dans leurs interrelations. L'étude de ces interrelations se fait dans le but d'« amener l'élève à une première compréhension des réalités sociales, géographiques et historiques du monde dans lequel il vit » (Gouvernement du Québec, 1981b, p. 14). Les sciences humaines au primaire peuvent donc recourir aux champs de la didactique de l'histoire, de la géographie et des sciences sociales.

par rapport aux conceptions dans les autres didactiques. De ce fait, une attention particulière a été accordée, d'une part, aux définitions allouées à ce concept ainsi qu'au réseau conceptuel qui se dégage des écrits et, d'autre part, aux visées que poursuit la didactique des sciences humaines.

Cette revue de la documentation scientifique a été réalisée dans le cadre d'un projet de recherche du Laridd (Laboratoire de recherche interdisciplinaire en didactique des disciplines) portant sur les compétences didactiques des enseignants du primaire dans une perspective interdisciplinaire[2]. La recherche s'inscrit dans le contexte large de la réforme des programmes de formation initiale à l'enseignement au Québec et dans le contexte immédiat d'un questionnement sur la formation initiale des maîtres dispensée par la Faculté d'éducation à l'Université de Sherbrooke. L'objectif principal de la recherche consiste à identifier les représentations des différents acteurs (professeurs d'université, chargés de cours, enseignants associés et futurs enseignants) en ce qui a trait aux compétences didactiques nécessaires à l'exercice de la profession enseignante au primaire.

Diverses notes de synthèse sur les didactiques (des mathématiques, des sciences, du français, des sciences humaines, ainsi que sur la didactique générale et sur des didactiques diverses) ont été réalisées en vue d'alimenter la construction du cadre théorique de la recherche. Ces notes servent également, d'une part, à l'élaboration des instruments de collecte des données et, d'autre part, à l'interprétation des données recueillies. Le détour par la documentation scientifique exprime en outre un effort de décentration de la part des membres de l'équipe de recherche à l'égard de leur propre conception du concept de didactique.

Le présent article comporte quatre sections. La première est consacrée à la présentation du cadre théorique. La seconde décrit la méthodologie utilisée pour la sélection et l'analyse des écrits. La troisième est consacrée à la présentation des résultats. Enfin, la quatrième section porte sur l'interprétation des résultats.

2. LE CADRE THÉORIQUE

Le cadre théorique utilisé pour l'analyse des données s'inspire largement, d'une part, de celui développé par Gagnon (1997) pour traiter du concept de didactique dans la documentation scientifique québécoise et, d'autre part, de la typologie de Halté (1992). La figure 1 illustre schématiquement les assises théoriques de ce cadre.

---

2. Intitulée « Compétences didactiques et formation didactique des enseignantes et des enseignants du primaire », la recherche triennale (1995-1998) est subventionnée par le Conseil de recherches en sciences humaines du Canada (Crsh, Programme de recherche ordinaire, n° 410-95-1385).

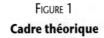

FIGURE 1

Cadre théorique

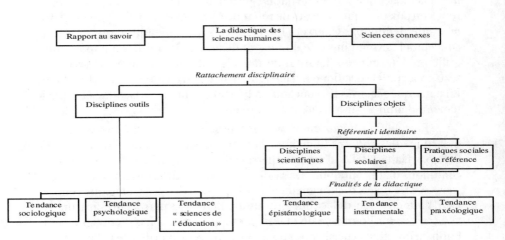

Il s'agit tout d'abord d'établir une distinction entre la didactique des sciences humaines et les champs connexes tels que la pédagogie, la méthodologie ou l'ingénierie. Vient ensuite la question du rattachement disciplinaire, soit à des disciplines outils soit à des disciplines objets, dans le sens avancé par Lacombe (1989) : « Une étude didactique suppose fréquemment l'intervention d'au moins deux disciplines ; d'une part celle dont on considère l'enseignement (nous l'appellerons discipline objet) ; d'autre part une discipline (ou un groupe de disciplines) intervenant comme outil dans l'étude envisagée. [...] Objet et outil peuvent permuter, mais la recherche entreprise change alors radicalement » (p. 394). Pour Ropé (1989), « ces disciplines de références dites « disciplines d'appui » ou « disciplines d'appoint » ou « disciplines contributoires » ou « disciplines outils » ou « disciplines connexes » selon le statut qu'on leur assigne, sont essentiellement la psychologie, en particulier la psychologie cognitive, la sociologie et les sciences de l'éducation. Le degré d'importance que les didacticiens accordent aux problématiques de ces disciplines permet de s'interroger sur la didactique par opposition aux didactiques » (p. 9).

Notons immédiatement que les références à la sociologie et aux sciences de l'éducation en tant que disciplines outils ne sont pas considérées ici. Seule est prise en considération la tendance psychologique.

À cette catégorisation initiale concernant le rattachement disciplinaire s'ajoute la catégorisation liée au référentiel identitaire. Il s'agit ici de déterminer si la didactique s'identifie davantage aux disciplines scientifiques de référence ou aux pratiques sociales de référence, ou encore à la discipline scolaire telle que définie par Chervel (1988)[3]. À ce sujet, l'identification du réseau conceptuel devrait nous être d'une grande utilité. Pour éviter d'imposer une grille prédéterminée relevant d'un modèle didactique dominant, aucun réseau conceptuel spécifique n'a été retenu au départ comme assise théorique. En conséquence, tous les concepts en lien avec celui de didactique et explicitement identifiés par les auteurs sont retenus.

Ensuite, la catégorisation vise à déterminer les finalités associées à la didactique des sciences humaines. Aux trois perspectives didactiques identifiées par Halté (1992), à savoir la perspective psychologique centrée « sur les conditions d'appropriation des savoirs », la perspective épistémologique centrée « sur les objets d'enseignement » et la perspective praxéologique centrée « sur l'intervention didactique », nous ajouterons la perspective instrumentale centrée sur l'outillage du maître par rapport aux objets d'enseignement. Enfin, la question cruciale du rapport au savoir sera abordée de façon à déterminer l'optique constructiviste ou réaliste des auteurs de même que leur conception de l'apprentissage.

L'étude de ces divers éléments devrait permettre d'identifier les grandes caractéristiques du concept de didactique en sciences humaines. En outre, une attention particulière sera accordée au réseau conceptuel, de manière à pouvoir dégager la spécificité de cette didactique par rapport aux conceptions des autres didactiques. Le réseau conceptuel qui se dégage des écrits servira donc, d'une part, à l'identification du référentiel identitaire et, d'autre part, à la détermination de la spécificité de la didactique des sciences humaines.

3. LA MÉTHODOLOGIE

Cette section vise à identifier les critères de sélection des textes qui ont formé l'échantillon, la procédure de cueillette de l'information ainsi que les limites méthodologiques inhérentes à ce travail.

Cinq critères ont présidé à la sélection des textes. Les caractères francophone et scientifique des écrits constituaient les deux critères initiaux. La relation avec le champ des sciences humaines constituait le troisième critère. À ce sujet, il faut préciser que la formation des auteurs n'était pas un critère d'élimination. Ainsi, tous les textes paraissant dans des revues scientifiques liées aux sciences humaines et traitant des sciences humaines ou sociales furent considérés sans égard à la formation de leur auteur. Le contenu des écrits

---

3.   Nous éviterons ici le débat sur la singularité ou la pluralité de la matrice des disciplines scolaires tel que discuté par Sachot (1998), car cette question, sans nul doute importante, n'a pas sa raison d'être en fonction des objectifs poursuivis,.

devait comporter une définition ou une clarification conceptuelle du concept de didactique. Ce dernier critère fut d'ailleurs le plus important facteur d'élimination. Enfin, la date de production des écrits a également été un facteur d'élimination des textes. Dans un souci d'actualité, seuls les textes produits après 1984 ont été considérés. Le choix de cette période s'explique notamment par le fait que la banque de données Francis ne commence qu'en 1984. Toutefois, cette période a été couverte de façon inégale en raison des limites des outils de recherche utilisés. En outre, il faut préciser que la disponibilité des documents a constitué un critère de sélection involontaire. Ainsi, certains textes potentiellement intéressants n'ont pu être consultés, car ils sont demeurés inaccessibles malgré les démarches effectuées pour les obtenir.

La recherche documentaire a été menée à partir de trois sources : la banque de données Francis (1984-1993), le *Guide bibliographique des didactiques*. *Des ressources pour les enseignants et les formateurs* publié sous la direction de Desvé (1993), ainsi que les répertoires des publications des professeurs en sciences de l'éducation des universités du Québec publiés par l'Association des doyens et directeurs pour l'avancement des études et de la recherche en éducation (Adereq, 1990, 1991, 1994). Toutefois, ces derniers répertoires ne portent que sur la période 1988-1992, d'où l'inégalité de la couverture mentionnée précédemment. Il faut également préciser qu'une sélection préalable de textes avait été réalisée par les responsables de la recherche Crsh sur les compétences didactiques des enseignants du primaire. La recherche documentaire réalisée par la suite est venue compléter cette sélection initiale, volontairement restreinte en fonction des objectifs poursuivis.

À la suite d'une lecture attentive de 123 textes, 39 articles provenant de 24 auteurs ou groupes d'auteurs ont été retenus. Dans le cas d'auteurs prolifiques comme Audigier ou Daudel, l'analyse s'est limitée à quelques textes. Aucun nombre limite de textes par auteur n'avait toutefois été prédéterminé au départ. En fait, la lecture s'est poursuivie tant et aussi longtemps qu'elle a permis de recueillir de nouvelles données.

La collecte des données s'est effectuée par l'entremise d'une analyse descriptive traditionnelle. La grille de lecture utilisée est présentée au tableau 1. Il s'agit d'une adaptation de la grille élaborée par les membres de l'équipe de recherche et utilisée par Pellerin et Ponton, assistants de recherche, pour l'élaboration des autres notes de synthèse. L'adaptation la plus importante a été l'élimination de la sélection préétablie de concepts clés tels que transposition didactique, situation didactique, contrat didactique, pratique sociale de référence, médiation didactique. En outre, le point 5 (Visées de la recherche et de la formation) a été rajouté.

Tableau 1

Grille de lecture pour la cueillette des données

1.	Contexte de production de l'écrit (position de l'auteur, cible, finalités, objet) – Définition de la didactique et précision sur l'orientation en fonction des trois pôles du triangle didactique
3.	Réseau conceptuel
4.	Auteurs cités par rapport aux concepts clés
5.	Visées de la recherche en didactique et de la formation aux didactiques
6.	Approche didactique inclusive ou exclusive (degré d'ouverture ou de fermeture envers les concepts développés dans les autres didactiques)
7.	Rapport au savoir (définition de la connaissance, définition de l'apprentissage)
8.	Didactique et champs connexes (la didactique versus les didactiques, la pédagogie, l'ingénierie, la méthode,...)

Avant de passer à la présentation des résultats, il convient de rappeler que l'analyse des écrits ne porte que sur le discours explicite des auteurs.

4. LA PRÉSENTATION DES RÉSULTATS

La présentation des résultats se fera principalement par l'entremise des citations jugées les plus pertinentes pour la compréhension de la pensée des divers auteurs. Quelques tableaux synthèses thématiques, pour les volets où les informations recueillies sont suffisamment importantes, viendront compléter l'analyse.

4.1 Le contexte de production des écrits

Les références bibliographiques des écrits retenus pour fin d'analyse paraissent sous la rubrique « Références des textes analysés », placée à la fin de ce chapitre. L'échantillon possède des caractéristiques particulières qu'il convient de souligner. En premier lieu, on remarque l'absence totale d'auteurs québécois en dépit de la recherche documentaire effectuée dans cette direction. Le fait que les auteurs eux-mêmes décident sous quelle rubrique sont inscrits leurs textes dans les répertoires de l'Adereq n'est peut-être pas étranger à l'insuccès du travail entrepris de ce côté. Il n'en demeure pas moins que la documentation scientifique québécoise recensée ne contient aucune définition du concept de didactique et aucune prise de position épistémologique à son égard. La conception de la didactique ici dégagée est donc exclusivement celle des Européens francophones.

En second lieu, on constate que l'échantillon constitué se divise en trois groupes distincts : les écrits en didactique de la géographie (22 textes), les écrits en didactique de l'histoire (3 textes) et les écrits provenant de l'Institut national de recherche pédagogique (Inrp) (14 textes). Ces derniers portent sur la didactique des sciences humaines et sociales en général, c'est-à-dire sur la didactique de l'histoire, de la géographie, des sciences sociales et économiques et de l'éducation civique. La didactique de l'histoire est nettement sous-représentée avec seulement trois écrits qui, de surcroît, proviennent du même auteur.

Enfin, l'échantillon présente une certaine hétérogénéité quant aux finalités des écrits. Les réflexions théoriques, les rapports de recherche et les thèses de doctorat portent sur des sujets divers qui vont des préoccupations de la recherche en didactique à la formation des maîtres, en passant par l'analyse curriculaire ou l'analyse de productions scolaires. Traiter de concert des écrits aux finalités aussi disparates constituent certes une faiblesse méthodologique importante. Une catégorisation poussée des écrits selon leurs finalités, leur contenu, leur public cible, etc., aurait été possible, quoique difficilement réalisable dans la mesure où plusieurs textes n'identifient pas explicitement ces divers éléments. Une telle catégorisation aurait sans doute permis de mettre à jour de subtiles nuances dans les différentes positions. Par contre, le nombre fort réduit de textes dans certaines sous-catégories qu'une telle opération aurait suscité aurait générer un enchevêtrement de sous-catégories peu compatible avec l'identification des caractéristiques générales de la didactique des sciences humaines et sociales.

4.2 Des définitions de la didactique et des précisions sur son orientation en fonction des pôles du triangle didactique

La majorité des auteurs consultés fournit une définition explicite de la didactique ou des précisions quant à l'orientation de la didactique en fonction des trois pôles du triangle didactique. Pour André (1992), « l'objet de la didactique est donc de s'interroger sur les étapes, sur les techniques, sur les processus d'appropriation de la transmission des connaissances, sur lesquels pèsent les exigences d'une pertinence nationale, d'une demande sociale et d'une validation scientifique » (p. 328). « Dès lors, poursuit-il, la didactique s'apparente moins à une science qu'à une activité d'ingénierie qui, tout en conduisant des réflexions théoriques sur l'enseignement de la discipline, doit avant tout résoudre des problèmes d'applications, élaborer des programmes, construire des modèles, réaliser des outils, fabriquer à la demande des séquences d'enseignement » (*Ibid.*, p. 330).

Pour sa part, Audigier (1992) définit la didactique comme étant « l'étude des processus et procédures d'enseignement et d'apprentissage considérés du point de vue de leur spécificité disciplinaire » (p. 353). Il précise en outre : « je plaide pour une didactique, ou des didactiques si l'on considère de façon spécifique chacune de nos disciplines, qui ne se résument pas à un aspect instrumental » (1996, p. 58). Pour Baillat et Marbeau (1992), la didactique « concerne les relations et les interrelations entre processus d'enseignement (donc de transmission) et processus d'apprentissage (c'est-à-dire d'appropriation) des connaissances dans le cadre d'une discipline » (p. 13). Plus loin, ils ajoutent : « Et en 1983, G. Vergnaud précisait : "Contrairement à certaines idées reçues, la didactique ne vise pas seulement à trouver de meilleures méthodes ou de nouvelles techniques pour enseigner un contenu donné à l'avance ; elle peut remettre profondément en cause les contenus d'enseignement" » (*Ibid.*, p. 13).

Brisson (1991), quant à elle, mentionne que la didactique « consiste à dégager les procédures les plus aptes à faire assimiler les données et le type de raisonnement propre à cette discipline » (p. 141). Chatel, Caron, Fenet-Chalaye, Le Merrer, Pasquier et Simula (1990), de leur côté, retiennent la définition d'Astolfi et Develay (1989) : « La didactique travaille d'une part en amont de la réflexion pédagogique en prenant en compte les contenus d'enseignement comme objets d'étude [...] et, d'autre part, en aval, en approfondissant les situations de classe pour mieux comprendre comment cela fonctionne et ce qui s'y joue » (p. 11). Clary et Retaillé (1986) soulignent que « la fonction de la didactique de la géographie est de montrer et démonter les apprentissages qu'autorise la pratique de la discipline, de mettre en valeur la logique de la progression dans le savoir par la progression dans les apprentissage » (p. 36). À ce sujet, ils précisent qu'« un versant de la didactique est donc le cheminement du savoir disciplinaire aux contenus d'enseignement [...]. L'autre versant est la réflexion sur l'appropriation des connaissances » (*Ibid.*, p. 36). De son côté, Desplanques (1991) présente la didactique comme « une suite d'opérations intellectuelles qui progressent en prenant totalement en compte la réalité de la classe et des élèves à la lumière de la connaissance la plus solide de la géographie. Elle exige qu'en permanence ces deux champs, au moins, soient corrélativement présents dans l'analyse. Réflexion sur le savoir géographique, interrogation sur sa légitimité scientifique et sur son champ d'application, la didactique relève ainsi en partie de son épistémologie » (p. 45).

Pour Daudel (1990), « la didactique de la géographie relève ainsi d'un champ scientifique disciplinaire au sein duquel s'élaborent toutes les procédures d'analyses, de formulations, d'explications et de justifications, des cursus, des pratiques considérés comme les plus pertinents afin d'améliorer la transmission et l'apprentissage du savoir » (p. 15). Davaud et Varcher (1990) s'appuient sur la troisième forme de didactique, correspondant plus ou moins à la troisième des générations de didacticiens définies par Bronckart (1989), qui se questionne sur le statut des didactiques des matières scolaires. Ces auteurs rappellent l'existence d'« une première forme qualifiée de traditionnelle, dont la logique est essentiellement celle de "l'application des sciences constituées au champ pédagogique". Une deuxième forme qualifiée de didactique cognitiviste où l'emprunt aux disciplines scientifiques de référence présente "un caractère plus spécifique " et où le statut des notions à enseigner est analysé en termes cognitivistes, mais où la didactique n'en reste pas moins une technologie d'application. Bronckart définit la troisième forme de didactique des matières scolaires comme "des technologies spécifiques et culturelles, articulées à la science de l'éducation. Elles visent à l'action et à la décision sur le plan des objectifs, des programmes, de stratégies d'enseignement et des techniques d'évaluation "» (*Ibid.*, p. 225).

Sans fournir une définition explicite, David (1988) mentionne toutefois que « la didactique apporte une toute autre perspective puisqu'elle pose des relations tripolaires et interactives entre le savoir, le maître et l'élève, schématisées par le triangle didactique » (p. 45). Il ajoute : « La didactique permet donc de transformer l'élève en interlocuteur du savoir » (*Ibid.*, p. 45). À défaut de définir explicitement la didactique, Maréchal (1986), paraphrasant Vergnaud, mentionne que la didactique « ne se limite ni à l'épistémologie (en tant qu'étude critique des contenus à enseigner), ni à la psychologie, ni à la pédagogie, ni au projet éducatif général, mais qu'elle procède de la mise en relation de ces quatre domaines » (p. 46). C'est également en référence à Vergnaud que Le Roux (1995a, p. 11) et Sadoun-Lautier (1992, p. 5, 8) définissent la didactique.

Pour sa part, Masson (1994) définit le champ de la didactique en ces termes : « Qu'est-ce que la didactique ? C'est s'intéresser à la réalité de l'enseignement d'une discipline, ici la géographie, au message disciplinaire à l'adresse d'une classe. Ce message disciplinaire est construit en dépendance du savoir universitaire de référence. [...]. Ainsi, dans le champ didactique le rôle de l'enseignant est majeur. [...]. Mais la didactique d'une discipline s'interroge également sur l'appropriation de la connaissance disciplinaire par les élèves en relation avec les processus d'enseignement et d'apprentissage des savoirs spécifiques en jeu » (p. 7).

Pour Moniot (1994), « Penser ensemble l'enseignement et l'apprentissage : c'est bien la définition centrale de la didactique de toute discipline » (p. 149). De plus, il ajoute que « nous n'imaginons pas un seul instant ne pas pouvoir nous centrer à la fois sur la discipline, sur les élèves et sur le professeur » (*Ibid.*, p. 5). Therer (1993), de son côté, définit la didactique comme une « discipline scientifique qui a pour objet l'optimisation des apprentissages dans une situation d'enseignement ou de formation. La didactique cherche donc essentiellement à traduire en actes les intentions pédagogiques » (p. 6). Enfin, sans définir le concept de didactique, Vaugien (1993) mentionne que « la problématique de l'outil fait partie de la didactique, même si elle intervient en aval de son questionnement » (p. 23).

4.3 Le réseau conceptuel

Le tableau 2 présente les concepts identifiés et définis par les différents auteurs comme faisant partie du réseau conceptuel propre au champ de la didactique. Les astérisques indiquent les concepts desquels les auteurs se distancient. De manière à éviter une longue énumération de définitions des concepts, nous limiterons l'exposé aux motifs de distanciation des auteurs envers certains concepts.

André (1992) se distancie du concept de transposition didactique dans les termes suivants : « il est tentant de considérer ce savoir savant comme une donnée, un acquis qu'il faudra transmettre aux élèves en l'adaptant à leurs capacités supposées : c'est le rôle de la transposition didactique. Cette approche intellectuelle, rationnelle et théorisante conduit inéluctablement à un enseignement de la géographie par le haut » (p. 344).

Pour Audigier (1992), « le concept de transposition didactique alerte sur les modifications nécessaires que subissent les savoirs scientifiques lorsqu'ils sont enseignés à l'École, mais il situe bien trop exclusivement l'origine de ces derniers du côté de la science. Il entre dans notre enseignement bien d'autres choses, beaucoup de savoirs sociaux, beaucoup de sens commun » (p. 359-360). À cet égard, les travaux de Laforest et Lenoir (Laforest, 1989, 1991 ; Laforest et Lenoir, 1994, 1995, 1996, 2000 ; Lenoir, 1992a, 1979 ; Lenoir et Laforest, 1994) sur le programme de sciences humaines au primaire actuellement en vigueur dans les écoles primaires au Québec montrent que des options socio-idéologiques considérables marquent profondément ce programme dans ces différents aspects, cognitif, épistémologique, didactique, méthodologique, social, psychologique, comportemental, etc.

De leur côté, Baldner, Clary et Elissalde (1995) mentionnent que, « contrairement à une perception immédiate qui entache souvent les représentations que se font les producteurs universitaires de connaissances sur l'école, la recherche a montré qu'il n'y a pas d'évidence hiérarchique dans le passage des savoirs de référence aux savoirs enseignés et aux savoirs appropriés. La notion même de passage pose problème. [...] elle est simplement le constat empirique et la conclusion théorique de la non-pertinence d'une analyse en termes de glissement ou d'élagage, parce qu'elle est incapable de prendre en compte les enrichissements réciproques des connaissances et du raisonnement naturel aux différentes pointes du triangle didactique » (p. 43).

Moniot (1994) souligne pour sa part les faiblesses des concepts de transposition didactique et de pratique sociale de référence dans les termes suivants : « La reformulation du savoir ? Elle commence immédiatement au cœur de l'histoire savante [...]. Car l'histoire, à la différence des mathématiques ou de la biologie, a-t-elle une autre application que d'être communiquée ? Cela doit bien retentir sur la façon de se représenter, dans son cas, la « référence » et la « transposition ». Où sont donc les « pratiques sociales » de l'histoire ? Où est l'histoire dans la vie publique ? » (p. 26-27). Néanmoins, l'auteur ne les rejette pas. Au sujet des pratiques sociales de référence, il précise que, « en mobilisant des pratiques sociales de référence, Jean-Louis Martinand [...] choisit une autre position : non pas critiquer la réduction régressive du savoir universitaire par le « texte du savoir », mais participer à la réélaboration originale

TABLEAU 2

Le réseau conceptuel

Auteurs	Concepts
André	Transposition didactique*
Audigier	Discipline scolaire, représentations sociales, contrat disciplinaire, contrat didactique, pratique sociale de référence, transposition didactique*
Baillat et Marbeau	Représentation sociale, transposition didactique
Baldner et al.	Transposition didactique*, représentation sociale
Buffet	Transposition didactique, contrat didactique
Chatel et al.	Transposition didactique, discipline scolaire, pratique sociale de référence, situation didactique, modèle didactique
Clary	Transposition didactique, contrat didactique, analyse didactique
Clary et Retaillé	Transposition didactique
Crémieux et al.	Représentation sociale
Daudel	Représentation, transposition didactique, fait didactique, situation didactique
Le Roux	Transposition didactique, représentation sociale, système didactique, action didactique, contrat didactique, situation didactique, triangle didactique
Maréchal	Transposition didactique
Masson	Représentation sociale, représentation spatiale
Moniot	Transposition didactique*, pratique sociale de référence*, contrat didactique*, discipline scolaire, représentations sociales
Retaillé	Transposition didactique
Sadoun-Lautier	Discipline scolaire, représentation sociale, situation didactique, contrat didactique
Salbert	Transposition didactique
Sourp	Contrat didactique, représentation, situation problème
Therer	Transposition didactique, représentations sociales, objectif-obstacle, styles cognitifs

qu'est une discipline scolaire. Il propose de « mettre en relation les buts et contenus pédagogiques, en particulier les activités didactiques, avec les situations, les tâches et les qualifications d'une pratique donnée » [...]. Non pour y préparer didactiquement, mais parce que cette référence comparative procure un test vif pour l'analyse des savoirs et de leurs objectifs [...]. Mais, outre qu'il regarde jusque du côté des pratiques domestiques, idéologiques et politiques, sa position semble bienvenue pour tous, parce qu'il relance autrement la question déjà posée : à la dénonciation d'une perversion de la référence savante et au dévoilement d'une illusion, il substitue l'invention d'un terrain nouveau où l'on puisse raisonner cette « transposition », il donne une concurrence positive à la référence savante » (*Ibid.*, p. 25). Moniot remet également en question le concept de contrat didactique. Après avoir cité la définition de Brousseau, il mentionne qu'« on peut en revanche ne pas trouver judicieux le mot de contrat, pour ce qui est si souvent implicite et si peu contractuel. Balacheff (1988), un autre mathématicien, parle plus volontiers de coutumes, ensemble de pratiques établies par l'usage » (*Ibid.*, p. 144).

4.4 Les auteurs cités par rapport aux concepts clés

Par concepts clés, il faut entendre les concepts qui reviennent deux fois et plus dans l'ensemble des textes analysés chez les différents auteurs. Les noms des auteurs associés à ces concepts sont identifiés au tableau 3. Il faut noter que le fait de citer un auteur ne signifie par que celui qui le cite adhère aux conceptions de cet auteur. Comme nous venons de le voir, il peut s'y référer pour porter un regard critique à son égard et pour se distancier de ses positions. Nous y reviendrons lors de l'interprétation en traitant d'identité disciplinaire.

Tableau 3

Auteurs cités par rapport aux concepts clés[*]

Transposition didactique	Contrat didactique	Discipline scolaire	Représentation sociale	Pratique sociale de référence	Situation didactique
Chevallard (9) Chevallard et Johsua (1) Verret (1)	Brousseau (2) Chevallard (1)	Chervel (4)	Moscovici (4) Moscovici et Jodelet (1) Jodelet (1) Durkheim (1) Astolfi et Develay (1)	Martinand (3)	Martinand (1) Brousseau et Chevallard (1) Brousseau et Vinh Bang (1) Brousseau (1) Chevallard (1)

*Le chiffre entre parenthèses indique le nombre de fois que l'auteur a été cité.

Il paraît clairement que la principale source de référence est constituée des didacticiens des mathématiques, cités 15 fois sur un total de 29 citations, soit dans 50 % des cas.

4.5 Les visées de la recherche en didactique et de la formation aux didactiques

Six auteurs seulement abordent explicitement les visées de la didactique en ce qui concerne la recherche ou la formation.

Pour Audigier, la recherche en didactique doit se pencher sur les thèmes suivants : la transposition didactique et les savoirs appris ; la relation entre des savoirs qui, dans les savoirs savants, relèvent de différentes disciplines ; les représentations sociales et leur articulation avec les problèmes didactiques ; les relations entre connaissances scolaires et scientifiques et les représentations sociales ; la description et l'analyse des Sea (situation d'enseignement-apprentissage) (1988a) ; l'analyse des Sea au-delà des apprentissages disciplinaires pour englober les finalités ; l'analyse des Sea au niveau des éléments contradictoires et/ou complémentaires (faits, concepts...) ; l'analyse de l'épistémologie scolaire pour connaître les raisons de la résistance au constructivisme ; la construction de problèmes scolaires (1991, p. 17) et, enfin, la relation entre les disciplines scolaires et les sciences homonymes au-delà de l'univers scientifique (1996, p. 50). En ce qui concerne la formation aux didactiques, Audigier (1992) identifie les priorités suivantes : « la liaison théorie-pratique, l'exigence épistémologique et le projet de faire du formé l'acteur principal de sa formation » (p. 364).

Pour Baillat et Marbeau (1992), « l'utilisation la plus directe et la plus importante de la recherche est sans aucun doute la formation des maîtres » (p. 13). À cette priorité première, ils ajoutent : « La recherche en didactique des disciplines a pour objet, pour chacune d'entre elles avec ses concepts et méthodes propres, la découverte et l'explication des mécanismes de ces interrelations entre processus d'enseignement et d'apprentissage, entre transmission et appropriation des connaissances. Le laboratoire de ces recherches est la salle de classe. Quelle transposition didactique réalisée entre savoirs savants et savoirs réellement enseignés en classe ? Quelles situations didactiques créées en classe ? Quels apprentissages mis en œuvre ? Quels savoirs acquis ? Quels écarts ? Quels traitements de l'erreur ? » (*Ibid.*, p. 14).

Au niveau de la formation, ces mêmes auteurs réclament « que le formé soit acteur de sa formation ; que la réflexion épistémologique soit partie prenante de la formation ; et que, bien sûr, cette formation mène à une action didactique de la part du formé » (*Ibid.*, p. 21).

De son côté, Buffet (1986) se limite à souligner que « l'objectif de la recherche en didactique est de produire des connaissances scientifiques sur la problématique de la construction et de la transmission d'un savoir constitué » (p. 166). Clary (1988b), pour sa part, souligne qu'une formation par la recherche doit « permettre une analyse critique des situations éducatives [...] rendre les enseignants conscients de leur rôle dans la société [...] inciter les enseignants à formuler des demandes à la recherche [...] favoriser une collaboration effective entre théoriciens et praticiens à l'intérieur d'une équipe » (p. 134).

Pour Daudel (1990), la recherche en didactique doit se pencher sur les éléments suivants : « les conditions cognitives et sociocognitives de l'appropriation des connaissances par l'élève ; les problématiques d'apprentissage et les situations didactiques ; quelle géographie à l'école » (p. 41-70). Au niveau de la formation, il écrit que « l'enjeu formatif est double : combler une grande lacune dans la formation initiale, et promouvoir une formation continuée, toutes deux axées sur un renforcement des connaissances, un approfondissement de l'épistémologie disciplinaire, une maîtrise accrue des théories de la recherche en didactique » (*Ibid.*, p. 228).

Pour sa part, Hugonie (1995) mentionne que les recherches didactiques en géographie physique doivent se pencher sur quatre problèmes : la place accordée aux données naturelles dans l'enseignement de la géographie ; les démarches à adopter pour étudier les données naturelles ; les concepts fondamentaux et secondaires ; la construction du savoir par l'élève sur les composantes naturelles des espaces géographiques (p. 80-84). Selon Le Roux (1989), la formation continue à la didactique doit viser prioritairement la réflexion sur les pratiques, l'approfondissement des savoirs et savoir-faire relatifs à l'analyse de paysages, la découverte de la géographie et de l'objet paysage, l'appropriation du projet de formation et la réflexion au transfert ultérieur des nouveaux acquis (p. 116).

4.6 L'inclusivité ou l'exclusivité de l'approche didacticienne

Seuls Audigier, Daudel et Sadoun-Lautier abordent ce volet. En 1988, Audigier mentionne au sujet de la transposition didactique : « L'emprunt de ce terme à la discipline des mathématiques pose d'emblée la question de l'intérêt des concepts élaborés dans les didactiques d'autres disciplines pour celle de notre domaine » (1988a, p. 5). Trois ans plus tard, il souligne : « Une constatation s'impose : la plupart des concepts que nous utilisons pour les didactiques des sciences de la société, sinon tous, sont des concepts empruntés. Ces emprunts sont hétérogènes : psychologie sociale, sociologie de la connaissance [...], autres didactiques, des mathématiques, des sciences expérimentales, du français [...]. L'antériorité, la proximité, l'éloignement de ces concepts nous contraint à les prendre avec des pincettes en permanence critiques » (Audigier, 1991, p. 15). En 1996, réfléchissant au même sujet, il écrit : « Elle manifeste également un rapprochement avec les didactiques d'autres disciplines, antérieurement affirmées aux nôtres, notamment celle des sciences expérimentales avec les préoccupations desquelles nous avons de nombreuses convergences » (Audigier, 1996, p. 39). Et, lors d'un séminaire présenté au Laridd à Sherbrooke en avril 1997, il souligne, à l'égard des concepts de transposition didactique et de pratiques sociales de référence, qu'« il convient de revenir sur le sens qu'ils ont pris dans et pour nos didactiques. Dès lors qu'on se refuse à les réduire à un aspect instrumental ou à les faire servir d'emblème de légitimation, [ces concepts] rencontrent alors leur limite, nous invitant à les mettre en relation avec d'autres concepts et d'autres approches ».

De son côté, Daudel (1992) note que, « pour des raisons d'antériorité connues, la méthodologie de la recherche en didactique a été importée, en géographie, à partir des mathématiques, de la physique et de la biologie notamment, c'est-à-dire de disciplines somme toute différentes. Or, il s'avère que l'adoption d'une méthode d'étude importée est source d'inadéquations, si l'on n'a pas préalablement analysé les conditions de son adaptabilité dans un contexte de recherche dissemblable, pour une connaissance géographique particulière. Les didacticiens doivent établir une stratégie propre à leur discipline afin, et sans pour autant être imperméables aux progrès dans les autres domaines disciplinaires, de ne pas subir une logique scientifique et des orientations intellectuelles qui ne leur conviendrait pas, avec des outils d'investigations inadaptés, et qui en entacheraient dès lors les résultats et le crédit de leurs propres travaux » (p. 94).

Pour sa part, Sadoun-Lautier (1992) écrit: « Le recours, nécessaire aux intervenants des didactiques des autres disciplines pose le problème de concepts empruntés avec une certaine précipitation, avant même d'avoir pu faire l'objet d'une confrontation » (p. 9).

4.7 Le rapport au savoir

Ce volet vise, d'une part, à recueillir des définitions de la conception des didacticiens des sciences humaines de ce qu'est le savoir et, d'autre part, des définitions de leurs conceptions de l'apprentissage, de l'»accession au savoir ». Or, sur ce point, Audigier et Sourp sont les deux seuls auteurs à se situer explicitement face au rapport qu'entretient l'humain au réel, tandis que cinq auteurs abordent le phénomène de l'apprentissage.

Pour Audigier (1996), « il convient de rappeler avec force, d'une part, le caractère construit de tous nos discours, des connaissances que nous avons du réel, d'autre part, la construction spécifique de ceux et de celles qui se rangent, sont rangés ou aspirent à être rangés sous le label « scientifique ». D'un certain point de vue, la construction scientifique n'est qu'une modalité particulière de notre rapport à la réalité ; l'idéologie, les mythes, l'empirie, le sens commun, les représentations sociales, etc., sont autant de manières, autant d'outils pour construire et comprendre ce rapport aux multiples aspects. La science est un point de vue spécifique » (p. 53). Antérieurement, il avait noté que « la connaissance que nous avons de la réalité est une construction que nous opérons grâce à l'aide de nos systèmes symboliques de pensée. Cela s'oppose à l'idée que la connaissance serait le reflet le plus exact, le plus fidèle possible de la réalité ; le constructivisme s'oppose au réalisme, qui est une attitude spontanée. La connaissance commune, la connaissance scientifique sont des construits ; le sujet construit sa connaissance du monde et des choses » (1991, p. 12).

De son côté, Sourp (1994) souligne que « l'usage didactique postule que sa connaissance procède d'un construit. Je renvoie par là aux travaux des psychologues de la cognition qui font de la connaissance d'une réalité, non pas le reflet exact de cette réalité, mais « une construction que nous opérons grâce et à l'aide de nos systèmes symboliques de pensée » (Audigier, 1991, p. 12) » (p. 171).

En ce qui a trait à l'apprentissage, Audigier mentionne : « L'acquisition de connaissances procède d'une activité du sujet confrontant les informations nouvelles et ses connaissances antérieures. C'est par ce travail de confrontation que l'élève élabore sa propre connaissance. Le message de l'enseignant ne peut donc être considéré, a priori, comme transparent. C'est le sujet qui analyse et structure ce qui provient de son environnement – dont l'école fait partie – afin d'élaborer sa propre réponse, et ce, en fonction de ce qu'il perçoit des enjeux de la situation » (1988b, p. 12). Pour Baldner, Clary et Elissalde (1995), « Avant tout apprentissage scolaire, l'enfant dispose de modèles implicites qui lui servent à percevoir et comprendre le monde qui l'entoure. Or, tous les élèves ne disposent pas des mêmes modèles et c'est à partir de ces modèles qu'ils vont construire leur connaissance, soit par rupture avec la connaissance antérieure, soit en la réorganisant, soit en mettant en relation les connaissances anciennes et les connaissances nouvelles » (1995, p. 21-22). Daudel (1990), reprenant les propos de Not (1987), souligne qu'« apprendre c'est construire des représentations et développer des comportements. Tout acte d'intelligence est abstraction dès le départ » (p. 201). Citant Morin (1986), il mentionne également que « savoir voir nécessite savoir penser ce que l'on voit. Savoir voir implique donc savoir penser, comme savoir penser implique savoir voir. Savoir penser n'est pas quelque chose qui s'obtient par technique, recette, méthode. Savoir penser ce n'est pas seulement appliquer la logique et la vérification aux données de l'expérience. Cela suppose aussi savoir organiser les données de l'expérience. [...]. En un mot, savoir penser signifie indissociablement savoir penser sa pensée. Nous avons besoin de nous penser pensant, de nous connaître connaissant » (Daudel, 1990, p. 199). De son côté, Le Roux (1995a) définit l'apprentissage comme un processus transformatif, actif et individuel (p. 80-81), tandis que Sadoun-Lautier (1992) parle « d'un savoir que chacun construit et reconstruit » (p. 7).

Pour Moniot (1994), « apprendre et comprendre, c'est relier du nouveau à ce que l'on sait et croit déjà, à ce que l'on est déjà, c'est donner soi-même du sens à cette nouveauté, c'est faire rejouer ou étendre son équipement cognitif si l'on n'arrive pas à donner du sens dans les voies déjà frayées. Quand un élève (et aussi bien un professeur, un inspecteur, un père, une mère, un historien...) entend, lit, rencontre quelque chose en histoire (et en tout domaine), c'est au moyen d'un appareil psychique qui le reçoit, le trie, le transforme, l'agence..., c'est grâce à des cadres de connaissance qu'il mobilise, qu'il active, et qu'il peut étendre ou remanier dans cette activité » (p. 79). Il souligne également le caractère « social » de la connaissance : « En même temps que des sujets individuels, inexpugnablement porteurs de leur exercice de la connaissance, nous sommes tous – vous, eux, moi – des êtres sociaux. Autrui n'est pas seulement un objet, une information, un stimulus au milieu des autres, il est un partenaire et un médiateur de notre connaissance » (*Ibid.*, p. 93).

4.8   La didactique et les champs connexes

Cette rubrique, pour le moins ouverte, a pour objet de recueillir des informations pertinentes concernant, d'une part, les relations entre la ou les didactiques et, d'autre part, les relations entre la ou les didactiques et les champs connexes comme la pédagogie, la méthode ou l'ingénierie. Les informations recueillies portent principalement sur la distinction entre les didactiques disciplinaires et la pédagogie ainsi que sur la distinction entre les didactiques disciplinaires et la didactique générale.

En ce qui a trait à la distinction entre pédagogie et didactique, Audigier (1996) relève que « dans notre domaine disciplinaire, l'usage du mot didactique est apparu à la fin des années soixante-dix et au début des années quatre-vingt pour démarquer les travaux et les réflexions sur l'enseignement de nos disciplines de l'association jugée souvent peu flatteuse avec la pédagogie, pour affirmer, contre elle, l'importance des contenus » (p. 40). Pour Brisson (1991), « si la pédagogie est centrée sur l'enfant et son développement cognitif, la didactique est centrée sur une discipline et les problèmes spécifiques de sa transmission » (p. 141). De son côté, Buffet (1986) affirme que « la didactique est mal située par rapport au pédagogique » (p. 171). Quant à Daudel (1990), celui-ci mentionne qu'« un autre débat concerne la compréhension des termes pédagogie et didactique. Certaines positions dissocient l'un et l'autre : le premier procéderait de l'institution éducative dans son ensemble, le second se rattachant plus spécifiquement à un savoir à transmettre, les deux caractérisant l'acte éducatif. De manière plus acceptable, pédagogie et didactique sont parfois liées, celle-ci étant la communication conscientisée de celle-là » (p. 28). Quelques années plus tôt, le même auteur notait que « la didactique n'est pas la nouvelle appellation de la pédagogie telle que nous pouvons la considérer habituellement ; elle n'est pas seulement l'étalage des différentes façons de bien enseigner tel que le propose parfois des géographes anglo-saxons (*Geography Teaching Methods*). La didactique est fondamentalement un nouveau champ d'investigation scientifique en matière de transmission d'un savoir disciplinaire par les maîtres et de l'apprentissage par les élèves » (Daudel, 1986b, p. 163).

Desplanques (1991), de son côté, précise que « la didactique ne doit pas être confondue avec la pédagogie. La pédagogie est l'ensemble des pratiques et des techniques de la classe qui permettent d'obtenir les meilleures conditions possibles pour la transmission ou l'appropriation du savoir. Il y a donc une pédagogie générale, mais il y a autant de didactiques que de régions de savoir » (p. 45). Pour Masson (1994), « la pédagogie concerne les moyens mis en œuvre pour rendre la meilleure possible l'appropriation par les élèves de tous les messages disciplinaires. Elle concerne l'acte d'enseignement lui-même, en dehors de toute référence disciplinaire. [...] Comme la pédagogie concerne les moyens de transfert de tout message permettant l'appropriation de savoirs, les règles de la pédagogie peuvent être généralisables à tous les domaines enseignés. Il peut donc y avoir une pédagogie générale. En revanche, la didactique concernant la réalité de l'enseignement d'une discipline, le message disciplinaire lui-même, construit en dépendance des savoirs universitaires de référence, on comprend qu'elle ne puisse être que disciplinaire » (p. 8).

Pour sa part, Sadoun-Lautier (1992) soutient que, « dans le cadre trop large de la pédagogie générale, on a en effet toujours beaucoup de mal à concevoir ensemble les deux actes pourtant inséparables que sont l'enseignement et l'apprentissage. En mettant l'accent sur l'enseignant et les procédés de transmission qu'il emploie, on privilégie le savoir ; en se préoccupant davantage de l'élève et de l'acte d'apprentissage, on tend à isoler les mécanismes d'acquisition. Reconnaître les difficultés d'une pédagogie générale n'implique pas une attitude de renoncement » (p. 5-6). C'est en fonction du constat de cette rupture souvent établie entre enseignement et apprentissage que des travaux ont été menés sur le concept de médiation qui porte précisément, dans une optique dialectique, sur le double rapport qui s'établit entre le sujet apprenant et des objets de savoir en tant que rapport d'objectivation et entre l'enseignant et ce rapport d'objectivation (Chappaz, 1995 ; Daniels, 1993 ; Gervais, 1995 ; Lenoir, 1993, 1996a ; Wertsch, Del Rio et Alvarez, 1995).

Moniot (1985), de son côté, se penche sur la question de la didactique générale. À ce sujet, il affirme qu'« il n'y a pas de didactique générale, mais des didactiques des disciplines. Ou, puisque les clivages et les spécificités sont plus ou moins relatifs, et puisque des formations similaires peuvent habiter plusieurs disciplines, on dira qu'il n'y a pas de didactique en général, mais des didactiques de corps spécifiés de savoirs, de faisceaux spécifiés d'apprentissage » (p. 174). Buffet (1986), tout en niant l'existence d'une didactique générale, affirme qu'il « existe des généralités didactiques relatives au cadre et au schéma de fonctionnement » (p. 171). Pour Therer (1993), au contraire, « la didactique présente deux grandes orientations : la didactique générale et la didactique spéciale. [...] La didactique générale (DG) se centre davantage sur l'étude du fonctionnement cognitif des apprenants (mode de raisonnement, styles cognitifs, épistémologie génétique,...) et sur l'analyse des situations institutionnelles (étude des interactions, styles d'enseignement, mode d'évaluation, etc.). La didactique spéciale (DS) s'attache plus précisément à l'étude des principaux concepts propres à une discipline, à l'évolution de ces concepts, à leur vulgarisation, à leur mode d'acquisition » (p. 6).

5. L'INTERPRÉTATION DES RÉSULTATS

En fonction du cadre théorique sous-jacent à cette revue de la documentation scientifique relative à la didactique des sciences humaines et sociales, il convient, dans la mesure du possible, d'établir une distinction entre la didactique et les champs connexes, de déterminer le rattachement et l'identité disciplinaires de cette didactique et, enfin, d'identifier les visées prioritaires de même que le rapport au savoir qui est privilégié. Ces informations permettront de dégager des caractéristiques générales de la didactique des sciences humaines. Dans cette optique, les titres des différentes sections visent chacun à mettre en évidence une dimension de la didactique des sciences humaines qui se dégage de l'analyse des différents textes.

5.1 La pédagogie et la didactique : des territoires mal définis

À la lumière des données recueillies, il n'est guère possible de délimiter avec précision la frontière entre la pédagogie et la didactique, ainsi que le territoire exact de la didactique ou des didactiques, telles que ces dimensions sont conçues par les didacticiens des sciences humaines et sociales. Tout au plus, note-t-on une tendance à situer la didactique, de type disciplinaire, par rapport à la pédagogie, de type général et adisciplinaire. Ce flou conceptuel se retrouve, il est vrai, dans d'autres didactiques des disciplines. À cet égard, Laville (in Morin et Brunet, 1992) constate que « la didactique est un concept qui progresse peu vers sa clarification, reste flou, de contours changeants, écartelé entre la discipline scolaire enseignée et la pédagogie » (p. 254). Aussi est-on conduit régulièrement à des mises en garde introductives du genre : « Didactique ici, didactique là : le propos se dilue. L'évocation du terme en question multiplie les ambiguïtés, les suspicions, les erreurs d'appréciation » (Daudel, 1990, p. 13-14).

5.2 Une didactique disciplinaire

De toute évidence, l'ensemble des auteurs pose la didactique du côté des disciplines objets. À ce sujet, les définitions accolées à la didactique sont fort révélatrices, en ce sens qu'elles réfèrent à la discipline d'enseignement. Voici quelques exemples : « La didactique est intimement liée à la discipline » (Baillat et Marbeau, 1992, p. 13) ; il s'agit de « l'étude des processus et procédures d'enseignement et d'apprentissage considérée du point de vue de leur spécificité disciplinaire » (Audigier, 1992, p. 353) ; ou encore « la didactique de la géographie relève ainsi d'un champ scientifique disciplinaire » (Daudel, 1990, p. 15). Moniot (1985) et Buffet (1986) vont même jusqu'à affirmer qu'il n'y a pas de didactique générale.

Le rattachement de la didactique des sciences humaines aux disciplines objets est donc sans équivoque, même si les didacticiens reconnaissent l'apport important des disciplines outils. D'emblée, cette prédominance accordée aux disciplines objets évince, en principe du moins, la perspective psychologique associée à la didactique générale.

5.3 Une didactique écartelée entre les disciplines scientifiques et les disciplines scolaires

L'identité disciplinaire est toutefois moins univoque. En effet, deux grandes tendances identitaires se dégagent des informations collectées : l'une est axée sur les disciplines scolaires, l'autre sur les disciplines scientifiques de référence. Quant aux pratiques sociales de référence, elles occupent une place marginale en tant que référentiel identitaire.

Le réseau conceptuel utilisé par les auteurs représente le meilleur indicateur pour discerner cet enracinement disciplinaire. En effet, l'utilisation de concepts comme ceux de transposition didactique, de discipline scolaire ou de pratiques sociales de référence est révélatrice d'une certaine tendance identitaire. Pour assurer une vision d'ensemble, les concepts paraissant deux fois et plus chez l'ensemble des auteurs sont présentés au tableau 4.

En outre, les auteurs y ont été regroupés en fonction de leur champ disciplinaire, de manière à entrevoir la distinction entre la didactique des sciences humaines et de l'histoire, d'une part, et de la géographie, d'autre part. Les astérisques indiquent les concepts envers lesquels les auteurs expriment une certaine distanciation.

Le recours au concept de discipline scolaire, combiné chez certains auteurs à une distanciation à l'égard du concept de transposition didactique, sous-tend une identité disciplinaire axée prioritairement sur la discipline scolaire. C'est le cas notamment d'Audigier, de Moniot, de Sadoun-Lautier et de Chatel et al. Audigier (1996) est explicite sur ce point : « des deux concepts-problématiques que je considère aujourd'hui centraux pour nos didactiques : discipline scolaire et représentation sociale » (p. 58). Pour cet auteur, la « discipline scolaire est un moyen de construire la relation [entre] savoirs savants [et] savoirs enseignés, plus largement de penser dans leur spécificité et dans leur autonomie propres l'histoire, la géographie et le civisme scolaire, et de poser ainsi de façon nouvelle la question de la référence. [...] [La] représentation sociale est un moyen de prendre en charge et d'étudier la spécificité de nos savoirs scolaires et de leurs relations avec leurs références notamment scientifiques. Je rappelle ce que j'ai dit dans mon introduction : l'histoire, la géographie et le civisme scolaires ont pour première fonction partagée de transmettre une (des) représentation(s) partagée(s) de la mémoire, du territoire, du pouvoir » (*Ibid.*, p. 61-62).

Tableau 4

Les principaux concepts en didactique des sciences humaines

Champs disciplinaires	Auteurs	Transposition didactique	Contrat didactique	Situation didactique	Pratique sociale de référence	Représentation sociale	Discipline scolaire
Histoire, géographie, sciences économiques et sociales	Audigier	X*	X		X	X	X
	Baillat et Marbeau	X				X	
	Baldner et al.	X*				X	
	Chatel et al.	X		X	X		X
	Clary (1988a)	X	X				
	Crémieux et al.					X	
	Salbert	X					
Histoire	Moniot	X*	X*		X*	X	X
	Sadoun-Lautier		X	X		X	X
Géographie	André	X*					
	Buffet	X	X				
	Clary (1988b)	X	X				
	Clary et Retaillé	X					
	Daudel	X		X		X	
	Le Roux	X	X	X		X	
	Maréchal	X					
	Masson					X	
	Retaillé	X					
	Sourp		X			X	
	Therer	X					X

Au sujet des pratiques sociales de référence, il écrit que «le concept de pratique sociale de référence ouvre la difficile question de la référence vers les pratiques et non plus seulement les contenus ainsi que vers les usages sociaux des savoirs» (Audigier, 1992, p. 359). Il mentionne néanmoins que le fait de «s'appuyer d'abord sur l'idée de discipline scolaire n'invalide pas nécessairement les autres concepts» (*Ibid.*, p. 359).

Moniot (1994), pour sa part, souligne qu'«une fabrication spécifique et des missions propres président aux matières scolaires. Il a fallu choisir ce qui serait appris à l'école et ce qui serait appris hors d'elle, organiser et désigner ce qui lui reviendrait, parmi les savoirs théoriques et pratiques déjà nommables, se représenter des besoins de formation et forger au besoin les inculcations qui conviennent, en répartir les pratiques, en célébrer les justifications... Une fois assises, les matières ont en outre leurs effets d'institution, leurs logiques, leur force identificatoire pour leurs représentants, donnent leur empreinte culturelle propre» (p. 23). De son côté, Sadoun-Lautier (1992) écrit: «Arrivée dans l'école par le biais des programmes, des manuels, des leçons, l'histoire se fait discipline scolaire [...]. En effet, à ce niveau, cohabitent d'une part, un savoir validé dont les manuels scolaires, les enseignants par leur formation universitaire et les références à la communauté des historiens garantissent la rigueur scientifique, d'autre part, l'organisation de la « discipline scolaire », qui s'est progressivement constituée autour des contenus et d'objectifs relativement autonomes, formant comme pour toutes les matières d'enseignement une sorte de « structure interne de la discipline » (Chervel, 1988) » (p. 4-5).

En ce qui concerne Chatel et al. (1990), l'identité qui prévaut est également celle de la discipline scolaire. Ceux-ci notent en effet : « Ainsi dans la discipline scolaire se retrouvent les trois composantes du triangle didactique. Elle incarne, pouvons-nous dire, l'existence institutionnelle, sociale, historique de cette relation ternaire » (p. 15). Et, plus loin, ils précisent : « Dans l'histoire que nous entreprenons de reconstituer pour les sciences économiques et sociales nous reprendrons systématiquement la distinction opérée par le concept de transposition didactique entre transposition interne et externe. C'est cependant l'entité disciplinaire que nous privilégierons pour mieux cerner son rôle dans la détermination du savoir enseigné (*Ibid.*, p. 17-18). Ils soulignent également que le concept de transposition didactique est contesté par certains didacticiens des sciences, dont Martinand. Cette remarque est suivie d'une définition du concept de pratiques sociales de référence (*Ibid.*, p. 11). Toutefois, ce concept n'est plus utilisé par la suite.

À l'opposé, d'autres auteurs, notamment Buffet (1986), Daudel (1990), Davaud et Varcher (1990), Le Roux (1989, 1995a), Marbeau (1990), Retaillé (1991) et Therer (1993), semblent placer la didactique du côté des disciplines scientifiques, en ce sens qu'ils accordent une place prépondérante au concept de transposition didactique, plaçant ainsi la référence savante au cœur de la didactique.

Pour Daudel (1990), « la transposition didactique est ce processus inévitable à l'origine des distorsions entre la géographie des chercheurs et celle des maîtres » (p. 176). De son côté, Buffet (1986) mentionne que « la vigueur de la T.D. [transposition didactique] d'interface, qui par l'entrée dans le monde scolaire problématise le savoir savant, est un témoin de la santé de la discipline » (p. 174). Clary (1988b), pour sa part, décrit la transposition didactique comme « un phénomène inéluctable, obligatoire, qui se produit, qui se passe dans tout acte d'enseignement » (p. 146). Maréchal (1986), quant à lui, affirme que « dans la constitution de la didactique de la géographie, le rôle de la réflexion épistémologique se réduit donc – mais c'est déjà beaucoup – à définir les grands ensembles de savoirs qui sont validés et à esquisser les grandes lignes de la transposition de ce savoir en contenu d'enseignement » (p. 46).

Toutefois, sans se distancier ouvertement de ce concept, deux didacticiens de la géographie soulignent la particularité de ce phénomène dans le domaine des sciences sociales. À cet égard, Buffet (1986) avance ce qui suit : « Prenons l'exemple du concept de transposition qui désigne le processus du passage du savoir savant à un savoir à enseigner puis au savoir enseigné. L'analyse comparée de la transposition, en mathématiques et en géographie, permet de cerner d'autres obstacles à l'apprentissage d'un savoir géographique construit. L'expression transposition didactique recouvre une réalité différente dans les deux disciplines parce que 1) les genèses des savoirs universitaires, et même scolaires, sont différentes et que, de ce fait, les différences de position du maître et de l'élève par rapport au savoir ne sont pas les mêmes ; 2) parce qu'il existe une différence de problématique dans l'utilisation des savoirs scolaires ; 3) enfin parce que les valeurs dont sont porteurs les individus et le groupe social à une époque donnée jouent un rôle non négligeable dans le choix des savoirs géographiques à transposer » (p. 172).

Clary (1988b), de son côté, soutient que « la transposition didactique existe dans tous les savoirs enseignés, mais dans des contextes différents dans les diverses disciplines : ce phénomène ne peut donc pas être élucidé de la même façon dans toutes les disciplines » (p. 146). De plus, la plupart des auteurs font référence aux contraintes, aux particularités et aux finalités de la discipline scolaire, sans pour autant en faire un concept clé. Par exemple, Clary (*Ibid.*) écrit que « le savoir est lui-même une combinaison complexe dans laquelle entrent la tradition éducative (certaines connaissances s'inscrivent dans une logique qui a son inertie), le savoir disciplinaire ou savoir savant fait à la fois de savoirs permanents et de savoirs nouveaux, le sens commun de la discipline à la fois dans le corps enseignant et dans la société, enfin les finalités de la discipline » (p. 146).

De son côté, Buffet (1986) signale que « l'institution se présente comme un produit de la société, corpus composite, dont la volonté traduite partiellement dans les I.O. [instructions officielles], résulte du jeu des groupes dirigeants, des institutions, des groupes de pression et d'intérêts et des volontés individuelles. La discipline est envisagée comme un corpus socialement défini. La réflexion porte sur la façon dont la discipline est utilisée, au gré des demandes contradictoires des partenaires et de l'institution (et des contradictions internes à l'institution elle-même) afin de favoriser, par ses analyses des espaces-systèmes, un type d'insertion sociale de l'individu. Ceci renvoie à la fonction assignée à la géographie dans la construction sociale » (p. 169).

Ainsi, au-delà des différences identitaires, on note des préoccupations communes. Néanmoins, deux tendances identitaires se profilent, l'une axée sur la discipline scolaire, l'autre axée prioritairement sur la transposition didactique. Comme le tableau 4 permet de le remarquer, c'est surtout chez les didacticiens de l'Inrp et chez les didacticiens de l'histoire que l'on retrouve une identité basée sur la discipline scolaire. Pour leur part, les didacticiens de la géographie, dans leur grande majorité, privilégient la discipline scientifique de référence. La recherche de légitimation de la géographie savante auprès de la géographie scolaire n'est certes pas étrangère à cette situation, surtout si l'on considère que, en France, l'enseignement de la géographie au collège est assuré par un corps professoral composé à plus de 70 % d'historiens de formation (Rozenfeld Douzant, 1993, in Le Roux, 1995a, p. 20).

5.4 Une didactique centrée sur l'action et sur la réflexion

La catégorisation des définitions de la didactique en fonction des trois perspectives identifiées dans le cadre théorique indique une nette prédominance de la tendance praxéologique (Tableau 5)[4]. Néanmoins, la perspective instrumentale est présente chez trois auteurs, dont deux d'entre eux appartiennent au domaine de la didactique de la géographie. Par ailleurs, aucune définition n'adopte une perspective épistémologique.

Tableau 5

Classification des définitions de la didactique en fonction de leur visée prioritaire

Champ disciplinaire	Auteurs	Perspective instrumentale	Perspective épistémologique	Perspective praxéologique
Histoire, géographie, sciences économiques et sociales	Audigier			X
	Chatel et al.			X
	Baillat et Marbeau			X
	Brisson	X		
Histoire	Moniot			X
	Sadoun-Lautier		X	
Géographie	André	X		
	Buffet			X
	Clary et Retaillé			X
	Daudel			X
	David			X
	Davaud et Varcher	X		X
	Desplanques			X
	Le Roux			
	Masson			
	Therer			X

De manière à obtenir une vision plus précise des finalités associées à la didactique, les données recueillies sous la rubrique « Visées de la recherche en didactique » ont été regroupées en fonction des pôles du triangle auxquels elles sont associées. Ces données paraissent au tableau 6. Il faut cependant noter que peu d'auteurs se sont prononcés explicitement sur ce sujet.

---

4. La perspective psychologique associée à la didactique générale n'apparaît pas puisque les définitions relevées se rattachent aux disciplines objets.

Tableau 6

Les visées de la recherche en didactique en fonction des pôles du triangle didactique

Pôles	Visées de la recherche
Pôle objet	La transposition didactique (Audigier, 1988a ; Baillat et Marbeau, 1992)
	Relations entre des connaissances qui, dans les savoirs savants, relèvent de différentes disciplines (Audigier, 1988a)
	Relations entre les disciplines scolaires et les sciences de références au-delà des sciences homonymes de l'univers scientifique (Audigier, 1996)
	Quelle géographie à l'école ? (Daudel, 1990)
	Les concepts fondamentaux et secondaires (Hugonie, 1995)
	Quelle place accorder aux données naturelles dans l'enseignement de la géographie ? (Hugonie, 1995)
Pôle sujet	Les conditions cognitives et sociocognitives de l'appropriation des connaissances par l'élève (Daudel, 1990)
	Quels savoirs acquis ? (Baillat et Marbeau, 1992)
Pôle enseignant	La formation des maîtres (Baillat et Marbeau, 1992)
Relations objet-sujet	Relations entre connaissances scolaires, scientifiques et les représentations sociales (Audigier, 1998a)
	Comment les élèves construisent-ils leur savoir sur les composantes naturelles des espaces géographiques ? (Hugonie, 1995)
Relations objet-sujet-enseignant	Analyse des SEA au niveau des éléments contradictoires et/ou complémentaires (Audigier, 1991)
	Analyse des SEA pour englober les finalités (Audigier, 1991)
	Analyse des SEA au-delà des apprentissages disciplinaires pour englober les apprentissages non prévus (Audigier, 1991)
	Construction de problèmes scolaires (Audigier, 1991)
	Analyse de l'épistémologie scolaire pour connaître les raisons de la résistance au constructivisme (Audigier, 1991)
	Description et analyse des SEA (Audigier, 1988a)
	Les problématiques d'apprentissage et les situations didactiques : les stratégies d'enseignement et d'apprentissage à appliquer par le maître (Daudel, 1990)
	Quel traitement de l'erreur ? (Baillat et Marbeau, 1992)
	Quelles situations didactiques créées en classe ? (Baillat et Marbeau, 1992)
	Quels apprentissages mis en œuvre ? (Baillat et Marbeau, 1992)
	Problématique de la construction et de la transmission d'un savoir constitué (Buffet, 1986)
	Quelles démarches adopter pour étudier les données naturelles en géographie ? (Hugonie, 1995)

Il appert que les visées de la recherche en didactique semblent confirmer la tendance praxéologique de la didactique des sciences humaines. En effet, près de la moitié des finalités associées à la recherche sont orientées vers l'intervention éducative dans l'ensemble de ses dimensions. La réflexion épistémologique semble également être une finalité prioritaire. Ainsi, la didactique des sciences humaines semble se situer au cœur des relations entre l'objet d'étude, le sujet apprenant et l'enseignant avec, en outre, une propension vers l'épistémologie disciplinaire scientifique et scolaire. La recherche en didactique des sciences humaines vise donc à appréhender le système didactique dans son ensemble, ce qui sous-tend un souci d'opérationalisation et de finalisation des activités de recherche[5].

Cette double préoccupation envers l'intervention éducative et la réflexion épistémologique transparaît également au niveau des visées de la formation aux didactiques, comme le démontre le tableau 7. On remarque en outre une préoccupation évidente envers la construction des apprentissages ainsi qu'à l'égard de la liaison théorie-pratique. Toutefois, il faut souligner ici la prépondérance de la perspective réflexive. Celle-ci transparaît à trois niveaux : réflexion sur l'objet, réflexion sur les pratiques, formation à une pratique réflexive.

L'intervention éducative, la réflexion épistémologique, l'objectivation et la théorisation apparaissent ainsi comme les champs prioritaires de la didactique des sciences humaines, quelle que soit l'identité disciplinaire véhiculée. L'action et la réflexion constituent donc les deux versants essentiels de cette didactique.

---

5. Les informations recueillies sont insuffisamment explicites pour permettre l'établissement d'un parallèle avec les trois paradigmes de recherche en didactique identifiés par Astolfi (1994).

TABLEAU 7

**Les visées de la formation aux didactiques en fonction
des pôles du triangle didactique**

Pôles	Visées de la formation
Pôle objet	Exigence épistémologique (Audigier, 1992)
	Réflexion épistémologique (Baillat et Marbeau, 1992)
	Approfondissement de l'épistémologie disciplinaire (Daudel, 1990)
	Renforcement des connaissances (Daudel, 1990)
	Approfondissement des savoirs et des savoir-faire (Le Roux, 1989)
	Découverte de la géographie et de l'objet paysage (Le Roux, 1989)
Pôle sujet[6]	Faire du formé l'acteur principal de sa formation (Audigier, 1992)
	Que le formé soit acteur de sa formation (Baillat et Marbeau, 1992)
	Rendre les enseignants conscients de leur rôle dans la société (Clary, 1988b)
	Réflexion sur les pratiques (Le Roux, 1989)
	Appropriation du projet de formation (Le Roux, 1989)
	Inciter les enseignants à formuler des demandes à la recherche (Clary, 1988b)
Relations objet-sujet-enseignant	Action didactique de la part du formé (Baillat et Marbeau, 1992)
	Analyse critique des situations éducatives (Clary, 1988b)
	Réflexion sur le transfert ultérieur des nouveaux acquis (Le Roux, 1989)
Autres	Liaison théorie-pratique (Audigier, 1992)
	Favoriser une collaboration effective entre théoriciens et praticiens (Clary, 1988b)
	Maîtrise accrue des théories de la recherche en didactique (Daudel, 1990)

5.5 Une didactique constructiviste

En ce qui a trait à l'apprentissage, l'optique constructiviste-cognitiviste transparaît nettement dans toutes les définitions recensées. L'apprentissage est ainsi posé, d'une part, en termes de traitement de l'information et, d'autre part, en termes de processus actif de la part de l'apprenant. La didactique des sciences humaines semble donc s'inscrire nettement dans une perspective constructiviste de l'apprentissage. Les nombreuses références aux représentations sociales des élèves ainsi que la volonté de faire du formé l'acteur principal de sa formation confirment d'ailleurs cette vision constructiviste de l'apprentissage.

---

6. Dans ce cas-ci, l'enseignant est le formé, donc le sujet.

Au sujet des représentations, il est intéressant de noter qu'Audigier et Moniot en font un usage qui dépasse largement celui des autres auteurs. En effet, pour Audigier (1996), le concept de représentation sociale est associé non seulement aux élèves et aux enseignants, mais également aux finalités éducatives : « si l'histoire, la géographie et le civisme scolaires ont pour mission cette transmission de représentation(s) partagée(s), chacune de ces disciplines scolaires, et les trois ensemble, relèvent aussi d'une analyse en terme de représentations sociales. Ces représentations sont ainsi situées dans leur construction et leur réception dans un cadre particulier, celui de l'École. Aux références au monde social présent et passé vont se mêler d'autres aspects propres à l'univers scolaire, en particulier ce qui relève des conceptions que les élèves et les autres acteurs ont de l'École, de la place qu'ils y occupent et du métier qu'ils y exercent » (p. 61-62). Moniot (1994) s'inscrit dans la même optique, en ce sens qu'outre le rôle joué par les représentations dans l'apprentissage, il associe ce concept aux finalités éducatives de l'histoire. En effet, il mentionne que « l'enseignement, à beaucoup d'égards, est une institution de diffusion des représentations sociales, recyclant les savoirs savants et les héritages culturels en pensée courante. [...] Mais c'est tout particulièrement vrai de l'histoire, qui n'a d'autre usage réel que cette consommation chaude et commune, qui est communication dans un commerce culturel, façon de penser en groupe, sur des contenus, des images, des portraits et des autoportraits de groupes, autour de raisons déjà là, non sur des concepts épurés » (p. 116). Ces deux auteurs se démarquent donc des autres en ce qui a trait à l'usage des représentations. En effet, dans leur cas, l'utilisation du concept de représentation sociale est associé uniquement au formé.

En ce qui concerne le rapport à la réalité, il ne peut être déterminé avec précision puisque, Audigier et Sourp sont les seuls auteurs à se situer à l'égard de ce sujet. Reprenant les propos d'Audigier, Sourp (1994) mentionne que « la connaissance que nous avons de la réalité est une construction que nous opérons grâce et à l'aide de nos systèmes symboliques de pensée » (p. 171). De son côté, Audigier (1991) précise que « cela s'oppose à l'idée que la connaissance serait le reflet le plus exact, le plus fidèle possible de la réalité ; le constructivisme s'oppose au réalisme, qui est une attitude spontanée » (p. 12).

Ce flou qui entoure le rapport à la réalité chez la majorité des auteurs soulève des interrogations quant à l'intégration de la perspective constructiviste dans la didactique des sciences humaines. L'option constructiviste est-elle uniquement applicable aux apprentissages réalisés par l'élève ? Sans trancher ici la question, force est de reconnaître l'ambiguïté qui persiste chez divers auteurs au regard de leur posture épistémologique : l'appel au constructivisme cacherait-il une adhésion profonde au réalisme ?

5.6 Une didactique inclusive mais spécifique

De toute évidence, les didacticiens des sciences humaines sont très attentifs et réceptifs aux développements des didactiques des autres champs disciplinaires. On retrouve, dans leur réseau conceptuel, nombre de concepts importés des autres didactiques, notamment de la didactique des mathématiques. En effet, parmi les six concepts centraux recensés au tableau 4, trois proviennent de la didactique des mathématiques. De plus, le tableau 2 indique que les concepts de la didactique des mathématiques composent le réseau conceptuel de sept auteurs. Les didacticiens de cette discipline sont par ailleurs les auteurs les plus souvent cités. Toutefois, l'utilisation de concepts, comme les pratiques sociales de référence, de discipline scolaire ou de représentations sociales, montre l'ouverture de plusieurs auteurs envers les autres didactiques et les disciplines outils

Résolument inclusive, la didactique des sciences humaines n'en demeure pas moins spécifique. En effet, les divers emprunts sont souvent agencés au sein d'un réseau conceptuel original qui, de surcroît, est plus ou moins spécifique à chaque auteur. Par exemple, dans le réseau conceptuel d'Audigier, le concept de contrat didactique côtoie celui de contrat disciplinaire, de représentation sociale, de discipline scolaire et de pratique sociale de référence, alors que le réseau conceptuel de Daudel se compose des concepts suivants : représentation, transposition didactique, fait didactique, situation didactique. Ainsi, certains concepts centraux dans une didactique occupent ailleurs une place plus limitée, comme c'est le cas des pratiques sociales de référence et du contrat didactique. D'autres concepts, comme la discipline scolaire, prennent une place prépondérante chez certains auteurs. De plus, et Audigier l'exprime clairement, la plupart de ces concepts qui ont nomadisé dans les didactiques des sciences humaines et sociales sont réinterprétés.

Néanmoins, il va sans dire que les concepts développés par les didacticiens des mathématiques exercent une influence prépondérante, particulièrement en didactique de la géographie. Toutefois, comme le soulignent de nombreux auteurs, la spécificité disciplinaire nécessite un regard critique et prudent sur ces emprunts. Les remarques faites par plusieurs auteurs à l'égard du concept de transposition didactique illustrent bien l'influence de la spécificité disciplinaire.

6. CONCLUSION

Disciplinaire, praxéologique, constructiviste et inclusive, tout en gardant sa spécificité, telles semblent être les caractéristiques principales de la didactique des sciences humaines et sociales. Il s'agit d'une didactique qui, par ailleurs, fait de la réflexion épistémologique relative à l'élaboration du savoir savant, des cursus scolaires et des connaissances de l'élève, l'un de ses axes principaux. La didactique des sciences humaines se présente ainsi comme une didactique de l'action et de la réflexion. Et cette réflexion est posée, d'une part, au niveau de la recherche, comme une dimension à mettre en relation avec le système didactique et, d'autre part, au niveau de la formation, comme un outil d'analyse. Ainsi, l'action et la réflexion, en conformité avec les définitions praxéologiques de la didactique, sont considérées comme parties intégrantes du système didactique.

Au sein de ces grandes orientations, l'univers de la didactique des sciences humaines demeure éclaté, tant au niveau de l'identité disciplinaire que du réseau conceptuel. Les assises théoriques propres à ce champ disciplinaire semblent encore mal définies. En outre, certains auteurs se situent, à des degrés divers, en dehors de la tendance praxéologique, lui préférant une orientation plus instrumentale. Néanmoins, c'est au sein même de la tendance praxéologique que l'on note la plus grande disparité. En effet, les deux grandes tendances identitaires, en l'occurrence l'identité axée sur la discipline scolaire, perceptible dans la plupart des écrits provenant de l'Inrp, et l'identité axée sur la discipline scientifique, que l'on retrouve chez la majorité des didacticiens de la géographie, laissent supposer l'existence d'une didactique « d'en haut », à tendance descendante et impositive, et d'une didactique « d'en bas », ascendante et inspirée des pratiques d'intervention.

Cette situation n'est certes pas de nature à faciliter la tâche des membres de l'équipe de recherche au sein de ses activités sur les compétences didactiques des enseignants du primaire. Il s'avère en effet difficile d'élaborer un cadre théorique précis à partir d'un substrat mouvant, d'autant plus que les résultats de la préexpérimentation réalisée dans le cadre de la recherche en cours semblent indiquer que le terme « didactique » recouvre effectivement une réalité pour le moins floue et plurielle chez les différents acteurs (professeurs universitaires, didacticiens et autres, chargés de cours, enseignants associés, étudiants) interagissant dans la formation initiale à l'enseignement primaire. Par ailleurs, il resterait à confronter les conceptions appartenant à chacune des didactiques, car il importe de s'interroger sur l'existence de convergences et de divergences entre ces didactiques. Au-delà du recours à un vocabulaire dont une partie des termes est sans contredit commune, il est loin d'être évident que ces termes recouvrent les mêmes significations et qu'ils s'insèrent dans un réseau conceptuel identique. L'exercice mené dans le champ des sciences humaines et sociales témoigne en tout cas d'une diversité de conceptions et il conduit à réclamer une extrême prudence de la part d'approches comparatives de la question.

En ce qui concerne la didactique des sciences humaines et sociales, l'analyse de ses représentations laisse nombre de questions dans l'ombre, notamment celle de l'évolution de la conception de la didactique au cours des quinze dernières années. Elle tend en tout cas à montrer que la didactique serait encore, à bien des égards, une discipline en gestation. En ce sens, ses assises théoriques sont fragiles, mouvantes et évolutives. Un lecture chronologique laisserait probablement entrevoir une évolution perceptible de la pensée de certains auteurs. Toutefois, dans le contexte de la recherche en cours au Laridd, la question de l'adéquation entre la vision européenne et la vision québécoise demeure sans contredit la question la plus patente, même si la recherche de Gagnon (1997), qui traitait des écrits sur des didactiques sans distinction de l'origine géographique, laisse penser que les auteurs québécois partagent la même tendance que les auteurs francophones européens centrés sur la discipline scolaire, « en l'occurrence une didactique disciplinaire centrée sur l'objet d'enseignement, voire sur le savoir » (p. 104).

Références des textes analysés

André, Y. (1992). Didactique de la géographie. In A. Bailly, R. Ferras et D. Pumain (dir.), Encyclopédie de la géographie (p. 327-346). Paris : Economica.

Audigier, F. (1988a). Didactique de l'histoire, de la géographie et des sciences sociales : propos introductifs. Revue française de pédagogie, 85, 5-9.

Audigier, F. (1988b). Représentations des élèves et didactiques de l'histoire, de la géographie, des sciences économiques et sociales, exemple de l'entreprise. Revue française de pédagogie, 85, 11-19.

Audigier, F. (1988c). Comment l'histoire et la géographie sont-elles enseignées ? Exemple des classes de CM et de 6e. Revue française de pédagogie, 85, 21-27.

Audigier, F. (1991). Recherches en didactique de l'histoire, de la géographie, des sciences sociales. Problèmes et problématiques. In F. Audigier et G. Baillat (dir.), Analyser et gérer les situations d'enseignement-apprentissage. Sixième rencontre nationale sur les didactiques de l'histoire, de la géographie, des sciences sociales, 1991 (p. 11-18). Paris : Institut national de recherche pédagogique.

Audigier, F. (1992). Recherches en didactiques de l'histoire, de la géographie, de l'éducation civique et formation des enseignants. In L. M. Mesa et J. M. Vez Jeremias (dir.), Las didácticas específicas en la formación del profesorado (Vol. I, p. 349-367). Saint-Jacques de Compostelle : Tórculo Ediciós.

Audigier, F. (1996). Recherches de didactique de l'histoire, de la géographie, de l'éducation civique. Un itinéraire pour contribuer à la construction d'un domaine de recherche. Paris : Université Paris VII Denis Diderot.

Baillat, G. et L. Marbeau (1992). Former les professeurs aux didactiques. Un modèle et des outils de formation professionnelle disciplinaire. Paris : Institut national de recherche pédagogique.

Baldner J.-M., M. Clary et B. Elissalde (1995). Histoire, géographie et éducation civique à l'école élémentaire. Éléments d'une recherche. Paris : Institut national de recherche pédagogique.

Brisson, E. (1991). Pas de didactique sans contenu ou qu'est-ce que la didactique ? Historiens et géographes, 333, 141-142.

Buffet, F. (1986). Obstacles épistémologiques et travail scientifique en didactique de la géographie. Revue de géographie de Lyon, 67(2), 165-181.

Chatel, E., P. Caron, C. Fenet-Chalaye, P. Le Merrer, P. Pasquier et L. Simula (1990). Enseigner les sciences économiques et sociales. Le projet et son histoire. Introduction à une réflexion didactique. Paris : Institut national de recherche pédagogique (Rapport de recherche n° 6).

Clary, M. et D. Retaillé (1986). Une nouvelle rubrique de l'information géographique. Didactique de la géographie. L'information géographique, 50(1), 36.

Clary, M. (1988a). Outils d'analyse de la transposition didactique. Exposé introductif. In F. Audigier, C. Basuyau, L. Marbeau et J. Torrens (dir.), Savoirs enseignés, savoirs savants. Troisième rencontre nationale sur la didactique de l'histoire, de la géographie, des sciences économiques et sociales (p. 144-148). Paris : Institut national de recherche pédagogique.

Clary, M. (1988b). Savoir savant, savoir enseigné, savoir approprié. L'information géographique, 52(3), 132-134.

Crémieux, C., P. Jakob et M.-J. Mousseau (1994). Regards didactiques sur les productions scolaires en histoire-géographie. Revue française de pédagogie, 106, 47-54.

Daudel, C. (1986a). La recherche en didactique de la géographie. Réflexions méthodologiques pour une investigation scientifique. Revue de géographie de Lyon, 67(2), 134-157.

Daudel, C. (1986b). Une opportunité à saisir à l'université : module en didactique de la géographie. L'information géographique, 50(4), 163-164.

Daudel, C. (1988). Le savoir géographique sur écran : réflexions théoriques sur l'usage de nouveaux outils dans l'enseignement de la discipline. Revue de géographie de Lyon, 63(2-3), 3-14.

Daudel, C. (1990). Les fondements de la recherche en didactique de la géographie. Berne : Peter Lang.

Daudel, C. (1992). La géographie scolaire et son apprentissage : connaissance et intérêt. Revue de géographie de Lyon, 67(2), 93-113.

Davaud, C. et P. Varcher (1990). La géographie à l'école : entre objets de savoir, pratiques scolaires et démarches géographiques. Éducation et recherche, 3(90), 223-241.

David, J. (1988). Rénover et reformuler l'enseignement de la géographie par la didactique. L'information géographique, 52(1), 43-46.

Desplanques, P. (1991). La didactique de la géographie. L'information géographique, 55(2), 45-48.

Hugonie, G. (1995). Pour des recherches didactiques en géographie physique. L'information géographique, 59(2), 80-84.

Le Roux, A. (1989). Pour une formation continue à la didactique ou à la découverte du paysage. L'information géographique, 53(3), 116-126.

Le Roux, A. (1995a). Enseigner la géographie au collège. Essai didactique. Paris : Presses universitaires de France.

Le Roux, A. (1995b). Le « problème » dans l'enseignement de la géographie. L'information géographique, 59(5), 209-214.

Marbeau, L. (dir.) (1990). Formation permanente, initiale et continuée, des instituteurs aux didactiques de l'histoire, géographie, sciences sociales par la recherche. Paris : Institut national de recherche pédagogique.

Maréchal, J. (1986). Réflexion épistémologique et didactique de la géographie. In F. Audigier et L. Marbeau (dir.), Rencontre nationale sur la didactique de l'histoire et de la géographie (p. 45-64). Paris : Institut national de recherche pédagogique.

Masson, M. (1994). Vous avez dit géographies ? Didactique d'une géographie plurielle. Paris : Armand Colin.

Moniot, H. (1994). Didactique de l'histoire. Paris : Nathan.

Moniot, H. (1985). Sur la didactique de l'histoire. Historiens et géographes, 305, 1169-1178.

Retaillé, D. (1991). La transposition didactique du système monde. L'information géographique, 55(1), 32-35.

Sadoun-Lautier, N. (1992). Histoire apprise, histoire appropriée. Éléments pour une didactique de l'histoire (Tome 1). Thèse de doctorat, École des hautes études en sciences sociales, Paris.

Salbert, J. (1988). Outils d'analyse de la transposition didactique. Rapport. In F. Audigier, C. Basuyau, L. Marbeau et J. Torrens (dir.), Savoirs enseignés, savoirs savants. Troisième rencontre nationale sur la didactique de l'histoire, de la géographie, des sciences économiques et sociales (p. 185-188). Paris : Institut national de recherche pédagogique.

Sourp, R. (1994). L'analyse du paysage, une didactique pour la géographie. L'information géographique, 58(4), 170-175.

Therer, J. (1993). Nouveaux concepts en didactique des sciences. Bulletin de la société géographique de Liège, 28, 5-10.

Vaugien, M. (1993). Contribution à la didactique de la géographie pour une éducation géographique. L'information géographique, 57(1), 22-24.

CHAPITRE 7

De la disciplinarité à l'interdisciplinarité : épistémologie scientifique et épistémologie didactique

Michel Herr
Université Marc Bloch à Strasbourg

1. INTRODUCTION

Avant de nous interroger sur la pertinence d'un point de vue interdisciplinaire, il convient de comprendre la légitimité de ce qui la nie, à savoir la pertinence disciplinaire. L'existence de disciplines ne saurait être remise en question ni sur le terrain de la logique qui les a générées ni même sur celui de l'efficacité scientifique des cloisonnements qu'elles supposent au niveau des savoirs, du moins dans une première approche que l'on pourrait qualifier « d'épistémologie indigène » aux champs scientifiques. En revanche, dès que l'on quitte le terrain clos et étroit des disciplines pour poser les problèmes à d'autres niveaux – didactiques disciplinaires, transmission des savoirs, épistémologie générale, gnoséologie – ou dès qu'on se place sur le terrain de la formation de l'esprit scientifique ou même sur celui des niveaux d'enseignement, la réponse devient moins évidente et le doute sur le bien-fondé du cloisonnement disciplinaire requiert une vigilance épistémologique nécessaire. Cette démarche critique peut, dans un souci de définition du concept même d'interdisciplinarité, constituer une méthode *a contrario* qui limite le risque de sombrer dans une négativité de principe vis-à-vis de tout cloisonnement disciplinaire. Laissons donc une chance aux disciplines avant de leur opposer l'interdisciplinarité comme remise en question de leur raison d'exister.

Il s'agit d'examiner, d'un point de vue épistémologique, les deux thèses, disciplinaire et interdisciplinaire, en essayant de comprendre que les rapports entre les deux ne se posent pas dans les mêmes termes selon qu'on envisage la question sur le plan de la recherche ou sur celui de la formation. L'intérêt de cette confrontation est de rompre avec un discours idéologique qui voudrait que le caractère disciplinaire de tout enseignement soit une nécessité épistémologique incontournable.

Certes, les problèmes épistémologiques que soulève l'interdisciplinarité ne sont pas nouveaux et nous ne prétendons pas, sur ce plan, être novateurs. Il va s'agir essentiellement de soulever les problèmes épistémologiques que pose la transposition d'un modèle disciplinaire issu du champ scientifique sur celui de la formation. Il ne s'agit donc pas de proposer des solutions ou de définir précisément des démarches didactiques interdisciplinaires, mais de poser la question de la validité même de la reproduction d'un modèle d'un champ dans un autre.

2. LA DISCIPLINARITÉ OU L'IMPORTANCE DU PLURIEL

2.1 La nécessité ontologique

L'existence du pluriel, s'agissant des sciences, relève certes du lieu commun et la subdivision sectorielle des savoirs, du simple constat. Cet état de fait, résultat d'une évolution des sciences qui tend fortement vers une spécialisation rendue nécessaire par la diversification des approches et la multiplication des objets de recherche, s'il possède un intérêt indéniable, s'il rend la science performante, possède aussi son revers négatif : un cloisonnement étanche des sciences qui rend difficile toute confrontation intersciences. De ce point de vue, penser le pluriel est plus aisé, plus confortable (plus rationnel ?) puisque cela évite toute « pollution » du champ voisin et limite fortement la concurrence. Les sciences ne sont pas opposées : elles œuvrent sur des territoires différents. La nécessité de « voir ailleurs » devient suspecte, quand elle devient une entreprise de violation de domicile. Ainsi, le premier intérêt du pluriel est-il de nature politique, puisqu'il est le garant de la paix sociale à l'intérieur du champ des sciences : seules seraient admises les guerres intestines qui ont lieu sur le même territoire ou sur le même objet de recherche (comme la question de savoir si la mémoire est un phénomène biologique, neurobiologique ou psychologique).

D'un point de vue territorial, l'intérêt du pluriel réside dans la cohésion disciplinaire ou, si l'on préfère, dans la logique de la distinction. Il s'agit d'une double logique qui relève surtout de la nécessité d'une constitution identitaire des disciplines scientifiques (l'interdisciplinarité relevant non plus du délit d'ingérence mais de celui d'une atteinte à l'identité disciplinaire). Cette cohésion et cette distinction relèvent toutes deux d'une nécessité rationnelle, liée à la fois aux objets étudiés et aux méthodes employées. L'interdisciplinarité devient dès lors difficilement envisageable sur le plan de la rationalité. En cherchant à bousculer cette organisation, on s'éloignerait de toute rationalité indispensable à toute science.

Le pluriel relèverait ensuite du réalisme, c'est-à-dire que l'on peut justifier le cloisonnement des sciences par le fait qu'existe une multitude d'objets à étudier et que le découpage de la réalité, la classification des objets nécessitent la multiplicité des sciences. C'est ainsi que l'on peut justifier l'existence de la zoologie qui s'intéresse au règne animal et celle de la botanique qui étudie le règne végétal et, à l'intérieur même de ces disciplines, le réalisme justifie d'autres cloisonnements par la création de sous-champs disciplinaires : étude des mammifères, des insectes ou des oiseaux. Bref, ce ne sont pas ici les sciences qui sont plurielles mais la réalité qui est multiple et qui n'admet que des singularités.

2.2 La nécessité méthodologique

Le pluriel de la méthode relève d'une autre forme de réalisme, celui de la rigueur scientifique. En effet, la rigueur dont se réclament les sciences est inséparable de l'idée de clôture, non seulement des domaines scientifiques dans lesquels s'inscrit la recherche mais aussi et surtout du champ de l'étude lui-même. Ici la clôture est synonyme de définition de l'objet de recherche dans la mesure où cette définition suppose la délimitation de l'objet. Autrement dit, le cloisonnement disciplinaire se double d'un phénomène de sectorisation et obéit essentiellement à divers ordres de réalisme.

Enfin, la méthode suppose un autre type de cloisonnement et pose un problème épistémologique qui touche l'identité disciplinaire. En effet, le sens même des questions que posent les sciences se découvre dans la méthode qu'elle met en œuvre. Dès lors, le réalisme perd pied au profit d'une forme d'idéalisme très particulier inhérent aux champs scientifiques. La réalité n'a pas de sens en soi, elle n'a de sens que parce que l'on a élaboré une méthode qui permet l'analyse du phénomène et c'est cette méthode qui lui délivre son sens. Prenons ici un exemple qui touche au domaine de l'éducation, celui de l'échec scolaire. Pour le psychologue, l'échec scolaire relève des aptitudes de l'enfant, de son quotient d'intelligence et il s'exprime rationnellement dans le potentiel intellectuel du sujet. Pour le sociologue, l'enfant est héritier de sa culture et son échec est celui d'une école qui privilégie largement une autre culture que celle dont est issu le sujet et, de ce point de vue, l'échec de l'enfant devient celui de son origine sociale. On peut dès lors se demander si l'échec scolaire est un fait psychologique ou un fait sociologique. Le cloisonnement disciplinaire interdit toute réponse, il impose même une non-réponse, puisque l'échec sclaire peut être les deux à la fois ou soit l'un, soit l'autre ; tout dépend de la pertinence scientifique qui lui a donné son sens et qui l'a questionné.

Le cloisonnement disciplinaire a donc une nécessité épistémologique qui touche aussi bien à l'identité même des sciences qu'à la pertinence de leur conception de la réalité. De ce point de vue, la disciplinarité est fondamentale et la remettre en question, c'est porter atteinte à l'identité des champs scientifiques. Cependant, ce cloisonnement disciplinaire a ses limites et ses inconvénients qui, d'un point de vue quasi dialectique, remet en cause l'existence même des disciplines. Les dangers de ce cloisonnement commencent aujourd'hui à poser problème aux sciences elles-mêmes.

2.3 La disciplinarité scientifique en question

En effet, la cohérence nécessaire que réalise le caractère étanche des cloisonnements disciplinaires débouche sur l'incohérence des savoirs produits. Chacune des sciences pose et traite, dans son domaine clos, des questions sans doute essentielles mais sans aucun souci du sens que peuvent avoir ces mêmes questions dans d'autres domaines parfois très voisins. C'est un phénomène d'atomisation des savoirs qui empêche toute compréhension des phénomènes étudiés (hormis selon un certain point de vue) et toute confrontation des résultats avec d'autres résultats obtenus par d'autres méthodes ou dans d'autres domaines scientifiques. Le cloisonnement des sciences débouche en effet sur un cloisonnement des savoirs qui pose aux sciences un problème épistémologique difficilement surmontable et heurte souvent un souci légitime et humaniste d'une unité du savoir.

C'est sans doute ce souci qui a poussé les chercheurs à envisager d'autres approches non disciplinaires de certains objets d'étude : multidisciplinarité, transdisciplinarité, interdisciplinarité. Le langage scientifique s'est ainsi enrichi de concepts bien difficiles à définir sur le terrain de la recherche (et même, dans une moindre mesure, sur un terrain purement linguistique).

On peut cependant dégager deux types de tentatives : celles du dialogue qui relèvent de l'union *a posteriori* et celles de la synthèse qui relèvent de l'union *a priori*.

2.3.1 Du dialogue

L'entreprise du dialogue, fruit des échanges et de l'intérêt pour les travaux issus d'autres disciplines scientifiques, frise l'utopie puisqu'elle cherche à confronter, dans l'espoir d'un enrichissement mutuel ou d'une meilleure connaissance des objets étudiés, des savoirs qui tirent leur essence du cloisonnement disciplinaire. Ce dialogue relève alors du mythe, puisque les objets étudiés n'ont aucun sens en dehors du champ scientifique qui les a conçus en les arrachant à la réalité. Ici, seule la juxtaposition peut s'avérer envisageable, le dialogue relevant de la cacophonie, faute de l'existence d'un langage commun qui transcenderait les jargons des scientifiques. Les aspects sémantiques du problème sont en réalité inséparables des logiques disciplinaires. Il faut comprendre ici que concepts et logiques sont cohérents dans les sciences, ce qui interdit leur usage dans un autre champ. Le transport indu d'un concept issu d'un champ scientifique dans un autre relève d'un bricolage ou de ce que l'on appelle vulgairement de la «pseudo-scientificité des discours». Ainsi, on peut se demander ce que peuvent avoir à se dire aujourd'hui un psychanalyste et un neurobiologiste sur la question des maladies mentales, au-delà du constat mutuel qu'ils ne sont pas sur le même terrain interprétatif des phénomènes et que s'établit entre eux une profonde divergence de point de vue.

2.3.2 Le croisement des approches

Une façon de lever cette insurmontable difficulté est de croiser les approches. Il s'agit de trouver une pertinence nouvelle qui permet de créer un objet d'étude original. L'idée est évidemment de prendre le problème du cloisonnement disciplinaire en amont, avant que le divorce soit consommé et la divergence irréductible. Le problème est que ces approches croisées ne résolvent en rien celui du cloisonnement. En effet, croiser les approches en empruntant à la fois les méthodes et les logiques de plusieurs champs scientifiques (en général, on se limite à deux), quand cela est possible (car on ne peut pas tout croiser), c'est produire un nouveau champ disciplinaire. La psycholinguistique ou la psychosociologie se sont constituées en champs cloisonnés comme l'avaient fait avant elles les sciences mères qui les ont générées. Définition d'objets, de méthodes, d'outils, épistémologies «régionales», pertinences, etc., rien ne manque ici pour reproduire les clôtures d'un champ disciplinaire nouveau.

2.3.3 L'interdisciplinarité

L'interdisciplinarité, pour sa part, relève d'une démarche beaucoup plus ambitieuse, puisqu'elle propose de renouer le dialogue entre un nombre plus important de sciences et pose comme objectif premier de résoudre à la fois les problèmes épistémologiques nouveaux qui naissent de la volonté d'ouvrir un dialogue intersciences et ceux que pose la définition d'un langage commun à ces sciences.

Considérée sous ces deux aspects, l'entreprise interdisciplinaire relève du dépassement d'une épistémologie régionale qui cherche une rationalité supérieure, transcendant la rationalité disciplinaire, mais qui obéit aux mêmes exigences, c'est-à-dire créer un nouveau cadre théorique. L'aventure, séduisante et satisfaisante sur le plan de la pensée humaine, n'a guère été couronnée de succès. En effet, la nature des rapports intersciences ne peut se caractériser que sur le plan de la complémentarité (et encore, lorsqu'il ne s'agit pas de contradictions) et non sur celui de l'interface (encore moins sur celui de l'intersection). C'est donc sur le mode de la sommation/accumulation que se sont déclinées les entreprises interdisciplinaires dans le domaine des sciences, la compréhension supérieure et interdisciplinaire des objets se réalisant dans le sujet, sans qu'il puisse en rendre compte sur le plan de la formulation (obstacle du langage mais aussi de cohérence).

On peut dire ici que les problèmes épistémologiques que pose l'interdisciplinarité dans le domaine scientifique apparaissent insurmontables sur le plan de la méthode, de la pertinence ou du cadre théorique, le caractère nécessairement régional du rationalisme scientifique interdisant le projet interdisciplinaire. Sur le plan de la confrontation des savoirs produits, l'impossible dialogue et la chimère de la synthèse renvoient le projet dans les limbes de l'encyclopédisme comme antithèse du savoir intégral.

Ainsi, si la disciplinarité paraît incontournable sur le terrain de la production des savoirs scientifiques, si elle est à l'origine de leur caractère identitaire et performant, elle demeure peu satisfaisante sur le plan de la cohérence des savoirs et, de ce fait, inconfortable sur le plan de la logique. Le problème est de savoir si les problèmes épistémologiques que soulève la production de savoirs interdisciplinaires sur le plan scientifique se posent dans les mêmes termes sur le plan didactique et plus particulièrement sur le plan de la transmission des savoirs.

3. L'INTERDISCIPLINARITÉ : UNE NÉCESSITÉ SUR LE PLAN DIDACTIQUE

3.1 La logique de la transposition

L'enseignement des disciplines scientifiques dans l'enseignement secondaire comme dans celui du primaire du reste, ne s'est guère embarrassé du problème : on a purement et simplement transposé la disciplinarité dans l'enseignement, en reproduisant les cloisonnements préexistants. Et ceci est généralisé, qu'il s'agisse des programmes d'enseignement (il existe des programmes spécifiques par discipline), des didactiques qui s'y rapportent (didactique des mathématiques, des sciences physiques ou des sciences de la nature), du découpage du temps scolaire (les emplois du temps reproduisent les découpages disciplinaires), de la formation des agents du système (les enseignants sont monovalents dans les lycées et les collèges et, lorsqu'ils sont bivalents, ils reproduisent la disciplinarité dans leurs interventions, changeant pour l'occasion de spécialité) ou encore des agents chargés de contrôler le système (les inspecteurs sont inspecteurs de leur discipline).

En agissant ainsi, on garantit la scientificité des savoirs transmis, on en respecte la cohérence, la logique, etc. et, bien évidemment, le cloisonnement strict des disciplines. Le problème est ici qu'on a, dans l'opération, transposé les problèmes que nous avons soulevés dans notre première partie, et le même inconfort, à l'élève qui apprend. Confronté aux enseignements disciplinaires, ce dernier procédera par addition et juxtaposition des savoirs, par coexistence des logiques disciplinaires et il reproduira un *corpus* de connaissances morcelées sans relations entre les savoirs. Si les sciences et, dans une certaine mesure, les scientifiques eux-mêmes peuvent aisément s'accommoder d'une telle situation, celle-ci pose toutefois problème à l'enseignant dès lors qu'il s'interroge sur la cohérence de ses enseignements ou sur le projet de formation qu'il poursuit. L'émergence de projets de formation interdisciplinaire procède sans aucun doute de cette contradiction entre le cloisonnement des sciences, l'éclatement des savoirs et la nécessité d'une cohérence de formation que tout enseignant cherche à mettre en œuvre, et qui interroge inévitablement la cohérence de ses enseignements.

3.2 Des différences

D'un point de vue épistémologique, il faut d'abord relever que les préoccupations de formation et les préoccupations de la recherche sont marquées par des différences sensibles. En effet, le chercheur a déjà derrière lui une formation poussée et sa seule préoccupation est la production de savoirs qui, en principe, n'existent pas encore. La formation, pour sa part, s'exerce sur un sujet qui, par définition, ne possède pas encore cet appareillage conceptuel, logique, méthodologique qui fait le chercheur et ses objectifs ne sont pas ceux de la production de savoirs mais ceux de leur intégration dans un souci de développer des capacités, qu'elles soient cognitives, affectives ou motrices. On peut donc légitimement s'interroger sur la validité de la transposition du modèle disciplinaire propre à la recherche dans le domaine de l'enseignement. Les deux univers sont suffisamment distincts pour que l'on considère le problème de l'interdisciplinarité de façon tout à fait différente.

En premier lieu, il faut remarquer que le vecteur de la recherche est inverse de celui de la formation. La formation du chercheur préexiste à la production et donc à l'intégration des savoirs, alors que, dans l'enseignement, les savoirs préexistent et la formation est seconde. On ne voit pas pourquoi on a, de façon traditionnelle, envisagé les problèmes sur le même mode. Les savoirs produits dans le champ des sciences sont transmis, avec leur cloisonnement, dans l'enseignement universitaire (ici, cela peut encore se comprendre) ; le même cloisonnement est alors reproduit dans l'enseignement secondaire et, en bout de course, dans le primaire. Cette transposition du modèle disciplinaire se fait donc en cascade sans que l'on s'interroge sur le bien-fondé du processus. Tel apparaît le cheminement des savoirs. Alors que la formation suit une trajectoire inverse, le primaire prépare le secondaire qui prépare le supérieur qui prépare lui-même la formation à la recherche. Certes, les savoirs issus des sciences ne sont pas introduits de façon brutale ; ils subissent des modifications propres à les rendre accessibles, ils sont hiérarchisés et certains savoirs ne sont pas du tout transposés (la mécanique quantique n'est pas enseignée hors des cycles supérieurs de l'université), mais ce qui est en revanche transmis et reproduit, c'est la logique disciplinaire et le cloisonnement des savoirs. Ici trois raisons président à la transposition. La première tient à la pureté des savoirs, à la cohérence interne (héritée du processus de production des savoirs). La deuxième relève de la formation des agents du système (formation disciplinaire des enseignants, y compris, depuis la création des IUFM, ceux du primaire). La troisième, enfin, tient à la mise en cohérence verticale du système d'enseignement: en changeant de niveau d'enseignement, l'élève ne change pas de logique. Tout ceci peut se défendre, si l'on considère que l'enseignement se réduit à la transmission de savoir, et c'est bien cette conception qui semble prévaloir dans l'organisation du système scolaire français, lorsqu'il reproduit le modèle du cloisonnement disciplinaire.

3.3 Interdisciplinarité et formation

3.3.1 Justifications pédagogiques

Reste maintenant à examiner ce qui, d'un point de vue épistémologique, peut justifier l'interdisciplinarité dans les différents ordres d'enseignement. En premier lieu, le problème de la méthode, qui justifie pour une large part le cloisonnement disciplinaire, ne se pose pas dans les mêmes termes dans les différents ordres d'enseignement. Les méthodologies mises en œuvre dans l'enseignement peuvent, contrairement à celles qui sont utilisées dans la production de savoirs, supporter aisément le décloisonnement disciplinaire. Les savoirs transmis ne sont pas si pointus qu'ils réclament, comme c'est le cas dans les sciences, des méthodes fortement différenciées. De ce point de vue, si le projet de formation vise à transmettre des méthodologies (l'expérimentation, par exemple), une taxinomie des méthodes peut justifier une interdisciplinarité. Une méthode expérimentale peut servir dans différentes disciplines, qu'il s'agisse des sciences physiques ou des sciences naturelles.

En deuxième lieu, le problème de la cohérence des apports disciplinaires sur les objets étudiés se distingue là aussi des investigations scientifiques. Les méthodes actives ont montré, sur ce terrain, la faisabilité de cette approche interdisciplinaire. Il s'agit de montrer à l'enfant comment des champs disciplinaires différents peuvent interagir dans la réalisation de tâches concrètes. Plusieurs disciplines sont alors mises en œuvre dans un projet unique, le problème à résoudre devant nécessairement faire appel à des connaissances issues de champs différents.

En troisième lieu, les objectifs de formation ne donnent pas aux sciences le même statut que dans la recherche. En effet, à côté des objectifs disciplinaires qui portent sur l'acquisition des savoirs, existent des objectifs cognitifs qui constituent un projet cohérent de formation. Sans aller jusqu'à affirmer que les savoirs ne sont que de simples supports pour ces objectifs, il faut considérer ici que le caractère interdisciplinaire est premier. Les savoirs considérés comme des moyens au service de la formation posent une problématique totalement absente du champ scientifique. Sur ce terrain, le décloisonnement devient une nécessité, puisqu'il faut penser l'enseignement au-delà des savoirs et de leur cloisonnement. C'est du reste une thèse soutenue par des chercheurs et pas seulement par des pédagogues. Dans leur rapport, Bourdieu et Gros (1989) affirment : « les objectifs et les contenus des différentes spécialités et des différents niveaux doivent être perçus dans leur interdépendance. [...] la cohérence et la complémentarité entre programmes des différentes spécialités doivent être méthodiquement recherchés à chaque niveau » (p. 7, 8). Cette démarche de formation interdisciplinaire n'est du reste pas incompatible avec le respect des disciplines constituées. En fait, la formation interdisciplinaire est largement mise au service de la formation disciplinaire. On peut ainsi renvoyer dos à dos ceux qui pensent que la synthèse est dans le sujet et ceux qui pensent qu'elle peut et doit exister dans les savoirs. Aucune de ces deux thèses n'est ici satisfaisante, car la synthèse ne saurait exister totalement dans un ou l'autre de ces deux lieux. Si elle existe, elle se situe nécessairement de façon partielle dans chacun de ces derniers.

3.3.2 *Les deux niveaux interdisciplinaires*

Dans une interdisciplinarité pédagogique, on peut repérer au moins deux niveaux d'intervention qui permettent de décloisonner les champs scientifiques. Un premier niveau peut porter sur les contenus. Il s'agit d'étudier un même objet selon différentes approches et, par là-même, de retrouver le vecteur premier de toute démarche scientifique, celui qui va de la réalité à la théorie (et non l'inverse). Prenons un exemple des plus simples, l'étude de la pomme. On peut étudier l'objet considéré selon une multitude d'approches : botanique, en étudiant la pomme en tant qu'appartenant à une espèce végétale ; biologique, en étudiant les processus de reproduction qui vont de la floraison à la constitution du fruit ; chimique, en recherchant les différents composants organiques ; histologique, en observant les cellules à l'aide d'un microscope ; économique, en étudiant le marché de la vente du produit (différences de prix en fonction des saisons, des régions de production, des différentes variétés, etc.) ; géographique, en repérant les différentes régions de production, etc. On peut même finir par en manger, ce qui constitue un mode de connaissance qui est loin d'être inintéressant (on peut soulever les questions concernant le goût, enrichir le vocabulaire de l'élève qui aura à parler de cette expérience gustative ou encore éduquer chez lui le sens de l'olfaction en comparant le goût de différentes variétés de pommes).

Un deuxième niveau pourrait être celui des procédures méthodologiques. Dans l'exemple précédant, l'objet a été étudié de façon diversifiée parce qu'on a posé différentes questions sur lui. On a ainsi fait surgir une pluralité de problèmes qui ont amené la mise au point de démarches multiples. Dans ce cas, il s'agit de poser un problème, de l'identifier, de trouver une méthode pour y répondre, d'utiliser des outils, de constater les limites de ce que l'on peut dès lors saisir, etc. Bref, on introduit l'élève à une rigueur et à une démarche d'étude qui ne relèvent pas de la particularité des sciences mobilisées ni de la singularité de l'objet (ce qui fondait la nécessité disciplinaire dans la recherche). Le caractère transposable de la démarche réalise ici la nécessité d'une formation interdisciplinaire : apprendre à poser un problème, à adopter une méthode qui permette d'y répondre, à apprécier les résultats obtenus, à confronter les savoirs ainsi produits, etc. On peut se demander si la formation interdisciplinaire n'est pas fondamentalement celle qui fonde tout enseignement véritable. En effet, le caractère transposable distingue ici l'enseignement (caractère transposable de ce qui est transmis) du renseignement (non transposable et n'ayant qu'une valeur pragmatique). C'est cela qui distingue la formation de l'information ou encore la compétence de la performance (Reboul, 1980).

4. CONCLUSION

L'enseignement disciplinarisé n'est pas une nécessité : il résulte de l'application d'un modèle d'organisation des savoirs issu du champ des sciences sur l'enseignement, sans aucune vigilance épistémologique. Cette absence de vigilance est du reste assez peu scientifique elle-même, puisqu'elle consacre précisément ce que la rigueur scientifique interdit, à savoir la transposition d'un modèle issu d'un champ particulier dans un autre, sans interrogation sur les effets produits, sur la performance du modèle importé et donc sur la validité de la transposition. C'est ce que nous avons essayé de dénoncer, sans pour autant proposer des solutions pratiques, mais en indiquant néanmoins quelques pistes de réflexion qui introduisent une vigilance nécessaire, si l'on veut éviter la langue de bois des idéologies éducatives : celles dont usent volontiers les défenseurs de conceptions éducatives, pour qui, enseigner, c'est transmettre des savoirs (ici la disciplinarité est première) ou celles qui affirment au contraire qu'enseigner c'est éduquer (ici l'interdisciplinarité est première). En fait, disciplinarité et interdisciplinarité ne peuvent se passer l'une de l'autre. Dans l'exemple de la pomme que nous avons évoqué, disciplinarité et interdisciplinarité ne sont en rien inconciliables ; mieux encore, l'une ne saurait aller sans l'autre. La formation et la recherche ne reposent pas sur les mêmes objets : pour la formation, l'objet c'est essentiellement l'élève ; pour la recherche, l'objet c'est surtout le savoir. C'est cette différence de nature qui autorise l'interdisciplinarité dans le premier cas et qui l'interdit dans le second.

DIDACTIQUE ET PÉDAGOGIE, DISCIPLINE ET INTERDISCIPLINARITÉ, COMPÉTENCE... : UNE CERTAINE CONFUSION CHEZ LES PRINCIPAUX ACTEURS

CHAPITRE 8

La représentation de l'interdisciplinarité chez les formateurs d'enseignants du primaire : les résultats d'une préexpérimentation

ABDELKRIM HASNI
Université du Québec à Chicoutimi

YVES LENOIR
Université de Sherkrooke

1. INTRODUCTION

Dans le but d'assurer un renouvellement et la valorisation de la profession enseignante et de renforcer la formation initiale à l'enseignement, plusieurs dispositions ont été récemment prises par le ministère de l'Éducation du Québec. Deux de ces dispositions sont en lien direct avec l'amélioration des programmes de formation initiale dans les universités (Gouvernement du Québec, 1992*a*). La première est la révision du processus d'approbation et de reconnaissance des programmes de formation. Cette première disposition s'est matérialisée par la mise en place du Comité d'agrément des programmes de formation à l'enseignement (CAPFE). La deuxième, directement en lien avec l'objet ici traité, est la révision des exigences de formation initiale, entreprise en 1992. Cette disposition préconise, entre autre, « un meilleur équilibre entre la formation réservée aux disciplines et celle qui touche les aspects psycho-pédagogiques et sociaux de l'éducation » et elle « privilégie aussi une formation polyvalente des futurs enseignants et enseignantes » (Gouvernement du Québec, 1992*b*, p. 12).

Lacotte et Lenoir (1999) synthétise ainsi l'orientation de la réforme des programmes de formation initiale à l'enseignement : « On le voit bien, les préoccupations vis-à-vis de la formation initiale des maîtres sont nettement campées : une formation professionnelle, polyvalente et intégrée, axée sur l'intervention éducative tenant compte des diverses composantes d'un milieu réel de classe, associant formation théorique et formation pratique, formation disciplinaire et formation psychopédagogique, ancrée dans la réalité culturelle et sociale, visant le développement de la réflexion critique dans l'action et sur l'action » (p. 169).

C'est dans ce contexte de réforme des programmes de formation initiale des enseignants du primaire que le CRIE (antérieurement le GRIFE) poursuit une recherche sur les représentations relatives aux concepts de compétence et de didactique dans une perspective interdisciplinaire. Cette recherche[1] est menée auprès de différents groupes d'intervenants dans la formation initiale des enseignants (chargés de cours, professeurs associés et professeurs titulaires) et auprès de futurs enseignants qui poursuivent leur formation à la Faculté d'éducation de l'Université de Sherbrooke.

Les objets investigués dans cette recherche par le biais du construit de représentation sont les concepts de compétence et de didactique reliés à ceux de discipline, d'interdisciplinarité et de pédagogie. Les objectifs poursuivis sont les suivants : premièrement, identifier les représentations que les futurs enseignants du primaire se font de la compétence didactique et des concepts associés ; deuxièmement, identifier les représentations que les intervenants en formation initiale des futurs enseignants se font de ces compétences ; troisièmement, comparer les représentations des futurs enseignants et celles des intervenants dans leur formation initiale ; quatrièmement, identifier les éléments du développement de modèles alternatifs en formation didactique initiale des enseignants du primaire. La recherche vise de ce fait, par comparaison de ces représentations, à faire ressortir des éléments, communs et distinctifs, caractérisant les différents groupes d'acteurs et sur la base desquels un ou des modèles de formation didactique pourront être éventuellement proposés.

La méthodologie de recherche envisage trois recueils successifs de données. Le premier est centré sur la construction de l'instrument de recherche qui servira aux deux recueils suivants. Cette première collecte a combiné plusieurs types de questions : des questions fermées, des questions à développement, une échelle à réponse dichotomique et une association de synonymes.

Le présent chapitre portera sur l'analyse d'une partie des données obtenues lors de cette première cueillette. Les données analysées sont celles portant exclusivement sur la dimension interdisciplinaire. La présentation est divisée en trois parties : la première traite de la problématique de la recherche ;

---

1. « Compétences didactiques et formation didactique des enseignantes et des enseignants du primaire », recherche triennale 1995-1998 subventionnée par le Conseil de recherches en sciences humaines du Canada (Crsh, Programme de recherche ordinaire, n° 410-95-1385).

la deuxième décrit la méthodologie de recherche utilisée ; quant à la troisième, elle présente les données obtenues et les résultats de leur analyse.

2. LA PROBLÉMATIQUE

Dans son aspect général, la présente recherche s'inscrit, nous l'avons signalé, dans le cadre de l'amélioration de la formation didactique des futurs enseignants du primaire. Elle aborde trois aspects, non sans liens entre eux, qui occupent une place importante dans leur formation initiale : la didactique, les compétences et l'interdisciplinarité. D'autres concepts sont également concernés (rapport au savoir, intégration, pédagogie, discipline), mais ils ne sont pas traités ici.

2.1 Le concept de didactique

Le premier aspect à considérer dans la formation des futurs enseignants du primaire est d'ordre didactique. En effet, les enseignants du primaire sont amenés à enseigner plusieurs matières scolaires dont ils doivent maîtriser les contenus et les didactiques. Plus encore, dans leurs pratiques quotidiennes en classe, ils sont constamment appelés à recourir à des pratiques qui peuvent être qualifiées, au sens générique du terme, d'interdisciplinaires. Or le type de formation qu'ils reçoivent ne peut être sans effets, d'une part, sur les représentations qu'ils vont avoir de ces disciplines et de ces didactiques, et, d'autre part, sur les pratiques auxquelles ils vont recourir.

Avant leur arrivée dans la Faculté d'éducation, les futurs enseignants ont déjà été exposés à un enseignement primaire, secondaire et collégial cloisonnés par des matières (ou disciplines scolaires) bien distinctes. Le curriculum de formation initiale à l'enseignement primaire renforce cette situation. Il est constitué, entre autres, d'une juxtaposition de disciplines et des didactiques de ces disciplines. Chacune de ces disciplines et de ces didactiques véhicule une certaine conception d'elle-même et des concepts qu'elle aborde ou qui lui sont associés.

Par ailleurs, la communauté scientifique renforce sa fermeture sur elle-même ainsi que Jonnaert (1988) l'a déjà relevé à l'égard des didacticiens des sciences expérimentales, au moment où les travaux des chercheurs en didactique des disciplines étaient encore balbutiants. Or, cette fermeture et cet isolement monodisciplinaires se heurtent aux finalités socioéducatives de l'école tant au Québec qu'ailleurs (Conseil central de l'enseignement maternel et primaire catholique, 1994 ; D'Hainaut, 1991 ; Gouvernement du Québec, 1979b). Ces didactiques cloisonnées reposent sur un postulat qui est inapproprié, « car l'esprit de l'élève n'est pas compartimenté selon des catégories d'objets que seraient les disciplines ; pas plus que son vécu et sa démarche lorsqu'il découvre ou analyse son milieu ne sont limités naturellement à un cadre prédéterminé » (D'Hainaut, 1991, p. 19).

Une telle conception ne peut qu'accroître les problèmes d'utilisation de ces didactiques de la part d'un enseignant du primaire – un généraliste – qui intervient dans plusieurs champs disciplinaires, dont les fondements disciplinaires doivent être par ailleurs questionnés au niveau épistémologique (Sachot, 1993b, 1997b). Ce même enseignant doit concevoir et actualiser des situations signifiantes pour l'enfant. Il doit alors prendre en compte une dizaine de didactiques qui s'ignorent entre elles. Bien plus, il doit les articuler entre elles pour pouvoir développer les approches interdisciplinaires demandées dans les directives officielles émanant du ministère de l'Éducation et déjà énoncées dans les programmes d'études qui forment le curriculum de l'enseignement primaire. Le ministère de l'Éducation (Gouvernement du Québec, 1994a) est on ne peut plus clair à cet égard : « Il est reconnu que l'enseignant ou l'enseignante de l'éducation préscolaire et du primaire est un instituteur ou une institutrice et, à ce titre, doit pouvoir compter sur une formation de base qui couvre l'ensemble des disciplines énumérées dans le régime pédagogique. Ici, la polyvalence pour l'enseignement des disciplines réside d'abord dans une solide formation de base et aussi dans la capacité de voir les liens qui existent entre les disciplines, de favoriser une approche d'interdépendance des savoirs et des expériences et d'établir des relations soutenues avec tous les élèves » (p. 16).

Ces constats conduisent à l'évocation de deux types de problème : en amont, l'influence que peuvent avoir les représentations de ces concepts chez les formateurs, sur celles des futurs enseignants en formation ; en aval, l'effet que peuvent avoir ces représentations des futurs enseignants sur leur pratique éducative, une fois sur le terrain. Comment, en effet, un futur enseignant ayant reçu une formation de ce type pourra-t-il lui-même développer, dans sa future classe du primaire, des démarches didactiques interdisciplinaires et porteuses de sens pour ses élèves ?

Brikkhouse (1990) montre les relations qui existent entre les représentations que les enseignants se sont construites de certains concepts et leur approche didactique. À son tour, Orlandi (1994) relève l'effet des représentations des enseignants sur celles de leurs propres élèves à propos des concepts qu'ils véhiculent dans leurs démarches d'enseignement/apprentissage. Une telle constatation peut s'étendre à l'effet que peuvent avoir les représentations des formateurs sur celles des futurs enseignants en formation.

Dans les documents officiels, ni la didactique ni la formation didactique ne sont définies par le ministère de l'Éducation. « Il faut le reconnaître, notent Lacotte et Lenoir (1999), une place pratiquement inexistante, du moins si l'on s'en tient aux énoncés » (p. 188), est allouée à la formation didactique. « Étonnamment, ajoutent-ils, le terme même de didactique n'est mentionné que deux fois, en relation avec celui de ressources » (Gouvernement du Québec, 1992b, p. 25 ; 1993a, p. 15). C'est comme si les auteurs des documents d'orientation ignoraient les nombreux travaux en didactique qui ont été menés en Europe et au Québec depuis les vingt dernières années et qu'ils s'en tenaient à une définition aussi vieillotte que réductrice de la didactique, dans le sens de support matériel, définition que l'on retrouve par exemple dans la Terminologie de l'éducation (Gouvernement du Québec, 1985). À aucun moment on ne trouve une quelconque référence à l'un ou l'autre des ouvrages de base dans le champ des didactiques publiés dans le monde francophone. Pourtant, le Conseil supérieur de l'éducation (1991b) avait bien identifié « quatre types de compétences [intégrées] liées à l'exercice de la profession enseignante » [la compétence disciplinaire, la compétence psychopédagogique, la compétence culturelle et la compétence didactique] « c'est-à-dire cette aptitude à amener l'élève à maîtriser le plus possible l'objet et la démarche de la discipline enseignée et à construire son savoir » (p. 24). »

Les mêmes auteurs concluent : « il existe donc dans les documents ministériels une tendance forte à saisir la didactique en tant qu'« un ensemble de procédés (voire de techniques) spécifiques à l'enseignement d'une discipline » (Jonnaert, 1988, p. 9). La didactique est vue de la sorte de façon traditionnelle, ainsi que Mialaret la définissait par exemple en 1979 : « Ensemble des méthodes, techniques et procédés pour l'enseignement [...]. La didactique met principalement l'accent sur les moyens d'enseigner, sur le comment faire » (p. 159-160). Une telle représentation des didactiques a pour effet de les enfermer dans des perspectives instrumentalistes et descendantes, prescriptives et normatives, par là impositives, reposant sur les modèles d'intervention définis a priori et sur une épistémologie à caractère réaliste » (Ibid., p. 170).

2.2 Le concept de compétence

Après la didactique, le deuxième aspect à prendre en considération dans la formation initiale est celui de compétence. En effet, cette formation initiale est appelée à développer un certain nombre de compétences chez les futurs enseignants. À cet égard, le ministère de l'Éducation pose un premier geste lorsqu'il produit, en 1992, le document La formation à l'enseignement secondaire général. Orientations et compétences attendues, puis, en 1994, La formation à l'éducation préscolaire et à l'enseignement primaire. Orientations et compétences attendues. Dans ce dernier document, par exemple, un tiers du texte est réservé à la présentation de la liste des compétences professionnelles attendues des futurs enseignants. Les compétences répertoriées par le Ministère dans ce document sont regroupées en trois catégories : les compétences relatives aux disciplines, les compétences psychopédagogiques et des compétences dites complémentaires.

Il en est de même de la part du Capfe (Comité d'agrément des programmes de formation à l'enseignement) qui, dans l'Énoncé des politiques d'agrément des programmes de formation à l'enseignement (Gouvernement du Québec, 1993a), identifie un ensemble de compétences attendues de la part d'un nouvel enseignant. Ces compétences professionnelles y sont présentées sous trois regroupements : les compétences concernant l'enseignement d'une matière, les compétences relatives à la maîtrise de l'intervention pédagogique et les compétences liées à la structure scolaire, à la vie de l'école ainsi qu'au développement et au renouvellement de la pratique professionnelle.

L'attente du ministère de l'Éducation à cet égard est, qu'une fois établie, cette liste constituera « un précieux instrument de travail pour la préparation des programmes de formation initiale à l'enseignement, l'aménagement des cours et l'évaluation de la formation » (Gouvernement du Québec, 1994a, p. 22). Il voit d'ailleurs que « la qualité de l'éducation préscolaire et de l'enseignement primaire repose avant tout sur les compétences de l'enseignant, de l'enseignante » (Ibid., p. 30).

Toutefois, il importe de le relever, d'une part, le concept de « didactique » est saisi d'un point de vue intrumentaliste, réducteur et il est, à toutes fins pratiques, négligé ; d'autre part, aucune définition du concept de « compétence » n'est avancée par le ministère de l'Éducation. Une telle définition aurait pourtant permis de clarifier la conception des « compétences professionnelles » que le Ministère entend trouver chez un enseignant novice. Par ailleurs, Rey (1996) montre la difficulté de la définir, compte tenu de la diversité des définitions qui lui sont attribuées. Il identifie quand même trois conceptions prédominantes de la notion de compétence : premièrement, la « compétence-comportement », objectiviste et comportementale, axée sur la réponse à une situation donnée ; deuxièmement, la « compétence-fonction » où, dans un sens de conduite humaine, celle-ci réfère à une finalité technique ou sociale ; troisièmement, la « compétence-escient », adaptative, transférable et générative, caractérisée par le pouvoir d'adapter actes et paroles « à une infinité de situations inédites » (p. 46), de choisir et d'agir à bon escient. Ce dernier type de compétence, non spécifique comme les deux premiers types, se caractérise par sa « puissance générative [et] est par définition transversale » (p. 46). « Elle est la capacité à décider du but à atteindre et, donc, à juger de son opportunité et aussi la capacité à inventer des moyens pour l'atteindre » (Ibid., p. 39). « La compétence-escient » s'inscrit dans un cadre mentaliste, constructiviste, centré sur l'exploration de la « boîte noire », à l'opposé du behaviorisme.

La revue critique de la documentation scientifique francophone et anglophone sur le concept de compétence menée par Lenoir, Larose, Biron, Roy et Spallanzani (1999), qui témoigne amplement de la multiplicité des sens attribués à ce concept, débouche également sur un regroupement des définitions en trois grandes catégories, similaire à celui de Rey et correspondant à sa typologie : la compétence behavioriste, la compétence générique et la compétence interactive. Enfin, une description des compétences psychopédagogiques requises mentionne que : « la formation des futurs enseignants et enseignantes doit miser sur la capacité de planifier le contenu des disciplines à enseigner et de proposer aux élèves des situations d'apprentissage adaptées à leurs capacités, et ce, dans le respect de la démarche éducative propre à l'enseignement de ces disciplines » (Rey, 1996, p. 24). Ce passage montre l'éventuelle confusion pouvant surgir quand il s'agit de distinguer, au sein de ces compétences, celles qui relèvent du pédagogique de celles qui appartiennent aux didactiques.

2.3 Le concept d'interdisciplinarité

Le troisième aspect à prendre en considération dans la formation des enseignants du primaire est celui relatif à l'interdisciplinarité. En effet, dans sa thèse de doctorat, Lenoir (1991a) montre l'intérêt croissant porté à l'interdisciplinarité scolaire et à l'intégration des matières au primaire depuis le début des années soixante-dix. Avec Laforest, il retrace l'avènement des préoccupations interdisciplinaires dans l'enseignement primaire québécois.

Au regard de ce concept, le ministère de l'Éducation du Québec s'est fortement engagé dans la voie de l'interdisciplinarité scolaire et il en a assuré la promotion : « En effet, il a véhiculé cette idée, entre autres, par l'entremise de la revue Vie pédagogique dès 1983 ; il s'est prononcé en faveur d'une intégration des matières au primaire en 1986 et il a introduit un ensemble de mesures, dont la mesure 30030 » (Larose, Lenoir, Bacon et Ponton, 1994). En 1991, il a réitéré officiellement et formellement son soutien à ces approches (Vézina, 1992) et il devait publier un document d'orientation sur la question (Gouvernement du Québec, 1993b), ce qui n'a toujours pas été fait. Ici encore, aucune définition n'a été avancée.

Or si de nombreuses publications apologétiques ou instrumentales ont envahi le paysage québécois au cours des 35 dernières années (Lenoir, 1991, 1992), aucune recherche rigoureuse et d'envergure n'a été menée jusqu'aux années quatre-vingt-dix, au Québec du moins, en vue de clarifier les nombreux sens attribués à ces concepts et d'évaluer leurs modalités d'opérationalisation au niveau de l'intervention éducative à l'ordre primaire. C'est pourquoi un programme de recherches a été mis sur pied au Crie. Des publications résultant de plusieurs travaux de recherche (Larose et Lenoir, 1997 ; Larose, Lenoir, Bacon et Ponton, 1994 ; Lenoir, 1991a, 1992c, 1995b ; Lenoir et Larose, 1999) montrent la confusion qui règne sur le terrain quant à la représentation de ce concept et quant à son utilisation dans la pratique. Dès la première recherche, l'analyse des données a fait ressortir la superposition conceptuelle d'orientations non complémentaires et même souvent opposées, qui conduit à une confusion praxéologique qui règne dans le milieu scolaire relativement aux concepts d'intégration et d'interdisciplinarité, à un tiraillement marqué au niveau des options théoriques, ainsi qu'à un écart important entre celles-ci et la pratique (Lenoir, 1992c). D'autres recherches ont conduit à l'établissement d'une typologie des pratiques dites interdisciplinaires qui s'observent chez les enseignants du primaire et qui mènent à des dérives dangereuses au niveau de l'enseignement. Quatre polarisations peuvent ainsi être dégagées : un premier continuum dont les pôles sont l'ignorance ou la pseudo-interdisciplinarité, et la prédominance ou la domination d'une matière scolaire sur les autres ; un deuxième continuum dont les pôles sont le pot-pourri ou l'adjonction hétéroclite de deux ou de plusieurs matières, et l'holisme ou la fusion des matières et de leurs contenus (Lenoir et Larose, 1999).

Or « plutôt que de tendre vers l'un ou l'autre de ces pôles, [l'interdisciplinarité scolaire] se situe à la croisée des deux axes formés par les deux continuums, de manière à assurer une dépendance réciproque, sans prédominance aucune, entre des disciplines scolaires en fonction des finalités de formation poursuivies et leur prise en compte, dans la richesse de leurs complémentarités et de leurs interrelations effectives et incontournables, nécessaires pour construire la réalité humaine, pour l'exprimer et pour interagir avec elle » (Ibid., p. 55). Par interdisciplinarité scolaire, il faut donc plutôt entendre « la mise en relation de deux ou de plusieurs disciplines scolaires qui s'exerce à la fois aux niveaux curriculaire, didactique et pédagogique et qui conduit à l'établissement de liens de complémentarité ou de coopération, d'interpénétrations ou d'actions réciproques entre elles sous divers aspects (objets d'études, concepts et notions, démarches d'apprentissage, habiletés techniques, etc.), en vue de favoriser l'intégration des apprentissages et des savoirs chez les élèves » (Lenoir, 1995b, p. 42-43).

En s'inspirant de Fourez (1994), on peut alors définir une compétence interdisciplinaire comme la compétence qui permet de considérer une question avec un regard pluriel et de produire un cadre théorique approprié (un « îlot de rationalité » selon Fourez) en vue de traiter cette question sous différents angles disciplinaires interreliés dans le cadre d'un projet déterminé. La compétence interdisciplinaire est donc une compétence transversale. Pour De Bueger-Vander Borght (1996), « la compétence didactique interdisciplinaire est celle qui s'exerce lorsque l'enseignant met en place des situations didactiques qui favorisent une approche interdisciplinaire chez les apprenants ».

Bref, aucun des trois concepts n'est ni défini ni caractérisé dans les textes officiels, alors qu'ils sont centraux autant dans les discours relatifs au processus de réforme de la formation initiale à l'enseignement, que dans les orientations qui prévalent actuellement dans l'enseignement primaire. Une étude des représentations véhiculées à leur égard chez les différents acteurs interagissant dans la formation initiale s'imposait donc.

3. LES STRATÉGIES DE RECUEIL DES DONNÉES ET LES CARACTÉRISTIQUES DE L'ÉCHANTILLON

3.1 L'échantillon et les procédures de cueillette des données

La présente recherche comporte, comme nous l'avons mentionné, trois recueils de données : le premier est centré sur la construction de l'instrument ; le deuxième et le troisième le sont sur les objets de la recherche. La première cueillette, qui est la seule considérée ici, s'est déroulée durant la première année de la recherche (1995-1996) et elle a comporté plusieurs types d'outil s'adressant aux différents acteurs, comme le montre le tableau 1. Elle a été accompagnée d'une analyse critique de la documentation scientifique relative aux différents concepts en jeu. Cette analyse avait pour objet d'alimenter la structuration théorique qui sous-tend l'élaboration des instruments de collecte des données.

TABLEAU 1

Types de collecte de données et caractéristiques de l'échantillon

Sujets	Échantillon (N)	Grille d'association conceptuelle	Grille de définitions	Entretiens semi-dirigés
Étudiants	60	x	x	
Professeurs	7	x		x
Chargés de cours	5	x		x
Enseignants	20	x		x

De façon plus précise, le but de la première cueillette de données était d'analyser les énoncés résultant du traitement des réponses des sujets sur la base, entre autres, d'une analyse factorielle de correspondances (Lebart et Salem, 1994), variante de l'analyse factorielle appropriée à l'étude des variables nominales en lexicométrie (Doise, Clémence et Lorenzi-Cioldi, 1992). Les réponses modales stables des sujets identifient à la fois la structure conceptuelle et les éléments discursifs caractérisant le noyau dur de la représentation de chacun des concepts ainsi que le réseau que constituent leurs interrelations. L'objectif poursuivi était de déterminer l'importance relative des différents concepts retenus et de dégager le vocabulaire utilisé par les sujets en vue de la construction des instruments pour la deuxième et la troisième cueillettes de données.

3.1.1 L'échantillon

Les entretiens semi-dirigés ont été réalisés auprès d'un échantillon de convenance (N = 32). Les sept professeurs qui ont participé à cette première collecte de données sont tous membres du Département d'enseignement au préscolaire et au primaire de la Faculté d'éducation à l'Université de Sherbrooke. C'est ce département qui assume la responsabilité de la formation du BEPP (baccalauréat en enseignement préscolaire et primaire). Les cinq chargés de cours intervenaient également dans cette formation. Quant aux étudiants, ils provenaient des trois années de formation du BEPP : 41 étaient en

---

2. À partir de l'année 1996-1997, le nouveau curriculum de formation initiale des enseignants est de quatre ans, alors que l'ancien était de trois ans.

première année du nouveau régime[2], 14 étaient en deuxième année de l'ancien régime et 5 étaient en troisième année également de l'ancien régime. Pour ces sujets, une grille de définition des concepts a été utilisée à la place de l'entretien semi-dirigé. Un entretien préliminaire, mené auprès des différents acteurs, a montré que les étudiants ne pouvaient guère élaborer un discours cohérent à propos des concepts investigués. Enfin, l'échantillon comprenait 20 enseignants chevronnés intervenant dans une commission scolaire de l'Estrie.

3.1.2 Les entretiens semi-dirigés

Les entretiens semi-dirigés ont porté sur le développement et l'exposé des perceptions et des opinions des sujets sur les concepts en jeu. Chaque entretien comportait dix questions, dont les sept premières étaient en relation avec les concepts de didactique, de compétence et du rapport au savoir et dont les trois dernières portaient sur l'interdisciplinarité. Ces trois dernières questions étaient formulées comme suit :

– En expliquant pourquoi, dites-nous si vous considérez l'interdisciplinarité comme une pratique didactique ou comme un contexte d'apprentissage ?

– En quoi une pratique interdisciplinaire pourrait-elle favoriser l'accès au savoir ?

– Quelles sont les compétences didactiques qu'un enseignant doit posséder pour favoriser un enseignement interdisciplinaire efficace ?

3.1.3 Les grilles des définitions et d'association des concepts

La grille de définition qui s'adressait aux étudiants consistait en un questionnaire sur douze concepts (dont ceux d'intégration des matières et d'interdisciplinarité) pour chacun desquels l'étudiant devait fournir une courte définition. Quant à la grille d'association, elle se composait de 25 concepts (ceux d'intégration des matières et d'interdisciplinarité n'y figurant pas) pour chacun desquels les répondants devaient proposer des termes équivalents. Les concepts proposés dans les deux cas étaient des concepts définissant le domaine de la pratique éducative, et ils étaient en relation avec l'objet à l'étude.

Conformément à la technique développée par De Rosa (1988), la partie « association de mots et de concepts » servait à bâtir le dictionnaire conceptuel commun aux sujets (May, 1990), dictionnaire à partir duquel la structure hiérarchique du traitement statistique des produits d'analyse de contenu des transcripts (verbatims) pouvait être déterminée.

3.2 Les procédures d'analyse utilisées

Les données issues des entretiens avec les enseignants, les chargés de cours et les professeurs ont été soumises à une analyse de contenu, accompagnée d'une analyse lexicométrique. Celles issues des définitions avancées par les étudiants, sur l'intégration des matière et sur l'interdisciplinarité, ont seulement subi le deuxième type de traitement, les réponses courtes se prêtant particulièrement bien à ce type d'analyse.

Pour ce qui est de l'analyse de contenu, après la transcription des verbatims, le discours de chaque répondant autour de chaque question a été découpé en énoncés. Les énoncés retenus ont été ensuite regroupés en catégories et les regroupements obtenus ont été discutés au sein du groupe de recherche, puis réaménagés. Après quoi, une fidélité interjuge a été réalisée, pour s'assurer de la pertinence de la catégorisation effectuée, en demandant à trois juges de classer pour chaque question les différents énoncés dans les catégories retenues.

L'analyse lexicométrique[3] a consisté surtout à faire ressortir les formes lexicales caractérisant l'ensemble des répondants et celles caractérisant les différents regroupements par statut. Ce traitement, pour l'entretien semi-dirigé, a donné des résultats parfois difficiles à analyser et, de ce fait, seuls quelques éléments résultant de ce type d'analyse ont été retenus.

4. L'ANALYSE DES RÉSULTATS

4.1 Les entretiens semi-dirigés

4.1.1 La première question

La première question (question n° 8 du questionnaire) était la suivante : « En expliquant pourquoi, dites-nous si vous considérez l'interdisciplinarité comme une pratique didactique ou comme un contexte d'apprentissage ? »

Le traitement lexicométrique – L'utilisation du traitement lexicométrique, pour identifier les mots caractéristiques[4] de l'ensemble des réponses, donne le résultat présenté au tableau 2.

---

3. C'est le logiciel SPAD.T qui a été utilisé.
4. N'ont été retenus que les termes dont la longueur est de six lettres ou plus et qui reviennent dans l'ensemble du discours huit fois au moins. L'abaissement du seuil de longueur ou de fréquence fait ressortir beaucoup de mots sans grande importance dans cette analyse.

TABLEAU 2

Fréquence des mots caractéristiques du discours des répondants

Numéro	Mots employés	Fréquence	Longueur
1	interdisciplinaire	9	18
2	apprendre	9	9
3	chercher	10	8
4	choses	19	6
5	classe	8	6
6	contenu	11	7
7	%deux[5]	9	6
8	différentes	14	11
9	disciplines	23	11
10	enfant	22	6
11	enfants	36	7
12	enseignant	8	10
13	enseigne	9	8
14	enseignement	20	12
15	%entre	15	6
16	exemple	30	7
17	%faire	82	6
18	%façon	18	6
19	français	62	8
20	histoire	8	8
21	humaines	30	8
22	important	8	9
23	interdisciplinaire	8	18
24	interdisciplinarité	33	19
25	intégration	37	11
26	intégrer	20	8
27	lecture	14	7
28	%liens	20	6
29	mathématiques	28	13
30	matière	20	7
31	matières	61	8
32	matériel	14	8
33	nature	21	6
34	niveau	25	6
35	objectifs	27	9

---

5. Certains mots, même s'ils ne répondent pas au seuil fixé en termes de longueur ou de fréquence, peuvent être retenus si on les juge utiles pour l'analyse à réaliser. Ces mots sont précédés du signe « % », répété autant de fois que nécessaire pour parvenir à un mot d'au moins six lettres.

TABLEAU 2
Fréquence des mots caractéristiques du discours des répondants *(suite)*

Numéro	Mots employés	Fréquence	Longueur
36	plusieurs	15	9
37	prendre	8	7
38	programmes	8	10
39	projet	24	6
40	projets	9	7
41	pédagogie	8	9
42	savoir	9	6
43	sciences[6]	55	8
44	%temps	31	6
45	%thème	11	6
46	toutes	15	6

Ce tableau permet, entre autres, de faire ressortir la place accordée à chacune des matières quant à la fréquence de son utilisation dans le discours des répondants. En effet, le retour aux verbatims montre que les matières sont citées en exemples pour expliquer ce qu'est l'interdisciplinarité. La fréquence de leur utilisation dans le discours n'est pas sans signification : elle reflète l'importance accordée à chacune d'elles dans la pratique interdisciplinaire. Le français vient nettement en tête des matières citées (62 fois), suivi des mathématiques (28 fois), puis des sciences humaines (30 fois) et des sciences de la nature (21 fois). Viennent ensuite toutes les autres matières, mais à des fréquences très faibles.

Ces observations rejoignent les résultats d'autres études quant à la place occupée par les différentes disciplines scolaires dans l'enseignement primaire (tableau 3). Trois recherches étalées sur dix ans (Conseil supérieur de l'éducation, 1981 ; Laforest, 1988 ; Lenoir, 1991a ; Lenoir, Larose, Grenon et Hasni, 2000) montrent bien la place prioritaire accordée au français et aux mathématiques dans les pratiques d'enseignement scolaire et dans les discours officiels (Lenoir, 1991a, 1992c) et officieux dirigés vers les enseignants, indépendamment des régimes pédagogiques et des « théories épousées » (Argyris et Schön, 1976). Les résultats de deux récentes recherches vont toujours exactement dans le même sens (Larose et Lenoir, 1995, 1998 ; Lenoir, Larose, Grenon et Hasni, 2000).

---

6. Dans les verbatims, le mot « sciences » est associé aux mots « humaines » et « nature » : sciences humaines et sciences de la nature.

TABLEAU 3

Ordre d'importance des matières enseignées au primaire selon trois enquêtes

Rang	Conseil supérieur de l'éducation (1981)	M. Laforest (1988)	Y. Lenoir (1991a)
1	Français	Français	Français
2	Mathématiques	Mathématiques	Mathématiques
3	Éducation physique	Sciences humaines	Sciences humaines
4	Sciences humaines	Sciences de la nature	Éducation physique
5	Anglais	Anglais	Sciences de la nature
6	(Éducation à la santé)	Éducation physique	Anglais
7	Formation morale	Arts	Form. pers. et sociale
8	Sciences de la nature	Form. pers. et sociale	Enseign. religieux
9	Enseign. religieux	Éducation morale	Arts plastiques
10	(Éducation sexuelle)	Enseign. religieux	Musique
11	Arts plastiques		Enseignement moral
12	Musique		Art dramatique
13	Express. dramatique		Danse
14	Activités manuelles		
15	Danse		

En fonction de la structuration curriculaire des programmes d'études établie à la suite d'une analyse de leurs finalités, de leurs contenus d'apprentissage et de leurs démarches (Lenoir, 1990, 1991a), il appert que les enseignantes allouent globalement, à l'exception de l'éducation physique, la première place aux programmes qui assurent l'expression de la réalité et la deuxième aux programmes qui permettent la construction de la réalité. Les programmes qui établissent une relation à la réalité viennent en troisième et les arts, qui assurent à la fois ces trois fonctions, mais sous un autre angle d'approche, en quatrième et dernière place. Mais comme nous l'avons déjà noté (Lenoir, 1992c), « cette perspective descriptive ne suffit pas, cependant, pour comprendre ce qui se passe. La stabilité observée dans le temps chez les enseignantes au regard de l'importance octroyée aux différents programmes d'études ne s'appuierait-elle pas sur un rationnel fortement intégré par l'ensemble du corps enseignant ? Si tel était le cas, quelles en sont les composantes ? Quels sont les canaux qui viennent assurer cette adhésion majoritaire des enseignantes à ce système de représentations qui demeure, du moins en partie, sur un plan théorique, ce que Argyris et Schön (1976) ont appelé des theories espoused par opposition aux theories in use ? » (p. 29).

Sur la base des résultats de la recherche de Lenoir (1991a), la distribution des matières du primaire, établie à partir du calcul de la moyenne des choix effectués (le nombre 1 équivalant à « matière de base » et 2 à « matière secondaire »), met en évidence les écarts importants existant entre les matières et leur regroupement en fonction du poids relatif qui leur est attribué (tableau 4).

TABLEAU 4
Distinction entre matières de base et matières secondaires

Matière	Moyenne du total des réponses	Rang
Français	1,0080321	1
Mathématiques	1,0120482	2
Anglais	1,4488889	3
Éducation physique	1,6090535	4
Sciences humaines	1,6598361	5
Formation personnelle et sociale	1,6880342	6
Enseignement religieux	1,7196653	7
Enseignement moral	1,7410714	8
Sciences de la nature	1,7581967	9
Musique	1,8949580	10
Arts plastiques	1,9004149	11
Art dramatique	1,9561404	12
Danse	1,9696970	13

La figure 1 tirée de Lenoir (1992c) illustre l'importance des écarts existant entre les différentes matières, en ce qui concerne l'importance accordée par les enseignants du primaire, quand il leur est demandé de distinguer entre « matières de base » et « matières secondaires ». Cette appréhension de l'importance des différentes matières relève fondamentalement non d'un point de vue épistémologique, mais bien d'options sociales et idéologiques. Les matières de base sont celles qui sont socialement considérées comme indispensables à la réussite sociale, soit, d'un point de vue pragmatique, directement dans le quotidien, soit indirectement par le détour des études[7]. Cette interprétation, si elle se vérifiait, expliquerait le fait que les enseignantes, qui plaçaient l'anglais au sixième rang du point de vue de l'importance qu'elles lui accordent, situent, au nom d'une autre argumentation référentielle, la même matière comme troisième et dernière matière de base. Les matières secondaires, quant à elles, sont présentées comme une formation plus désintéressée, plus personnelle et même accessoire, de l'ordre du luxe que se procure une personne une fois nantie des biens indispensables.

---

7.   Une telle conception ne correspond évidemment d'aucune façon à la définition que les dictionnaires de l'éducation donnent d'une matière de base (De Landsheere, 1979 ; Legendre, 1993).

FIGURE 1

Distribution des matières de base et des matières secondaires au primaire (Lenoir, 1992c)

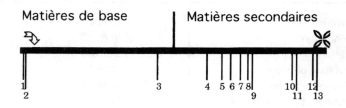

Légende : « 1 », « 2 »,... = rang accordé

Analyse des énoncés des répondants – Les énoncés exprimés par les répondants ont été regroupés en quatre catégories (tableau 5), avec un coefficient de fidélité interjuge (coefficient de Cohen) de 0,78.

TABLEAU 5

Catégories d'énoncés pour la première question

	Catégories et sous-catégories d'énoncés
1	– Énoncés exprimant les types de relations entre les matières
1.1	• L'interdisciplinarité à travers une matière en tant que « matrice » :
1.1.1	au sein de laquelle... (perspective inclusive)
1.1.2	à la suite de laquelle... (perspective consécutive)
1.2	• L'interdisciplinarité à travers un thème ou un projet
1.3	• Expressions « valises », c'est-à-dire expressions de type :
1.3.1	intégration des matières
1.3.2	liens entre : matières/disciplines, objectifs...
2	– Énoncés exprimant un contexte enseignement-apprentissage
2.1	• Centration sur le pôle élève
2.2	• Centration sur le pôle enseignant
3	– Énoncés exprimant l'apport de l'interdisciplinarité
3.1	• Dimension organisationnelle
3.2	• Dimension fonctionnelle (utilitaire)
3.3	• Dimension cognitive
4	– Énoncés faisant référence à un contexte social général

L'importance relative de ces catégories, exprimée en pourcentage d'énoncés leur appartenant, est représentée dans le tableau 6.

TABLEAU 6

**Pourcentage d'énoncés par catégorie, en fonction du statut des répondants
(en tenant compte de leur nombre)**

Statut des acteurs	Pourcentage d'énoncés par catégorie								
	Catégorie 1			Catégorie 2		Catégorie 3			Cat. 4
	S-C 1.1	S-C 1.2	S-C 1.3	S-C 2.1	S-C 2.2	S-C 3.1	S-C 3.2	S-C 3.3	
Enseignants	7,90	6,06 *26,08*	12,12	1,87	2,33 *4,20*	1,40	1,86 *6,08*	2,82	5,60 *5,60*
Chargés de cours	3,73	3,73 *18,73*	11,27	1,87	3,73 *5,60*	0,00	0,00 *0,00*	0,00	1,86 *1,86*
Professeurs	8,00	1,32 *21,22*	11,9	1,33	1,32 *2,65*	0,00	5,33 *5,33*	0,00	2,65 *2,65*
Total	**66,03**			**12,45**		**11,41**			**10,11**

Ni dans les catégories d'énoncés retenus pour cette question, ni dans le tableau des termes caractérisant le discours des répondants[8] (tableau 2), le lien de l'interdisciplinarité avec la pratique didactique (représentant la première partie de la question 1) n'a été évoqué. Des énoncés relatifs à la deuxième tranche de la question 1 – sur le contexte d'apprentissage – apparaissent (catégorie 2, dans le tableau 5) mais avec un faible pourcentage chez chacun des trois groupes de répondants (tableau 6).

La plus grande partie du discours des répondants (66,03 % des énoncés) est consacrée à définir les liens existant entre les différentes disciplines scolaires dans l'enseignement interdisciplinaire (catégorie 1, tableau 5). Les liens auxquels les trois groupes de répondants ont fait référence pour définir l'interdisciplinarité sont surtout exprimés par des termes vagues, en termes d'« expressions valises » (S-C[9] 1.3, tableau 6) : l'interdisciplinarité, « c'est l'intégration des matières, des savoirs » (E2)[10]. Il s'agit de « liens entre disciplines » (E3), de « liens entre différentes disciplines qu'on enseigne » (E7), de « chercher des éléments de plusieurs champs disciplinaires » (C2), d'« intégrer beaucoup de choses en même temps » (C3), de « liens entre plusieurs disciplines » (P2), de faire « interagir plusieurs disciplines » (P5), etc.

Des liens interdisciplinaires dans lesquels une matière donnée peut servir de « matrice » pour aborder d'autres matières (S-C 1.1) ont été évoqués à des taux significatifs par les enseignants et les professeurs (respectivement

---

8. Le terme « didactique » n'apparaît pas parmi ceux retenus dans ce tableau.
9. S-C = sous-catégorie.
10. E, C et P désignent successivement des enseignant, des chargés de cours et des professeurs. Le chiffre suivant chaque lettres est un code indiquant l'emplacement du répondant dans la liste.

7,9 % et 8 %). Le retour aux énoncés dans les verbatims permet de constater que ces liens relèvent surtout de la sous-catégorie d'énoncés 1.1.1, c'est-à-dire celle qui préconise faire de l'interdisciplinarité en utilisant une matière « matrice » au sein de laquelle on enseigne une autre matière. Par exemple :

- « intégrer les sciences humaines à la lecture ou à l'écriture » (E2) ;
- « tu es capable d'enseigner des mathématiques et de faire du français à l'intérieur de ça... » (E5) ;
- « quand j'écris en sciences humaines, c'est du français que je fais... » (E5) ;
- « qu'on fasse du français en faisant des sciences humaines, qu'on fasse des sciences naturelles en faisant du français... » (E16) ;
- « c'est comme utiliser un texte en sciences humaines [...] et travailler le français ou les mathématiques » (C5) ;
- « faire une matière et y intégrer une autre » (P4) ;
- « intégrer les mathématiques dans le français, l'histoire dans les sciences » (P4) ;
- « prendre des problèmes de mathématiques pour faire apprendre le français » (P6).

Les enseignants évoquent aussi (dans 6,6 % des énoncés) la possibilité de faire de l'interdisciplinarité à travers un thème ou à travers un projet. Par exemple :

- « un projet, sujet où on passe plusieurs matières » (E1) ;
- « ça va entrer dans un projet, dans un thème » (E4) ;
- « prendre un thème [...] puis travailler autour » (E10) ;
- « faire travailler les enfant dans un projet » (E11).

Seuls les professeurs ont exprimé, à un taux relativement significatif (5,33 %), des énoncés en relation avec l'apport de l'interdisciplinarité, en évoquant la dimension fonctionnelle de celle-ci (S-C 3.2). Par exemple :

- « le transfert de connaissances d'un domaine à l'autre » (P3) ;
- « de créer un savoir généralisé » (P4).

Les enseignants ont évoqué, plus souvent que dans les deux autres catégories de répondants, le lien de l'interdisciplinarité avec le contexte social (catégorie 4). Par exemple :

- « je parle beaucoup du vécu social » (E2) ;
- « quand on regarde la vie, on ne classe pas les choses » (E4) ;
- « que ça fasse du sens dans le milieu de vie des enfants » (E4) ;
- « tu prends le vécu de l'enfant » (E5) ;
- « le français, les mathématiques [...] deviennent des outils [...] à faire comprendre au niveau des choses qui sont dans la vie » (E7).

Les représentations véhiculées ici rejoignent certaines grandes tendances qui se dégagent d'analyses françaises (Barré de Miniac et Cros, 1984), américaines (Jacobs, 1989) et québécoises (Lenoir, 1991a, 1992c) au regard des pratiques de l'interdisciplinarité à l'école. Ces analyses ont été rassemblées dans un effort de modélisation (Lenoir et Larose, 1999) de la prédominance ou de la domination d'une matière scolaire sur les autres ; on y retrouve également les trois autres modèles précédemment décrits.

4.1.2 La deuxième question

La deuxième question (question n° 9 du questionnaire) était la suivante : « En quoi une pratique interdisciplinaire pourrait-elle favoriser l'accès au savoir ? » Les catégories obtenues pour les énoncés découlant de cette question sont au nombre de six (tableau 7).

TABLEAU 7

Catégories d'énoncés pour la deuxième question

	Catégories d'énoncés
1.	Énoncés évoquant le contexte social
2.	Énoncés évoquant la motivation et le climat de l'enseignement
3.	Énoncés reliés à l'apprentissage et à ses impacts
4.	Énoncés reliés aux objets de l'apprentissage
5.	Énoncés reliés à la personne enseignante
6.	Énoncés reliés au type d'intervention (et/ou aux stratégies d'enseignement)

Le coefficient de fidélité interjuge est de 0,72. La répartition de ces catégories d'énoncés en fonction du statut des répondants est présentée au tableau 8.

TABLEAU 8

Pourcentage d'énoncés par catégorie, en fonction du statut des répondants (en tenant compte de leur nombre)

Statut des acteurs	Pourcentage d'énoncés par catégorie					
	1	2	3	4	5	6
Enseignants	7,19	6,39	8,79	4,00	6,39	11,20
Chargés de cours	6,39	6,39	0,00	6,39	0,00	9,58
Professeurs	6,87	2,22	9,12	0,00	2,21	6,87
Total	**20,45**	**15,00**	**17,91**	**10,39**	**8,60**	**27,65**

Les catégories 1 et 6 ont été évoquées à des taux assez élevés, par les trois groupes de répondants. La catégorie 1 regroupe les énoncés faisant référence au contexte social. Par exemple :

- l'interdisciplinarité est « réelle, ça fait moins de découpages artificiels » (E1) ;
- elle permet de « faire le lien quand je vis, quand je suis en dehors de l'école » (E3) ;
- elle « permet de comprendre à qui ça sert dans la vie » (E6) ;
- elle permet d'« apprendre tout le temps [...] à la maison, dehors » (E19) ;
- « l'école devient milieu de vie » (C2) ;
- « les enfants apportent ça à la maison » (C3) ;
- « dans la vie tout est interrelié » (P5).

La catégorie 6 regroupe les énoncés relatifs au type d'intervention (et/ou aux stratégies d'enseignement). Par exemple :

- « utiliser la méthode scientifique pour chaque matière » (E5) ;
- « chercher à faciliter l'acquisition de savoirs chez chacun » (E9) ;
- « aider pour que l'enfant apprenne à faire des liens » (E13) ;
- « aller chercher les enfants » (E13) ;
- « aider pour que l'enfant apprenne à faire des liens » (E13) ;
- « qu'on procède par apprentissage naturel » (C2) ;
- « permet la résolution de problèmes » (P2).

Les enseignants et les professeurs abordent plus souvent que les chargés de cours l'apprentissage et ses impacts (la catégorie 3), que l'interdisciplinarité favorise. Par exemple :

- elle « rend l'enseignement plus riche » (E1) ;
- elle permet « aux enfants d'arriver à des connaissances » (E2) ;
- « l'enfant se responsabilise en même temps » (E16) ;
- elle « facilite le transfert de connaissances » (P1) ;
- « on apprend mieux » (P6).

La catégorie 2 (motivation et climat d'enseignement) est surtout abordée par les enseignants et par les chargés de cours. Par exemple :

- « les jeunes sont plus emballés » (E1) ;
- « l'enfant a l'impression de faire quelque chose d'utile » (E2) ;
- « enfant plus ouvert à apprendre » (E20) ;
- « enfant plus heureux [...] amusant et intéressant » (C2) ;
- « c'est plus intéressant pour l'enfant » (C4).

Enfin, la catégorie « personne enseignante » (catégorie 5) a été abordée surtout par les enseignants. Par exemple :

- « les moyens que j'utilise m'appartiennent » (E2) ;
- « je facilite l'acquisition de savoir » (E9) ;
- « je m'amuse avec les enfants » (E16).

4.1.3 La troisième question

La troisième question (question n° 10 du questionnaire) était la suivante : « Quelles sont les compétences didactiques qu'un enseignant doit posséder pour favoriser un enseignement interdisciplinaire efficace ? »

L'analyse de contenu – Les catégories obtenues pour les énoncée découlant de cette question sont au nombre de 7 (tableau 9). Le coefficient de fidélité interjuge est de 0,83.

Tableau 9

Catégories d'énoncés pour la troisième question

Catégories d'énoncés
1. L'enseignant doit avoir des connaissances didactiques.
2. L'enseignant doit posséder des caractéristiques personnelles (ouverture, goût, conscience, capacité...).
3. L'enseignant doit posséder la maîtrise des objectifs.
4. L'enseignant doit avoir une vision globale et de la créativité.
5. L'enseignant doit connaître les relations enseignement-apprentissage.
6. L'enseignant doit avoir des connaissances disciplinaires (matière, contenu, etc.).
7. L'enseignant doit établir des liens avec le contexte social.

La répartition de ces catégories d'énoncés en fonction du statut des répondants est présenté dans le tableau 10.

Tableau 10

pourcentage d'énoncés par catégorie, en fonction du statut des répondants (en tenant compte de leur nombre)

	Pourcentage d'énoncés par catégorie						
	1	2	3	4	5	6	7
Enseignants	3,82	12,7	5,00	2,18	7,10	4,00	2,73
Chargés de cours	8,83	2,18	2,18	0,00	4,36	13,24	0,00
Professeurs	0,00	6,23	0,00	1,53	14,43	9,49	0,00
Total	**12,65**	**21,11**	**7,18**	**3,71**	**25,89**	**26,73**	**2,73**

Les catégories ayant un taux significativement élevé sont les catégories 6, 5, 2 et 1, qui sont, dans l'ordre, la connaissance disciplinaire (26,73 %), la connaissance des relations enseignement-apprentissage (25,89 %), la possession de caractéristiques personnelles (21,11 %) et la connaissance didactique (12,65 %).

Se sont surtout les chargés de cours qui considèrent que l'enseignant doit avoir des connaissances didactiques (catégorie 1) pour pouvoir favoriser un enseignement interdisciplinaire efficace. Par exemple :

- « avoir la didactique des disciplines » (C2) ;
- « connaissances didactiques » (C3).

Les enseignants parlent, plus souvent que les deux autres groupes, des caractéristiques personnelles que doit détenir un enseignant pour favoriser un enseignement interdisciplinaire efficace (catégorie 2) :

- « avoir le goût du risque [...] risque pédagogique [...] être capable d'innover » (E1) ;
- avoir « l'ouverture d'esprit [...] l'originalité » (E5) ;
- « que tu sois sécurisé face à ton groupe d'élèves » (E12) ;
- être « capable de s'ajuster » (E19).

La connaissance des relations enseignement-apprentissage (catégorie 5) apparaît surtout dans les discours des enseignants et des professeurs (7,1 % et 14,43 %), avec une certaine centration sur l'enfant :

- l'enseignant doit « apprendre à faire faire par les enfants » (E7) ;
- il faut que l'enseignant « connaisse comment se fait l'apprentissage dans chacune des disciplines visées » (E9) ;
- l'enseignant « qui va manipuler avec les enfants » (E10) ;
- il doit « avoir une connaissance aussi du comment on va atteindre ses objectifs [...] comment on a envie de les faire réaliser aux enfants, ce que l'on a envie de leur proposer comme activité » (E13) ;
- il doit « faire confiance à l'enfant qui est en train d'élaborer sa connaissance » (P1) ;
- il doit « tenir compte des choses comme la motivation [...] et des processus d'apprentissage, de la manière dont l'élève procède à la construction des savoirs » (P3) ;
- il doit « mettre les élèves en situation d'action, de travail, de résolution de problèmes » (P6).

Les professeurs (9,49 %) et les chargés de cours (13,24 %) citent, plus souvent que les enseignants, la nécessité des connaissances disciplinaires (catégorie 6). Les chargés de cours parlent aussi de programme(s) :

- avoir une « bonne connaissance de tous les domaines disciplinaires » (C1) ;

- « maîtriser un peu la discipline ou les disciplines » (C2) ;
- « connaître ses programmes très bien » (C3) ;
- il faut qu'il « connaisse son programme par cœur » (C4) ;
- « connaître un programme ce n'est pas juste connaître un livre » (C4) ;
- il faut que « tu connaisse tous les programmes » (C5) ;
- avoir une « connaissance aussi profonde de chacune des disciplines » (P2) ;
- « connaître sa matière » (P3) ;
- « voir la place relative aux disciplines » (P5).

Le traitement lexicométrique – L'utilisation du traitement lexicométrique (figure 2), pour identifier les formes lexicales caractérisant chaque groupe de répondants, confirme en partie les observations dégagées de l'analyse de contenu. L'analyse de contenu a montré, par exemple, que les enseignants mettent de l'avant surtout les catégories 2 (caractéristiques personnelles) et 5 (connaissance des relations enseignement-apprentissage), avec une centration sur l'enfant (ou plus exactement sur les enfants). Les professeurs évoquent particulièrement la catégorie 5 (relations enseignement-apprentissage) avec une certaine centration sur l'enfant, et 6 (connaissance des disciplines). Les chargés de cours, quant à eux, évoquent surtout les connaissances didactiques (que l'analyse lexicométrique ne fait pas ressortir) et les connaissances disciplinaires (qu'ils identifient aussi par la « connaissance des programmes »).

FIGURE 2

Analyse lexicométrique des réponses à la troisième question

```
0.899 ─────────────────────────────────────────────────────────────
0.868 |                    |
0.836 |                    |
0.804 |                    |
0.773 |                    |
0.741 |                    |
0.710 |                    |
0.670 |                    |
0.647 |                    |
0.615 |                    |
0.584 |                    |
0.552 |                    |
0.521 |                    |        %bâtir
0.489 |            %%sais  ensededans  objectifs
0.457 connais         enseignement      |
0.426 |                    |
0.394 |                    |
0.363 programme               |
0.331 |                    |
0.300 demander          matières  %%faut
0.268 |                    |
0.237 |                  enfants
0.205 |                    | %%seST01Enseignant
0.174 trouve              | %%loin    capable
0.142 %année              |
0.110 |               chercher
0.079 |                    |
0.047 |        nouveau  %liens  différentes     %temps
0.016 ────────────────────connaître ──────────────────%avoir ─────
-0.016 programmes          | %faire ensesavoimportant
-0.047 |        première    |        contexte
-0.079 |                    | %%même
-0.110 |                    |
-0.142 |                    |    amener
-0.174 |                    |
-0.205 |                    |
-0.237 primaire             |      %petit
-0.268 |                    | %%doit
-0.300 |    %aider           |
-0.331 |                    |
-0.363 |                    | enseigner  comprendre
-0.394 |    %juste           |
-0.426 |                    |
-0.457 |                    |
-0.489 |            toutes   |
-0.521 |                    |
-0.552 |              enfant
-0.584 |                    |
-0.615 |                    |
-0.647 |                    |
-0.678 |            niveau   |
-0.710 |                    |
-0.741 |                    |
-0.773 |                    | milieu
-0.804 |            ensemble  connST02Professeur
-0.836 |                    |
-0.868 |        disciplines  | apprentissage
-0.899 ─────────────────────────────────────────────────────────────
     -1.020    -0.612    -0.204    0.204    0.612    1.020
```

4.2 Les définitions

Rappelons que l'analyse lexicométrique a été retenue pour traiter des définitions.

4.2.1 Les définitions de l'interdisciplinarité

Les réponses caractéristiques, de chacun des trois groupes d'étudiants, que fait ressortir l'analyse lexicométrique, sont les suivantes, en ce qui a trait à la définition de l'interdisciplinarité :

- Chez les étudiants de première année suivant le nouveau programme de formation initiale à l'enseignement, on retrouve les définitions suivantes :
  - « plusieurs disciplines » ;
  - « disciplines interreliées » ;
  - « complémentarité des disciplines » ;
  - « lien entre plusieurs disciplines » ;
  - « relation entre les disciplines » ;
  - « certaines disciplines mises en relation ».

- Chez les étudiants de deuxième année suivant l'ancien programme de formation initiale à l'enseignement, on retrouve les définitions suivantes :
  - « enseigner plusieurs matières dans la même activité » ;
  - « traiter plusieurs matières en même temps » ;
  - « plein de matières réunies ou intégrées dans une même activité » ;
  - « intégrer plusieurs sujets, matières autour d'un même thème, lors d'une même activité » ;
  - « réunir plusieurs matières ensemble » ;
  - « les matières qui se regroupent ».

- Enfin, chez les étudiants de troisième année suivant également l'ancien programme de formation initiale à l'enseignement, on retrouve les définitions suivantes :
  - « relations entre les différentes matières » ;
  - « intégration des matières » ;
  - « les différentes disciplines regroupées sous un même thème » ;
  - « ce sont les matières traitées de façon individuelle ».

Ainsi, les réponses des étudiants du nouveau régime se caractérisent tout particulièrement par le fait que ceux-ci utilisent le terme « discipline » pour définir l'interdisciplinarité, alors que les étudiants de l'ancien régime l'associent au terme de « matière ». Pour les premiers, l'« interdisciplinarité » réfère à un ensemble de « disciplines » qui sont interreliées, en relation ou complémentaires. Pour les seconds, l'« interdisciplinarité » réfère à un ensemble de « matières » qui sont réunies dans une même activité ou au sein d'un même thème, ou encore qui s'enseignent ensemble (pour les étudiants de la deuxième année) ou encore qui sont en relation ou intégrées (pour les étudiants de la troisième année). Sur la base des informations obtenues, il n'est pas possible de formuler une quelconque hypothèse relative à cet emploi de termes distincts chez les étudiants de l'ancien et du nouveau programme de formation. Les entrevues prévues en 1997-1998 permettront peut-être d'apporter une explication.

4.2.2 Les définitions de l'intégration des matières

L'analyse lexicométrique appliquée aux définitions relatives à l'intégration des matières fait ressortir les réponses caractéristiques suivantes :

- Chez les étudiants de première année suivant le nouveau programme de formation initiale à l'enseignement :
  - « lorsque la matière est maîtrisée » ;
  - « à l'intérieur d'une matière, faire des liens avec d'autres matières » ;
  - « transfert ce qui a été appris dans une certaine matière à une autre matière » ;
  - « c'est un lien continu entre chaque matière » ;
  - « enseigner une matière en tenant compte d'une ou des autres matières ».

- Chez les étudiants de deuxième année suivant l'ancien programme de formation initiale à l'enseignement :
  - « intégrer des matières » ;
  - « mise en commun des différentes matières » ;
  - « mise en commun de deux matières différentes » ;
  - « c'est intégrer plusieurs matières dans une activité » ;
  - « faire le lien entre les matières, intégrer une matière à une autre ».

- Enfin, chez les étudiants de troisième année suivant également l'ancien programme de formation initiale à l'enseignement :
  - « on regroupe les matières, exemple lorsqu'on fonctionne par projet » ;
  - « grouper deux ou trois matières selon un thème » ;
  - « agencement des matières afin de créer un dynamisme » ;
  - « c'est voir l'enseignement comme un tout et non pas en pièces détachées ».

Si «interdisciplinarité» et «intégration des matières» sont largement saisis comme des synonymes, quelques énoncés divergent cependant. Ainsi, pour un répondant, l'intégration des matières renvoie à l'intégration des savoirs («lorsque la matière est maîtrisée») ; pour un autre, elle se fonde sur le «transfert ce qui a été appris dans une certaine matière à une autre matière». Mais, dans l'ensemble, il n'est pas permis d'aller au-delà de ces constats.

Dans une enquête antérieure auprès de 250 enseignants du primaire en exercice dans une vingtaine de commissions scolaires du Québec (Lenoir, 1991a), les résultats ont montré que «pour les deux tiers des répondantes, l'interdisciplinarité et l'intégration des matières sont des synonymes tandis que pour le tiers restant, elles se réfèrent à des réalités distinctes» (Lenoir, 1992c, p. 41). Soixante pour cent des répondants qui établissaient une distinction définissaient l'interdisciplinarité «comme une relation entre matières, relation qui peut impliquer deux ou plusieurs matières (47 %), toutes les matières (8 %) et même leur fusion (5 %), et qui peut s'établir de différentes façons : par le biais des objectifs généraux, terminaux ou intermédiaires, par une complémentarité entre des démarches, par l'intégration de contenus» (Ibid., p. 41). Cette relation était cependant principalement définie de deux manières : soit par la simple affirmation d'une relation, non précisée, soit par des modalités de traitement pédagogique. Un répondant sur cinq définissait «par ailleurs l'interdisciplinarité par le recours à des activités, au thème ou au projet, c'est-à-dire d'un point de vue pédagogique» (Ibid., p. 41).

Si l'on considère la définition de l'intégration des matières, «40 % de répondantes se réfèrent aux activités, au thème ou au projet ; 23,5 % la définissent en relation directe avec le français et 22 % reprennent l'idée générale de liens entre des matières. Seulement 3 répondantes sur 77 font référence à l'intégration des apprentissages, se plaçant ainsi du point de vue du sujet qui apprend» (Ibid., p. 41). Les résultats montraient également «que le choix des deux principales définitions apportées est inversé selon qu'il s'agit d'interdisciplinarité ou d'intégration des matières : les relations entre matières passent de 46 à 22 % et l'appel à des situations d'apprentissage de 21 à 40 %. De plus, près du quart des enseignantes introduit la référence au programme de français dans le cadre de l'intégration des matières. Ce dernier concept paraît donc posséder un caractère davantage opérationnel. Quant à l'interdisciplinarité, sa définition demeure fort vague, ou, alors, elle rejoint celle de l'intégration en se situant sur un plan pédagogique» (Ibid.., p. 42).

À l'époque, et cette interprétation n'a pas changé à la suite d'autres recherches, nous dégagions de ces constats ce qui suit : «Qu'elles distinguent ou non l'interdisciplinarité de l'intégration des matières, les enseignantes, globalement, ou bien proposent une définition qui repose sur des liens entre des matières et qui s'exprime dans des termes généraux ou qui se réfère aux objectifs des programmes, faute d'une réflexion épistémologique au niveau curriculaire, qui apparaît plus fréquemment lorsqu'il s'agit de la définition de l'intégration des matières ou des définitions qui ne différencient pas les deux concepts. Ou bien, la définition traduit la modalité pédagogique de traitement et, alors, fait largement appel à l'approche thématique. L'analyse des exemples fournis d'activités interdisciplinaires ou d'intégration des matières fait ressortir une forte prépondérance pour l'approche thématique ou pluridisciplinaire, sinon la pseudo-interdisciplinarité où le thème sert uniquement de déclencheur à des activités d'apprentissage monodisciplinaires. Quelle que soit la définition proposée, elle est formulée par les enseignantes principalement en fonction de leur activité d'enseignement, y compris au regard de l'interdisciplinarité définie séparément : l'interdisciplinarité est d'abord vue comme une modalité d'intervention, qu'il s'agisse d'établir des liens occasionnels, de viser des objectifs, d'enrichir son enseignement, etc. Les enseignantes ont donc largement recours à des définitions empiriques et pragmatiques qui rejoindraient sans doute leurs pratiques, leurs tentatives ou leurs velléités. Ceci rejoindrait l'hypothèse déjà formulée que ces pratiques reposent sur des theories in use, c'est-à-dire sur des représentations et non sur des conceptualisations objectivées » (Ibid., p. 43).

5. CONCLUSION

Étant donné la taille de l'échantillon, les objectifs et l'aspect exploratoire de cette préenquête, la plus grande prudence est exigée sur le plan de l'interprétation et au niveau de la comparaison entre les différents regroupements constitutifs de cet échantillon. Bien que les résultats obtenus ne valent qu'en tant qu'indicateurs permettant de guider, en complément aux autres résultats de recherche obtenus, la production de l'instrument final de cueillette des données, quelques éléments peuvent toutefois être relevés.

Ainsi, pour la première question, le lien entre l'interdisciplinarité et la didactique n'a pas été évoqué, même si, dans les réponses à la troisième question, des répondants voient que la pratique interdisciplinaire nécessite des connaissances didactiques. On ne peut alors que se demander sur ce que ces « connaissances didactiques » peuvent signifier. L'interdisciplinarité comme contexte d'apprentissage n'a été que faiblement présente dans le discours des répondants. C'est surtout comme une possibilité d'établissement de liens entre des matières ou des disciplines que la pratique interdisciplinaire à été définie.

Les réponses à la deuxième question laissent penser que c'est surtout par le fait que l'interdisciplinarité favorise un lien avec le contexte social et parce qu'elle permet un type d'intervention centré sur l'enfant, qu'elle faciliterait l'accès au savoir. Mais c'est aussi parce qu'il s'agit d'un enseignement motivant, ayant plus d'impacts auprès des enfants, à cause de l'approche thématique ou par projet, et offrant plus de possibilités pédagogiques à la personne enseignante. À cet égard, de nombreux résultats de recherches font ressortir le biais majeur qui résulte de la représentation de la place de certaines matières scolaires dans l'interdisciplinarité et sa pratique. Des modèles relevant de la prédominance d'une matière et de la pseudo-interdisciplinarité sont très répandus dans l'enseignement primaire, de même que le « pot-pourri » ou l'approche fusionnelle. Ces différents modèles sont tous, à divers degrés, présents dans les réponses des répondants.

Des réponses à la troisième question, il est sans doute permis de retenir que, à l'égard des compétences didactiques requises pour favoriser un enseignement interdisciplinaire efficace, ce sont surtout les connaissances disciplinaires (disciplines, programmes, matières, etc.), les connaissances des relations enseignement-apprentissage et les caractéristiques personnelles des enseignants qui ont été les plus choisies. Mais à quelle(s) conception(s) du concept de compétence réfèrent les différents sujets ? Une analyse de leurs réponses à la première question permettra de la ou de les faire ressortir.

Enfin, de l'analyse des définitions données par les étudiants, il se dégage un certain changement de discours, non expliqué, relatif la définition de l'interdisciplinarité. Les étudiants de l'ancien régime parlent surtout de matières, alors que ceux du nouveau régime parlent de disciplines. Serait-ce une simple coïncidence, ou... ?

Une dernière dimension qui ressort de ces données est à mentionner. Il faut admettre que les différences de conceptualisation de l'interdisciplinarité et de sa pratique entre les différentes catégories d'acteurs ne sont pas aussi importantes qu'on aurait pu le penser a priori. Il s'agit globalement plus d'une pratique que d'un contexte d'apprentissage, mais sans doute d'une pratique largement empirique, comme les travaux antérieurs l'ont relevé. Or cette pratique favoriserait les apprentissages, parce qu'elle suscite une motivation (surtout selon les réponses des enseignants et des chargés de cours) et promeut la mise en œuvre de liens et le recours à des interventions plus appropriées. Aucune référence n'est ici avancée à l'égard des dimensions épistémologiques. Serait-ce, comme nous avons déjà formulé l'hypothèse, parce que les différents acteurs, formateurs et formés adhéreraient à des épistémologies réalistes et ne verraient guère de pertinence à questionner les savoirs scolaires prescrits par les programmes d'études ?

CHAPITRE 9

Les futurs professeurs des écoles entre didactique et pédagogie

Marthe Kempf
Université de Haute Alsace, Mulhouse

1. INTRODUCTION

La notion de didactique fait partie du vocabulaire courant des professionnels de l'enseignement. La multitude de ses emplois est due au fait que ce terme est à la fois adjectif et substantif, et qu'il donne l'assurance de parler de l'enseignement avec une modernité de mise. De plus, il s'est banalisé, au point d'être accueilli comme un allant de soi. C'est cette évidence liée à l'usage courant du terme que nous souhaitons lever par la recherche du sens que lui accordent en particulier les futurs enseignants en formation à l'IUFM. Nous chercherons à situer ce terme dans son champ sémantique officiel et empirique du côté des enseignants stagiaires. Nous analyserons ce que recouvrent les termes de pédagogie, de didactique, d'interdisciplinarité et de pluridisciplinarité pour essayer de répondre aux questions suivantes : quelle position accordent à la didactique les étudiants et les stagiaires en formation, dans les conceptions qu'ils ont de leur futur métier ? A-t-elle une place particulière par rapport à la pédagogie ? Est-ce que, enfin, de manière spécifique, la polyvalence obligée de leur futur métier les amène à envisager la fonctionnalité de la didactique pour la conduite d'activités interdisciplinaires ?

1.1 La formation à une profession

La formation professionnelle à l'enseignement ne peut se satisfaire d'un enseignement académique et prescriptif, parce que toute formation implique la personne censée se former. L'apprentissage relève de chaque individu et de sa motivation ainsi que de sa capacité à se transformer par les apports extérieurs qu'il fait siens. De nombreuses études traversées par des axes théoriques différents convergent pour affirmer la nécessité de s'appuyer sur la prise en compte de la personne dans une situation de formation. L'accent sera donc mis sur la personne (le système personne de Lerbet, par exemple) ou sur la compréhension de plus en plus fine des mécanismes de l'apprentissage grâce à l'apport des neurosciences (Astolfi, 1993 ; Hadji, 1990 ; Lesne, 1984 ; Malglaive, 1990).

Dans cette perspective, il est donc important – certains diront indispensable – de recueillir le point de vue des futurs professeurs des écoles sur ces concepts théoriques relevant de connaissances fondamentales professionnelles. Le futur praticien va construire son identité professionnelle à partir d'un système de représentations sociales constitué tout au long de ses expériences et des informations qu'il aura glanées. Il se référera à ces jugements préconstruits pour conduire son action. C'est dire l'importance qu'il s'agit de leur accorder du fait de cette fonctionnalité mise en évidence en psychosociologie (Doise et Palmonari, 1986).

1.2   Le contexte actuel de la formation des professeurs des écoles

L'affirmation de la nécessaire professionnnalisation des enseignants est récurrente. Celle-ci est entendue en France non comme le moyen de doter le corps enseignant d'un statut équivalent à celui des professions libérales, comme c'est le cas en Angleterre, mais comme l'exigence sociale de leur donner une compétence spécifique. Le professionnel se distingue de l'amateur par son savoir d'expert. Si l'enseignant est appelé à devenir un professionnel, il se doit de posséder des savoirs d'experts qui devraient pouvoir se dégager de ses pratiques et imposer sa professionnalité. C'est l'objectif légitime poursuivi par les IUFM. Or l'enseignant, au même titre qu'un artisan et un artiste, fait appel à sa sensibilité et à son intuition pour gérer la complexité de la conduite de sa classe. Ce qui entraîne à penser que l'enseignement ne peut constituer une science. Toutefois, « l'enseignant peut [et doit s'appuyer sur] une base scientifique en même temps qu'il met en œuvre, pour affronter la situation, ses ressources propres inscrites dans sa personnalité » (Bourdoncle, 1993, p. 103).

La question qui, dès lors, se pose est, comme le fait Obin (1991), de repérer dans les « outres anciennes », constituées par des identités et des traditions, « des structures et des valeurs susceptibles de constituer des vecteurs d'évolution » (Obin, 1991, p. 8) de la professionnalité des professeurs des écoles. L'une de ces outres anciennes de notre tradition distingue l'instituteur du professeur du second degré par le fait que l'image du premier est associée à la pédagogie et celle du second, à la maîtrise à un haut niveau d'une discipline qu'il se plaît à faire partager à ses élèves. Ces images se superposent à la dichotomie facile de l'enseignant polyvalent opposé au spécialiste d'une discipline. À partir de là, il convient de définir la compétence spécifique au métier actuel de professeur des écoles qui, pour reprendre l'idée de Bourdoncle, devrait posséder des savoirs de haut niveau sur lesquels s'appuie sa pédagogie. Il me semble que la didactique, avec son vernis de modernité assurée, se faufile dans le corpus de ces savoirs professionnels.

Relativement à ces options, l'investigation dont il va être question présente une confrontation d'éclairages différents, qui devraient être cohérents entre eux dans la perspective actuelle de la formation des professeurs des écoles. La première partie propose un éclairage conceptuel qui aboutit au positionnement théorique de la didactique pour les professeurs des écoles. La deuxième fait référence à des textes officiels actuellement en vigueur à l'IUFM. Enfin, le positionnement de la didactique par les intéressés eux-mêmes constitue la troisième partie de cette étude, partie dans laquelle sera présenté le questionnaire ouvert qui a servi à l'investigation.

2.   LE POSITIONNEMENT THÉORIQUE

L'éclairage théorique des termes choisis devrait nous permettre de distinguer leurs spécificités afin de trouver les articulations qui les rapprochent ou les séparent dans la perspective de la professionnalisation du métier d'enseignant. Nous abordons progressivement la pédagogie, la didactique puis l'interdiciplinarité.

2.1   La pédagogie

Il est souvent nécessaire de rappeler l'étymologie d'un terme pour en souligner son rayonnement. C'est le cas pour celui de pédagogie. Le pédagogue était dans l'Antiquité l'esclave chargé de conduire l'enfant à la Palestre. C'était quelqu'un qui assistait passivement à la classe mais qui, sur le chemin de la maison à l'école, puis de l'école à la maison, pouvait poser des questions, reprendre des informations nouvellement entendues, en somme *accompagner* l'enfant dans sa démarche d'acquisition de savoirs. C'était également une sorte de protecteur vigilant, de passeur entre le milieu maternel et le monde du savoir extérieur que l'enfant allait découvrir.

Nous avons gardé de cette tâche polyvalente et personnalisée l'idée que le pédagogue sait se mettre à la portée des enfants, les aide à faire des liens entre des connaissances qui sont, dirions-nous aujourd'hui, d'ordre pluridisciplinaire. Il a l'art d'enseigner tout en éduquant l'enfant. Si l'instituteur ou le professeur des écoles se reconnaît en tant que pédagogue, c'est qu'il possède ces qualités. Mais nous avons complété ce qui relève d'un certain charisme par le fait que la pédagogie est considérée à la fois comme l'art et la science de l'éducation. Pour justifier cette évolution, on invoque la somme de connaissances nouvelles introduites par les sciences de l'éducation, qui tentent d'imposer une pénétration des travaux de recherches dans le corpus des repères théoriques du praticien. Pour Altet (1994), la pédagogie «recouvre le domaine de la relation interpersonnelle, sociale qui intervient dans le traitement de l'information et sa transformation en savoir dans la situation réelle du microsystème de la classe » (p. 6). L'élève apprend grâce à la médiation de l'enseignant.

2.2 La didactique

Le terme de didactique est présent dans le titre de l'ouvrage fondamental écrit par Coménius, pédagogue tchèque, *La grande didactique ou l'art universel d'enseigner tout à tous*. Rédigé entre 1627 et 1632, cet ouvrage fut tardivement porté à la connaissance du public français, puisque, après une traduction partielle en 1953, il ne fut édité par Klincksieck qu'en 1992 (Denis, 1994). Nous y trouvons un projet de réforme des écoles de Bohême, qui met en évidence l'articulation entre l'enseignement et sa finalisation, ainsi que des directions nettes d'une organisation pédagogique à la fois généreuse et pragmatique, véritable système scolaire moderne global et cohérent. *La Grande Didactique* recouvre des propositions d'enseignement réfléchies et structurées annonçant l'attitude éducative dominante suggérée du courant des méthodes actives et de l'École nouvelle. On peut donc retenir de l'emploi du terme « didactique » chez Coménius, l'idée de réflexion sur des actions pédagogiques non quelconques.

Plus récemment, le terme de didactique a été utilisé en tant qu'adjectif signifiant « qui vise à instruire, qui a rapport à l'enseignement » (*Dictionnaire de la langue française*, Robert). À partir de là, l'usage de ce terme s'est répandu et banalisé. Il a envahi notre environnement et s'utilise à propos de n'importe quel objet, vecteur d'informations ou de n'importe quelle manifestation présentant un caractère informatif réfléchi.

Comme nous sommes sollicités par des situations fort nombreuses, entourés d'objets et de lieux porteurs de messages non quelconques mais intentionnels, nous baignons dans un univers de plus en plus didactisé. Qui n'a pas suivi les panneaux explicatifs d'une exposition didactique ? Cet élargissement de sens est important, parce qu'il permet de mieux saisir le fait que c'est un terme connu de tous, utilisé de manière confuse, même si c'est toujours en rapport avec des informations à transmettre. À partir de là, il apparaît difficile de lui donner une épaisseur particulière et une coloration uniquement professionnelle distinguant le métier d'enseignant.

Dans le champ éducatif actuel, la didactique est d'abord étroitement associée aux contenus. Le dictionnaire encyclopédique de l'éducation et de la formation de Nathan (1994) spécifie que ce terme désigne « l'étude des processus d'enseignement et d'apprentissage du point de vue privilégié des contenus » (p. 254). Les distinctions faites dans l'article cité relativement à la didactique des disciplines se rapportent aux différents didacticiens (enseignants, inspecteurs et innovateurs) qui analysent la situation d'enseignement-apprentissage selon des points de vue différents : celui de l'application pratique, celui de la synthèse normative ou encore celui du modèle prospectif. C'est l'usage de la réflexion qui détermine les rapports qu'elle entretient avec l'action pédagogique.

La didactique générale adopte une autre position. Elle naît de la fécondité des recherches en sciences de l'éducation dont l'un des objets est de s'intéresser à l'étude des processus mis en œuvre de manière générale et non corrolaire aux contenus. Elle s'intéresse en particulier « aux conduites des élèves et des enseignants (attitudes, conceptions, stratégies, évaluation des savoirs et savoir-faire) [et aux] conditions, contraintes et conséquences de décisions portant sur le curriculum (programmes, types d'activités, modes d'évaluation...) », comme le précise le *Dictionnaire encyclopédique de l'éducation et de la formation* (Champy et Étévé, 1994, p. 255). Les didacticiens s'accordent sur le fait que le terme de didactique recouvre deux champs de référence qui se caractérisent par des entrées différentes : l'une épistémologique, qui s'intéresse à la matière enseignée, et l'autre psychologique, cognitive, centrée sur l'acquisition par l'apprenant (Altet, 1994, p.13).

Nous devons à cette avancée des approches nouvelles de l'acte éducatif ainsi que la conception de notions originales, comme le contrat didactique, la transposition didactique, les représentations, le conflit sociocognitif, l'objectif-obstacle, la modélisation des processus d'apprentissage. L'articulation entre pédagogie et didactique devient alors plurielle. Il faut noter que la didactique ne peut devenir une synthèse théorique complète de la pédagogie. D'un autre côté, la pédagogie englobe des préoccupations didactiques. On sera du côté de la pédagogie, en situation, quand tous les paramètres implicites et explicites de la relation pédagogique joueront. Car l'aspect relationnel fait partie intégrante de la situation qui relie le maître, l'élève et le savoir dans un temps synchronique. On adoptera, par contre, un point de vue didactique en se distançant de l'action : « Le fait didactique est de l'ordre de la diachronie, du temps fictif de l'anticipation des contenus » (Altet, 1994, p. 6) dans l'articulation maître, élève et savoir. Selon la conception actuelle du métier, le futur professeur des écoles est donc en voie d'acquérir cet équilibre.

2.3 L'interdisciplinarité

Dans le système éducatif français, le terme d'interdisciplinarité est souvent associé à la riche période d'innovations entreprise dans les collèges expérimentaux, qui ont remis en question la juxtaposition séculaire des enseignements disciplinaires, en vue de pratiquer une coordination disciplinaire finalisée par l'apprentissage des élèves[1].

---

1. Barré de Miniac et Cros (1984) réfèrent à des types d'interdisciplinarité dans leur étude sur les activités interdisciplinaires dans les collèges expérimentaux participant à la recherche dirigée par l'INRP de 1978 à 1980.

À l'école élémentaire, du fait de la polyvalence du métier d'instituteur, il n'était pas nécessaire de casser la juxtaposition des disciplines. L'interdisciplinarité s'imposait, sans être dénommée comme telle. Les institutrices des écoles maternelles travaillaient par thèmes. Les pratiques d'éveil à l'école élémentaire proposaient une approche plus globalisante des connaissances à acquérir au nom d'une conception psychologique de l'enfant dont on soulignait la perception synthétique des savoirs.

En deçà de ces pratiques interdisciplinaires, il y a lieu de considérer la position de l'interdisciplinarité par rapport aux disciplines. Selon plusieurs auteurs, l'interdisciplinarité scolaire n'a rien à voir avec l'espace entre les disciplines. Yves Lenoir (1996*b*) souligne la nécessité d'une relation existante entre les disciplines scolaires, qui peut se présenter sous des modalités diverses. La pluridisciplinarité enrichit l'enseignement par la variété introduite par différentes disciplines qui se rejoignent à un moment donné du déroulement de leurs concepts. Elle serait, selon Renaud (1994), le premier degré d'une coopération entre différentes disciplines, qui peut s'étendre jusqu'à la transdisciplinarité. Des liens de complémentarité et de réciprocité se tissent au niveau des concepts et des notions, mais également dans le champ des finalités et dans le domaine de la fonctionnalité de cette notion (Lenoir et Sauvé, 1998). Ces échanges et rapprochements opérationnalisent l'intégration des apprentissages et des savoirs des élèves et apportent une réponse sémiologique à l'activité d'apprentissage. C'est encore ce point de vue que partage Astolfi (1993) pour qui l'organisation de concepts disciplinaires parallèles les uns par rapport aux autres se heurte à leur appropriation par l'élève.

À ce jour, au regard de ces considérations d'épistémologie scolaire, se rajoute la nécessaire cohérence de la formation des futurs professeurs des écoles appelés à gérer l'apprentissage relativement à des compétences très générales et non plus à des contenus, alors qu'ils sont préparés, avant leur entrée à l'IUFM, à devenir des spécialistes d'une discipline privilégiée grâce à une accumulation de connaissances. Nous en parlerons au point suivant. La publication d'un fascicule officiel sur *La maîtrise de la langue* et le livret de compétences de l'école primaire, qui, pour bien des écoles, remplace le classique *bulletin scolaire*, mettent l'accent sur des processus intellectuels généraux. Ces documents incitent l'enseignant à faire un travail *inter* ou *transdisciplinaire* par le traitement de notions communes à des disciplines, par une approche méthodologique commune ou encore par la réunion entre disciplines pour aboutir à des objectifs cognitifs communs.

En conclusion, l'interdisciplinarité et la pluridisciplinarité ont en commun la convergence disciplinaire que l'instituteur était amené à faire intuitivement. La pédagogie et la didactique se rejoignent autour de la préoccupation d'une même structure : celle qui relie le maître, l'élève et le savoir. Mais elles s'écartent l'une de l'autre par leurs positions respectives. La première traite le vécu de la relation pédagogique ; la deuxième peaufine la rationalisation du processus enseignement-apprentissage. Et c'est au contact de la didactique

que la capacité de relier les choses du pédagogue se rationalise. Théoriquement, le professeur des écoles formé à l'IUFM acquiert la clarté du professionnel qui maîtrise ces différentes articulations.

3. LE POSITIONNEMENT OFFICIEL

Les instructions officielles de l'Éducation nationale prescrivent les modèles de référence qu'il s'agit d'appliquer dans la formation des enseignants. À ce titre, deux types de document me semblent particulièrement importants : le référentiel de compétences, qui dessine le profil de sortie des stagiaires ; le livret d'évaluation des élèves que, concrètement, tout enseignant est tenu de remplir.

3.1 Le référentiel de compétences du futur professeur des écoles

Le référentiel de compétences du professeur des écoles ne contient pas le terme de pédagogie et ne fait pas référence à cette attitude traditionnelle. Par contre, il mentionne la didactique. Il est rappelé, dans le *B.O.* (Bulletin officiel) n° 43 du 24 novembre 1994, que le professeur des écoles est un maître polyvalent dont les compétences professionnelles (et non pas pédagogiques) s'organisent selon quatre domaines : « les disciplines enseignées à l'école primaire, les situations d'apprentissage, la conduite de la classe et la prise en compte de la diversité des élèves ainsi que l'exercice de la responsabilité éducative et l'éthique professionnelle » (p. 3140). Les trois premiers domaines cités intéressent tout particulièrement notre propos, puisqu'ils déclinent l'objet de la polyvalence du professeur des écoles. Cette polyvalence recouvre non seulement le fait d'être à même d'enseigner les diverses matières des programmes de l'enseignement primaire, mais aussi de gérer les apprentissages et la diversité des élèves. Dans ce même *B.O.*, la description du profil de sortie du professeur stagiaire met l'accent sur cette compétence professionnelle transdisciplinaire, finalisée par l'apprentissage de l'élève.

« Les compétences qui doivent être acquises en fin de formation initiale ne doivent pas être essentiellement des compétences dans l'ordre de la discipline mais des compétences centrées sur la capacité à faire acquérir des savoir-faire pour lesquels les différentes disciplines constituent des supports et des moyens. Les compétences doivent donc aussi être développées dans une démarche d'apprentissage.

Dans chaque discipline enseignée à l'école primaire, le professeur des écoles stagiaire doit en fin de formation :

- avoir acquis, complété ou consolidé sa connaissance des concepts et notions, des démarches et méthodes clefs des disciplines enseignées à l'école élémentaire,
- avoir acquis les savoirs didactiques nécessaires à la conception, à la mise en œuvre et à l'évaluation des apprentissages dans toutes les disciplines,

– être capable de construire des activités en classe où les élèves peuvent acquérir la même compétence par le biais de plusieurs disciplines,

– être capable de concevoir des situations mobilisant plusieurs disciplines et les exploiter de manière cohérente » (*Ibid.*, p.3141).

Il est alors clair que la dimension professionnelle du métier de professeur des écoles suppose des compétences de gestionnaire de l'enseignement-apprentissage. L'enseignant se doit de s'appuyer sur la multiplicité des contenus en vue d'en faciliter l'acquisition synthétique des élèves. En somme, la didactique définie précédemment est présente tout au long de l'extrait cité, dans ses deux acceptions, celle de la didactique des disciplines et celle d'une didactique générale.

3.2   Les nouveaux livrets d'évaluation des élèves

Les enseignants sont tenus d'utiliser les nouveaux livrets scolaires depuis 1992. Ces fascicules remplacent les traditionnels bulletins jugés inadaptés pour rendre compte de manière précise des acquisitions des élèves. La note unique en calcul, par exemple, n'indique qu'un niveau relatif, alors que les listes de compétences maîtrisées ou en voie de l'être sont plus explicites quant aux réelles acquisitions et lacunes. L'idée puissante des compétences à évaluer introduit la prise en compte de compétences transversales.

Cette nouvelle conception de la conduite de l'enseignement nécessite de la part des enseignants un regard à la fois synthétique et analytique : synthétique par rapport aux différentes disciplines et analytique quant à la prise en compte du processus enseignement-apprentissage. Les maîtres se doivent de définir des objectifs d'enseignement correspondant à des savoir-faire transversaux pour lesquels les disciplines ne sont plus que des moyens de mise en œuvre. Il leur faut prévoir des progressions de séquences nécessaires à la stimulation de démarches d'apprentissage.

Il n'est plus question, comme ce fut le cas dans la période qui a conduit à l'officialisation des conceptions du courant des *Méthodes actives*, de demander à l'enseignant de choisir des thèmes fédérateurs permettant à l'enfant de faire le lien entre différentes disciplines découpées de manière arbitraire, ni de lui conseiller de pratiquer une pédagogie de l'éveil ou du projet. On raisonne selon la logique technicienne de la PPO (pédagogie par objectifs), accentuant les prévisions de séquences successives et enchâssées, dépendantes d'objectifs finaux à faire acquérir par les élèves.

Cette posture nouvelle pour affirmer la polyvalence du professeur des écoles dans la visée de sa professionnalisation doit probablement poser problème en IUFM, où la plupart des formateurs » sont des anciens PEN (professeurs des écoles normales), spécialistes d'une discipline et forcément tentés de traiter de manière privilégiée et unique de la didactique de cette discipline. Compte tenu des références officielles citées ci-dessus, il est nécessaire de vérifier si les conceptions des futurs professeurs des écoles font écho aux modèles en vigueur. Conçoivent-ils la didactique exclusivement dans l'axe d'une discipline particulière ? Ou, au contraire, ont-ils de la didactique une vision élargie, plus enveloppante par rapport aux apprentissages des élèves et à l'inter et/ou à la transdisciplinarité contenue en particulier dans les compétences ?

4. LE POSITIONNEMENT DES FUTURS PROFESSEURS DES ÉCOLES

Un questionnaire ouvert a permis de recueillir le point de vue d'une population d'étudiants du site de Colmar de l'IUFM d'Alsace[2]. Les questions étaient les suivantes :

1- Pour vous qu'est-ce que la didactique ?
2- Quelle différence faites-vous entre didactique et pédagogie ?
3- Quelle différence faites-vous entre didactique, interdisciplinarité et pluridisciplinarité ?

Deux critères de distinction de la population furent pris en compte : la position actuelle de formation (en 1re ou 2e année d'IUFM) et le suivi d'enseignements de préprofessionnalisation en amont de l'IUFM.

Quatre-vingts questionnaires furent retournés : 60 de futurs professeurs des écoles de 2e année et une vingtaine d'étudiants de 1re année. Il faut noter que les premiers ont effectué plusieurs stages, dont des stages en responsabilité. Nous faisons l'hypothèse suivante : les points de vue des professeurs stagiaires de 2e année d'IUFM, en fin de cursus de formation, sont plus conformes aux définitions théoriques et aux prescriptions officielles concernant la didactique et ses liens avec la pédagogie, que les étudiants de 1re année d'IUFM.

Les questionnaires ont été traités selon la technique classique de l'analyse de contenu. Ce sont les notions pivots des réponses qui ont été repérées en vue de cerner les spécificités de la didactique et de la pédagogie et leurs liens éventuels. La redondance et la convergence des notions pivots permettent de dégager des thèmes dominants. La variété des expressions utilisées pour une même notion pivot permet d'estimer les modulations internes de ces thèmes. Par exemple, à la question « Pour vous qu'est-ce que la didactique ? », la réponse « Étude des objectifs et des méthodes associés à l'enseignement d'une discipline » donne lieu à quatre notions pivots et thèmes caractérisant la didactique :

1- « étude » permet l'interprétation suivante : la didactique se place du côté de la réflexion ;
2- « objectifs et méthodes » réfère au fait que la didactique revêt un aspect technique ;
3- « associée à l'enseignement » indique que la didactique est du côté de l'enseignement et non de l'apprentissage ;

---

2. Quelques collègues de l'PIUMF ont bien voulu distribuer des questionnaires aux étudiants. Qu'ils soient remerciés pour cette collaboration.

4- « une discipline » précise la dépendance disciplinaire unique et non transversale de la didactique.

Nous allons étudier le positionnement de la didactique et de la pédagogie pour ces futurs enseignants, en examinant successivement les différents thèmes identifiés dans les discours relatifs à ces termes fondamentaux. Ce positionnement se présente selon la catégorisation suivante. On note tout d'abord une confusion entre didactique et pédagogie. Puis, la clarification se précise à travers un certain nombre d'articulations entre didactique et pédagogie, chacune de ces notions restant orientée vers un espace donné. Enfin, une distinction nette sépare ces termes, et il en découle des spécificités intéressantes.

4.1 Didactique et pédagogie sont confondues

Quantitativement, les conceptions floues, confuses ou erronées par rapport aux concepts théoriques de la didactique et de la pédagogie représentent 30 % de l'ensemble des réponses. Qualitativement, ces confusions sont plus ou moins fortes. La réponse la plus excessive affirme par ailleurs qu'il n'y a aucune différence entre didactique et pédagogie. D'autres propositions soulignent que la didactique est une forme particulière d'enseignement. Dans ce cas, les formulations utilisées pour qualifier la didactique sont les suivantes :

- « l'art et la manière » ;
- « la manière d'enseigner » ;
- « la manière d'enseigner les différentes matières » ;
- « la manière d'apporter des connaissances » ;
- « la manière de permettre à l'enfant d'accéder aux savoirs » ;
- « c'est la matière qui traite de l'art et de la manière d'enseigner ».

Comme on peut le constater, ces conceptions pourraient convenir à une définition générale de la pédagogie, telle qu'elle a été définie plus haut.

Enfin, de nombreuses réponses permettent de supposer que les deux attitudes, pédagogique et didactique, sont confuses et plus ou moins confondues, même si certains intitulés reprennent des terminologies courantes et officielles. La rationalisation distancée du terrain que permet la didactique n'est pas nette. L'ambiguïté relative à la pédagogie concerne aussi bien les méthodes que l'apprentissage, l'éducation que les finalités de l'enseignement, comme l'attestent les quelques réponses suivantes, dont on ne voit à quelle logique elles répondent.

- « La didactique est la transposition de savoirs savants en des savoirs susceptibles d'être enseignés » ; « La pédagogie concerne davantage les méthodes d'enseignement que la didactique ». (On pourrait rétorquer qu'une méthode est une procédure modélisée qui permet d'être reproduite, ce qui suppose une distanciation et une structuration, alors que la pédagogie dépasse largement cette dimension).

– « La pédagogie englobe la didactique, en ce sens que la pédagogie est le terme générique désignant la manière d'enseigner... La didactique n'en est qu'un élément : comment, d'une manière pratique, s'y prendre ».

– « La didactique est liée à l'enseignant ; il s'agit de son propre enseignement. La pédagogie s'applique directement à l'instruction des enfants ».

4.2 Les relations entre didactique et pédagogie

Des liens entre la didactique et la pédagogie apparaissent dans les réponses d'un tiers des questionnaires recueillis. Il y est surtout question du fait que l'une, la didactique, précède l'autre, la pédagogie, puisqu'elle relève de réflexions préalables à la conduite de classe. Par ailleurs, quelques remarques soutiennent carrément que l'une sert de référence à l'autre, voire englobe l'autre.

4.2.1 La continuité de l'une à l'autre

L'application pratique réservée au domaine de la pédagogie détermine cette continuité entre deux domaines distincts. Les expressions significatives de cette conception parlent de « la manière de mettre en œuvre la didactique » ou « dont on enseigne les contenus didactiques ». La pédagogie correspond à « la façon d'amener un contenu (du côté de la didactique) » ou à « une méthode donnée par la didactique adaptée à l'enfant ». C'est également « la mise en pratique d'une réflexion », voire précisément « la mise en pratique de la préparation de leçons ». Cette mise en pratique accorde un statut différent à la pédagogie et à la didactique, selon les cas. Pour certains stagiaires, la pédagogie n'est que « la mise en pratique des propositions faites par les chercheurs en didactique », sachant que « la didactique est une science » et donc un ensemble de savoirs théoriques extérieurs à la classe. Pour d'autres, au contraire, la pédagogie, c'est l'art de mettre en pratique les principes didactiques. Cette activité noble reste du domaine du privé, l'enseignant étant le seul à pouvoir tisser le lien entre la didactique concernant la relation enseignant-savoir et la pédagogie située sur le versant relationnel qui le lie aux élèves.

4.2.2 L'une s'impose à l'autre

Il faut remarquer que cette pression de la didactique sur la pédagogie s'exerce dans les deux sens. Certaines expressions soulignent la prééminence de la didactique : « La pédagogie se sert d'un référent » (ladidactique) ou encore « la didactique réfléchit [et] tente de rationaliser la pédagogie ». À l'opposé, « la pédagogie est le modèle de référence de la didactique ». Une expression tout à fait intéressante commente le dessin du triangle pédagogique en précisant que « la pédagogie agit sur la didactique ».

4.2.3 La didactique est un élément particulier de la pédagogie

Cette idée, que la didactique est un élément particulier de la pédagogie, découle de l'attachement au rapport singulier qu'entretient la didactique avec une seule discipline. La pédagogie est alors à la fois cumulative et englobante. On lit dans les réponses que « la pédagogie est la somme des différentes [ou de toutes les] didactiques » [français, mathématiques, etc.] auxquelles se rajoutent « des attitudes comportementales spécifiques » ; que « la pédagogie est un terme général englobant la didactique ». Cette dernière peut également se présenter comme « l'étude de la manière d'enseigner qui concerne une discipline ».

Le complexité des relations entre pédagogie et didactique est parfois soulignée : « La didactique est la mise en place d'une manière d'enseigner une matière précise. La pédagogie regroupe tout ce qui concerne l'enseignement, aussi bien pour chacune des matières que pour la vie de la classe. Elle s'inscrit dans une philosophie. Mais la didactique (c'est-à-dire une matière) doit être logique par rapport à la pédagogie. Les deux se rencontrent ».

4.3 Les distinctions entre pédagogie et didactique

La distinction la plus saillante évoque l'attitude globalisante de la pédagogie par rapport aux phénomènes de la situation éducative concrète, et met la didactique en retrait, dans un espace plus distancé et réflexif, dont nous cernerons les spécificités.

4.3.1 La pédagogie

Les thèmes évoqués pour spécifier la pédagogie sont les suivants :

1- La vie et la pratique de la classe. Cette approche très générale s'illustre notamment par les expressions suivantes : « toute la vie de la classe », « la pédagogie se situe au niveau de la classe », elle correspond « à la réalité », « au terrain ». De même, « les stages forment à la pédagogie », alors que « l'IUFM forme à la didactique ». La dynamique de la pédagogie apparaît dans certaines formules, comme « la mise en pratique », la mise en « œuvre des activités » ou encore « la conduite de la classe ».

2- La centration sur les enfants. Celle-ci prend des colorations particulières selon les expressions utilisées s'inscrivant dans des registres de vocabulaires différents. Mais l'intention reste identique. Certaines réponses insistent sur le « public d'apprenants ». D'autres sur « l'adaptation aux enfants » ou « en fonction des enfants ». D'autres encore évoquent la nécessaire association entre la pédagogie et la psychologie de l'enfant, l'opposant à la didactique qui « correspond à l'enseignement d'une discipline ».

3- Des relations entre les acteurs en présence. Dans cette perspective, il est le plus souvent question « d'aspect » ou du « côté relationnel », de la « gestion des relations » et « d'interactions ». La relation se tisse entre « enseignant et enseignés » ou « élèves », « entre individus ». La relation enseignant-enseigné-savoir n'apparaît qu'une seule fois.

4- Le comportement de l'enseignant, son savoir-être. La pédagogie est « une manière d'enseigner » et « la façon d'être avec les élèves ». Elle peut se définir comme « l'ensemble des comportements » ou bien « l'ensemble des attitudes de l'enseignant ». Elle se personnalise lorsqu'elle « concerne un style d'enseignement » parfois articulé à une philosophie.

5- Les visées de l'enseignement. D'une manière globale, la pédagogie est « l'action d'éduquer » ; elle concerne « l'instruction des enfants » et le fait qu'elle « implique l'éducation ». D'une manière non quelconque, précise un stagiaire, car elle se déploie en « référence aux grands courants d'idées, comme Freinet. »

La plupart des réponses font allusion à l'un ou l'autre de ces thèmes. Quelques rares définitions associent l'aspect relationnel du métier de pédagogue et l'apprentissage. En voici un exemple : « La pédagogie est l'art de déverser des savoirs, d'intégrer les réponses aux réactions et apports des enfants. La dimension relationnelle avec l'enfant intervient ». Deux propositions présentent le pédagogue comme « un praticien théoricien ». La pédagogie n'est jamais associée à la polyvalence du métier. Par contre, mais de manière rarissime, pluridisciplinarité et polyvalence du métier vont de pair.

4.3.2 La didactique

À l'opposé de la pédagogie, la didactique s'écarte du vécu de la relation pédagogique pour permettre la réflexion « dans un lieu froid ». D'une part, la prise de distance s'illustre par des exemples clairs : c'est de « la théorie », en opposition « à la pratique ». C'est également le fait que « la didactique s'enseigne à l'IUFM », alors que « la pratique » correspond au « stage ». D'autre part, le paradigme de la réflexion se décline de la simple « préparation de classe » à la « science ». Entre ces deux extrêmes, il est question de « rationalisation », « d'analyse », « d'étude des actes d'enseigner » et « de recherche ».

4.3.3 Les spécificités de la didactique

Premièrement, le caractère réflexif de la didactique apparaît en premier, même lorsque la séparation entre la pédagogie et la didactique n'est pas exprimée. Cet aspect est contenu dans les propositions suivantes, qui sont par ordre de fréquence décroissante :

– la transposition qui porte sur des savoirs scientifiques, savants ou disciplinaires et qui concerne le fait de « rendre un savoir enseignable » ;

– l'utilisation de démarches, de techniques, de méthodes pour enseigner et de « moyens mis en place pour enseigner un savoir » ;

– la théorisation plus ou moins poussée qui découle de la réflexion sur des contenus à enseigner ou de « l'étude des actes d'enseignement » et des « façons d'enseigner ».

Quelques stagiaires insistent pour dire que la didactique reste du domaine des spécialistes. Pour eux, « c'est une science étudiant le passage du savoir scientifique au savoir enseigné » ; des « didacticiens » et des « chercheurs en didactique » la pratiquent.

Deuxièmement, la seconde spécificité de la didactique souligne son articulation aux champs du savoir. Cette très forte position se durcit encore en une dépendance unique de la didactique par rapport à une discipline en particulier, une position partagée par la moitié des futurs enseignants questionnés. L'autre moitié réunit des points de vue sur l'attitude réflexive de la didactique, son aspect théorique ou encore son aspect technique, notamment « la transposition ».

Le thème du savoir se présente ainsi : la didactique est associée à « des contenus », à « des connaissances » ou à « différentes matières ». Elle s'intéresse aux « savoirs savants à enseigner » ou « aux disciplines à enseigner » ; elle fait apparaître « certaines distinctions de niveaux de savoirs » ; elle porte sur « les disciplines », les « savoirs universitaires » ou « les contenus » « adaptés aux enfants » ; elle présente « l'aspect théorique des savoirs », des « concepts » et « des notions ». Pour un étudiant, la didactique « est l'entrée du triangle pédagogique par les contenus ».

Le thème spécifique de la dépendance par rapport à une discipline reprend les mots courants « d'une discipline » et d'un « domaine précis de connaissances » ou « d'enseignement ». La didactique se distingue comme l'adaptation de « chaque discipline » ou « l'étude des procédures d'apprentissage d'une matière ». Cette posture domine l'ensemble des conceptions, puisqu'un seul étudiant affirme que « la didactique est pluridisciplinaire ». Les définitions les plus incisives sont les suivantes : « la didactique est la didactique d'une discipline », « la didactique du français, la didactique de l'allemand, etc., c'est le fond de la discipline ». La fonctionnalité singulière de la didactique pour une discipline canalise les trois quarts de la cinquantaine de remarques faites à propos de l'interdisciplinarité et de la pluridisciplinarité[3]. On y trouve que la pluridisciplinarité concerne des matières « en parallèle ». L'interdisciplinarité, quant à elle, permet de faire « des ponts » et « des liens » entre les disciplines. Dans les meilleurs des cas, le rapprochement des disciplines est possible grâce au « projet » fédérateur d'approches plurielles. De rarissimes conceptions évoquent le réinvestissement de notions disciplinaires spécifiques à une autre matière (par exemple, on fait du français en histoire).

En définitive, une très faible proportion d'étudiants adoptent les conceptions officielles relatives à la transversalité de concepts et de compétences. L'expression « compétences transversales » est présente seulement dans sept

---

3.   Il est remarquable que les termes d'interdisciplinarité et de pluridisciplinarité n'évoquent rien pour une vingtaine d'étudiants qui répondent par des « ? ? ? ? » ou par un vide. Pour un étudiant, « c'est du charabia d'IUFM ».

réponses, soit dans moins du dixième de l'ensemble de la population interrogée. C'est un fossé que nous constatons, et non un écart, qui se creuse entre les textes officiels et les conceptions des futurs professeurs des écoles.

Troisièmement, la didactique éclaire de manière dominante le processus « enseigner ». En effet, l'apport de la didactique pour l'étude des apprentissages ou celle de l'articulation enseignement-apprentissage ne figure que dans une dizaine de questionnaires. Et, dans ce lot, seules trois définitions satisfont aux références théoriques de la didactique générale. Voici ces trois définitions :

– « c'est l'étude des processus de transmission et d'acquisition des connaissances » ;

– « c'est l'ensemble des théories concernant l'apprentissage, les contenus, la façon de transmettre les savoirs » ;

– « c'est l'étude de l'ensemble des liens, relations, interférences entre les trois pôles du triangle élève-maître-savoir, en vue de comprendre le processus d'apprentissage et d'enseignement ».

Il faut souligner que ces intitulés sont proposés par des étudiants ayant suivi des enseignements de préprofessionnalisation. Les deux premiers sont stagiaires de 2e année d'IUFM et le troisième, étudiant de 1re année en IUFM.

D'autres remarques insistent sur la fonctionnalité au service de l'apprentissage : « la didactique cherche les meilleurs moyens pour l'enseignement visé et recherche les moyens pour transcrire le savoir de manière à le rendre accessible aux enfants ». Deux opinions soutiennent que la didactique doit « permettre aux enfants d'apprendre ». Le rapport direct de la didactique avec l'enseignement montre :

– le travail de l'enseignant par la préparation de séquences ainsi que par la transposition didactique ;

– l'étude de la manière d'enseigner ; par exemple, les types de méthodes ;

– la relation étroite entre le maître et le savoir, dont voici une illustration : « La didactique est le rapport qu'a l'enseignant avec le savoir qu'il veut transmettre ».

Lorsqu'il est fait référence au triangle didactique, c'est encore le versant « enseignement » qui reste pointé. Par exemple : « pour expliquer ce qu'est la didactique, il faut bien avoir en tête le triangle didactique. La didactique est la relation entre le maître et le savoir ; c'est le travail que le maître doit faire pour préparer son cours ».

Arrivés à ce terme de l'approche empirique, nous constatons que le centre de gravité de la didactique, du point de vue des futurs professeurs des écoles, est placé du côté de la transposition didactique de savoirs universitaires en savoirs enseignables.

4.3.4 Des tendances dominantes

Revenons à notre hypothèse de départ : est-ce que les opinions des stagiaires de 2ᵉ année sont plus proches des références officielles que celles de 1re année ? L'appréciation quantitative des réponses nous permet de répondre qu'il n'y a aucune différence, décelable par la technique de l'analyse de contenu, relativement à ces positions. Par contre, nous trouvons une distinction nette, toujours quantitative, entre les proportions de réponses des étudiants ayant suivi des enseignements de préprofessionnalisation et les autres, pour les positions suivantes :

– les confusions entre pédagogie et didactique sont deux fois plus importantes dans la sous-population n'ayant pas eu de préprofessionnalisation que dans celle ayant bénéficié de ce type d'enseignement ;

– la posture pédagogique, nettement distincte de la posture didactique réflexive, est essentiellement le propre de la sous-population ayant suivi des cours de préprofessionnalisation.

Les tendances dominantes de la population interrogée ne correspondent pas aux attentes que l'on peut avoir lorsqu'on se place dans une perspective générale, officielle et théorique de la didactique :

– pédagogie et didactique ne sont nettement positionnées l'une par rapport à l'autre que pour la moitié des étudiants et stagiaires ; l'une se trouve du côté de l'action englobant des phénomènes relationnels, l'autre, dans un lieu « froid » ;

– pour un tiers de l'ensemble de la population interrogée, ces deux notions restent confondues dans l'idée qu'elles traitent toutes les deux de la manière d'enseigner ;

– la didactique disciplinaire s'impose au détriment de la didactique générale qui devrait leur paraître efficace pour assumer la polyvalence de leur futur métier, notamment par le biais des compétences transversales ou de l'interdisciplinarité ;

– apparemment, la sous-population des stagiaires de 2e année ne se distingue en rien de celle des étudiants de 1re année ; toutefois, la particularité d'avoir suivi des enseignements de préprofessionnalisation infléchit les positions des étudiants stagiaires proches de nos références théoriques ;

– la rupture est cruelle entre les qualités de polyvalence et de praticien réfléchi reconnues du professeur des écoles par les instructions officielles, et la confusion relative au métier qui se dégage des positionnements exprimés par l'ensemble de ceux qui seront sur le terrain demain.

5. CONCLUSION

Nous partions avec l'idée de trouver une relative cohérence entre des éclairages différents et juxtaposés de la pédagogie, de la didactique et de l'interdisciplinarité. Si les instructions officielles de l'IUFM s'inscrivent logiquement dans l'avancée conceptuelle proposée dans la première partie, il n'en est pas de même des conceptions des formés à l'IUFM. Celles-ci, de plus, ne font guère écho aux modèles officiels de leur métier prescrits par les textes. Actuellement, devenir professeur des écoles n'implique que théoriquement d'être formé à l'exercice d'un métier polyvalent, un métier de professionnel de l'enseignement-apprentissage.

Au regard de la posture prise pour effectuer ce travail, on peut relativiser le crédit accordé à la professionnalisation du professeur des écoles, attestée grâce à des savoirs d'experts. Dès lors, on peut supposer que les métaphores de l'enseignant artisan et bricoleur resteront bien vivaces et plus représentatives de la réalité, que celles de l'expert ou du gestionnaire du processus enseignement-apprentissage. On peut également s'interroger sur les dispositifs de formation efficaces, prenant en compte la transformation personnelle des apprenants. Quelle importance peut-on accorder aux enseignements de préprofessionnalisation dont l'impact semble se dessiner? Étaient-ils utiles, seulement pour clarifier des discours ou avaient-ils pour fonction de rendre la formation en IUFM plus structurée? Comment se fait-il que, au niveau des représentations essentielles du métier de professeur des écoles, le verre soit à moitié vide (ou à moitié plein)? Et qu'adviendra-t-il de la polyvalence du maître d'école transformé en professeur des écoles?

CHAPITRE 10

Didactique et attentes en formation initiale: représentations d'enseignants de la région de Sherbrooke

FRANÇOIS LAROSE
Université de Sherbrooke

ABDELKRIM HASNI
Université du Québec à Chicoutimi

1. INTRODUCTION

Le thème même d'une des recherches subventionnées que mènent les chercheurs du CRIE sous le titre de *Compétences didactiques et formation didactique des enseignantes et des enseignants du primaire*[1] laisse croire qu'il pourrait y avoir nuances sinon contradiction entre certains objets conceptuels valorisés au sein de la formation initiale universitaire et ce qui fonde les pratiques enseignantes. Plus précisément, ce titre distingue le concept de « compétences » détenues par des individus au regard d'un objet théorique, d'une part, et d'autre part, les fondements ou les axes fondamentaux de la formation initiale à laquelle les praticiens actuels ou futurs ont été exposés. Pour que la distinction fasse du sens, il est tout au moins nécessaire que l'objet de définition sous-tendant la compétence existe en soi chez les gens qui sont présumés en être les vecteurs. Ce chapitre nous fera donc voyager au cœur d'une relation dialectique : du construit de didactique à la réalité d'une pratique quotidienne

Plusieurs auteurs font ressortir la très grande labilité du concept de didactique en sciences de l'éducation (Larose, Jonnaert, Lenoir, 1996 ; Jonnaert

---

1. Il s'agit d'une recherche triennale (1995-1998) subventionnée par le Conseil de recherches en sciences humaines du Canada (CRSH, Programme de recherche ordinaire, n° 410-95-1385).

et Lenoir, 1993; Jonnaert, 1991; Develay, 1994). Comme tout construit ou réseau conceptuel complexe à caractère scientifique, le concept de didactique n'émerge pas spontanément des pratiques discursives quotidiennes des individus en général, mais bien plutôt de la pratique d'une théorisation réalisée autour d'un objet focal par des individus appartenant à une catégorie socioprofessionnelle particulière. On peut donc présumer que, au contraire d'un concept comme celui de folie, qui trouve une définition informelle largement partagée au sein d'une société – le concept étant fondé sur l'exposition durable d'une majorité de citoyens à des comportements ou conduites anormales manifestées par une fraction minoritaire de ses membres (Farr et Markova, 1995; Zani, 1995) –, celui de didactique ne trouvera qu'une définition restreinte et relativement éclatée, qui ne sera partagée de façon relativement stable que par les membres d'une catégorie professionnelle particulière: les enseignants universitaires ou encore, les didacticiens eux-même.

L'absence présumée d'un objet symbolique socialisé ayant une certaine valeur opératoire pour les principaux acteurs du monde de l'éducation, les praticiens de l'enseignement de l'ordre primaire ou secondaire, et la présence concomitante d'un même objet au centre de la tâche de certains des intervenants de la formation initiale peuvent poser problème. En fait, la présence univoque de la représentation sociale d'un objet tel que la didactique, chez une partie seulement des intervenants du continuum formation initiale – intervention professionnelle, peut favoriser ou augmenter l'impact des problèmes de transfert des « savoirs structurés », souvent identifiés aux savoirs disciplinaires, de leur origine vers leur aire de reconstruction par les apprenants: la salle de classe du primaire ou du secondaire (Bain, 1997). En effet, si on ne peut considérer le concept de didactique en tant que produit des interactions quotidiennes entre praticiens de l'enseignement, alors la source des représentations individuelles qu'ils en auront sera intrinsèquement liée à l'environnement de formation fréquenté, donc à l'unicité des composantes du discours auquel ces praticiens auront été exposés durant la période préalable à leur insertion professionnelle.

2. LE CONCEPT DE REPRÉSENTATION SOCIALE

2.1 La spécificité du concept

Le concept de représentation sociale est probablement l'un des outils théoriques des plus utilisés, mais aussi des plus galvaudés actuellement dans la recherche en éducation. On confond souvent le concept de représentation, au sens développemental du terme (construction de l'objet symbolique par l'individu) et celui de représentation sociale. Il convient donc de préciser quelque peu le sens attribué à ce concept.

Au sens général, la représentation correspond au produit d'un processus de construction symbolique du réel effectué par un individu, peu importe que cette « reproduction » porte sur le monde physique ou sur des rapports abstraits. Certains psychologues « cognitivistes » identifient ce processus, lorsqu'il porte sur les interactions entre l'individu et l'environnement social, en termes de construction des cognitions. Les cognitions peuvent être définies comme des impressions ou des images mentales portant sur deux univers distincts et complémentaires : le réel et l'univers symbolique dont le principal vecteur demeure le langage (Higginbotham, 1988 ; Kempson, 1988). Le concept de cognition s'apparente étroitement à celui de schème cognitif, en ce que ce schème porte de façon spécifique sur la construction ou le traitement d'une information issue de l'interaction entre l'individu et son environnement social (Bandura, 1995).

2.2 Une définition des représentations sociales

Le concept de représentation sociale résulte, à l'origine, d'une modification de la notion de représentation collective développée par Durkheim au siècle dernier. Pour Durkheim (1956), une représentation collective est une collection d'opinions et de savoirs divers portant sur un objet à caractère social dont la nature est essentiellement informelle. C'est à Moscovici (1961) que nous devons la modification apportée à ce concept durkheimien. Pour Moscovici, la représentation sociale correspond à la production de connaissances de sens commun situées à l'articulation du cognitif individuel et du social. Les représentations sociales rendent compte de l'absence de solution de continuité entre l'univers du sujet et celui de l'objet. Elles sont le produit de groupes, larges ou restreints, mais définis par l'appartenance à un univers social ou professionnel commun (Elejabarrieta, 1996). Elles correspondent donc à une activité collective d'interprétation et de construction du réel qui produit une connaissance dont les contenus cognitifs, affectifs et symboliques jouent un rôle primordial quant à la façon de penser et quant à l'action quotidienne des membres du groupe.

2.3 Les fonctions des représentations sociales

Les représentations sociales ont comme particularités de trouver leur source à l'extérieur de l'individu, d'être partagées de façon durable par plusieurs personnes et d'assurer une fonction anticipatrice des conduites sociales de chacune d'entre elles (Abric, 1994a). Comme l'exprime Moliner (1992), pour qu'il y ait représentation sociale, il faut qu'il y ait partage par un groupe ou par une classe d'individus d'un ensemble de concepts ou de « groupes organisés de concepts » (structures) et que ce partage porte non seulement sur ce qui décrit l'objet de référence, mais aussi sur l'action que le fait d'y être exposé déclenche ou devrait déclencher (anticipation ou explication justificative des conduites). Les représentations sociales ont donc une fonction unificatrice sur le plan social, c'est-à-dire qu'elles suscitent l'appartenance ou le sentiment d'appartenance de l'individu à une classe d'individus, à un groupe de référence.

En tant qu'opérateurs cognitifs, les représentations sociales permettent à l'individu de disposer d'un ensemble d'attitudes et de conduites générées par son groupe d'appartenance. Celles-ci permettront à l'individu de réagir de façon efficace lorsqu'il sera exposé à une situation nouvelle, inusitée (Guimelli, 1994). Elles assurent donc une fonction instrumentale. Elles outillent l'individu qui intègre un nouvel environnement et, donc, qui s'intègre à un nouveau groupe de référence, pour s'adapter à la réalité vécue par le groupe.

Enfin, les représentations sociales permettent à l'individu de réagir par rapport à des modifications significatives de son environnement, en créant ou en s'appropriant un discours justificatif qui permet le maintien ou, au contraire, la modification de ses attitudes ou de ses conduites au regard des changements anticipés ou vécus, soit comme une forme d'agression, soit comme une source de mieux-être. Cette dernière finalité des représentations sociales correspond à ce qu'Abric (1994a, 1994b) et Flament (1994) identifient comme les fonctions d'orientation de la représentation, qui guident les comportements et les pratiques des individus, ainsi que comme des fonctions justificatrices, qui permettent de donner une cohérence *a posteriori* à leurs prises de position et à leurs conduites.

2.4   La structure des représentations sociales

La plupart des auteurs considèrent que les représentations sociales sont composées de deux structures complémentaires : le noyau central et les structures périphériques (Abric, 1994b; Breakwell, 1993 ; Elejabarrieta, 1996 ; Flament, 1994). Le noyau central est formé par des éléments cognitifs structurés, stables, qui sont partagés par un groupe de référence au regard d'un objet particulier. Cependant, bien que les membres d'un groupe partagent un certain nombre de croyances générales relatives à ce que requiert une pratique sociale, les conditions et les critères d'actualisation de ces opinions en termes de pratiques concrètes peuvent varier d'une personne à l'autre. Les facteurs qui causent cette variation peuvent être plus ou moins directement reliés, soit à l'expérience directe des individus au regard de leurs performances passées, soit encore aux apprentissages réalisés par modelage, soit, enfin, à l'exposition aux discours de tiers qui sont affectivement significatifs. C'est à partir de ces facteurs que les sujets contextualisent les composantes déclaratives et procédurales des représentations au regard de leur propre pratique.

La théorie des représentations sociales considère que ce sont les structures périphériques qui contrôlent le passage de la cognition à l'opérationalisation ou, si on préfère, à l'actualisation d'un ensemble de concepts partagés par le groupe dans une pratique ou dans un ensemble de comportements individuels (Flament, 1994). Moliner (1995) distingue deux dimensions particulières au sein des représentations sociales (tableau 1).

TABLEAU 1

Modèle bidimensionnel des représentations sociales selon Moliner (1995)

	Noyau central	Structures périphériques
Pôle descriptif	**1. Champ des définitions** Caractéristiques définissant l'ensemble des objets symboliques traités grâce au filtre cognitif que constitue une représentation sociale.	**2. Champ des descriptions** Caractéristiques les plus fréquentes et les plus probables attribuées à un objet par un ensemble d'individus.
Pôle évaluatif	**3. Champ des normes** Critères d'évaluation d'un objet symbolique.	**4. Champ des attentes** Caractéristiques désirées ou attendues par les individus au regard d'un objet symbolique.

La première dimension adopte un caractère essentiellement dichotomique. Elle se centre sur les aspects structuraux qui composent une représentation sociale. Il s'agit ici de la distinction conceptuelle entre noyau central et structures périphériques de la représentation. La seconde dimension se développe selon un continuum opposant, à une extrémité, les fonctions descriptives et, à l'autre, les finalités évaluatives de la représentation. Elle reflète en quelque sorte la polarité cognition-conation (Hensler, Larose et Roy, 1998 ; Larose, Audette et Roy, 1997a, 1997b). Reuchlin (1990) définit la cognition et la conation en tant que structures complémentaires et indissociables. Les structures cognitives régissent la sélection et le traitement symbolique de l'information, alors que, pour leur part, les structures conatives régissent l'orientation et le contrôle des conduites. Ce faisant, Reuchlin réaffirme le caractère dialectique des interactions entre cognition, conation et affects. Il définit la cognition en tant qu'ensemble de capacités ou de mécanismes d'apprentissage et d'accession à la connaissance d'un savoir, la conation en tant que somme des mécanismes définissant la volonté d'action ou la tension vers un but et, enfin, les affects en tant qu'univers des sentiments et des émotions. Les affects sont, en soi, un produit symbolique du traitement de l'information sensorielle ; ils sont le produit d'une interaction entre trois types d'opérateurs : le système neurologique, les structures cognitives et les structures conatives. Le premier permet la saisie, l'encodage primaire et la transmission de l'information concernant la réalité environnementale ; le second permet la symbolisation et le traitement de cette information en fonction de règles ou d'algorithmes généraux (opérateurs cognitifs) ; le troisième permet au sujet de définir des possibilités d'interaction et des attentes d'efficacité en fonction de ses expériences directes (antérieures) et indirectes (observées ou transmises de façon symbolique). Ce sont ces interactions entre cognition, conation et affects qui définissent le rôle de prédiction des attitudes et des conduites, que la documentation scientifique récente prête aux représentations sociales.

3.   MÉTHODOLOGIE

Dans ce chapitre, nous centrons nos efforts sur l'identification des composantes du noyau central de la représentation du concept de didactique. Ce faisant, la méthodologie adoptée est relativement simple, classique et éprouvée. Nous fondons cette dernière sur l'analyse lexicométrique du discours d'un échantillon de convenance, composé d'un nombre limité de sujets ayant comme caractéristique commune d'être, à différents titres, des intervenants formels ou informels du monde de la formation initiale des enseignants du primaire au Québec.

3.1   Échantillon

Notre échantillon était composé de vingt enseignants intervenant au premier ainsi qu'au deuxième cycle de l'ordre primaire dans la région sherbrookoise, de sept professeurs attachés au Département d'enseignement au préscolaire et au primaire de la Faculté d'éducation de l'Université de Sherbrooke ainsi que de cinq chargés de cours dispensant un enseignement dans le cadre du programme de baccalauréat en enseignement au préscolaire et au primaire de cette Université. Il s'agissait d'un échantillon de convenance basé sur la participation volontaire à une entrevue de type semi-structuré portant sur les thèmes centraux suivants :

– concept de compétence et définitions des compétences didactiques ;
– définition du concept de didactique ;
– distinction entre la didactique et les didactiques ;
– rôle de la didactique dans une pratique d'enseignement ;
– distinction entre didactique et pédagogie ;
– concept de savoir et de rapport au savoir ;
– construction du savoir ou des savoirs ;
– concept d'interdisciplinarité ;
– relations entre les concepts de didactique et d'interdisciplinarité ;
– implications d'une pratique d'enseignement de type interdisciplinaire.

Les caractéristiques de l'échantillon impliquent qu'aucune généralisation ne sera faite à partir des résultats de traitement présentés. Néanmoins, compte tenu de la nature exploratoire et descriptive de cette recherche, nous pouvons considérer que l'échantillon respecte des critères minimaux de représentativité sur le plan de la stratification (Dussaix et Grosbras, 1993) et que le nombre de répondants est suffisant pour garantir une variabilité minimale du discours, ce qui est nécessaire pour l'identification de tendances distinctives entre les catégories de la variable nominale « type d'intervenants » (Illiakopoulos et Pagès, 1993).

Pour les fins du présent exposé, nous limiterons notre analyse à l'exploration des structures discursives des sujets, à ce qu'elles véhiculent sur l'identification des schèmes structurant le concept de didactique.

3.2 Traitement

Les bandes des enregistrements des entrevues ont été transcrites sans modification ni correction lexicale ou syntaxique, puis codées (identification du sujet, de la catégorie de partition à laquelle il appartient ainsi que de la rubrique thématique de référence). Les fichiers textes ainsi créés ont été saisis, puis analysés statistiquement à l'aide du logiciel lexicométrique SPAD-T. À partir de la numérisation des textes, le logiciel applique une procédure automatisée visant à constituer deux tableaux de fréquences successifs (sujets/mots et sujets/segments de phrases répétés), sur la base desquels est menée une série d'analyses factorielles des correspondances. Le lecteur qui voudrait se familiariser avec ces techniques de statistiques textuelles pourra se référer à Lebart et Salem (1994) et à Lebart, Salem et Berry (1997).

Notons simplement que le principe des modèles factoriels en statistique textuelle, appliqué à l'analyse des représentations sociales, est fort simple. Le discours des individus, en ce qu'il porte sur un objet commun et en ce qu'il se réfère à l'usage d'un vocabulaire contextualisé, implique la présence de concepts stables représentés par le recours à des structures lexicales (mots) et syntaxiques (segments de phrases) récurrentes et communes. Ces mots et ces segments de phrases correspondent théoriquement à une distribution qui devrait respecter les principes de la loi des probabilités conditionnelles de Bayes (Benzécri, 1982, 1992 ; Greenacre, 1994). Ils forment le fondement du regroupement des sujets, au regard de leur discours, autour du croisement des axes d'un plan factoriel (barycentres). En fait, ces éléments discursifs constituent le contenu même du noyau central de la représentation.

Un certain nombre de formes (mots) et de segments (concepts) caractérisent des individus en particulier. Ces éléments discursifs, en ce qu'ils portent sur des opérateurs (verbes d'action, segments correspondant à des concepts prescriptifs) reflètent à la fois les composantes des structures périphériques d'une représentation ainsi que la position plus ou moins décentrée d'individus au regard d'axes dont les polarités s'éloignent du centre du plan factoriel. Ces positions décentrées reflètent à leur tour les composantes de variances individuelles résiduelles ou, plus concrètement, la part de variance non expliquée par la prise en considération successive des facteurs. Lorsque l'analyse porte sur des *corpus* relativement denses de textes provenant d'un petit nombre de sujets, comme c'est le cas dans les verbatims d'entretiens semi-structurés, les facteurs de variation par rapport aux barycentres correspondent généralement à une distinction polaire sur le plan des sources de variation individuelle au regard des composantes normatives d'une représentation.

4.   RÉSULTATS

4.1   Définitions informelles du concept de didactique

Dans un premier temps, nous avons cherché à identifier les contributions des répondants de chacune des catégories relatives aux composantes discursives communes définissant le concept de didactique. Les deux premiers axes factoriels obtenus à l'analyse factorielle des correspondances (AFC), tenant compte des tableaux de fréquence des formes et des segments, expliquent 37 % de la variance observée, le premier facteur expliquant pour sa part 20,3 % de la variance et le second facteur 17 %. Compte tenu de la nature fortement dispersée des fréquences basées sur la répartition des mots ou des segments de phrases (lignes du fichier) selon les individus (colonnes), on peut considérer l'analyse comme étant relativement puissante (Lebart et Salem, 1994). Les positions de chacune des catégories composant l'échantillon sont fortement polarisées, les professeurs étant la catégorie qui contribue le plus fortement à la définition des formes banales du discours ou, si l'on préfère, aux éléments discursifs stables qui caractérisent l'objet d'analyse. Il s'agit par ailleurs de la seule catégorie socioprofessionnelle qui réfère systématiquement au terme « didactique ».

Le poids relatif de l'individu ou des individus de chaque catégorie est établi par rapport aux éléments communs, à l'aide d'un traitement statistique dérivé du *chi carré*[2], lequel tient compte de la distribution conditionnelle des cellules (mots ou segments de phrases / individu). Ce traitement du fichier ne permet de retenir qu'un nombre restreint de fragments provenant du discours des enseignants du primaire, les fragments qui atteignent le seuil de signification minimum ($p < 0,05$). On peut donc difficilement considérer qu'il y a association significative entre l'appartenance à cette catégorie socioprofessionnelle d'une part, et sa contribution relative aux formes caractéristiques du discours de l'ensemble de l'échantillon, d'autre part (tableau 2). Il en va de même des résultats obtenus par l'analyse du discours des répondants de la catégorie des professeurs (tableau 3). Par contre, si l'analyse du discours des chargés de cours ne permet aussi de retenir que peu de fragments caractéristiques du discours commun, ces fragments atteignent ici un seuil de signification statistique beaucoup plus important, suggérant ainsi que seuls ces éléments discursifs caractérisent réellement la capacité de définir de façon stable le concept ciblé (tableau 4).

---

2.   Pour comprendre le fonctionnement de la statistique identifiée en tant que distance au *chi carré*, le lecteur pourra consulter Lebart (1994).

Tableau 2

AFC[a] du discours portant sur le concept de didactique : énoncés caractéristiques des enseignants du primaire

Énoncé caractéristique	Chi carré ($p < 0,05$)
La didactique, pour moi, ce serait les moyens que je vais prendre pour cet enseignement-là. C'est quelle méthode je vais prendre, quelle façon, quel moyen je vais aller chercher. Pour lui ça fonctionne, mais pour lui, ça ne fonctionne pas, il faut que je trouve autre chose pour lui. (...) Alors c'est ça pour moi la didactique d'enseignement, c'est le moyens que je vais aller chercher.	0.053 (ns)

[a] Analyse factorielle des corespondances.

Tableau 3

AFC du discours portant sur le concept de didactique : énoncés caractéristiques des professeurs du département d'EPP[a]

Énoncé caractéristique	Chi carré ($p < 0,05$)
La didactique, pour moi, c'est se donner les moyens pour faciliter les apprentissages. Par exemple, je pense à un enfant qui apprend à lire, ça va donner comme tout l'entourage qui va lui permettre de développer ça, puis ça va être aussi de le nourrir, d'apporter d'autres éléments au fur et à mesure. (...) C'est un mouvement, ce n'est pas des règles, ce n'est pas des principes établis d'avance, ce sont toujours des principes qui me permettent de tenir compte de la spécificité d'un domaine d'apprentissage.	0.027

[a] Enseignement préscolaire et primaire

Tableau 4

AFC du discours portant sur le concept de didactique : énoncés caractéristiques des chargés de cours du département d'E.P.P.

Énoncé caractéristique	Chi carré ($p < 0,05$)
La didactique, c'est justement la façon de faire passer la matière, c'est la façon de varier nos interventions, la façon d'enseigner, la façon dont on corrige. C'est tout ce qu'il y a derrière le contenu. (...) La didactique ça dépend de chaque matière, parce que tu as la didactique qui est reliée à la mathématique, au français. Alors la didactique est derrière tout, ça dépend de chaque matière. C'est plutôt la façon, l'approche qui est reliée à une matière.	0.019

Dans un deuxième temps, nous avons procédé à l'analyse des spécificités du discours ou, si l'on préfère, à l'identification des éléments lexicaux qui sont à la fois surreprésentés dans le discours des individus ou d'une catégorie d'individus, et sous-représentés dans ce discours lorsqu'on le compare à celui de l'ensemble des sujets. Chez les enseignantes, l'identification de la didactique à ce qui caractérise les particularités de l'enseignement des matières caractérise le discours commun aux sujets de la catégorie en matière de définition du concept. De façon concomitante, cette identification fait aussi partie du patrimoine discursif commun aux sujets de l'ensemble de l'échantillon, peu importe leur catégorie d'appartenance (tableau 5). Par contre, le discours des enseignantes se distingue de celui des sujets des autres catégories, en ce qu'il insiste sur la finalité de l'agir enseignant – qu'il soit didactique ou pédagogique – en l'occurrence, la centration sur l'apprentissage des enfants comme processus individuel, spécifique ou particulier.

TABLEAU 5

**Analyse des spécificités du discours portant sur le concept de didactique :
spécificités positives et négatives du discours des enseignants**

Nature de la spécificité	Formes (mots)	Chi carré ($p < 0,05$)
Forme banale (commune aux catégories)	matière ensemble didactique	0,299 0,389 0,462
Spécificités positives (formes surreprésentées)	enfants apprendre	0,021 0,039
Spécificités négatives (formes sous-représentées)	maître apprend personne	0,027 0,027 0,013

Chez les professeurs, l'identification de la didactique comme une dimension de la pédagogie différenciée caractérise le discours commun de cette catégorie de l'échantillon. L'absence de distinction claire des concepts « pédagogie » et « didactique », le second étant une partie du tout que représente le premier, fait aussi partie du patrimoine discursif commun à l'ensemble de l'échantillon, peu importe leur catégorie d'appartenance (tableau 6). Par contre, le discours des professeurs se distingue de celui des sujets des autres catégories, en ce qu'il insiste sur le rôle moteur de l'enseignant ainsi que sur la qualité de l'agir enseignant au regard de l'apprentissage enfantin.

TABLEAU 6

Analyse des spécificités du discours portant sur le concept de didactique :spécificités positives et négatives du discours des professeurs

Nature de la spécificité	Formes (mots)	Chi carré ($p < 0,05$)
Forme banale (commune aux catégories)	didactique pédagogie différenciée	0,181 0,187 0,481
Spécificités positives (formes surreprésentées)	personne maître apprend	0,001 0,002 0,002
Spécificités négatives (formes sous-représentées)	toujours enseigner enfants	0,046 0,041 0,012

Enfin, chez les chargés de cours, l'identification de la didactique à une dimension de la pédagogie qui intègre essentiellement des aspects méthodologiques caractérise le discours commun de cette catégorie. (tableau 7). Par contre, le discours des sujets de cette catégorie se distingue de celui des autres sujets interviewés, en ce qu'il insiste particulièrement sur la dimension méthodologique de la didactique ou sur le «comment enseigner», en particulier les «matières essentielles, les mathématiques et le français.

TABLEAU 7

Analyse des spécificités du discours portant sur le concept de didactique : spécificités positives et négatives du discours des chargés de cours

Nature de la spécificité	Formes (mots)	Chi carré ($p < 0,05$)
Forme banale (commune aux catégories)	comment travailler élèves capable	0,123 0,229 0,229 0,229
Spécificités positives (formes surreprésentées)	enseigner toujours matières	0,027 0,049 0,049
Spécificités négatives (formes sous-représentées)	apprentissage pédagogue didactique	ns ns ns

4.2 Discussion

Les résultats de l'analyse lexicométrique du discours des sujets composant l'échantillon, en ce qui concerne la définition du concept de didactique, nous amènent à questionner l'existence même d'une définition informelle chez les enseignants de l'ordre primaire. Chez les sujets appartenant à cette catégorie socioprofessionnelle, il semble y avoir une relative équivalence des concepts de pédagogie et de didactique, les deux s'articulant à la fois à partir d'une centration sur la relation individuelle maître-élève et à partir de la reconnaissance des contraintes curriculaires dans le processus d'enseignement-apprentissage. La didactique s'apparente plus à l'organisation des environnements d'apprentissage, alors que la pédagogie se réfère aux méthodes facilitant l'enseignement des savoirs curriculaires ainsi que la gestion des environnements d'apprentissage. De façon générale, la pédagogie est incluse dans la didactique et vice-versa. On ne peut donc pas affirmer, du moins à partir de la définition informelle du concept de didactique, l'existence de deux schèmes distincts ni même complémentaires ; on reconnaît plutôt des variantes lexicales d'un même discours.

Chez les professeurs du Département d'enseignement au préscolaire et au primaire, le concept de didactique semble essentiellement se définir ou se structurer à partir de la reconnaissance des spécificités disciplinaires. La didactique se centre sur l'encadrement de processus de construction de savoirs particuliers de la part de l'élève, ces savoirs étant issus de domaines disciplinaires qui peuvent s'avérer complémentaires, mais qui sont au départ distincts chacun possédant sa cohérence inhérente. Dans ce sens, nous pouvons inférer que, pour les professeurs du département, l'identité disciplinaire prime sur l'identité professionnelle. Il est donc crucial, pour eux, que le futur enseignant atteigne un certain niveau de maîtrise des contenus disciplinaires ; on peut craindre alors que cette préoccupation se réalise au détriment de la maîtrise des habiletés propres à la médiation des contenus, qui définit la maîtrise professionnelle des futurs enseignants à l'ordre primaire. Dans un tel contexte, le développement d'un sentiment de maîtrise des habiletés technoprofessionnelles chez le formé dépend quasi intégralement de sa relation avec le maître guide. L'identité professionnelle relève alors du résultat du processus de modelage inhérent à la situation de stage.

La polarisation relative des positions dans chacune des trois catégories socioprofessionnelles représentées lors de la réalisation des entrevues semi-structurées ne permet pas de présumer l'existence d'une représentation commune du concept de didactique chez les divers intervenants dans la formation initiale des enseignants du primaire à l'Université de Sherbrooke. La contribution majeure du discours des professeurs (formateurs universitaires) à la définition des principaux éléments ou caractéristiques définissant de façon stable le concept et, tout particulièrement, leur contribution à la présence d'une référence minimalement systématique à la spécificité des disciplines laissent plutôt présumer le caractère équivoque de la représentation. La très grande variabilité des éléments structurant le discours des enseignants au regard de ce qui caractérise la didactique et leur contribution relativement mineure à la composition des structures stables et unitaires du discours recueilli vont aussi dans ce sens.

Dès lors, on peut se demander si nous ne serions pas confrontés à la situation suivante. Le concept de didactique existe en tant qu'objet symbolique ayant un minimum de sens chez les formateurs universitaires. Plus ou moins fortement associé aux dimensions prescriptives qui régissent la transposition d'un savoir scientifique, le concept pourrait se trouver au cœur d'un discours socialisé qui acquerrait à la fois des propriétés de stabilité sur le plan de sa définition commune ainsi qu'une valeur de référence à caractère normatif pour des gens qui proviennent d'un domaine disciplinaire particulier et qui, par conséquent, se définissent comme didacticiens d'une discipline. Ce faisant, nous pourrons parler de l'existence ou de l'émergence d'une représentation sociale de la didactique chez les intervenants de la formation initiale en milieu universitaire.

Au contraire, sur la base de l'échantillon utilisé et des résultats préliminaires dont nous disposons, force est de constater l'inexistence d'éléments conceptuels stables définissant la didactique chez les enseignants. Plus encore, le caractère labile de ce concept, voire interchangeable au bénéfice de celui de pédagogie, fait en sorte qu'on ne peut affirmer l'existence d'une importance affective quelconque attribuée à la stabilité d'un discours portant sur la didactique. Sans cette valence affective attribuée à un objet symbolique, il est excessivement difficile d'imaginer le rôle que cet objet pourrait jouer sur le plan de la construction d'un sentiment d'appartenance à un collectif et, à plus forte raison, sur celui de l'orientation ou de la justification des conduites des individus composant ce collectif. Or ce sont justement la présence de ces éléments descriptifs communs ainsi que leur fonction normative au sein d'une collectivité qui définissent au premier niveau l'existence même d'une représentation sociale.

5.   CONCLUSION

La reconnaissance sociale de l'importance et de la fonctionnalité d'un réseau conceptuel assurant non seulement la pérennité de ce réseau mais aussi le fait qu'il soit intégré par les individus qui y sont exposés, on peut se questionner sur l'impact que pourrait avoir l'inexistence d'une représentation sociale de la didactique chez les praticiens de l'enseignement primaire. Si, comme l'affirme Jonnaert (1996), les didactiques ont un rôle à jouer sur le plan de l'orientation des stratégies d'enseignement et de la régulation des apprentissages scolaires et si le concept de didactique est vecteur de posture épistémologique, l'absence de concept unitaire de la didactique chez les médiateurs de la relation enseignement-apprentissage laisse place à un éclatement du fondement conceptuel de chaque pratique enseignante. En l'absence d'une telle conception unificatrice, les critères d'efficacité externe par rapport auxquels les enseignants se sentent souvent évalués risquent fort de jouer un rôle dominant dans l'orientation de leurs pratiques. En effet, une conception unitaire de la didactique fonderait non seulement les pratiques enseignantes au regard de la transposition des savoirs scientifiques « scolarisés », mais aussi l'évaluation que chaque enseignant fait de la cohérence de son intervention par rapport à ce qui est valué par un groupe de référence.

En clair, sans représentation sociale articulée du concept de didactique, il ne peut y avoir de représentation unitaire de ses composantes, notamment celui de la compétence didactique. Or dans le contexte actuel, le discours officiel, tant au niveau de l'État qu'à celui des facultés responsables de la formation initiale des enseignants, porte sur la professionnalisation de la fonction enseignante. La professionnalisation d'une fonction implique une définition de la part de l'institution ainsi que l'identification par les acteurs d'un certain nombre de compétences dont la maîtrise garantit minimalement la qualité de l'acte du praticien formé. Comme il semble que pour deux intervenants sur trois, dans le processus de formation initiale des enseignants, le concept de didactique n'existe pas en tant que réalité propre ou particulière, on voit mal comment ces acteurs pourraient objectiver des compétences didactiques dont la construction par le formé ferait l'objet d'une attention particulière dans les milieux de la formation pratique. En lieu et place, la pression exercée par l'école pour le respect des « normes des programmes » risque fort d'assurer le maintien du caractère dominant de pratiques d'enseignement fondées sur des orientations qui ont eu une prédominance stable dans les milieux, telles les orientations épistémologiques de type behavioriste ou néobehavioriste.

CHAPITRE 11

Conscience prédisciplinaire de futurs enseignants : le cas du français

MONIQUE LEBRUN
Université du Québec à Montréal

COLETTE BARIBEAU
Université du Québec à Trois-Rivières

1. INTRODUCTION

On n'a plus à souligner le fait qu'il est essentiel, pour les formateurs d'enseignants, de connaître les représentations du savoir que se font les novices. Giordan et De Vecchi (1987), dans un magistral ouvrage sur les préconceptions scientifiques, ont levé le voile sur l'aspect constructiviste des savoirs et la nécessaire conceptualisation de l'objet dans l'élaboration de toute connaissance tant soit peu sérieuse. La présente recherche s'inscrit dans un domaine nouveau de la didactique de la langue maternelle. Elle a comme but général de sonder les contours des modèles généraux d'enseignement-apprentissage du français chez les futurs maîtres du préscolaire-primaire et du secondaire de deux universités québécoises. Elle fait suite à certains travaux plus spécifiques sur les préconceptions en lecture des futurs enseignants (Bawden, Buike et Duffy, 1979 ; Paradis et Baribeau, 1995 ; Wray, 1988).

Un premier instrument de recherche, sous la forme d'un questionnaire sur la langue et son enseignement-apprentissage, soumis à 150 sujets, a donné des résultats préliminaires (Baribeau et Lebrun 1996). La langue est vue par une grande majorité de sujets comme un instrument de communication plutôt qu'un instrument de la pensée, d'intégration culturelle ou encore comme une expérience esthétique. Les étudiants ont une vision éclectique de l'apprentissage et privilégient, au plan de l'enseignement, la mémorisation des règles et l'application de formules mnémotechniques. L'approche humaniste[1] teinte grandement leur vision de la profession enseignante.

Toutefois, les résultats obtenus à partir du questionnaire mettent en lumière certaines incohérences au plan des réponses, incohérences que nous ne pouvons entièrement attribuer à l'imperfection de l'outil (compréhension des énoncés, par exemple). Nous avons décidé d'approfondir les différentes dimensions du questionnaire (conception de l'objet, de son enseignement et de son apprentissage, situation personnelle comportant des dimensions relatives aux pratiques pédagogiques, aux sentiments et à la socialisation). À cette fin, nous avons fait soumis douze sujets (six inscrits au préscolaire-primaire et six inscrits au secondaire) à une entrevue.

Dans le champ de la langue et de sa didactique intervient une interdisciplinarité structurale : la langue et la littérature sont étroitement liées, d'une part, et d'autre part, la langue elle-même s'analyse sous le double volet oral et écrit, ce dernier se décomposant à son tour en lecture et écriture. S'y joue également une interdisciplinarité restrictive (nous reprenons ici l'opposition éclairante structural/restrictif de Boisot, 1971), la psychologie de l'apprentissage et la sociologie (l'une pour les représentations et l'autre pour la norme) ayant des interfaces limitées, mais précises, avec l'objet en cause, la langue, telle qu'ici analysée. Pour nos sujets, la langue, le français si l'on veut, forme bel et bien une discipline, mais on commence, formation professionnelle aidant, à être sensible à ses ouvertures vers l'interdisciplinarité, puisque, comme le dit Bertrand (1980), l'interdisciplinarité est « l'accès et l'exploration de l'imaginaire social et individuel qui fonde (en partie) les entreprises de connaissance » (p. 22).

2. LA MÉTHODOLOGIE

Le questionnaire nous avait permis de recueillir des données quantitatives. Avec l'entrevue, nous avons privilégié une approche qualitative. La formule de l'entrevue est très connue dans le domaine des sciences humaines et sociales et est fréquemment utilisée pour recueillir des données concernant les conceptions ou les représentations. Il n'y a pas une seule façon de faire des entrevues. Celle que nous avons privilégiée est construite à partir de questions relativement fermées où le sujet est amené à énoncer son point de vue à partir d'énoncés concernant l'objet langue. Il faut dire ici que tous les sujets ont préalablement répondu au questionnaire, qu'ils ont leurs réponses sous les

---

1. Nous entendons par l'approche humaniste celle où l'on met l'accent sur l'élève comme personne, en respectant son expérience, son style et ses rythmes d'apprentissage. Cette approche vise le développement intégral de l'apprenant et touche donc tant l'affectif que le cognitif.

yeux et que l'intervieweur les amène à approfondir l'organisation de leurs idées en leur posant des sous-questions à propos de leurs réponses.

Les douze sujets retenus pour cette partie de l'étude sont des volontaires de première année du baccalauréat en enseignement : dix filles dont six se destinent à l'enseignement préscolaire-primaire et quatre à l'enseignement du français au secondaire ; deux garçons se destinant à l'enseignement du français au secondaire. L'échantillon respecte, quant au sexe, les proportions que l'on retrouve dans l'enseignement. Les sujets sont tous issus de la classe moyenne. Les entrevues ont duré entre une heure et une heure trente et ont fait l'objet d'enregistrements et de transcriptions. L'intervieweur a présenté au sujet le questionnaire que ce dernier avait rempli un mois plus tôt ; a alors un énoncé, puis a demandé au sujet d'expliquer les raisons qui l'avaient amené à faire son choix de réponses.

Un premier traitement préliminaire des données pour trois des douze sujets (Lebrun et Baribeau, 1997) avait permis, suivant les étapes classiques de l'analyse de contenu (L'Écuyer, 1989) de déterminer une ensemble de codes qui ont été utilisés à nouveau pour analyser les entrevues subséquentes. Ces codes prédéterminés ont facilité la condensation de longs passages en brefs énoncés où le sens global est reformulé en quelques mots (Kvale, 1996). Cette analyse de contenu a permis de circonscrire notre objet sous cinq aspects, à savoir : la langue elle-même (sa structure et son organisation) ; la norme, la fonction de la langue, le jugement que le sujet porte sur la qualité du français au Québec et les origines des conceptions qu'il privilégie sur la langue. Ainsi, nous avons pu tracer douze portraits de jeunes étudiants s'inscrivant en formation des maîtres. Ces portraits mettent en lumière, pour chaque sujet, les traits saillants de sa pensée concernant le français. Nous conservons, grâce à de ces portraits, toute la richesse propre à chaque individu. Toutefois, l'utilisation de catégories prédéterminées permet de comparer les sujets entre eux de manière à faire ressortir les traits communs et à faire émerger, sans trop dénaturer par réduction excessive, un ou des modèles généraux.

3.   QUATRE PORTRAITS

Nous présentons ici quatre des douze portraits d'étudiantes et d'étudiants, deux inscrits en formation initiale au secondaire et deux en éducation au préscolaire et enseignement au primaire. Ces sujets se révèlent typiques, au sens où ils présentent des caractéristiques générales qui peuvent servir de repères en vue d'une classification. Nous avons qualifié chaque sujet de manière à faire ressortir une grande tendance qui se dégage du portrait global.

3.1 Premier sujet : la classique nouveau genre

Cette étudiante s'est inscrite en enseignement au secondaire et il semble bien que son passage par une école privée au secondaire et son admiration pour une enseignante passionnée colorent ses conceptions de la langue et de la littérature. Elle reconnaît que la langue française fourmille de pièges, mais dit, du même souffle, qu'il faut travailler d'arrache-pied pour les contourner. Il convient de distinguer règles et automatismes : seuls les derniers sont intégrés. Dans tous les milieux, toutes les professions, il faut savoir écrire, mais, bien sûr, en s'adaptant à la situation de communication. Lorsqu'elle formera des jeunes, elle sera très exigeante et leur donnera des exercices qui ont fait leurs preuves : la dictée, les exercices de stylistique. Elle leur montrera qu'on n'apprend pas seulement la langue pour bien réussir aux examens. Comme elle a elle-même appris trop tard la grammaire, surtout l'analyse logique et grammaticale, elle prône un apprentissage de la grammaire dès le primaire. Elle aime particulièrement la méthode inductive, qui rend l'élève actif. Enfin, elle lie la qualité de la langue écrite et la fierté nationaliste.

Comme beaucoup de ses collègues, notre sujet prône un oral correct, mais non soutenu, qui ne lui semble possible que pour les gens de l'Académie française. Le niveau de français standard lui semble celui à rechercher, particulièrement pour faciliter le contact avec les autres cultures, ce qu'elle a elle-même observer lors d'un voyage en France et de rencontres avec des Africains. Elle ne croit pas, par ailleurs, que les Français s'expriment mieux que les Québécois, puisqu'ils utilisent des anglicismes. Relativement à son futur métier, elle insiste pour dire qu'elle utilisera une langue impeccable, dans la mesure du possible. Ses examens oraux du secondaire l'ont stressée, lui ont démontré certaines faiblesses en sa syntaxe et lui ont rappelé la nécessité d'une communication orale de qualité.

Notre sujet se dit passionnée de littérature française et de lecture. Il est vrai qu'elle a eu une bonne formation au secondaire et acommencé un baccalauréat en littérature avant de poursuivre ses études en enseignement. À travers la littérature, elle a le souci de la culture de l'autre. Par contre, elle revendique le droit d'interpréter et d'apprécier une œuvre à sa façon. L'esthétique est pour elle une question de perception personnelle. Elle apprécie énormément les cours d'histoire littéraire, car il faut toujours contextualiser une œuvre. Or, elle a des faiblesses dans ce domaine, mais une insatiable curiosité. Le texte de l'œuvre reste quand même primordial. Lire, enfin, lui semble une expérience esthétique qui lui permet d'entrer dans le monde de l'auteur, mais à condition d'avoir accès à des œuvres complètes.

3.2 Deuxième sujet : le pragmatique

Ce sujet, inscrit au programme d'enseignement au secondaire, a fait son cégep dans une institution anglophone, ce qui lui donne une opinion un peu particulière en matière de langue et de littérature. Il reconnaît que l'application d'une règle de grammaire est plus importante que la règle elle-même. Toutefois, il se montre assez peu normatif à l'écrit. La méthode inductive en grammaire lui semble intéressante non pas parce qu'elle occasionne des réflexions plus personnelles sur la langue, mais bien parce qu'elle s'assimile à une expérimentation sur le terrain. Notre pragmatique est d'ailleurs favorable à un apprentissage systématique des règles à partir des erreurs des élèves et, en cela, à un apprentissage relativement individualisé. Il se dit sceptique par rapport à la dictée, étant donné qu'on ne peut y couvrir tous les cas d'erreurs commises par les élèves.

En ce qui concerne l'oral, le souci dominant de notre sujet est l'efficacité de la communication, que celle-ci soit en français ou en anglais, comme il nous le fait remarquer. Même si l'on trouve des aspects fonctionnels à la langue, dit-il, cela n'empêche pas de l'aimer. En classe, il convient de prôner le niveau correct, mais cela est difficile à faire comprendre aux jeunes. On peut y arriver par les débats, l'improvisation, c'est-à-dire en rendant les élèves actifs. Corriger toutes leurs erreurs relève cependant de l'utopie. Quant à l'aspect social, il se dit fier d'être francophone ; il l'a surtout senti lorsqu'il est allé dans des régions anglophones du pays.

Ce sujet reconnaît que la langue et la culture sont très liées. Toutefois, le côté pratique devrait, selon lui, dominer dans l'enseignement du français : il croit que le côté esthétique de la langue doit être laissé aux étudiants en lettres. Il hésite à reconnaître la primauté de la littérature française : le seul qualificatif qu'il lui consent est de la trouver chargée de traditions. Il refuse de donner sa définition d'un beau texte, disant qu'il s'agit là d'une opinion trop subjective. On sent que le terrain est glissant pour lui. D'ailleurs, le sujet avoue n'avoir lu qu'un livre complet avant l'université et trouve que les élèves du secondaire ne peuvent le faire. Lorsqu'on lui demande de définir la littérature, il dit que pour lui, c'est la connaissance de la liste des œuvres d'un auteur, à laquelle on ajoute quelques notions sur les genres littéraires. Il se dit impuissant à initier les élèves à la beauté d'une œuvre. Lire, pour lui, c'est surtout chercher à améliorer son vocabulaire, son orthographe.

3.3 Troisième sujet : la stressée

Notre troisième sujet a choisi l'ordre primaire par défaut, car, depuis toujours, elle se voyait enseignante, mais écartait l'idée d'intervenir auprès d'adolescents. Elle a déjà fait de l'encadrement en français d'élèves faibles et est fière de sa maîtrise des règles. Les performances en français de ses amis anglophones la portent à penser qu'il est plus difficile de bien parler le français que l'anglais. Elle est souvent fâchée de voir des fautes sur les affiches ou dans les menus.

Elle se rend compte qu'elle manque de culture générale. À l'oral, c'est la gêne et le stress qui l'entravent dans sa communication et font que ses performances manquent de naturel. C'est ce qui la porte à croire qu'il faut amener les élèves à parler fréquemment. Elle pense qu'on peut bien parler sans vocabulaire recherché. L'essentiel est de se faire comprendre de tous et d'être fier de sa culture.

Comme la plupart des étudiants, ce sujet estime qu'en toutes circonstances, il faut se surveiller, surtout lorsqu'on est un enseignant dans une classe. L'écrit et l'oral sont en relation et lorsqu'on parle bien, on a des chances de bien écrire. Lorsqu'elle compare les Québécois aux autres francophones, elle constate, tout comme plusieurs, qu'ils ont une articulation relâchée ; elle estime qu'il y a un français québécois mais que ce n'est pas officiel. À l'égal de ses collègues, elle stigmatise l'utilisation des anglicismes par les Français.

Elle privilégie une approche alphabétique en lecture. Notre sujet pense qu'il y a des liens entre esthétisme et intérêt à lire, mais éprouve de la difficulté à en parler. Elle accorde aux textes utilitaires une grande importance en enseignement. Comme enseignante, elle soutient qu'il s'agit de faire en sorte que les élèves se sentent à l'aise de parler et d'écrire, de ne pas trop les brimer dans leur expression personnelle, tout en les corrigeant lorsque c'est nécessaire.

3.4 Quatrième sujet : la volontariste

Selon cette étudiante, un professeur doit, en classe, utiliser un français soutenu, car il est un modèle pour ses élèves. L'enseignement de l'oral vise à enrichir le vocabulaire des élèves, car il faut parvenir à mettre les bons mots sur la réalité. Elle juge qu'il est important de toujours surveiller son orthographe. Pour elle, à l'écrit, il y a des règles à apprendre et, puisqu'elle a réussi à les maîtriser, cette tâche est possible pour tous. Elle constate en effet qu'elle-même s'est améliorée en français et cela a augmenté sa confiance en elle. Elle affirme qu'il existe des différences entre l'oral et l'écrit et que la maîtrise de l'écrit passe par la pratique et par la lecture.

Notre sujet juge que les Québécois ne parlent pas mal, mais qu'ils ont une articulation relâchée et qu'au plan de l'écrit, ils éprouvent des difficultés orthographiques et syntaxiques, mais qu'ils ont des idées. Elle soutient qu'il n'y a qu'une seule langue française, mais avec quelques petites différences au Québec, question de vocabulaire. Bien parler, c'est éviter les sacres, les jurons, les erreurs et le joual et se surveiller un peu. Elle conçoit qu'on apprend à parler en écoutant des gens qui s'expriment bien et en tentant de les imiter, et que l'expression spontanée doit être corrigée en ce qui concerne les termes impropres. Il faut toujours surveiller son orthographe, qui que l'on soit et quel que soit le contexte. L'apprentissage de la lecture se poursuit, selon notre sujet, tout au long de la scolarisation ; elle est toutefois ambivalente ou ignorante des stratégies à privilégier pour soutenir la démarche de compréhension en lecture. Pour elle, un professeur est un modèle qui doit aider les élèves à s'améliorer, bien que ceux-ci puissent apprendre par eux-mêmes, à l'aide de bons outils ; cela exige toutefois une grande discipline personnelle et des efforts. L'enseignement de l'écrit passe par les dictées, la rédaction de textes variés. Son ignorance de la littérature l'inquiète, car elle redoute que cette crainte ne soit transmise aux élèves.

4. TABLEAU D'ENSEMBLE

Après ces portraits détaillés de quatre de nos sujets, voyons le tableau d'ensemble qui se dégage. Nous distinguons d'entrée de jeu des différences, le groupe du préscolaire-primaire adoptant globalement un perspective généraliste de l'acte d'enseigner, alors que les étudiants et étudiantes du secondaire adoptent un perspective relevant davantage de la spécialisation.

4.1 La langue

Pour nos sujets du préscolaire-primaire, la langue est un ensemble de règles et d'exceptions qu'il faut apprendre à maîtriser. Cet apprentissage exige de la discipline personnelle et beaucoup d'efforts. La langue française est particulièrement difficile à maîtriser et cette maîtrise ne se fait pas d'instinct, même si c'est la langue maternelle, car il faut apprendre à se plier aux règles.

Pour leur part, les futurs enseignants du secondaire ont une fixation sur le code écrit. Il faut dire que leur programme est très exigeant sur le sujet : examen de grammaire à l'entrée, réussite d'un cours de grammaire avancé comme préalable au stage, etc. Il n'est donc pas étonnant que cinq des six sujets analysés se montrent assez stressés lorsqu'ils parlent de ce point. La langue française leur semble parfois un Himalaya à gravir, avec ses traquenards : une étudiante avoue même candidement qu'elle croyait qu'on exigerait d'elle une parfaite connaissance de la grammaire pour enseigner au secondaire. Il est intéressant de remarquer que les sujets distinguent l'oral de l'écrit, et que ce dernier est perçu comme plus contraignant, mais aussi plus susceptible d'être personnalisé. Pour ces étudiants, la langue est plus qu'une matière scolaire : elle sert à acquérir toutes les autres.

4.2 La norme à l'oral et à l'écrit

Les sujets du secondaire s'attardent surtout à deux niveaux de langue, le niveau correct et le niveau familier. À l'écrit, l'école doit développer le premier, entre autres par des exercices soutenus, certains même allant jusqu'à prescrire la dictée. Quant au second, on le retrouve à l'oral. Les étudiants se montrent ici plus pragmatiques que laxistes : si le message passe, ils ne voient aucun inconvénient à ce que l'on préfère ce niveau de langue. Tous ou presque s'entendent à reconnaître qu'il est difficile de corriger l'oral. On ne trouve pas de remarques à propos du joual ni de commentaires précis sur la syntaxe. On critique à l'occasion la prononciation un peu molle des Québécois et un vocabulaire qui manque de richesse et de précision.

La vision qu'entretiennent les sujets du préscolaire-primaire est sensiblement la même. Cependant, le joual et les anglicismes reviennent constamment dans leurs propos sur la langue ; ils constitueraient les principales plaies qui affectent le parler québécois. Tous nos sujets distinguent à tout le moins deux niveaux de langue à l'oral : d'un côté, le registre familier, sphère du privé, empreint d'un certain relâchement au plan de l'articulation et, à son opposé, un registre soutenu, de niveau élevé, qui s'utilise en contexte social plus formel. Quant à l'écrit, il n'y aurait qu'une seule façon de le pratiquer, puisque l'orthographe et les règles de grammaire sont les mêmes partout.

4.3 Les diverses fonctions de la langue (utilitaire/communicative ou esthétique/culturelle)

Les sujets du préscolaire-primaire privilégient une vision relativement utilitaire où la langue sert à s'exprimer, à mettre des mots sur la réalité, à se débrouiller dans la vie et à communiquer. Une personne estime que la langue n'est qu'une matière scolaire parmi d'autres.

Toutefois, le regard est plus nuancé chez les sujets du secondaire, ceux-ci qui oscillent d'une fonction à l'autre de la langue. Contrairement aux sujets du primaire, pour lesquels la fonction communicative est primordiale au point d'oblitérer toutes les autres, les sujets du secondaire envisagent, dans une étonnante proportion, la fonction esthétique de la langue. Pour eux, le lien entre langue, culture et lecture (particulièrement la lecture littéraire) est très étroit. Certaines naïvetés et beaucoup de désir de valorisation sociale sont perceptibles dans leur discours. Même si on mentionne l'importance de la lecture pour développer l'imaginaire, on avoue, du même souffle, ne pas être très compétent pour se lancer dans l'analyse de textes avec les élèves. De même, plusieurs futurs enseignants du secondaire accordent une certaine imortance, néanmoins parfois très relative, aux « classiques » : on sait que ceux-ci sont importants, mais on avoue ne pas tout à fait comprendre pourquoi, puisque c'est affaire de subjectivité. La conscience littéraire est très différente chez les sujets du préscolaire-primaire ; toute la richesse de cet univers semble peu leur manquer. Une seule personne apprécie la lecture de textes littéraires. Deux se donnent pour projet d'explorer la littérature pour la jeunesse qu'ils perçoivent plus appropriée pour les jeunes enfants. Aucune personne n'a le projet d'approfondir ses connaissances en littérature francophone ni en poésie.

4.4 Le jugement sur la qualité du français au Québec

Appelés à se prononcer sur la qualité du français au Québec, les sujets du préscolaire-primaire sont d'avis que le Québécois, nonobstant son articulation relâchée, parle aussi bien que tout francophone. Presque tous les sujets disent éprouver de la fierté à parler français. Ils se disent fâchés de relever des fautes sur des affiches publicitaires ou encore d'entendre un langage abâtardi à la télévision. Ils éprouvent non seulement de l'agressivité mais aussi de la gêne devant ce qu'ils estiment un manque flagrant de respect de soi. Tous soutiennent que les Français ne s'expriment pas mieux que les Québécois, puisqu'ils utilisent des anglicismes.

Unissant l'oral et l'écrit sous la même bannière, les sujets du secondaire mentionnent, tout comme ceux du préscolaire-primaire, qu'il faut améliorer la langue, que c'est une question d'effort collectif et de fierté, ce qui contredit quelque peu leur quasi-laisser-aller à propos de l'oral. Le désir qu'ils ont de se perfectionner personnellement provient d'une prise de conscience individuelle lors de la fréquentation d'étrangers, de voyages en France, de connaissance de l'histoire du Québec, etc. Pour eux, les élèves du secondaire manquent de cette fierté essentielle à l'amélioration de leur langue. Ils ont bien l'intention de redresser la situation et se sentent investis d'une lourde mission.

Nulle part, on ne retrouve, chez l'ensemble de nos sujets, l'opinion que la langue française est en danger au Québec, qu'elle est envahie par l'anglais. Cette langue, bien que difficile à maîtriser, leur semble digne de tous leurs efforts personnels et sera leur marque de commerce, dans leur profession, vis-à-vis leurs autres confrères de travail. Par contre, le concept d'aménagement de la langue, de politiques, de lois sont des éléments absents de leur champ de conscience.

5.   L'ORIGINE DES CONCEPTIONS ET DES REPRÉSENTATIONS

Bien que leur histoire scolaire soit courte, les sujets du secondaire se plaisent à rappeler tel enseignant du secondaire qui les a marqués positivement par sa passion pour l'enseignement ou négativement, par l'emploi d'une méthode inappropriée. Les oraux du secondaire, entre autres, sont critiqués parce qu'ils sont pratiqués sans règles précises ; il en est de même des méthodes traditionnelles, qui laissent l'élève passif. Quelques-uns mentionnent que leur penchant pour la méthode inductive vient sans doute de là, par réaction.

Le portrait des sujets du préscolaire-primaire est sensiblement différent. Plusieurs associent l'origine de leurs conceptions à leur décision d'enseigner aux enfants. Le goût pour l'enseignement est soit inné, soit né d'expériences heureuses d'enseignement (centre d'aide en français, animation dans un camp de vacances). Trois sujets mentionnent l'importance que leurs parents accordaient à la qualité du français, mais aucun ne mentionne, contrairement aux sujets du secondaire, un enseignant qui les aurait marqués au primaire.

Une recherche exploratoire comme celle-ci comporte des limites qui touchent la théorisation des résultats. Nous pouvons néanmoins, à la lumière des représentations émergentes des étudiants, mettre de l'avant des structures récurrentes qui nous orientent vers un modèle provisoire de la conception de l'objet langue et de certaines facettes de son enseignement-apprentissage chez les futurs maîtres. Un modèle est nécessairement abstrait et simplifié ; il permet néanmoins d'énoncer des hypothèses et de planifier une formation. Notre modèle est de type descriptif : il représente les relations entre les différents concepts du champ étudié. Il s'est construit de manière inductive et empirique. Nous avons retenu, à partir du premier champ notionnel, trois grands axes : la vision de l'objet langue, la vision de la culture et la vision de l'enseignement. Les données qualitatives sont représentées sous forme de matrice à double entrée (Van der Maren, 1995, p. 452). L'intérêt de cette schématisation est de condenser sous forme d'énoncés les propos les plus significatifs des sujets. Cette matrice, faite à partir de premières catégorisations, permet de mettre en relief certains regroupements qui peuvent permettre d'appréhender des caractéristiques plus fondamentales du portrait du jeune enseignant. Nous aurions pu chercher à situer nos douze sujets uniquement en fonction de deux paramètres à partir desquels nous aurions décrit leur vision des différents aspects, ce qui nous aurait amenées à durcir les positions. Nous avons plutôt choisi d'insérer un espace de transition afin d'illustrer une vision en transition ou un point de vue en voie de modification.

5.1 La langue

Le premier aspect qui se dégage est cette tension, chez les étudiants, entre une vision fonctionnelle et une vision normative de la langue. Par vision fonctionnelle, nous entendons une perspective pragmatique où se faire comprendre et communiquer constituent le fondement, le but ultime de l'apprentissage de la langue. Par vision normative, nous faisons référence à une langue conçue comme un ensemble de règles qu'il convient de mémoriser et d'appliquer en toutes circonstances, compte tenu que la maîtrise de la langue, particulièrement le français au Québec, constitue non seulement un enjeu personnel, mais aussi un enjeu social (Cajolet-Laganière et Martel, 1996).

Bien que plusieurs sujets disent, en entrevue, que la langue sert à communiquer, il n'en reste pas moins qu'ils la réduisent souvent à une matière qui leur a été enseignée à partir de règles de grammaire à apprendre, l'aspect esthétique ayant été complètement occulté. En effet, le terme « s'exprimer » et l'expression « sert à communiquer » recouvrent davantage le sens de « être compris » et de « bien parler » pour se débrouiller dans la vie, que d'adapter son discours en fonction des différents paramètres d'une situation de communication. La perspective normative implique, dans le propos des étudiants, une dichotomie très marquée entre l'oral (peu normé) et l'écrit (surnormé). Les étudiants soutiennent qu'apprendre le français est une question d'effort personnel, de volonté individuelle et qu'il n'y a, à ce chapitre, aucune dimension sociétale. Le tableau 1 nous permet de voir que la moitié des sujets a une vision normative de la langue et de constater que la très grande partie des sujets estime que la maîtrise d'une langue est une question d'effort personnel et de volonté. Peut-être est-il utile de rappeler que « la conscience linguistique des Québécois et des Québécoises est ancienne ; mais, depuis les années 1960, la question linguistique occupe une place de tout premier plan dans les préoccupations de la société québécoise » (Cajolet-Laganière et Martel, 1996, p. 13) et qu'à ce chapitre, l'étudiant québécois partage cette préoccupation d'amélioration de la qualité de la langue. Toutefois, pour assurer la survie du français, il appert que cette dimension individuelle se double, au Québec, d'un aspect sociopolitique qui échappe à la plupart de nos sujets, comme le dé-

TABLEAU 1

Visions de la langue

		Notion de langue		
		Vision normative	**Vision quasi-fonctionnelle**	**Vision fonctionnelle**
A P P R E N T I S S A G E	**Enjeu strictement personnel**	La langue est un ensemble de règles auxquelles il faut se plier (BEPEP3). Il faut l'apprendre, c'est difficile, plein d'exceptions ; c'est une matière scolaire (BEPEP5). Ça ne vient pas d'instinct ; c'est difficile et cela exige de la volonté (BEPEP 2). C'est pas difficile, c'est logique, une question de volonté (BEPEP1). Le français, c'est des règles et des exceptions (BAS1). C'est un travail personnel pour déjouer les pièges (BAS 4).	Chaque situation a son niveau, mais les fautes me dérangent tout le temps (BAS3). Il faut apprendre à maîtriser cet outil de communication, c'est une question d'efforts et de volonté (BAS6).	Le français s'apprend en communiquant (BEPEP4). L'essentiel, c'est de communiquer (BAS5).
	Enjeux personnel et social		C'est un défi personnel mais qui sert pour toute la vie pour communiquer (BAS2).	Il faut que chacun apprenne à communiquer et à se socialiser (BEPEP6).
	Enjeu social			

BAS correspond aux sujets du baccalauréat en enseignement du français au secondaire ; BEPEP, aux sujets en éducation au préscolaire et en enseignement au primaire.

montre l'absence de propos concernant cette dimension. Par ailleurs, des études démontrent que l'opinion publique confond aménagement de la langue et qualité de la langue (*Ibid.*, p. 17). Ainsi en est-il de nos sujets.

5.2 La culture

Sans parler d'une tension, nous pouvons observer, chez nos sujets, une hésitation quant à l'aspect culturel de la langue. Nous avons retenu deux axes. Le premier correspond à un vision de la culture, où deux pôles sont mis en opposition : une vision ouverte à la littérature québécoise, français, à celle des autres pays de la francophonie et aux littératures étrangères et une vision étriquée, réduite soit aux grands classiques, soit aux extraits d'œuvres étudiées sur le plan de la stylistique ou des courants littéraires. Le second axe d'observation correspond à la culture que le sujet a lui-même acquise, soit au cours de ses études, soit au fil de ses lectures personnelles.

De façon générale, les propos des étudiants témoignent d'une concentration sur le phénomène québécois et manquent d'intérêt pour les aspects dits traditionnels que sont les classiques et l'histoire littéraire, de même que pour l'esthétisme de la langue. Plusieurs d'entre eux affirment sans trop de gêne manquer de culture ou de connaissances à ce chapitre, mais, du même souffle, ils ajoutent être conscients que cet univers leur reste à découvrir. Nous pourrions avancer qu'ils ont, de la culture, une vision assez réductrice ou étriquée, et non riche et ouverte. Quatre sujets disent s'intéresser à la littérature pour la jeunesse.

5.3 L'enseignement

Nous pourrions articuler une troisième composante de notre modèle, en relation avec la professionnalisation. Deux axes nous servent de paramètres d'analyse : d'une part, le degré d'emprise sur la tâche à accomplir, cette emprise conditionnant la capacité de faire des choix didactiques éclairés ; d'autre part, le sens des responsabilités que l'étudiant véhicule relativement à l'enseignement-apprentissage. Nous sommes conscientes que ces axes sont définis en fonction de jeunes entrant dans la profession enseignante et que, de plus, nous utilisons des concepts qui tentent de cerner cette réalité bien particulière.

Ainsi, il est possible de constater que la majorité de nos étudiants éprouvent un très grand sentiment de responsabilité sociale. Pour eux, le professeur est un modèle qui se doit de bien parler, de maîtriser son français écrit. Ils ont toutefois fortement intégré certaines images toutes faites sur la nécessité de savoir écrire, sur la lecture, source de différents savoirs, sur la légitimité de tous les accents régionaux. Au plan des stratégies d'enseignement, plusieurs sujets affirment devoir et pouvoir tout faire. Nous pourrions peut-être avancer que cette inconscience leur insuffle un sentiment de toute puissance qui se

TABLEAU 2

Visions de la culture

		Culture personnelle		
		Culture personnelle large et diversifiée	Intuition d'un large champ d'exploration	Absence de culture personnelle
NOTION DE LA CULTURE	Large et étendue : Québec, France, francophonie et littérature étrangère		Passionnée de littérature et de lecture. Revendique le droit d'aimer ou de détester des «classiques» (BAS 4).	Le français s'apprend en communiquant (BEPEP4). L'essentiel, c'est de communiquer (BAS5).
	Vision étriquée, réduite aux classiques, aux extraits d'œuvres et aux courants littéraires	A une bonne connaissance du domaine. Pour elle, toutes les cultures se valent. Elle a un préjugé favorable envers la littérature française (BAS1).	A peu de connaissances mais est conscient du large univers à découvrir (BAS 6). Aime la littérature québécoise et a du plaisir à relire certaines œuvres (BEPEP4). Ne connaît pas la littérature française, mais dit que la littérature québécoise n'est pas la seule qui soit intéressante (BEPEP 6). Connaît peu mais espère enseigner et donner le goût à ses élèves (BAS6).	Toutes les littératures se valent de même que tous les styles et les genres. Les classiques, c'est pour le cegep (BAS2).
	Absence d'expérience et de connaissances			La littérature, ce sont les styles et les genres littéraires (BEPEP1). Je ne connais rien et j'en suis un peu gênée ; j'ai peur de transmettre ma crainte aux élèves (BEPEP 2). La littérature, c'est la connaissance de la liste des œuvres d'un auteur et quelques notions sur les genres littéraires. L'essentiel, ce sont les textes utilitaires, car ça peut être bien écrit, mais ennuyant à mort (BEPEP3). A suivi des cours mais ne se souvient de rien. Ce n'est pas essentiel pour le primaire (BEPEP 5). Se demande si la littérature est accessible aux élèves du secondaire (BAS 3).

BAS correspond aux sujets du baccalauréat en enseignement du français au secondaire ; BEPEP, aux sujets en éducation au préscolaire et en enseignement au primaire.

TABLEAU 3

Visions de l'enseignement de la langue

		Degré de responsabilité de l'enseignant		
		Très grande responsabilité	Position mitigée	Aucune responsabilité
EMPRISE SUR LA TÂCHE	Très grande emprise (choix éclairé)	Réfléchit sur les stratégies les plus appropriées allant du jeu aux apprentissages formels (BEPEP6). Allie aux activités de communication des exercices systématiques pour l'enseignement la langue écrite (BAS1).	L'enseignant doit surtout corriger les travaux et faire en sorte que l'école ait une politique de la langue (BAS2).	
	Emprise relative en voie de réalisation (tout doit être fait)	Le professeur est un modèle ; l'enseignement se fait par emboîtement logique d'actions (BEPEP2). Le professeur est très important. Toutes les stratégies sont à mettre en place (BEPEP4).	C'est une question de pratique. Il faut privilégier une approche inductive qui part des erreurs des élèves (BAS5).	
	Peu d'emprise	Enseigner, c'est exiger des répétitions et corriger des exercices (BAS3). L'apprentissage, c'est une question d'exercisation et d'analyse que le professeur doit faire faire (BAS4). C'est faire faire des exercices, répéter et corriger les dictées (BAS6).	Le professeur est un modèle ; il faut vraisemblablement commencer par les bases, mais je suis ici pour apprendre comment faire (BEPEP3). Ignore comment faire, mais se dit à l'université pour l'apprendre (BEPEP1).	Il est difficile de montrer quelque chose à quelqu'un ; c'est une affaire de pratique personnelle. (BEPEP 5).

BAS correspond aux sujets du baccalauréat en enseignement du français au secondaire ; BEPEP, aux sujets en éducation au préscolaire et en enseignement au primaire.

verbalise sous la forme de « Moi, je changerai les choses », ce qui, en début de formation, s'avère plus prometteur que l'impression d'impuissance qui mène souvent à la démotivation et au laisser-aller. Forcés d'identifier des éléments relatifs à l'enseignement-apprentissage (comment faire apprendre la grammaire, que faire lire, quelle norme adopter à l'oral avec l'élève), les sujet hésitent et justifient leur hésitation en disant qu'ils ont trois ans pour apprendre comment le faire. Certains sujets ont toutefois une vision assez restreinte du rôle de l'enseignant ; ils sont d'avis que des avenues ont été tracées, qu'elles ont fait leurs preuves (dictées, exercices, répétitions et corrections) et qu'il faut suivre ces sentiers avec rigueur et constance. Par contre, deux sujets ont une réflexion soutenue qui témoigne d'un choix éclairé.

6.   ANALYSE DES DONNÉES

6.1   La conscience linguistique des Québécois

Nous aimerions commenter ce qui précède tout d'abord à la lumière de deux études antérieures, celle de Georgeault (1981) et celle de Bibeau *et al.* (1987), toutes deux du Conseil de la langue française. En 1981, Georgeault observait que des jeunes de dix-sept-dix-huit ans interrogés dans quatre régions du Québec étaient assez attachés à la langue : 70 % considéraient que c'était un droit fondamental de parler leur langue, 63 % estimaient que le fait de vivre en français était nécessaire à leur épanouissement et 71 % jugeaient qu'on n'accordait pas assez d'importance à la langue. Le tiers des répondants était très satisfait d'avoir eu de bons enseignants de français ; 19,7 % avaient mis de l'avant l'importance des cours pour améliorer leur français. Par contre, 42 % des jeunes se disaient insatisfaits de ne pas avoir améliorer leur français à l'école et 22,4 % accusaient les programmes d'être inintéressants. Une proportion de 20 % des répondants se disaient dans l'impossibilité de comparer le français de leur génération avec le français de leurs parents. Enfin, pour 42 % des jeunes, la qualité du français s'était améliorée, contre 36 % qui estimaient qu'elle s'est détériorée. En règle générale, les jeunes estimaient avoir une assez bonne connaissance du français, bien que la grammaire et l'orthographe leur causaient des difficultés.

Parue six ans plus tard, l'enquête de Bibeau *et al.* (1987) apporte des résultats tout aussi nuancés. À l'oral, 70 % des élèves du secondaire disent s'exprimer facilement, alors que seulement 60 % arrivent facilement à faire moins de dix fautes par page. Les enseignants ont la même perception que leurs élèves à propos des compétences de ces derniers. Il est très frappant de constater combien les élèves relativisent l'importance des quatre savoirs (lire, écrire, parler, écouter) : ils choisissent en premier l'oral (parler et écouter), alors que les programmes officiels mettent l'accent sur l'écrit (lire et écrire). Les enquêteurs ont également sondé le public en général et découvert que pour ce dernier, les deux tiers des élèves ont de la difficulté à bien lire, à bien écrire et à bien parler. Questionnés sur l'atteinte des objectifs du français à la fin du secondaire, les enseignants ont répondu de façon dichotomique : pour 51 % des enseignants en général, les élèves n'ont pas de difficulté à bien parler, alors que 45 % croient le contraire. En écriture, 77 % des enseignants de français du secondaire croient que la majorité des élèves ne savent pas bien écrire à la fin du secondaire et 57 % croient que la majorité d'entre eux ne comprennent pas bien ce qu'ils lisent.

Un autre sondage, effectué en 1993 (Cajolet-Laganière et Martel, 1995), montre un portrait en évolution. La grande majorité des répondants (environ 90 %) sont d'avis qu'ils écrivent « très bien » ou « assez bien » leur français sans faire trop de fautes. Leur perception est tout aussi positive en ce qui concerne la langue orale. Cajolet-Laganière et Martel (1995) soulignent que ces résultats concordent avec ceux obtenus en 1989 dans un sondage CROP-La Presse auprès de 300 étudiants de quatorze à dix-huit ans, (strate d'âge relativement semblable à nos propres sujets) : 89 % de cet échantillon disaient écrire soit très bien, soit assez bien.

Les jeunes que nous avons nous-mêmes sondés sont tout aussi ambivalents que ceux des auteurs précités : fiers de la langue française, mais reconnaissant qu'ils ont de grands efforts à faire pour s'améliorer. Ce qui est remarquable toutefois, chez ces futurs enseignants, c'est leur grande détermination à faire bouger les choses, en grammaire particulièrement. Pour ce qui est de l'oral, on croirait presque au *statu quo*. En matière de lecture, il y a un début de prise de conscience, plus accentué chez lesles étudiants inscrits en formation des maîtres au secondaire, qui provient de la très grande médiatisation de la littérature pour la jeunesse et des nouvelles méthodes prônant la lecture d'œuvres intégrales de qualité, puis de l'émergence d'un programme ministériel délaissant quelque peu l'oral au profit de la grammaire et de l'exploitation systématique des différents types de textes, tant en lecture qu'en écriture. Il appert que nos sujets n'ont ni conscience que la qualité d'une langue ne relève pas du seul effort des individus ni qu'il existe un français québécois standard. À tout le moins, nos futurs maîtres reconnaissent-ils qu'une amélioration de la qualité de la langue ne peut être réalisée que si le français devient un responsabilité partagée par l'ensemble du corps professoral, en décloisonnant l'enseignement du français et en l'intégrant aux autres matières.

6.2   Les représentations spécifiques des enseignants de français face à la langue

Dans le domaine des représentations des futurs enseignants de français à l'égard de l'enseignement-apprentissage, il n'existe, à notre connaissance, qu'un seule recherche, celle d'Élalouf, Benoit et Thomassone (1996). Les trois chercheurs, linguistes et enseignants dans des milieux de formation des maîtres en France (les IUFM, Instituts universitaires de formation des maîtres), ont non seulement examiné des plans de formation (syllabus de cours) d'enseignants de langues et lettres, mais ont également réalisé une enquête auprès de 274 sujets issus de trois IUFM. On a préféré, comme cela était notre cas, les questions ouvertes, afin d'éviter un biais dans les réponses.

La norme est une notion très importante pour ces futurs enseignants : 47 % la mentionnent, davantage pour y adhérer que pour la critiquer. La tendance « linguiste », que les chercheuses expliquent comme étant celle qui privilégie la compréhension du fonctionnement de la langue, regroupe 25 % des sujets. Les utilitaristes ou communicatifs (les deux termes étant ici synonymes) constituent 14 % des répondants. Quant à l'aspect de l'enseignement des lettres, 20 % des répondants ont mentionné qu'il était pour eux prioritaire et que c'était par les textes littéraires qu'ils en étaient venus à s'intéresser à la langue. Les sujets n'ont pas parlé de l'oral ; aucune question ne les y incitait ; par ailleurs, ils en auraient eu l'occasion en traitant de la norme. On a interrogé les étudiants sur leur passé scolaire pour savoir si l'enseignement de la grammaire les avait aidés : dans 21 % des cas, elle a aidé en syntaxe ; dans 17,5 % des cas, en expression écrite ; dans 15 % des cas, en orthographe ; enfin, 14 % ont signalé que cet enseignement ne leur avait été d'aucune aide. Le tiers des répondants a dit ne s'être jamais posé la question sur ce que voulait dire « réfléchir sur la langue », un autre tiers disant qu'on les y avaient amenés par la littérature, et non par la grammaire. Il ressort des énoncés que 18 % des sujets se sentaient mal préparés pour enseigner la langue. L'analyse factorielle a permis de distinguer des profils antithétiques : le futur professeur de lycée, plus littéraire, et le futur professeur de collège, plus centré sur la langue et plus « fonctionnel ». Ces deux profils semblent aussi se dessiner chez nos sujets, le futur maître du secondaire se révélant un peu plus préoccupé de littérature que celui qui se destine à l'éducation au préscolaire et à l'enseignement au primaire.

Or, pour le Québec, nous ne disposons pas d'études d'envergure équivalente à celle d'Élalouf, Benoit et Thomassone (1996). Cependant, il existe une recherche intéressante, celle de Roy, Lafontaine et Legros (1995), qui peut servir de contrepoint à la nôtre et ouvrir de nouvelles perspectives de recherche. En effet, Roy *et al.*, qui se sont intéressés au savoir grammatical des étudiants préuniversitaires et universitaires, ont fait passer des tests de français écrit à 162 sujets, cégépiens ou inscrits dans des facultés universitaires variées. On leur a soumis des problèmes de grammaire en leur demandant de réfléchir à voix haute à leur solution. En suivant les principes de l'enseignement stratégique, les chercheurs ont pu distinguer trois types de connaissances : déclaratives, conditionnelles et situationnelles (terme préféré par les chercheurs à celui de « procédurales ») ; à chaque type, ils ont aussi associé deux qualités de réponses : les réponses erronées et les réponses adéquates. Les chercheurs ont noté que les étudiants forts verbalisaient moins et allaient droit au but, les autres trahissant, par leur verbalisation, des difficultés à appréhender les problèmes. Selon les chercheurs, il faut distinguer les capacités métalinguistiques d'une personne du contenu même des verbalisations.

7.   CONCLUSION

Si les recherches faites jusqu'à ce jour nous ont apporté peu de choses sur les savoirs des enseignants en exercice (Tardif, Lessard et LaHaye, 1991), à plus forte raison ignore-t-on presque tout des novices dans la profession. Or les chercheurs, ces toutes dernières années, s'intéressent à tout le champ de la formation professionnelle. On peut dès lors penser que le savoir de type disciplinaire aura, beaucoup plus que celui de type psychopédagogique, à se renouveler durant une vie professionnelle. Nous restons donc un peu inquiètes des assises peu solides que celui-ci fournit à de notre recherche.

Il revient aux formateurs universitaires de choisir et de légitimer les savoirs scientifiques à faire acquérir, compte tenu des besoins futurs de la profession. Partir des représentations, surtout si elles sont constituées en un modèle, offre alors bien des avantages, dans la mesure où nous parvenons à créer des outils qui permettent d'identifier rapidement ces conceptions, d'en suivre l'évolution et de cerner les événements qui accompagnent les changements de conceptions. Ainsi, la formation acquise à l'université ne sera pas « mise à la porte de la salle de classe » lorsque le novice fera son entrée dans la profession. La recherche effectuée par Zeichner et Tabachnick (1981) démontre en effet que la formation universitaire est très souvent complètement évacuée par l'expérience d'enseignement.

Avant de parler d'interdisciplinarité, il convient, comme le remarque Heckhausen (1972), de définir la disciplinarité : « l'exploration scientifique spécialisée d'un domaine déterminé et homogène d'étude, exploration qui consiste à faire jaillir de nouvelles connaissances » (p. 83). Des sept critères servant à caractériser la nature d'une discipline, nous en retenons trois pour la didactique du français : le niveau d'intégration théorique, les méthodes utilisées et les applications pratiques, que, nous semble-t-il, cette didactique n'a pas encore clairement réussi à définir.

La didactique du français est un champ récemment constitué de savoirs professionnels sur la langue et son enseignement. Ses contours sont encore flous, faute d'une théorisation suffisante de certains sous-champs. Si la linguistique y fait sentir son impérialisme, la littérature occupe encore une place marginale dans le dispositif. On la récupère par la bande, en didactique de la lecture, encore trop fortement teintée, à notre avis, par la psychologie cognitiviste. Par ailleurs, les pratiques pédagogiques ont souvent remanié, voire fossilisé, certaines découvertes linguistiques et littéraires, au point de les rendre méconnaissables. On peut penser ici aux exercices structuraux, en grammaire ou encore, à la récupération de certains schémas de la sémiotique pour les besoins de la compréhension de textes. Cela conduit à poser la question de la spécificité des savoirs scolaires par rapport aux savoirs savants. Si on ne peut parler de l'autonomie des premiers, il y a lieu, sans doute, d'évoquer la contamination des seconds par les impératifs de « sélection, réduction et simplification » (Chiss, 1985, p. 15) des premiers. Les futurs maîtres sont à la période charnière de leur vie, celle où ils doivent rationaliser un savoir scolaire, le décontextualiser, le faire accéder au statut de savoir scientifique, pour, en retour, trouver les moyens les plus adéquats pour les retransposer, didactiquement, dans leurs classes : d'où les hésitations de langage, les balbutiements terminologiques et l'artistique flou conceptuel qui se dégagent de leurs propos.

Dans cet esprit, nous pourrions parler non pas d'interdisciplinarité mais de transdisciplinarité au sens de « volonté de retrouver une unité de la culture et de redonner à nouveau un sens à la vie » (Association for Integrative Studies, 1994, cité par Lenoir, 1995a, p. 252). Il est difficile de parler uniquement de passerelles entre les disciplines ou d'une nouvelle façon de structurer un savoir savant. Il y a là un nouveau souci d'allier la pensée et l'agir, la théorie et la pratique. Lenoir souligne avec justesse que « cette question est cruciale en formation des maîtres. Dans ce sens, le développement de la *praxis* humaine appartient nettement à une approche transdisciplinaire » (*Ibid.*, p. 253).

CHAPITRE 12

Les rapports à la formation des étudiants de l'IUFM d'Alsace : étude comparative des deux filières

FRÉDÉRIC CHARLES
IUFM de Créteil

JEAN-PAUL CLÉMENT
Université Paul Sabatier, Toulouse 3

1. INTRODUCTION

La création, en 1991, des instituts universitaires de formation des maîtres (IUFM) provoque de fait l'unification institutionnelle du recrutement de la formation des futurs enseignants du primaire (ex-instituteurs) et des futurs professeurs certifiés du secondaire. Tous les postulants doivent désormais être titulaires d'une licence (baccalauréat + 3) de n'importe quel type pour les premiers et d'enseignement pour les seconds, ce qui entraîne un nivellement du recrutement au niveau universitaire et permet d'établir l'équivalence indiciaire. Conçues par le ministre Jospin pour revaloriser le statut des ex-instituteurs, aujourd'hui professeurs d'école, ces mesures ont eu, en une période de crise de l'emploi, des effets sur les caractéristiques sociales, scolaires et culturelles des postulants (Charles et CLÉMENT, 1997)[1]. Au-delà de ces effets sur la structure sociale des publics recrutés, la mise en place des IUFM a

---

1.   Cette réforme a été mise en place sous le gouvernement Bérégovoy, au cours du second sep-
      tennat de François Miterrand, deux ans avant les législatives de 1993 qui provoquèrent l'arri-
      vée de la droite aux affaires.

provoqué des changements plus profonds au niveau de l'organisation de la formation et des enseignements, surtout pour la première année du secteur primaire. Pour les étudiants du secteur secondaire en 1re année d'IUFM, la seule nouveauté a consisté à effectuer un stage d'observation en établissement scolaire, afin de préparer une nouvelle épreuve du concours, qualifiée de « professionnelle ».

En fait, dans la formation des enseignants du second degré, tout se passe comme si on assistait à une tentative de « pédagogisation » des disciplines considérées comme fondamentales dans le cursus des élèves du cycle secondaire, en se référant paradoxalement aux modèles développés dans certaines disciplines, comme en éducation physique et sportive (EPS), historiquement dominées dans la hiérarchie scolaire, justement en raison de leur souci constant de formation pédagogique et didactique, qui compensait l'absence d'objet de connaissance légitime d'un point de vue académique. Tandis que les modalités des concours du Capeps[2] (et des Capes des matières d'éveil) se rapprochaient de celles des Capes de lettres, mathématiques, langues, etc., à la fin des années quatre-vingt, en distinguant les épreuves écrites d'admissibilité (plutôt théoriques) des épreuves orales d'admission (plutôt pédagogiques et didactiques), la nécessité d'évaluation pédagogique des enseignants du secondaire s'imposait de plus en plus. On assiste donc, d'une certaine manière, à une tentative d'homogénéisation des objectifs de formation d'un futur enseignant, au-delà de l'aspect disciplinaire, ainsi qu'à un processus de « didactisation », ce qui ne manque pas de déclencher des polémiques parfois véhémentes à l'intérieur de la communauté enseignante. En revanche, dans le premier degré, l'instauration d'un concours dans le cursus de formation en fin de première année bouleverse le processus de formation assuré dans les anciennes écoles normales qui, auparavant, recrutaient en amont un nombre précis de lauréats et formaient au sens strict des stagiaires (élèves instituteurs) rémunérés et assurés de leur avenir. Désormais, malgré la présélection effectuée pour accéder en première année d'IUFM, compte tenu de la demande, les formateurs doivent surtout préparer les étudiants (le plus souvent non allocataires) aux différentes épreuves d'un concours ouvert à tout titulaire d'une licence (comme pour les Capes en somme) et dont les modalités imposent le français et les mathématiques comme épreuves d'admissibilité, les autres disciplines étant optionnelles.

---

2. Le certificat d'aptitude au professorat d'éducation physique et sportive est créé en 1963. Il succède en fait au certificat d'aptitude au professorat d'éducation physique, créé en 1946 en même temps que les écoles normales d'éducation physique. Même si le statut indiciaire des professeurs d'éducation physique et sportive est équivalent à celui des professeurs titulaires du certificat d'aptitude au professorat d'enseignement secondaire (Capes) dans les autres disciplines, il conserve un statut dérogatoire, contrairement à celui de l'agrégation d'EPS, totalement similaire à celui des autres agrégations. L'histoire institutionnelle de l'EPS et de ses spécificités, comme la multiplicité jusqu'à une période récente du statut de ses enseignants (moniteurs, maîtres, professeurs adjoints, etc.) est comparativement très révélatrice du fonctionnement du système scolaire français dans son ensemble.

2. PROBLÉMATIQUE

D'une manière générale, on peut avancer que les modifications statutaires et symboliques, aussi bien des formés que des formateurs, ne sont pas sans conséquences sur les rapports qu'entretiennent les deux groupes d'agents avec leur formation professionnelle, surtout dans le secteur primaire[3].

L'objet de ce texte consiste à montrer que les deux types de formation hérités des anciennes structures, les écoles normales d'instituteurs, d'une part, et les centres pédagogiques régionaux, d'autre part, survivent, cohabitent et fonctionnent de façon autonome dans la nouvelle institution. Elles s'opposent non seulement au niveau des contenus, mais surtout dans les modalités d'application des formations et dans les manières de concevoir les rapports entre formateurs et étudiants. Elles produisent par la même occasion des effets différents sur la socialisation professionnelle de ces derniers. Poser la question du rapport qu'entretiennent les étudiants de chaque filière de l'IUFM d'Alsace à leur formation conduit à poser celle des modes de socialisation secondaires (Berger et Luckmann, 1986 ; Dubar, 1992) et de la construction de l'identité professionnelle des agents à l'intérieur d'une institution dont la nouveauté réside dans la réunion de modèles de formation antérieurs[4]. L'interrogation semble d'autant plus pertinente que les critiques sévères et statistiquement massives adressées en particulier par les étudiants professeurs d'école de deuxième année à l'égard de la formation révèlent une fracture pédagogique à ce niveau.

La première partie de l'enquête, qu'on ne fera qu'évoquer ici, conforte quelques grandes tendances constatées dans les travaux antérieurs consacrés à la profession enseignante. Les propriétés sociales des étudiants se destinant à l'enseignement secondaire (Capes, Capeps et agrégation) confirment leur filiation avec les classes supérieures et les fractions supérieures des classes moyennes, certes moins massivement que dans une période antérieure mais beaucoup plus que pour les futurs enseignants du technique. Les futurs professeurs d'école, quant à eux, sont, dans des proportions très proches, issus

---

3. Du côté des formateurs, l'instauration du concours de professeurs des écoles dans le processus de formation va engendrer sur le marché de l'édition universitaire un marché spécifique de manuels de préparation aux différentes épreuves du concours. À cet égard, si ce nouveau concours a pu déstabiliser le rapport de forces entre les disciplines enseignées traditionnellement dans les écoles normales, il a aussi permis à certains formateurs de s'implanter sur ce marché de l'édition. On peut penser que l'émergence de ce dernier a contribué en retour à renforcer quelque peu la légitimité des épreuves de sélection du concours de même que celle des formateurs du primaire dans leur ensemble.

4. On peut en effet penser, si l'on se réfère à la notion de socialisation secondaire telle qu'elle est analysée par Berger et Luckmann (1986), par exemple, que les stagiaires de l'IUFM construisent leurs conceptions du métier d'enseignant à partir d'un certain nombre de valeurs communes, au cours d'une formation qui participe théoriquement à l'homogénéisation des conceptions et au processus de construction de l'identité professionnelle garant d'une certaine cohésion du corps enseignant au-delà des relatives similitudes statistiques des positions sociales. Voir aussi Bourdieu, 1982, 1985.

des mêmes milieux sociaux, tout en se distinguant statistiquement de leurs homologues du secondaire par la nature des diplômes obtenus (beaucoup plus de sciences humaines), l'âge d'accès en deuxième année (28,3 ans pour le primaire contre 26,7 ans pour le secondaire), un cursus universitaire plus heurté, une plus grande féminisation (Charles et Clément, 1997).

Globalement, les étudiants des deux filières forment un public d'adultes dotés d'une expérience universitaire relativement longue (même si elle l'est plus ou moins) et, souvent, d'une expérience professionnelle dans des secteurs divers. Relativement homogène au niveau de ses caractéristiques, ce public est confronté à deux modèles de formation très différents. L'ancienne formule des Centres pédagogiques régionaux (CPR), malgré quelques réserves à l'égard de la seconde année, semble statistiquement satisfaire les étudiants. En revanche, la majorité des étudiants du secteur primaire perçoivent négativement leur formation, surtout la seconde année, et révèlent du même coup une très forte inadéquation entre leurs attentes et le fonctionnement du modèle de formation.

Pour expliquer ces rapports différenciés à la formation, on peut faire l'hypothèse, d'une part, que le système d'offre de formation du secteur primaire s'adapte difficilement à l'évolution des attentes en matière de formation en raison de la position statutaire de ses formateurs dans la nouvelle institution ; d'autre part, l'inadéquation entre les attentes du public et l'offre de formation s'accroîtrait sensiblement avec les modifications importantes des caractéristiques sociales, culturelles et scolaires des étudiants, de leur « système de dispositions » en quelque sorte[5].

Tout en utilisant la démarche comparative dans une perspective explicative, nous consacrerons l'essentiel des analyses à la seconde année, dans la mesure où ce niveau révèle les plus grandes différences entre les étudiants des deux filières et les critiques les plus virulentes de la part des futurs professeurs d'école, véritables analyseurs du système et de ses enjeux. En effet, les conceptions de la formation ne sont pas ici appréhendées comme un idéal de formation, mais plutôt dans leur mise en œuvre et leurs conséquences sur l'organisation institutionnelle et la gestion des publics.

3. MÉTHODOLOGIE DE L'ENQUÊTE

L'enquête par questionnaireest réalisée auprès de l'ensemble des étudiants de l'IUFM d'Alsace de seconde année – donc ayant réussi les concours

---

5. Toutes les études sur les caractéristiques sociales des enseignants (Bourdieu et Passeron, 1970 ; Chapoulie et Merlié, 1975 ; Chapoulie, 1987 ; Thélot, 1994 ; Charles, 1991, 1996 ; Charles et Kober, 1996) confirment, pour reprendre le vocabulaire de Bourdieu, la prégnance du « système de dispositions » des agents dans le choix des stratégies professionnelles. Si notre enquête (Charles et Clément, 1997) ne déroge pas à ce constat, il faut garder à l'esprit que le système des dispositions des enseignants du primaire a connu de profondes transformations à partir du milieu des années soixante-dix (Charles, 1988).

du secondaire en fin de 1re année (Capes, Capeps ou Capet[6] théoriques) ou le concours du primaire (Cape[7]) et étant quasiment assurés de devenir enseignants –scolarisés en 1991-1993 et 1992-1994. Le questionnaire, assez long, comporte 83 questions (fermées pour la plupart), 210 variables et comprend trois parties ; il dure 45 minutes environ. La première partie regroupe un ensemble de questions dont l'objectif est de décrire le plus finement possible les propriétés sociales et culturelles des étudiants ainsi que leurs trajectoires scolaires et universitaires. La seconde partie tente de cerner la manière dont les étudiants perçoivent la formation professionnelle dispensée à l'IUFM. Enfin, la dernière partie aborde la question de la perception de leur futur métier. Dans une perspective comparative, les mêmes questions ont été posées aux étudiants du primaire et du secondaire, à quelques exceptions près, comme celles qui renvoient à la spécificité des formations assurées.

Grâce au soutien des chefs d'établissement et des formateurs des différents centres de l'IUFM d'Alsace (Sélestat, Colmar, Guebwiller pour les professeurs d'école ; Strasbourg pour les professeurs du secondaire), nous avons pu obtenir, pour les étudiants du secondaire, un taux de réponse global de 57,7 %, soit 492 étudiants sur 853 inscrits. Pour les futurs professeurs d'école, le taux cumulé des réponses atteint 62,6 %, soit 277 étudiants sur 442 inscrits. Ces taux sont d'autant plus satisfaisants que l'absentéisme au cours de la dernière journée de regroupement en réseaux d'établissement (30 % environ) a affecté la distribution des questionnaires aux étudiants du secondaire qui, lorsqu'ils l'ont reçu, ont répondu massivement. Pour le secteur du primaire, la plupart des non-réponses sont dues également à la difficulté de joindre les étudiants, malgré l'aide précieuse des formateurs et les envois postaux. Ici encore, le taux de réponse est massif, l'enquête ayant suscité un intérêt certain. Le croisement de certaines variables objectivables dans les listes de l'IUFM (âge, sexe, cursus, etc.) montre que la structure des 769 étudiants recensés par l'enquête est comparable à celle des 1285 inscrits.

Pour approfondir et affiner les résultats du questionnaire, 23 entretiens ont été réalisés avec des étudiants se destinant à l'enseignement secondaire, 15 avec les futurs professeurs d'école et cinq avec les formateurs (considérés ici comme des « informateurs » au sens ethnologique du terme). Bien entendu, les échanges informels, fréquents et systématiques avec les étudiants et formateurs ont constitué une source d'information très importante.

4.   DES RAPPORTS DIFFÉRENCIÉS À LA FORMATION

Pour bien saisir la nature des différences de perception de la formation entre les deux ordres d'enseignement, il est nécessaire de distinguer celles

---

6.   Capet : Certificat d'aptitude au professorat de l'enseignement technique.
7.   Cape : Certificat d'aptitude au professorat des écoles.

émanant des étudiants des différents modules de la formation, d'une part, et celles des étudiants de chacune des deux années de formation, d'autre part.

4.1 La première année de formation

Dès la première année, l'importance accordée à la formation au métier est significativement plus élevée pour les étudiants du primaire que pour ceux du secondaire, même si la deuxième promotion des futurs professeurs d'école a statistiquement mieux intégré l'objectif de la préparation aux concours (tableau 1).

TABLEAU 1

Attentes des étudiants en première année d'IUFM[a] pour ceux qui l'ont effectuée, selon l'ordre d'enseignement et l'année d'accès

Attente de la première année	Primaire			Secondaire		
	1991/93	1992/94	Total	1991/93	1992/94	Total
Plutôt une préparation au concours	16,7	31,5	28,6	47,4	45,1	46,0
Plutôt une préparation au concours et une introduction à la didactique de la ou des disciplines que vous aller enseigner	83,3	68,5	71,4	52,6	54,9	54,0
Total	100	100	100	100	100	100
Effectif	42	168	210	133	215	348
Non répondu			1			26
Non effectuée			66			118

[a] **Institut universitaire de formation des maîtres**

Globalement, les étudiants des deux filières ont le sentiment d'avoir été bien préparés aux épreuves écrites de l'admissibilité, même si des différences significatives apparaissent entre les étudiants en EPS et les étudiants du Capet – Caplp2 (tableau 2).

TABLEAU 2

Perception chez les étudiants de la préparation aux épreuves écrites du concours, selon l'ordre d'enseignement

La préparation aux épreuves écrites a été :	Primaire	Secondaire			
		Capeps[a]	Capes[b]	Capet[c]caplp2[d]	Total
Très bonne	3,3	27,7	5,5	2,3	8,0
Bonne	28,7	48,9	35,7	9,3	34,4
Assez bonne	45,0	23,4	38,0	39,5	36,4
Total	77,0	100	79,2	51,1	78,8
Mauvaise	17,2	0	17,3	37,3	17,3
Très mauvaise	1,9	0	2,4	7	2,6
Total	19,8	0	19,7	44,3	19,9
Sans opinion	0	0	1,1	4,6	1,4
Total Général	100	100	100	100	100
Effectif	209	47	155	43	345

[a] Certificat d'aptitude au professorat d'éducation physique et sportive
[b] Certificat d'aptitude au professorat d'enseignement secondaire
[c] Certificat d'aptitude au professorat de l'enseignement technique
[d] Certificat d'aptitude au professorat de l'enseignement de lycée professionnel 2e grade.

Les étudiants de l'IUFM, quel que soit l'ordre d'enseignement choisi, sont donc relativement satisfaits de la préparation aux concours. Cependant, lorsqu'on leur demande de porter une appréciation globale sur la première année de formation, c'est-à-dire aussi sur l'organisation de cette préparation, sa mise en place et son déroulement, on constate que l'appréciation des étudiants du secondaire, notamment ceux qui préparent le Capes et surtout le Capeps, est nettement plus favorable que celle des étudiants du primaire (tableau 3). Seuls 26,2 % de ces derniers qualifient la première année de satisfaisante, 56,2 % en sont moyennement satisfaits et 17,6 % en sont insatisfaits, contre respectivement 48,9 % (+ 21,3 %), 41,4 % et seulement 9,7 % d'insatisfaits, les étudiants en EPS étant les plus satisfaits (72,1 %) et ceux du Capet-Caplp2 l'étant beaucoup moins (31 %).

TABLEAU 3

Opinion des étudiants sur la première année de formation, selon l'ordre d'enseignement et l'année d'accès

Opinion sur la première année de formation	Primaire			Secondaire		
	1991/93	1992/94	Total	1991/93	1992/94	Total
Très satisfaisante	4,8	2,4	2,9	5,4	5,2	5,3
Satisfaisante	26,2	22,6	23,3	46,1	41,7	43,6
Total	**31,0**	**25,0**	**26,2**	**51,5**	**46,9**	**48,9**
Moyennement satisfaisante	45,2	58,9	56,2	45,5	46,9	41,4
Insatisfaisante	23,8	16,1	17,6	13,3	7,6	9,7
Total	**100**	**100**	**100**	**100**	**100**	**100**
Effectif	42	168	210	128	211	339

Ces divergences peuvent en partie s'expliquer par la plus grande insatisfaction des étudiants du primaire à l'égard de la préparation aux épreuves professionnelles : 39,5 % d'entre eux la jugent « assez bonne » contre 63,2 % de leurs homologues du secondaire. En revanche, la préparation aux épreuves orales et l'utilité des stages d'observation ne différencient pas significativement les deux filières ; l'ensemble des étudiants étant relativement satisfaits.

La satisfaction relative des étudiants du primaire par rapport à ceux du secondaire (hormis pour la préparation au Capet) ne peut se comprendre que par rapport à la perception de l'efficacité de la préparation au concours. Elle pourrait bien exprimer le sentiment encore diffus que leurs attentes, exacerbées mais encore imprécises en matière de formation au métier des élèves professeurs d'école, ne sont pas ou seront mal prises en compte par la formation. La deuxième année, plus professionnalisée, va en effet accroître considérablement les différences de perception de l'efficacité de la formation entre les deux publics.

4.2   La deuxième année : l'accroissement des différences

En effet, une fois les concours réussis, le statut de professeur stagiaire implique la quasi-certitude de devenir enseignant. Les étudiants attendent dès lors que la formation leur assure l'acquisition de techniques pour animer une classe compte tenu que la polyvalence disciplinaire, et, par là même, leurs lacunes relatives dans la maîtrise des contenus disciplinaires accroissent les difficultés de la formation. À ce niveau, les attentes des étudiants des deux filières sont similaires, comme le montre la répartition de leurs réponses (tableau 4).

Tableau 4

Attentes des étudiants de l'IUFM vis-à-vis de la seconde année de formation, selon l'ordre d'enseignement

Attentes concernant la formation en seconde année d'IUFM	Primaire	Secondaire
1) Plutôt un apprentissage des techniques pour animer une classe	**49,1**	**46,4**
2) Plutôt une formation disciplinaire et didactique	6,6	9,5
3) Plutôt un développement des capacités personnelles à l'analyse et à la recherche	3,5	6,4
1) et 2)	20,2	24,4
1) et 3)	17,1	11,2
2) et 3)	3,5	2,1
Total	100	100
Effectif	228	472

Globalement, la répartition des appréciations concernant la perception de la qualité de l'articulation entre les cours théoriques et la pratique professionnelle, plutôt bonne, est comparable entre les deux ordres d'enseignement. Il faut toutefois distinguer entre les différents Capes pour le secondaire et, pour le primaire, entre les différentes disciplines dont le poids dans le cursus de formation varie fortement (tableaux 5 et 6)[8].

---

8.   Quand on additionne les appréciations négatives avec les appréciations moyennes, on ne constate pas de transformations radicales dans les perceptions de l'articulation de la théorie avec la pratique professionnelle entre les étudiants des deux ordres. En effet, en dehors de deux disciplines (Éducation physique et sportive-EPS, biologie), le score atteint alors par les autres disciplines du primaire est systématiquement supérieur à celui des étudiants du secondaire dans leur ensemble. Ainsi, parmi les neuf disciplines enseignées dans la formation des professeurs des écoles, la physique-technologie est celle qui obtient le plus mauvais score d'appréciation de l'articulation entre la théorie et la pratique (moyenne de 29,8 %). Cinq autres disciplines obtiennent des scores assez proches : les langues, les arts plastiques, l'histoire-géographie, les mathématiques et le français (voir le tableau 5). Seuls 37,9 % des étudiants du secondaire qualifient l'articulation entre les cours théoriques et la pratique professionnelle au mieux de « moyenne ». Plus généralement, il faut garder à l'esprit que toutes les disciplines et leurs didactiques enseignées aux étudiants du primaire sont loin d'avoir le même statut dans les programmes de l'enseignement primaire. Ainsi, l'enseignement de deux disciplines, le français et les mathématiques occupent officiellement plus de la moitié du temps d'enseignement hebdomadaire (53,8 %). Quant à l'EPS et à la biologie, dont on a pu constater ici qu'elles obtenaient les meilleurs scores, elles n'occupent respectivement que 7,9 % et 3,8 % des horaires d'enseignement.

TABLEAU 5

Perception de l'articulation entre la théorie et la pratique, selon les disciplines pour les étudiants se destinant à l'enseignement primaire

	EPS	Biologie	Musique	Français	Histoire-Géographie	Mathématiques	Langue Plastiques	Arts	Physique-Technologique
Très bonne	36,5	11,4	14,0	5,6	9,1	7,4	8,7	8,3	1,8
Bonne	40,0	31,9	21,4	26,4	25,1	23,7	22,4	17,0	11,8
Assez bonne	12,2	25,8	24,9	25,5	19,0	23,4	19,2	17,4	25,0
Total	88,7	69,1	60,3	57,5	53,2	54,5	50,3	42,7	38,6
Moyenne	**7,0**	**20,1**	**24,0**	**26,4**	**23,4**	**20,3**	**23,3**	**19,6**	**29,8**
Médiocre	1,3	3,9	4,4	7,4	6,9	10,0	13,7	16,5	14,0
Mauvaise	3,0	6,1	10,9	8,7	15,2	15,2	11,0	20,4	15,8
Total	**4,3**	**10,0**	**15,3**	**16,1**	**22,1**	**25,2**	**24,7**	**26,9**	**29,8**
Sans opinion	0	0,9	0,4	0	1,3	0	1,8	0,9	1,8
Total	**100**	**100**	**100**	**100**	**100**	**100**	**100**	**100**	**100**
Effectif	230	229	229	231	231	228	219	230	228
% dans l'emploi du temps hebdomadaire (*)[a]	7,9	3,8	7,9	34,6	7,7	19,2	–	7,9	3,8

a. Ces taux sont calculés dans les horaires du cycle 2 (CP/CE1) sur la base de 26 heures d'enseignement par semaine. Le total ne fait pas 100 % car il faut ajouter les horaires d'études dirigées (2 heures par semaine, soit 7,7 % du temps total). Par ailleurs, dans le cycle 3 (CE2, CM1 et CM2), l'enseignement des mathématiques augmente de 30 minutes par semaine au détriment des éducations physique et artistique (qui passent de 6 heures à 5 heures 30 minutes) et représente alors 21,5 % du temps total d'enseignement (Source : Ministère de l'Éducation nationale, Gouvernement de la France, 1995*b*, p. 12).

Tableau 6

Perception chez les étudiants de l'articulation entre la théorie et la pratique dans la ou les disciplines enseignée(s), selon l'ordre d'enseignement

Appréciations	Secondaire				Primaire
	Capes/ agrégation	Capeps	Capet\ Caplp2	Total	
Très bonne	6,7	0	3,4	5,7	11,4
Bonne	26,7	33,3	18,6	26,2	21,8
Assez bonne	29,4	26,2	37,3	30,2	24,4
Total	62,8	59,5	59,3	62,1	57,6
Moyenne	28,2	31,0	27,1	28,4	21,7
Médiocre	3,2	4,8	10,2	4,2	8,7
Mauvaise	5,8	4,8	3,4	5,3	12,0
Total	9,0	9,5	13,6	9,5	20,7
Total général	100	100	100	100	100
Effectif	344	42	59	445	231

a.   Moyenne générale des appréciations sur l'ensemble des disciplines, non pondérée par le poids respectif de ces dernières dans l'ensemble du curriculum.

Le mémoire professionnel mis en place avec les IUFM suscite des appréciations convergentes et mitigées, puisque respectivement 29,4 % et 25,8 % des étudiants du primaire et du secondaire l'estiment «utile» à leur formation, contre 40,8 % et 34,4 % qui l'estiment «peu utile», alors que 30,3 % et 39,8 % la jugent »inutile »[9]. Les étudiants du secteur primaire sont cependant plus nombreux à souhaiter qu'on lui accorde l'équivalence avec un mémoire de maîtrise (41,4 % contre 23,5 %). Plus rarement titulaires d'une maîtrise et moins sensibles aux distinctions établies par l'université entre professionnels et universitaires, les étudiants du primaire expriment probablement ainsi leur désir de reconnaissance académique d'un concours moins légitime, d'un point

---

9.   Dans l'enquête de la Direction de l'évaluation et de la prospective (DEP) sur l'opinion des enseignants nouvellement recrutés sur la formation reçue dans les IUFM, seulement 17 % des personnes interrogées jugent les apports du mémoire professionnel « utiles pour développer les capacités de réflexion sur la pratique professionnelle » (Gouvernement de la France, ministère de l'Éducation nationale, 1995, p. 2).

de vue universitaire, que celui exigé pour le Capes. Néanmoins, si l'on considère l'appréciation qu'ils portent aux modules de formation commune, les futurs professeurs d'école entrretiennent un rapport à la théorie qui est ambigu. En effet, seulement 37,3 % parmi eux les ont trouvés « très intéressants » ou « intéressants » contre 50 % des étudiants du secondaire. Les entretiens révèlent, d'une part, la plus grande distance des étudiants du primaire, pour ne pas dire le désintérêt, à l'égard des enseignements perçus comme « théoriques », c'est-à-dire non directement utilisables dans les situations d'enseignement, et, d'autre part, leur surinvestissement dans les stages en responsabilité. Les différences d'appréciation entre les étudiants des deux filières sont très significatives à ce niveau. Ainsi, seulement 30 % des étudiants du primaire considèrent que leur stage en responsabilité fut un « entraînement professionnel avec l'aide d'un enseignant chevronné » contre 72,4 % des étudiants du secondaire. À l'intérieur de la population des étudiants du secondaire, ce sont les agrégés (77,5 %), puis les étudiants préparant un Capeps (75 %) et un Capes (72,8 %) qui l'apprécient comme tel. Par contre, une majorité d'étudiants du primaire (51,1 %) perçoivent leurs stages uniquement comme « une autoévaluation de leurs capacités à enseigner », alors que les étudiants du se-

TABLEAU 7

Perception des stages en responsabilité chez les étudiants, selon l'ordre d'enseignement et le concours du secondaire obtenu

Les stages en responsabilité ont été :	Agrégation	Capeps	Capes	Capet	Caplp2	Total	Primaire
1) un entraînement professionnel avec l'aide d'un enseignant chevronné	27,5	35,4	31,2	35,9	30,8	32,2	12,6
2) une autoévaluation de leurs capacités à enseigner	17,5	18,8	16,4	33,3	19,2	18,2	**51,1**
3) une mise en pratique des cours théoriques et didactiques	0	2,1	5,0	7,7	15,2	5,0	5,8
1) et 2)	37,5	27,1	34,7	17,9	23,1	31,8	13,9
1) et 3)	12,5	8,3	6,3	5,1	7,7	7,1	3,1
2) et 3)	5,0	4,2	5,7	0	3,8	4,8	12,1
1), 2) et 3)	0	4,2	0,6	0	0	0,8	0,4
Autres							0,9
Total	100	100	100	100	100	100	100
Effectif	40	48	317	39	26	470	223

condaire ne sont que 18,2 % dans cette situation. Par ailleurs, il faut noter ici, quel que soit l'ordre d'enseignement considéré, que les étudiants ont très peu vécu leurs stages comme une mise en pratique des cours théoriques et didactiques, puisque seulement 21,4 % des étudiants du primaire et 17,7 % des étudiants du secondaire ont choisi cette réponse (tableau 7).

Dans le même ordre d'idée, une forte différence paraît dans la perception des étudiants sur la nature de l'encadrement par les formateurs de l'IUFM. Tandis qu'une forte majorité des étudiants du secondaire (59,8 %) estiment qu'ils ont été bien encadrés et soutenus par un formateur de l'IUFM lors de leur stage en responsabilité, à peine un quart des étudiants du primaire (25,9 %) partagent cette appréciation. Du même coup, ces derniers sont nettement plus nombreux que leurs homologues du secondaire à considérer avoir été moyennement encadrés et soutenus par un formateur de l'IUFM (39,5 % contre 26,4 %). Mais surtout, plus d'un tiers d'entre eux (34,5 %), contre 13,8 % seulement des étudiants du secondaire, pensent avoir été livrés à eux-mêmes dans leur classe au cours de leurs stages en responsabilité (tableau 8).

TABLEAU 8

Perception de l'encadrement des stages en responsabilité chez les étudiants, selon le concours du secondaire obtenu

Lors des stages en responsabilité, vous avez été :	Agrégation	Capeps	Capes	Capet	Caplp2	CPE	Total	Primaire
Bien encadrés et soutenus par un formateur de l'IUFM	60,5	62,5	62,8	35,0	48,0	85,8	59,8	25,9
Moyennement encadrés et soutenus par un formateur de l'IUFM	26,3	31,3	24,1	45,0	20,0	14,2	26,4	39,6
Laissés à vous-même dans une classe	13,2	6,3	13,1	20,0	32,0	0	13,8	34,5
Total	100	100	100	100	100	100	100	100
Effectif	38	48	312	40	25	7	470	220

Ces écarts très importants dans les appréciations portées par les étudiants des deux filières confirment certes l'exacerbation de la demande de formation pratique de la part de l'ensemble des étudiants, mais ils confirment surtout la déception à cet égard de la majorité des étudiants du primaire. Nettement plus critiques envers la fonctionnalité de la formation, ils trouvent incontestablement difficile leur seconde année (tableau 9). Ainsi, seulement 12,2 % parmi eux sont « satisfaits », 51,8 % « moyennement satisfaits » et 36 % « insatisfaits », contre respectivement 66,2 % de leurs collègues du secondaire (soit 5,4 fois plus), 29,2 % et 4,6 % (soit 7,8 fois moins).

TABLEAU 9

Perception globale de la seconde année de formation professionnelle selon l'ordre d'enseignement

	Perception de la première année de formation		Perception de la seconde année de formation	
	Primaire	Secondaire	Primaire	Secondaire
Très satisfaisante	2,9	5,3	1,2	9,5
Satisfaisante	23,3	43,6	11	56,7
Total	**26,2**	**48,9**	**12,2**	**66,2**
Moyennement satisfaisante	56,2	41,4	51,8	29,2
Insatisfaisante	17,6	9,7	36	4,6
Total	**73,8**	**51,1**	**87,8**	**33,8**
Total	**100**	**100**	**100**	**100**
Effectif	210	339	228	483

Comment peut-on expliquer ces différences quand on sait par ailleurs que l'origine sociale et le sexe ne sont pas discriminants et que l'âge l'est très peu? La difficulté de la formation à atteindre ses objectifs pédagogiques et didactiques, difficulté somme toute normale, ne peut à elle seule fournir une réponse satisfaisante. Certaines données de l'enquête, et en particulier les entretiens menés auprès des étudiants et des formateurs, renvoient à l'analyse des conceptions différenciées de la formation ou, plus précisément, de ses usages institutionnels et sociaux.

5. DES USAGES INSTITUTIONNELS DIFFÉRENCIÉS DE LA FORMATION

L'enquête révèle essentiellement que, selon la filière, l'institution et ses agents n'attribuent pas le même statut aux étudiants et ne les traitent pas de la même manière. Pour résumer, le cadre de la formation est plutôt contraignant pour les futurs professeurs d'école, tandis qu'il apparaît beaucoup plus libéral pour les étudiants du secondaire. Ces différences s'objectivent à la fois dans les différences entre les volumes horaires de chaque filière et dans les modes de gestion institutionnelles.

5.1 Des contraintes horaires et institutionnelles très différenciées

Quelle que soit l'année de formation considérée, les étudiants du primaire sont soumis à un horaire de formation nettement plus lourd et contraignant que ceux du secondaire (tableau 10). Le temps de formation consacré aux étudiants du primaire en première année excède de 26,5 % à 54,8 % celui des étudiants du secondaire. Pour la seconde année, leur temps de formation supplémentaire oscillera entre 57,8 % et 51,3 %. Sur l'ensemble de ces deux années, le temps de formation supplémentaire pour les étudiants du primaire est compris entre 40,6 % et 56,5 %.

Tableau 10

Temps de formation à l'IUFM selon l'ordre d'enseignement choisi

	Primaire			Secondaire		
	Cours	Stage	Total	Cours	Stage	Total
Première année	600	108	**708**	300/500	20	**320/520**
Plan de formation	582	135	**717**	250/550	20	**270/570**
Seconde année	600	324	**924**	220	170/230	**390/450**
Plan de formation	509	324	**833**	200/260	180/220	**380/480**
Total Général	1200	432	**1632**	500/700	190/250	**710/970**
Total Plan de formation	1091	459	**1550**	450/810	200/240	**650/1050**

Sources : Horaires calculés à partir des données de l'IUFM d'Alsace (1994a, p. 52-53 ; 1995, p. 78-79).

Une telle disparité produit des effets sur la manière dont les étudiants perçoivent le déroulement de leur formation. En la première année de formation, ceux du primaire supportent relativement l'horaire contraignant du programme de formation, conçu dans la perspective du concours. Ils n'ont guère par ailleurs d'autres alternatives. En d'autres termes, la concurrence, qui s'exerce non seulement entre eux mais également avec des candidats non inscrits à l'IUFM, les incite à accepter le type de préparation au concours et ses conséquences. Cependant, cette préparation diffère de celle proposée aux étudiants du secondaire. Tandis que ces derniers suivent une formation et une préparation de type universitaire, les étudiants du primaire sont soumis à une formation et à une préparation très scolaire (de type lycée) dont le contrôle institutionnel systématique constitue un des indicateurs les plus significatifs. Ce contrôle, symbolisé, entre autres, par la vérification des présences des allocataires (boursiers) s'exerce d'autant mieux que, d'une part, les allocations ne sont pas allouées selon les mêmes proportions entre les étudiants du primaire et du secondaire et que, d'autre part, la proportion des allocataires varie fortement à l'intérieur de ces deux populations. En 1993-1994, sur l'ensemble des étudiants du primaire inscrits à l'IUFM en première année (n = 384), on comptait 52 % d'allocataires, autrement dit, un étudiant du primaire sur deux. Pour les étudiants du secondaire, à peine 8,8 % d'entre eux ont pu obtenir une allocation.

D'autres spécificités de ces deux formations jouent un rôle important dans les conditions d'exercice du contrôle institutionnel sur les étudiants. On relève notamment que la première année des étudiants du primaire se déroule principalement sur un même site – les anciennes écoles normales –, tandis que les préparations aux Capes, Capet et Caplp2 s'effectuent dans les universités, sur le mode des cours universitaires.

Compte tenu du nombre très faible d'allocataires chez les étudiants du secondaire, de l'extrême dispersion géographique des cours, du caractère universitaire de ces derniers et du faible contrôle institutionnel exercé par l'IUFM sur ces populations dont il n'a pas la maîtrise des mouvements et de l'assiduité aux cours, la préparation au concours est, de fait, nettement plus souple et libérale que celle proposée aux étudiants du primaire. Les étudiants du secondaire sont libres d'assister ou de ne pas assister aux cours proposés, le régime d'études auquel ils sont soumis étant sensiblement identique à celui qu'ils ont connu au cours de leurs études universitaires. En revanche, les étudiants du primaire ayant fréquenté l'université (et qui peuvent donc comparer) reconnaissent unanimement le caractère à la fois scolaire de l'organisation des cours et le côté extrêmement contraignant des horaires de formation, non seulement en première année, suivie par la majorité d'entre eux (notamment les allocataires), mais aussi en seconde année où, cette fois, la totalité d'entre eux est concernée. Tous les étudiants du primaire interrogés ont souligné et critiqué de manière plus ou moins intense cette double contrainte de leur formation.

Au-delà de ces divergences de conceptions de la formation professionnelle en seconde année, les modalités de préparation aux concours révèlent des différences essentielles entre les deux ordres d'enseignement. Tout d'abord, compte tenu des horaires contraignants en première année, la poursuite d'études parallèles est rendue difficile pour les stagiaires du primaire, alors qu'elle est relativement fréquente pour ceux du secondaire dont une partie passe l'agrégation, une maîtrise ou un diplôme d'études approfondies (DEA).

Cependant, l'opposition entre les deux modèles paraît surtout au niveau de la priorité, de l'attention et du suivi accordés aux stages en responsabilité. Compte tenu des préoccupations des formés du primaire et de la polyvalence de leurs tâches, on pourrait s'attendre à un accroissement du poids des stages dans la formation. En réalité, c'est l'inverse qui se produit. Non seulement le temps de formation consacré aux stages des élèves professeurs du secondaire est largement supérieur à celui de leurs collègues du primaire (entre 43,6 % et 51,1 % selon les cas, contre 35 %), mais les premiers se voient confier une classe en responsabilité à l'année (4 à 6 heures par semaine). Des cours de didactique ou de formation générale accompagnent en quelque sorte le stage tout au long de l'année.

Pour les étudiants du primaire, la logique est inversée. L'année démarre par un stage en tutelle, suivi par une longue période de cours qui s'achève par un premier stage en responsabilité de quatre semaines (R4). Ensuite, les cours reprennent jusqu'au second stage en responsabilité de quatre semaines et l'année s'achèvera par une courte période de cours. En d'autres termes, les étudiants du secondaire bénéficient d'une formation pratique et théorique caractérisée par la continuité et l'alternance entre théorie et pratique, tandis que les étudiants du primaire alternent ces deux niveaux par périodes bloquées. Ce processus est fortement remis en cause par les étudiants du primaire.

En fait, contrairement à la formation proposée aux étudiants du secondaire, celle du primaire accroît sans aucun doute la difficulté structurelle de toute formation professionnelle : établir des relations satisfaisantes entre les cours théoriques et les exigences de l'enseignement sur le terrain. Compte tenu de l'agencement de la formation, les étudiants du primaire considèrent en général les cours théoriques comme peu pertinents et peu utiles, voire redondants avec ceux qu'ils ont déjà suivis en première année. Par ailleurs, on est frappé par le sentiment d'isolement éprouvé par les étudiants au cours de leurs stages en responsabilité. Ceux-ci sont plus vécus comme des évaluations sur le mode d'une inspection, que comme une initiation, un entraînement progressif à la prise de fonction avec, par exemple, des référentiels de formation précis à acquérir, des savoir-faire et des savoir être à assimiler. Enfin, la très forte division du travail entre les différents formateurs de l'IUFM, très révélatrice, se traduit par une faible prise en compte par ces derniers (ex-professeurs d'école normale du primaire pour la plupart) des expériences vécues par les étudiants au cours de leurs premiers stages et de leurs nouvelles attentes potentielles liées à ces expériences.

5.2   Des modèles aux effets différents

Au-delà du degré d'insatisfaction global exprimé par les étudiants du primaire, le processus de formation semble provoquer trois types d'effets.

Tout d'abord, le sentiment d'avoir nettement perdu son temps au cours des deux années de formation est très répandu chez les étudiants du primaire. Il s'explique à la fois par la lourdeur des horaires contraignants et l'insuffisante fréquentation du terrain pédagogique, ce que les étudiants du secondaire ont beaucoup moins perçu. On peut donc faire l'hypothèse que le modèle plutôt libéral de la formation des futurs professeurs du secondaire, certes critiqué par les étudiants, correspond néanmoins plus à leurs attentes (tableau 11).

TABLEAU 11

**Perception du temps de formation chez les étudiants,
selon l'ordre d'enseignement**

A eu le sentiment de perdre son temps au cours de la formation	Primaire	Secondaire
Très souvent	32,4	11,6
Souvent	43,7	27,0
Total	**76,1**	**38,6**
Parfois	22,1	52,2
Rarement	1,8	8,0
Jamais	0	1,2
Total	**23,9**	**61,4**
Total général	**100**	**100**
Effectif	222	475

L'aspect encore très scolaire de la formation dans le primaire et le cloisonnement des temps de formation accroît le sentiment d'inadéquation entre les cours théoriques des formateurs et leurs expériences de terrain, et ce, d'autant plus qu'une forte proportion d'étudiants est prédisposée à entretenir une distance critique avec la théorie. Si l'on ajoute leur sentiment d'insatisfaction à l'égard de l'encadrement des stages, on comprend que l'ensemble de ces éléments établit des rapports nettement plus tendus, conflictuels et méfiants entre les étudiants du primaire et leurs formateurs, qu'ils le sont dans le secteur secondaire. En revanche, les relations avec les tuteurs de terrain s'avèrent « très bonnes » ou « bonnes », ce qui confirme la mise en cause de la formation (tableau 12).

TABLEAU 12

Nature des relations entre les étudiants, les formateurs de l'IUFM et les professeurs de l'établissement d'accueil, selon l'ordre d'enseignement

Nature des relations	Avec les formateurs de l'IUFM		Avec les professeurs de l'établissement d'accueil	
	Primaire	Secondaire	Primaire	Secondaire
Très bonnes	4,9	18,0	27,3	30,4
Bonnes	19,6	40,7	37,0	38,3
Total	**24,5**	**58,7**	**64,3**	**68,7**
Assez bonnes	35,1	24,3	22,5	17,6
Total	**59,6**	**83,0**	**86,8**	**86,3**
Assez pauvres	31,1	11,3	11	10,2
Pauvres	5,3	3,9	1,8	2,3
Très pauvres	4	1,8	0,4	1,2
Total	**40,4**	**17**	**13,2**	**13,7**
Total	**100**	**100**	**100**	**100**
Effectif	225	489	227	489

Cependant, l'impact le plus important des modèles de formation se situe au niveau de la socialisation secondaire et de la constitution de l'identité professionnelle[10]. Il semble que le processus de formation auquel sont soumis les étudiants du primaire ait pour effet de les rendre nettement moins confiants dans la maîtrise de certains savoirs et savoir-faire spécifiques à leur future profession. Comme le montrent les résultats (tableau 13), les écarts constatés entre les étudiants des deux filières sont substantiels, notamment en ce qui concerne la didactique.

---

10.   Nous adoptons la définition qu'en donnent Peter Berger et Thomas Luckmann (1986), c'est-à-dire une « intériorisation de sous-mondes institutionnels spécialisés et l'acquisition de savoirs spécifiques et de rôles directement ou indirectement enracinés dans la division du travail » (p. 189). Voir également Dubar (1992), p. 81-108.

TABLEAU 13

Opinion des étudiants sur leur maîtrise de certains points de la formation, selon l'ordre d'enseignement

À la fin de la formation pense maîtriser :		Très bien	Bien	Assez bien	Total	Moyen-nement	Assez mal	Mal	Très mal	Total	Total général
Le contenu des programmes scolaires	Primaire	0,9	19,2	25,8	**45,9**	35,4	10,8	5,7	2,2	54,1	**100**
	Secondaire	8,5	36,5	32,4	**77,4**	18,5	3	0,9	0,2	22,6	**100**
La didactique de leur(s) discipline(s)	Primaire	0	11,1	29,6	**40,7**	38,6	12,8	6,6	1,3	59,3	**100**
	Secondaire	3	28,1	46,1	**77,2**	19,3	2,4	0,9	0,2	22,8	**100**
Les techniques d'évaluation	Primaire	0,4	7,5	32,6	**40,5**	19,4	21,2	9,7	6,2	56,5	**100**
	Secondaire	3	24	40	**67,0**	21	7,9	3,5	0,6	33	**100**
Le développe-ment psycho-moteur des enfants et des adolescents	Primaire	1,8	7,5	17,6	**26,9**	33,0	21,6	8,4	10,1	73,1	**100**
	Secondaire	2,4	12,7	20,4	**35,5**	26,9	18,9	9,5	9,2	64,5	**100**
Le mode de fonc-tionnement du système éducatif	Primaire	1,8	16,3	27,8	**45,9**	34,3	14,1	3,1	2,6	54,1	**100**
	Secondaire	3,2	20,2	37,8	**61,2**	30,6	5,1	2,3	0,8	38,8	**100**
Les différentes fonctions de l'école dans notre société	Primaire	3,5	21,9	30,7	**56,1**	25,0	12,3	3,1	3,5	43,9	**100**
	Secondaire	3,4	24,6	33,5	**61,5**	27,1	9	0,7	1,7	38,5	**100**

Les résultats montrent que, parmi l'ensemble des variables, les deux modes de formation proposés à l'IUFM sont les plus discriminants. Ainsi, le genre (la forte féminisation des effectifs des étudiants du primaire aurait pu être en effet une variable discriminante) et l'origine sociale des étudiants interviennent très peu ici. Par ailleurs, les futurs capétiens et agrégés étant diplômés dans la discipline qu'ils enseigneront, on comprend leur plus grande assurance à l'égard de leur pratique professionnelle et, en particulier, de la maîtrise de la didactique. Cela ne peut expliquer cependant l'ampleur des différences de perceptions et d'appréciations constatées entre les étudiants du primaire et du secondaire quant à leur formation respective en général.

La nature très opposée des deux types de formations qui cœxistent à l'intérieur de l'IUFM provoque des effets spécifiques sur la socialisation secondaire et la construction de l'identité professionnelle des agents. On peut s'interroger sur l'origine des résistances de l'institution et des formateurs à l'égard de la libération du système de formation des futurs professeurs d'école, que, par ailleurs, ces derniers réclament.

6. ÉLÉMENTS D'INTERPRÉTATION

La synthèse des résultats présentés ici ne vise pas à démontrer la supériorité d'un système sur un autre, mais à évaluer les effets différenciés des deux formations du point de vue des agents qui en bénéficient (ou les subissent), sans préjuger, par exemple, des difficultés réelles que rencontrent les formateurs à assurer une formation didactique polyvalente dans le secteur primaire. Il faudrait également, pour mener une analyse sociologique approfondie, analyser aussi les processus de production des catégories de perceptions des formés, dans lesquelles nous avons évoqué ici ou là quelques ambiguïtés (le rapport à la théorie entretenu par certains agents, par exemple). Il est également nécessaire de rappeler qu'il s'agit de résultats statistiques qui n'excluent pas l'existence d'un groupe parfois important de « satisfaits » à l'égard de certains aspects de la formation.

Cela dit, les représentations des agents sur l'efficacité de leur formation, éminemment subjectives par définition, produisent des effets objectivables sur leurs relations avec les formateurs et l'institution, d'une part, et sur la construction de l'identité professionnelle et du sentiment d'appartenance à un corps historiquement constitué, d'autre part. On peut se demander si les résultats des dernières élections professionnelles ne traduisent pas, entre autres choses, une rupture identitaire pour bon nombre d'instituteurs-professeurs des écoles[11].

Les résultats et les analyses présentés ici ne doivent pas être interprétés comme la démonstration de la supériorité d'une des deux formations proposées à l'IUFM au niveau des compétences professionnelles (pédagogiques) acquises par les étudiants. La question de l'identité professionnelle, pour conduire à une analyse sociologique, devrait être reformulée dans la mesure où « la capacité pratique possédée par les membres d'un groupe professionnel n'est en effet pas séparable des modes d'évaluation, eux-mêmes diversifiés, mis en œuvre par les différentes catégories d'agents concernés, mode d'évaluation qui doivent faire l'objet d'une analyse préalable » (Chapoulie, 1979, p. 66).

Cela étant dit, les deux modèles de formation qui coexistent au sein de l'IUFM renvoient en fait directement aux formations préexistantes à la création de cette institution. Comme nous l'avons évoqué dans l'introduction de

---

11.   Les dernières élections professionnelles dans le corps des enseignants du primaire ont révélé l'effondrement du syndicat traditionnel des instituteurs (le SE-FEN, ex-SNI-PEGC) affilié à la Fédération de l'éducation nationale (FEN) au profit des représentants du SNI-UPP, affilié à la Fédération des syndicats unitaires (FSU) créée à la suite de la scission de la FEN en 1992. Le SE-FEN est souvent présenté comme le pôle laïc et réformiste de la « forteresse enseignante », la FEN. (Voir l'ouvrage de Bertrand et Geay, 1997).

cette partie, le modèle de formation appliqué aux étudiants du secondaire est fortement similaire à celui qui précède la réforme. Quant au modèle réservé aux étudiants du primaire, il s'inspire encore très fortement de celui qui était en vigueur dans les écoles normales avant la réforme. Autrement dit, les IUFM ont hérité, au moment de leur création, des logiques spécifiques à chaque formation, de leur mode de fonctionnement, mais aussi des principes qui les sous-tendaient (Leselbaum, 1989). Elles reproduisent, du moins dans un premier temps, des conflits d'un nouveau genre entre les différents types de formateurs qui, jusqu'à la création des IUFM, intervenaient dans des institutions différentes. En d'autres termes, cette création a modifié les enjeux du champ de la formation aux métiers d'enseignant.

6.1 Les professeurs stagiaires : légitimité culturelle et pratiques professionnelles légitimes

Pour le secondaire, la formation d'un enseignant s'organise en deux temps selon les principes suivants. Le premier temps correspond à la préparation au concours qui a lieu à l'université, est élaboré par des universitaires ou du moins a lieu sous leur contrôle. Le concours national a une double fonction. La première, la plus apparente, consiste à recruter des nouveaux fonctionnaires pour les remplacer ou pour occuper de nouveaux postes. La seconde fonction est plus masquée, mais produit des effets très puissants sur l'organisation de la formation : la légitimation culturelle et symbolique des futurs professeurs. La réussite du concours « confère une autorité subjective (et objective) vis-à-vis de l'administration, des élèves et de leurs parents » (Chapoulie, 1979, p. 75). Cette légitimité s'obtient, d'une part, par le type de savoir dispensé et sanctionné par des épreuves écrites de type universitaire et, d'autre part, par le fait que les lauréats ont subi des épreuves orales devant un jury national, dont certaines prennent la forme d'une leçon formelle (*ex cathedra*) suivie de questions portant sur leurs connaissances[12]. C'est en quelque sorte un rite de passage auquel les étudiants sont soumis quand ils affrontent les épreuves du concours, qui, lorsqu'il est subi avec succès, permet d'accéder au statut, celui de professeur stagiaire[13]. Au cours de cette année, les étudiants dont les cours

---

12. Sur ce point, il existe une analogie entre le concours du secondaire et le mode de recrutement des enseignants de l'université analysé par Émile Durkheim (1969) dans son ouvrage l'*Évolution pédagogique en France*. En effet, Durkheim décrit une vieille coutume professionnelle qui remonte au moins au XIIᵉ siècle et qui « fut le centre de cristallisation autour duquel vint s'organiser la corporation des maîtres » (p. 95). Au cours d'une cérémonie qui porta le nom d'*inceptio* (début, essai inaugural), la présence d'un maître au moins était nécessaire à la première leçon d'un élève, pour que celui-ci pût enseigner. Dans l'*inceptio*, « il y avait déjà cette idée que l'élève d'hier, pour devenir maître, devait être au préalable reçu dans la société des maîtres par un ou plusieurs d'entre eux. Elle implique que seuls les maîtres en exercice avaient qualité pour conférer le droit d'enseigner » (p. 95-96).

13. Parmi les éléments symboliques propres à ce rite, on trouve la convocation à Paris de l'ensemble des candidats admissibles à l'oral. Cette « transhumance » des futurs lauréats renforce leur

se déroulent à l'université auront connu deux types d'intervenants : des universitaires, certes, mais également des professeurs du secondaire. Cependant, le temps d'intervention des premiers est très largement majoritaire. Par ailleurs, ils seront sélectionnés par ces deux types d'intervenants qui corrigent les épreuves etcomposent les jurys des épreuves orales.

Le second temps de la formation renvoie principalement à l'apprentissage de la pratique professionnelle qui s'effectue selon des modalités bien précises. Tout d'abord, le nouveau statut conféré aux étudiants en seconde année (professeur stagiaire) les place pratiquement sur le même pied d'égalité que leurs futurs collègues. Ce sentiment est renforcé par le fait que, d'une part, l'institution, en leur confiant des heures de cours en responsabilité dès le mois de septembre et à l'année, les considère comme étant à la fois responsables et dignes de confiance (effet de concours) ; d'autre part, la validation de leur seconde année est essentiellement effectuée ici par leurs pairs : professeurs du secondaire-formateurs, conseillers pédagogiques et équipe de direction du collège ou du lycée d'accueil. Du même coup, les universitaires se retrouvent quasiment absents de cette seconde année de formation. Cette division du travail structure donc la formation des enseignants du secondaire. Les universitaires ne sont pas (ou peu) impliqués au niveau de la pratique professionnelle, parce qu'ils ont délégué cette tâche aux professeurs du secondaire qui assument la responsabilité de la formation pratique de leurs collègues. Cette délégation est liée ici à l'opposition classique entre la théorie et la pratique, qui fonde les hiérarchies professionnelles ou la division du travail. Les universitaires possèdent le monopole de la première qui, à l'intérieur du champ scolaire, leur confère une satisfaction symbolique plus forte, compte tenu de sa définition plus prestigieuse (transmission des connaissances scientifiques). Enfin, il faut rappeler que les éléments de formation didactique et générale qui viennent s'ajouter à leur pratique professionnelle occupent sinon une place secondaire, du moins une place complémentaire dans cette seconde période de la formation.

Les principes généraux de la formation des enseignants du secondaire sont donc les suivants :

a) une formation universitaire en première année, qui induit un faible contrôle institutionnel des étudiants et une grande autonomie de ces derniers dans l'organisation de leur travail ;

b) l'obtention d'un concours national légitime et légitimant en termes de compétence culturelle ;

c) une formation en seconde année, axée sur le stage en responsabilité, qui débute dès le début de l'année de formation et qui se déroule sous

---

sentiment d'élection, dans la mesure où elle symbolise le fait qu'ils appartiennent à cette minorité (variable selon les disciplines et selon les périodes) appelée par le jury national à s'arracher de ses provinces pour venir dans la capitale culturelle de la France, afin d'y être couronnée éventuellement. Sur ce point, voir également Bourdieu, 1997, p. 283-288.

le mode du tutorat (de type compagnon-maître). Les étudiants sont principalement suivis, encadrés et évalués par leurs pairs. Au cours de cette année, ils bénéficient en général d'une grande autonomie, qui peut tourner à la solitude face à certaines difficultés auxquelles ils peuvent être confrontés et qui sont plus ou moins grandes selon les classes en charge et la personnalité des stagiaires. En définitive, le caractère encore relativement « accessoire de la compétence pédagogique par rapport à la compétence culturelle » (Chapoulie, 1979, p. 70) de la formation perdure malgré une évolution évidente des conceptions à ce sujet.

6.2 Les élèves professeurs d'école : domination culturelle et symbolique

Pour le primaire, l'organisation de la formation d'un enseignant n'obéit pas aux mêmes principes. Tout d'abord, si le premier temps de la formation correspond, là aussi, à la préparation d'un concours, cette préparation n'est assurée ni par des universitaires, ni à l'université, mais principalement par les formateurs de l'IUFM eux-mêmes, qui sont généralement d'anciens formateurs de l'école normale. Autrement dit, la préparation du concours est assurée par les professeurs du secondaire. Quant aux enseignants du primaire, ils n'interviennent pratiquement pas. Contrairement aux concours du secondaire, le caractère local de celui du primaire n'a ici qu'une fonction : recruter des fonctionnaires. Par contre, il ne remplit pas encore cette fonction de légitimation culturelle et symbolique conférée aux concours du secondaire. Autrement dit, il ne fonctionne pas comme un rite de passage délivrant un nouveau statut. De ce point de vue, il est significatif, d'une part, que l'épreuve orale du concours ne comporte pas de leçon devant un jury mais seulement une épreuve sur dossier et, d'autre part, que les étudiants du primaire de seconde année soient dénommés « élèves professeurs », tandis que les étudiants du secondaire accèdent au titre de « professeurs stagiaires »[14]. Par ailleurs, le fait que 40,1 % des étudiants du secondaire estiment que la réussite au concours est un bon critère pour devenir enseignant, contre seulement 19,1 % des étudiants du primaire, illustre d'une certaine façon l'absence de légitimité du concours du professorat des écoles aux yeux de ceux qui l'ont réussi. Ces résultats montrent aussi, quel que soit l'ordre d'enseignement choisi, que les étudiants pensent en majorité avoir besoin d'une formation pédagogique et didactique en seconde année. Enfin, au cours de la première année des IUFM, les conflits qui ont opposé les étudiants du primaire aux formateurs et à l'administration sur les modalités d'évaluation des cours théoriques illustrent ou traduisent à leur manière, d'une part, le refus des seconds de reconnaître une légitimité

---

14. Termes utilisés dans *Le Guide du stagiaire Second degré* (IUFM d'Alsace, 1994*b*, p. 11), dans le paragraphe décrivant la participation des étudiants aux instances représentatives de l'institution.

culturelle au concours du primaire et, d'autre part, la revendication de cette légitimité par les étudiants. Il est vrai qu'accorder une telle reconnaissance comporte quelques risques, puisqu'elle pourrait s'accompagner d'une réduction de leur temps d'intervention en seconde année de formation et, du même coup, d'une redéfinition de leurs fonctions au cours de cette seconde année.

Pour les professeurs d'école, le second temps de formation, contrairement à ceux du secondaire, n'est pas fondé en priorité sur l'apprentissage de la pratique professionnelle avec les pairs. Tout d'abord, l'absence de légitimité culturelle et symbolique du concours implique, pour les étudiants du primaire, un traitement différent de celui réservé aux étudiants du secondaire. En effet, tout se passe comme si, en n'accédant pas dès le mois de septembre à des enseignements en responsabilité, l'institution les jugeait indignes d'un tel privilège ou encore insuffisamment formés. Autrement dit, l'effet concours ne jouant pas, ils ne sont pas mis sur le même pied d'égalité que leurs futurs collègues. Il leur faudra attendre une longue période de cours théoriques dans les différentes disciplines avant d'avoir le droit de prendre des classes en responsabilité. Comme pour la première année de formation, leurs pairs interviennent relativement peu dans le déroulement de cette seconde année, sauf au moment des stages et de leur préparation. Contrairement à ce qui se passe pour les étudiants du secondaire et malgré la mise en place des IUFM, les enseignants du primaire n'assurent pas la formation pratique de leurs futurs collègues, les enseignants du secondaire conservant en effet le monopole de la formation en première et en seconde année de formation. En fait, est questionnée ici la capacité des enseignants du primaire à intervenir sur la formation de leurs pairs. La domination symbolique du corps des instituteurs tend à se reproduire de manière insidieuse à travers le modèle de formation qui leur est imposé actuellement à l'IUFM. S'il est vrai que cette domination symbolique fut institutionnalisée dès la création de ce corps sous la IIIe République, ses fondements théoriques remontent au moins à Condorcet. Dans son *Rapport et projet de décret sur l'organisation générale de l'instruction publique,* il avait déjà conçu un système de recrutement hiérarchique : les enseignants de la Société nationale recrutaient les enseignants des lycées, qui devaient nommer les enseignants des instituts qui, à leur tour, désignaient les enseignants du secondaire et du primaire, ces derniers n'ayant plus rien à nommer, puisqu'ils étaient les derniers de la chaîne hiérarchique (Hahn, 1971, p. 205-222).

Les principes généraux de la formation des enseignants au primaire sont donc les suivants :

a) une formation non universitaire en première année assurée par des professeurs du secondaire qui possèdent le monopole de la formation professionnelle initiale (et continue) des enseignants du primaire au cours des deux années de formation. Un contrôle institutionnel des étudiants fort contraignant (masse horaire et organisation) et peu d'autonomie pour ces derniers dans l'organisation de leur travail ;

b) la réussite d'un concours local faiblement légitime et légitimant en termes d'acquis des connaissances culturelles ;

c) une formation en seconde année organisée sous le mode de la contrainte, peu responsabilisante et très peu assurée par leurs pairs ; des stages en responsabilité, situés tardivement dans le temps de formation, organisés sans tutorat véritable et dont le mode d'évaluation global rappelle plus des inspections successives qu'une évaluation progressive de la mise en pratique de connaissances pédagogiques acquises dans les cours.

7. CONCLUSION

Les analyses précédentes mettent donc en évidence l'existence d'une relation dialectique entre les déterminants structurels des modes de formation imposés aux étudiants et les significations que ces derniers leur attribuent, autrement dit, la manière dont ils ressentent et considèrent les effets respectifs des formations sur l'élaboration de leurs compétences professionnelles (pédagogiques). Si le modèle de formation des enseignants du primaire en vigueur avant l'émergence des IUFM pouvait trouver sa légitimité dans un état antérieur des modes de recrutement de ces enseignants, ce dernier semble avoir atteint ses limites avec l'élévation progressive du niveau de recrutement des enseignants du primaire et les transformations corrélatives de leurs caractéristiques sociales. En effet, quand les normaliens étaient recrutés à la fin de la troisième, c'est-à-dire jusqu'en 1977, les écoles normales avaient alors pour objectif de leur faire obtenir le baccalauréat (d'où la présence des professeurs du secondaire dans leur temps de formation). Ensuite, pendant une courte période (1979-1984), les professeurs de l'école normale associés à des universitaires eurent pour objectif de faire obtenir un Deug (Diplôme d'enseignement universitaire général) en trois ans aux normaliens désormais recrutés au niveau du baccalauréat. Autrement dit, jusqu'en 1984, les professeurs de l'école normale et l'institution participaient de façon significative à l'accroissement du capital scolaire des étudiants (Charles,1988). Les formateurs avaient alors une double fonction : d'une part, ils transmettaient des connaissances permettant aux normaliens d'obtenir des diplômes universitaires (baccalauréat puis Deug d'enseignement, ce dernier étant quelque peu dévalué) ; d'autre part, ils assuraient la formation professionnelle des normaliens avec l'aide des instituteurs maîtres formateurs (IMF). Or, depuis 1984, les enseignants n'assurent plus la fonction initiale de certification scolaire. Ils ne conservent que la seconde et transfèrent les heures consacrées à la première dans la formation professionnelle. En réalité, tout se passe comme si, volontairement, il n'avait pas été tenu compte de l'augmentation significative du niveau universitaire des étudiants du primaire (licence). Non seulement l'administration, mais également ceux qui détiennent le monopole de cette formation considèrent apparemment que la formation professionnelle des enseignants du primaire nécessite un volume d'heures d'intervention relativement constant, quel que soit en fait le niveau de recrutement atteint. Dans le même ordre d'idée, le temps de formation professionnelle dispensé aujourd'hui excède celui auquel avaient droit les normaliens recrutés au niveau de la troisième. En effet, quand les normaliens étaient recrutés à ce niveau, leur formation professionnelle s'étalait seulement sur une année après l'obtention du baccalauréat. Par contre, lorsqu'ils étaient recrutés sur la base du baccalauréat, ils bénéficiaient d'une formation professionnelle étalée sur deux années. Ensuite, avec la préparation du Deug (1979-1984), celle-ci fut répartie sur les trois années d'études. Avec le recrutement au niveau du Deug, la formation professionnelle s'est maintenue sur deux ans. Enfin, depuis que le recrutement s'effectue au niveau de la licence, elle dure toujours deux ans.

Le refus de l'administration et du corps professoral des écoles normales de prendre en compte cette élévation du niveau académique exigé au recrutement est sociologiquement compréhensible. En effet, ces derniers n'avaient pas intérêt à la diminution de leur volume de formation. Cela risquait, d'une part, de remettre en cause leur monopole de la formation professionnelle du primaire et, d'autre part, d'entraîner en seconde année une redéfinition de leurs interventions qui aurait pu tourner en faveur des instituteurs maîtres formateurs. En fait, l'histoire montre qu'ils sont parvenus à conserver globalement leur volume horaire d'intervention et, du même coup, à maintenir la croyance selon laquelle l'enseignement primaire est tellement spécifique qu'il nécessite le même volume horaire de formation qu'avant la réforme. Cependant, l'irruption du concours dans le processus de formation a provoqué des débats âpres entre les formateurs des différentes disciplines (ex-professeurs d'écoles normales), chacun tenant à conserver un volume horaire suffisamment important pour ne pas être marginalisé. Les disciplines bénéficiaires seront ici les mathématiques et le français, c'est-à-dire les épreuves obligatoires au concours. Par contre, la psychopédagogie (enseignée par les professeurs de philosophie) connaîtra une diminution considérable de son volume horaire.

Tout indique que cette non-prise en compte de l'élévation du niveau académique du moment du recrutement provoque des dysfonctionnements importants dans les rapports du public au modèle de formation proposé et imposé[15]. Les réserves du public étudiant à l'égard du modèle proposé sont en partie liées à l'inadaptation de ce modèle à ses attentes. Ce public, rappelons-le, a connu de profondes transformations au cours des quinze dernières

---

15. En fait, comme l'a montré Gilles Laprévote (1984), au sein de l'école normale, à partir du début des années 1970, plusieurs modèles de formation vont émerger, se côtoyer et succéder au modèle en vigueur dans les années antérieures, sans que l'un puisse s'imposer par rapport aux autres. L'auteur dégage au moins deux modèles. Le premier, intitulé *factuel-practiciste* ou *rénovation-actualisation*, serait, nous semble-t-il, plus souvent localisé du côté des maîtres d'application, des conseillers pédagogiques et des inspecteurs ; l'autre, dénommé *heuristique*, est plus en vogue auprès des professeurs de l'école normale. Aujourd'hui, les étudiants de l'IUFM sont toujours soumis à ces deux modèles de formation qui ne sont pas fondés sur les mêmes conceptions de la didactique et de la pédagogie (*Ibid.*, p.135-190).

années. D'abord, l'origine sociale s'est nettement élevée statistiquement et, du même coup, la perception de la profession ; de plus, les attentes envers la formation ont évolué. Ensuite, la moyenne d'âge s'est fortement accrue, au point qu'une majorité des étudiants (52,2 %) ont déjà connu des expériences professionnelles plus ou moins longues et ont occupé des postes de responsabilité. Enfin, le dernier facteur à prendre en compte renvoie à la formation universitaire de ce public. Autrement dit, l'ensemble des agents qui le composent possède non seulement un passé universitaire et très souvent une expérience professionnelle, mais aussi des diplômes au moins équivalents à ceux exigés pour devenir professeur du secondaire. Les formateurs du primaire confrontés progressivement à ce nouveau public sembleraient avoir maintenu les principes et l'organisation de la formation antérieure (Perrenoud,1994). Or ces derniers sont en partie violemment critiqués par ce nouveau public qui, quand on l'interroge, propose soit leur aménagement, soit la mise en place d'une nouvelle structure de formation[16].

---

16.   Une enquête sociologique réalisée à l'IUFM auprès des étudiants du primaire en seconde année de formation (n = 574) montre des résultats similaires (Charles et Roussel, 1997). Autrement dit, tout montre que, pour l'instant, les difficultés révélées par l'analyse des rapports à la formation des étudiants du primaire de l'IUFM d'Alsace sont structurelles et non locales.

CHAPITRE 13

Disciplines du maître et disciplines des élèves dans la formation didactique des enseignants: l'exemple de la production d'écrits au cycle 3

GÉRARD TESTE
IUFM d'Alsace, Strasbourg

1. INTRODUCTION

S'il est d'usage de nommer « disciplines » les enseignements dispensés à l'école élémentaire aussi bien du point de vue du maître que de celui des élèves, il ne s'ensuit pas que soient pertinentes, pour ce niveau d'enseignement et pour la formation qui y prépare, les catégorisations et les modélisations auxquelles le terme de discipline a donné lieu pour d'autres niveaux d'enseignement et de formation, en particulier pour celui des études secondaires. Reprendre purement et simplement les disciplines pour les appliquer au primaire serait considérer implicitement que la polyvalence qui caractérise l'enseignant de l'école élémentaire n'est autre chose que la somme des compétences disciplinaires et didactiques de chacun de ses collègues du collège ou du lycée. Le professeur du primaire vraiment compétent serait celui qui serait capable d'enseigner dans la dizaine de disciplines qui forment le cursus des élèves avec une maîtrise égale à celle d'un professeur du collège ou du lycée (qui, lui, n'en enseigne qu'une seule) avec, peut-être, une moins grande exigence dans la connaissance de chacune! Ainsi formulée, l'hypothèse paraît d'emblée aberrante. Mais nous ne sommes pas sûr que le schème qu'elle explicite ne sous-tend pas plus ou moins les conceptions qui président à la formation donnée dans les IUFM aux futurs professeurs des écoles comme aux travaux de recherche en didactique.

En faisant ce constat d'entrée de jeu, nous ne cherchons pas à faire le procès de qui que ce soit. Nous voulons seulement attirer l'attention sur le fait que l'intégration, dans les IUFM, de la formation des maîtres du primaire n'a pas été accompagnée de la réflexion spécifique qu'elle nécessitait. Contrairement aux finalités explicitement affirmées dans les textes de fondation, elle a immédiatement été transcrite dans le cadre de la formation des professeurs du secondaire, la prise en compte du primaire se faisant sous le mode de l'adaptation, grâce en particulier à des notions comme celles d'interdisciplinarité ou de transdisciplinarité. Ce qui signifie que, dix ans après l'ouverture des IUFM, nous manquons toujours d'un modèle d'intelligence de la formation des maîtres du primaire, qui soit pertinent. En le posant d'emblée en termes de disciplinarité et d'interdisciplinarité, nous continuons peut-être à nous enfermer dans une problématique que l'on pourrait formuler pour d'autres formations.

Nous n'avons pas la prétention de proposer ici ce modèle qui fait tant défaut. Formateur à l'IUFM pour l'enseignement primaire après l'avoir été à l'école normale, nous voudrions seulement apporter le témoignage d'une pratique de formation, à la pensée qu'elle puisse servir de matériau d'observation et d'analyse pour une élaboration conceptuelle, s'il est vrai que, en formation, comme en toutes choses humaines, le rapport entre théorie et pratique ne peut se concevoir comme la mise en œuvre de la première par la seconde, mais comme une tension constante entre les deux, chacune se construisant autant par ce qui fonde leurs convergences que par ce qui les oppose. Plus particulièrement, par la déconstruction d'une pratique concrète de formation avec de futurs enseignants du primaire, nous voudrions montrer, comme le suggère Sachot dans plusieurs de ses études sur la catégorie de discipline, notamment dans celle intitulée « Une discipline d'enseignement : un singulier pluriel »[1], qu'une « discipline » d'enseignement n'est jamais un singulier, mais toujours un pluriel. Les liens les plus importants qu'une discipline entretient avec les autres disciplines ne sont pas seulement d'ordre extrinsèque et de voisinage plus ou moins proche (comme entre des disciplines formant ensemble un cursus d'études ou de formation), mais sont intrinsèques, c'est-à-dire de l'ordre de l'implication. Toute discipline d'enseignement s'élabore en se référant à des disciplines qu'elle implique (justement appelées disciplines de référence interne), lesquelles affleurent seulement dans celle qui est enseignée aux élèves, alors qu'elles sont le plus souvent développées comme telles dans la formation correspondante du maître.

Car telle est bien la conclusion principale à laquelle semble conduire la pratique de formation à laquelle nous participons et dont nous nous proposons de rapporter ici une séquence. Celle-ci a été conçue et réalisée dans le cadre de la formation des professeurs des écoles stagiaires à l'IUFM, c'est-à-dire de professeurs qui, ayant réussi le concours au terme d'une première année de formation (au contenu plutôt axé sur les connaissances théoriques), se préparent plus directement au métier au cours de la deuxième année en

---

1.   Ici même.

assumant, lors de stages, un enseignement dans les classes elles-mêmes. Or la particularité de cette séquence de formation didactique, dont les bénéficiaires sont les enseignants stagiaires, enchâsse de manière indissociable une séquence d'enseignement/apprentissage des élèves, manifestant ainsi qu'il existe des relations on ne peut plus étroites entre les disciplines de formation du maître et celles qui sont enseignées aux élèves, même si ce ne sont pas les mêmes.

Pour des raisons de clarté, nous présenterons séparément ces deux ensembles didactiques. Sera d'abord décrite une démarche d'apprentissage pour l'enfant, telle qu'elle a été élaborée et vécue, pour elle-même, certes, mais également en vue de la formation didactique des enseignants. Suivra la présentation de la séquence didactique qui, ayant cet apprentissage pour l'enfant comme finalité interne, fut effectuée avec les maîtres stagiaires. En conclusion, nous essaierons d'expliciter les formes de relations d'ordre disciplinaire qui existent à l'intérieur de chacun de ces deux ensembles comme dans leurs rapports entre eux.

2. UNE SÉQUENCE DIDACTIQUE DE PRODUCTION ÉCRITE AU CYCLE 3

La séquence didactique de formation des élèves porte sur un travail de production écrite effectué avec une classe de CM2 de 27 élèves (fin de cycle 3) au dernier trimestre de l'année scolaire. Elle a duré cinq semaines, à raison de deux séances de une heure trente et de trois séances d'une heure par semaine.

2.1 Genèse et mise en place du projet d'écriture

Durant l'hiver, les élèves ont vécu une expérience de classe transplantée en montagne. À l'occasion de promenades de nuit, la directrice du centre a raconté à la classe des « histoires pour faire peur » qui se terminaient toujours bien. Cette éducation des frissons n'ayant pas laissé les élèves indifférents, il a été par la suite convenu entre les élèves et leur maître, qu'en échange, en manière de retour de politesse, la classe enverrait à cette directrice des « histoires pour faire peur », histoires qui auraient été produites dans l'intervalle. Lorsque commence la séquence didactique et sans pouvoir alors préjuger de la forme définitive qu'aura l'envoi prévu, la classe et son maître commencent par élucider quatre points : quel est le *but* de ces écrits à venir ? Quel en est *l'enjeu* ? Qui seront les *destinataires* ? Quelle est la *nature des écrits* attendus et *comment* les écrira-t-on ?

Le but. Le but de départ (retourner la politesse sous forme « d'écrits-cadeaux » à quelqu'un qui a beaucoup contribué à l'accueil culturel des élèves et a été pourvoyeur de littérature au quotidien de la classe transplantée) est élargi. Il s'agit de s'adresser à un lectorat socialement proche de la classe, parents, amis, voisins, et de faire participer les textes à venir à la circulation sociale des écrits, fût-ce à l'échelle de l'environnement de l'école.

L'enjeu. L'aboutissement attendu du processus du travail est de parvenir à proposer des « histoires pour faire peur ». Il comporte deux versants. Le premier porte sur le résultat, à savoir s'inscrire dans une pratique sociale de référence : travailler les textes d'essais (textes empiriques) produits à partir, entre autres choses, de l'intertexte dont chacun dispose, de telle sorte qu'ils rejoignent et accroissent l'ensemble des textes existant dans la pratique sociale de référence (figure 1).

Le second versant porte sur le processus lui-même : effectuer les apprentissages qui s'avèrent nécessaires pour mener à bien la tâche complexe d'écri-

FIGURE 1

Situation de production des textes d'essais produits en classe

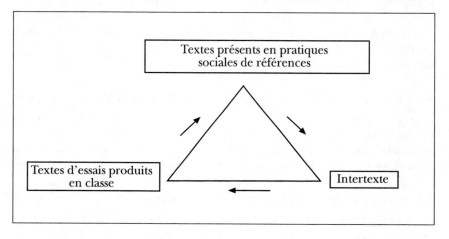

ture visée (par exemple, apprendre l'importance du contrôle à exercer sur son texte aussi bien que celle des règles d'accord). Peut-être est-ce sur la tension entre ces deux logiques de résultat et de processus que repose principalement l'apprentissage visé, dans la mesure où elle parvient à articuler les concepts relatifs à la valeur de l'écriture et les concepts relatifs aux façons de s'y prendre pour s'approprier les codes de l'écrit ?

Les destinataires. Certains sont déjà connus, à savoir le maître, la classe elle-même et son environnement éducatif immédiat. Pour les autres, une inconnue subsiste en début de projet, liée au degré de diffusion qui sera possible au terme de la production écrite ainsi qu'au mode de diffusion. Dans tous les cas, on quitte la perspective dénoncée par Masseron (1989), quand elle écrit : « l'élève n'écrit pas, il rédige. Le professeur ne lit pas ; il corrige » (p. 85).

La nature des écrits attendus. Chacun réfléchira à des circonstances, au cours desquelles il a ressenti de la peur, et il écrira à partir de ses souvenirs une histoire, « réelle ou inventée », qui fasse peur. Selon une demande du maître, les histoires sanglantes et autres récits de vampire ne font pas partie du genre d'histoire attendue. Ce choix étant fait, il est convenu que chacun écrira une histoire individuelle.

Ces mises au point effectuées, lecture est faite en classe de *La Peur* de Guy de Maupassant (1884-1988), par la voix d'un intervenant extérieur, un professeur stagiaire. Le choix est fait de lire, depuis la fenêtre d'un train P.L.M., des fragments de la vision de deux hommes, autour d'un grand feu, à minuit, dans un bois, des fragments de l'histoire racontée par Tourgueniev chez Gustave Flaubert – la vieille folle nageuse –, de l'histoire enfin de la brouette qui roulait toute seule quelque part en Bretagne, racontée par le compagnon de voyage du narrateur de *La Peur*.

La lecture de ce texte complexe où se répondent des voix multiples, chacune porteuse d'une nouvelle histoire, a nécessité quelques clarifications : sigles (P.L.M.), noms de lieux (Penmarch, Pont-l'Abbé, Finistère), noms propres d'auteurs (Tourgueniev, Flaubert). Ces clarifications ont également entraîné la mise en évidence de l'importance des situations (un train qui fonce dans la chaleur de la nuit et deux voyageurs), des lieux géographiques, des toponymes (la Russie, des forêts et des lacs, la Bretagne comme submergée par les deux océans), des choix d'items lexicaux à effet de cohésion, de l'effet boule de neige des histoires racontées, toutes différentes, et qui, pourtant, sont toutes ponctuées par le *leitmotiv* : « Oui, on n'a peur que de ce qu'on ne comprend pas ».

2.2 Les quatre phases d'écriture

2.2.1 Un texte-liste

La première phase d'écriture proprement dite suit immédiatement la lecture du texte de De Maupassant et la longue discussion qui s'en est suivie. Il s'agit de consigner par écrit, chacun pour soi, sous la consigne « ce qui fait peur », des situations précises, des lieux, des moments, des personnages, dans cet ordre et sous forme de texte-liste constitué des seuls groupes nominaux (figure 2).

2.2.2 La prise en notes

La phase deux du travail, faite le lendemain, consiste en une tâche d'écriture réalisée sous forme de prise en notes du choix des éléments retenus par chacun pour le début de l'histoire, de manière à en garder la mémoire. Il s'agit, en activant des éléments lexicaux, d'amener le lecteur (la classe-auditrice dans un premier temps) dans un lieu précis, soit un lieu bien connu de soi, soit encore un lieu imaginé, mais qu'on se figure bien. Il est demandé à chaque élève de ne pas rédiger et de prendre en notes (de mémoire) un maximum d'éléments souhaitables.

L'intention est double : d'une part, éviter le « sur place de l'information » courant dans les grandes phrases rédigées avec le même élément d'information à l'intérieur ; d'autre part, faire éprouver, en actes, lors de la phase rédactionnelle qui suivra, que deux opérations concomitantes (éliminer des éléments et classer ceux qui subsistent) permettent d'assurer la cohérence du début du texte, la cohérence étant entendue ici, pour reprendre Charolles (1988), comme «ayant à voir avec l'interprétabilité des textes» (p. 53)[2].

FIGURE 2

Exemple de texte-liste obtenu

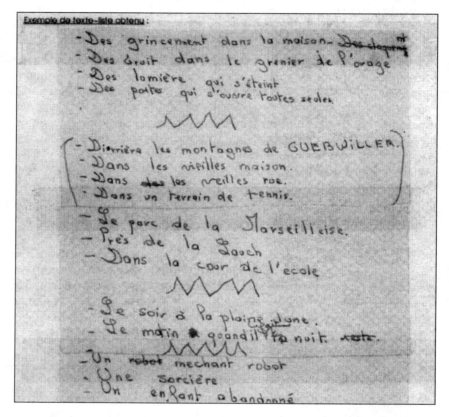

2.	Sous l'intertitre « Nouvelles orientations. Distinctions terminologiques et textuelles », Charolles (1988) précise : « D'abord les chercheurs ont pris l'habitude (maintenant communément partagée) d'établir certaines distinctions parmi les notions habituellement utilisées pour désigner les phénomènes de continuité textuelle. La terminologie est loin d'être harmonisée, néanmoins tout le monde est à peu près d'accord pour opposer d'un côté la cohérence, qui a à voir avec l'interprétabilité des textes et, de l'autre, les marques de relation entre énoncés et constituants d'énoncés » (p. 53).

Chacun a l'initiative de la forme même de sa prise en notes, mais celle-ci doit renseigner sur la situation géographique du lieu, ses couleurs, les objets et les éléments qui le constituent, la façon d'y accéder, l'impression que donne ce lieu, le cadre temporel choisi pour y porter le regard ou y parvenir. C'est sur la base de cette prise en notes qu'une première lecture orale est faite par chacun à la classe avec la consigne suivante : on ne se contente pas de lire ses notes telles quelles, mais on profère déjà à pleines phrases le texte rédigé qu'elles appellent. Lire ses notes est ainsi conçu comme une première linéarisation effectuée avec l'aide des pauses, du schéma intonatif de phrase, du regard posé sur tel ou tel visage au fur et à mesure que sont proférés les « groupes de souffle », entendus comme groupes syntaxiques majeurs s'achevant sur un accent tonique (figure 3).

FIGURE 3

Exemple de prise en notes (avec traces d'effacement et de classement)

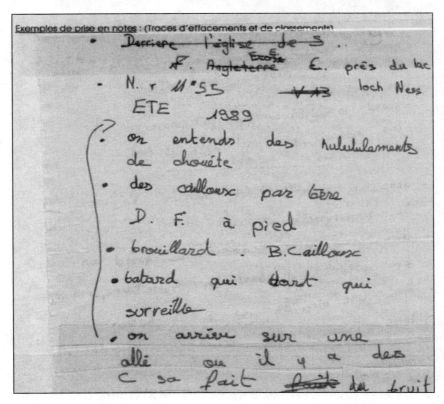

2.2.3 La rédaction du début du texte

À la suite de cette prise en notes individuelle et de cette « mise en bouche » par chacun de son début de texte linéarisé autant que possible, le travail demandé en phase trois – dernière phase pour cette première semaine de la séquence didactique – consiste à rédiger à proprement parler ce début de texte (figure 4).

FIGURE 4

Exemple de texte rédigé (à partir de la prise en notes précédente)

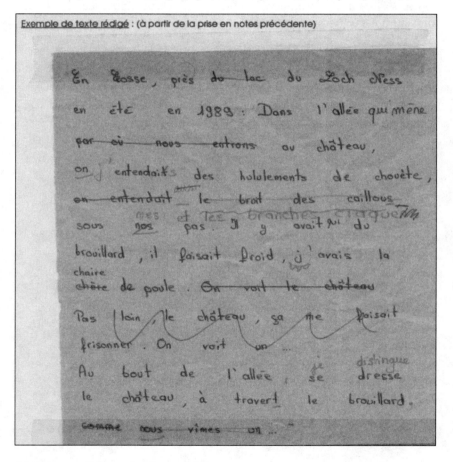

2.2.4 Le travail de savoir-faire partiels

L'observation et l'analyse des écrits obtenus à l'issue de cette troisième phase a mis en évidence la nécessité de travailler, pour la production du texte final, quatre sous-savoir-faire en matière de maîtrise de la langue, les deux premiers au niveau de ce qu'on peut appeler avec Charolles (1988) la « continuité textuelle » (la cohésion du texte), les deux suivants au niveau de la grammaire de la phrase :

Premier sous-savoir-faire :	ce qui a trait à la conservation-progression de l'information d'une phrase à l'autre. Il s'agit de s'assurer que le lecteur sera en mesure de mettre en relation les énoncés successifs sans avoir à « trop rattraper de sens » ou sans avoir, à l'inverse, le sentiment que le texte « fait du surplace ».
Deuxième sous-savoir-faire :	ce qui a trait au choix du temps de l'indicatif retenu ; début de texte tout au présent, tout à l'imparfait, ou alternant passé composé et passé simple avec imparfait.
Troisième sous-savoir-faire :	la constitution de la phrase complexe par juxtaposition de propositions (coordination, usage de la ponctuation interne de phrase [: - ; – , –]).
Quatrième sous-savoir-faire :	la prise de conscience de l'étendue de la chaîne morphographique d'accord GN_s – V. (groupe nominal sujet – verbe).

2.3 L'entrelacs des interventions du maître et de celles de l'élève dans la production écrite

Pour que la production d'un écrit soit formatrice pour les élèves, l'intervention du maître ne saurait évidemment se réduire à l'énoncé de consignes, à l'exposé d'explications même très claires et à la correction du résultat final, l'élève ne faisant qu'exécuter et appliquer le travail qui lui est demandé. La relation didactique entre le maître et ses élèves s'élabore plutôt comme un entrelacs d'interventions, le premier auprès des élèves, les seconds sur leurs propres productions écrites, interventions que l'on peut classer en deux catégories principales si l'on prend la durée pour critère.

2.3.1 L'intervention immédiate

L'intervention immédiate se fait au sein d'un groupe restreint (ici, par exemple, un tiers de la classe par rotation), à la faveur d'un dialogue avec l'adulte autour de chaque production. L'élève intervient lui-même sur son texte après discussion avec le maître, en fonction des savoir-faire à acquérir. Quant aux modes d'intervention du maître, ils sont singuliers et multiformes et ils requièrent beaucoup d'à-propos dans la prise de décision sur-le-champ : recours à un code de correction convenu auquel les élèves auront été initiés dès le début de l'année, voire du cycle ; demande explicite de modifications locales à partir d'une position de recherche par l'élève sur son propre texte ; réfection de phrase par l'adulte à la place de l'enfant ; discussions de recevabilité au sein du petit groupe ; demande de recours aux usuels disponibles ainsi qu'aux outils artisanaux de classe, du type « cahier de gammes d'écritures » (cf. infra). Lors de ce moment en groupe restreint, la forme de travail relevant de l'apprentissage mutuel réciproque, hors de la médiation de l'adulte, n'est pas privilégiée, ni même sollicitée. C'est plutôt l'entretien dual adulte-enfant, dont tout le groupe profite, qui est dominant[3], ainsi que le travail individuel de chaque auteur sur son propre texte[4].

2.3.2 L'intervention différée

À la différence des interventions immédiates, l'intervention différée prend la forme d'une leçon classique et puise ses supports et ses méthodes dans les habitudes du maître. Elle oublie temporairement le texte dont l'écriture est en cours pour effectuer un travail de structuration systématique. Ce travail aboutit à une trace écrite spécifique, distincte de la production écrite proprement dite, laquelle consigne, en langage-élève aussi formalisé que possible, le « texte du savoir » à valeur conceptualisante et généralisante induit de travaux de manipulation sur des fragments de langue particuliers. Cette trace écrite est consignée dans un cahier « gammes d'écriture » grand format (21 x 27 cm). Sur chaque double page de ce cahier sont portés le titre (par exemple, « Pour écrire des phrases complexes par juxtaposition ») et le trajet de la leçon (par exemple, productions écrites, problèmes effectués, textes-supports, travail de classification, trace écrite finale formalisée, exercices, etc.). Le point nodal de l'apprentissage, pour reprendre l'expression de Halté (1992), est le processus par lequel ce savoir ainsi consigné se détache de son contexte d'apparition pour devenir progressivement un savoir disponible dont la valeur permanente aura été éprouvée. Dans l'étude de situation relatée ici, un tel travail de structuration systématique a été effectué lors de la phase trois sur les

---

3.   On reconnaîtra là le geste professionnel bien connu de la prise en compte de la « double audience », dont la maîtrise fascine si fortement les professeurs en formation, lorsqu'ils sont en stage de pratique accompagnée, auprès des maîtres-formateurs. Quand l'enseignant expert s'adresse à un élève à propos de son apport, quelque chose dans sa voix, dans sa facialité, sa posture, donne à comprendre que le message singulier s'adresse à tous. Sur ce point précis de la « double audience », la ressemblance du métier d'enseignant avec celui d'acteur, parfois exagérément soulignée dans certains dispositifs de formation, est évoquée à juste titre.

4.   Ce geste professionnel (intervention immédiate sur texte de chaque membre d'un groupe restreint) est très souvent l'objet de questions en formation continue des enseignants et provoque d'intenses discussions qui mettent bien en évidence la complexité des savoir-faire que l'on doit mobiliser pour mener à bien ces moments d'une manière qui soit gratifiante pour tous. La question habituellement posée est : « Quel travail est le plus efficace pour le plus grand nombre en matière d'écriture : entraînement individuel, correction différée par le maître, mise au propre ? Travail d'élaboration collective d'un texte planifié et rédigé pas à pas sur énonciation individuelle ? Travail en petit groupe visant l'amélioration sur le champ des premiers jets produits ? » Si la réponse met en évidence la pertinence d'un entrelacs de ces dynamiques différentes, c'est le travail de petits groupes qui suscite le plus de réserves, et d'intérêt en même temps. Il nécessite non seulement la maîtrise d'un travail éclaté, mais surtout une expertise en matière d'improvisation, réglée par des savoirs textuels précis et adaptée au savoir-faire « déjà là » d'élèves singuliers.

points trois (constitution de la phrase complexe) et quatre (accord de la chaîne morphographique GN_s – V de GV). Au terme de la leçon différée, il va de soi que chacun retourne à son texte pour y apporter les modifications rendues possibles grâce à la leçon.

2.3.3 L'articulation des phases d'écriture et des moments d'intervention immédiate ou différée

Ces deux moments (intervention immédiate, intervention différée) se sont reproduits de façon identique lors des phases deux et trois du travail d'écriture. La phase deux (une semaine) a été consacrée à l'écriture de *l'événement déclencheur*, lectures à l'appui. La phase trois (une semaine) a été consacrée à la fin de l'histoire : celle-ci s'achève sur un mystère (on ne comprend pas en fin de texte ce qui s'est passé) ou sa résolution (une explication rend compte plus ou moins rationnellement de l'événement qui a provoqué l'incompréhension et la peur).

La figure suivante essaie de rendre compte du trajet général d'une séquence didactique d'écriture.

Figure 5

Schéma d'une séquence didactique d'écriture

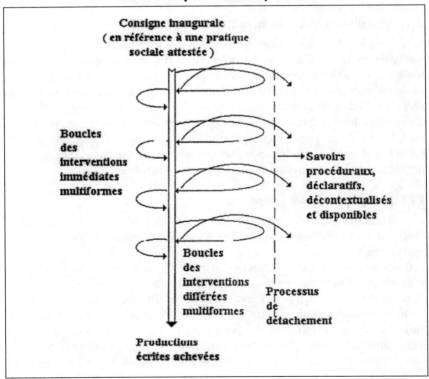

3. SÉQUENCE DIDACTIQUE CORRESPONDANTE EN FORMATION PROFESSIONNELLE DES ENSEIGNANTS

Telle est la séquence didactique mise en œuvre avec des élèves du cycle 3 dans le cadre de la discipline de base qu'est, en France, le français et ayant pour objectif l'acquisition par les élèves de compétences dans la production d'écrits. Cette séquence a été réalisée pour elle-même, c'est-à-dire pour le bénéfice des élèves, lesquels ne sauraient être instrumentalisés au bénéfice d'autres personnes. Mais n'a été retenu, dans la description qui en a été faite, que ce qui peut rendre intelligible son usage dans la formation des maîtres, où cette séquence occupe une place singulière.

La séquence didactique de formation des maîtres dans laquelle s'est insérée n'est sans doute pas la toute première que ceux-ci connaissent. À plusieurs reprises déjà, ils ont pu, au cours de différents stages, affronter les réalités des classes et passer l'épreuve du terrain. Mais cette séquence est la première par son ampleur et son importance. C'est à elle que revient de faire émerger dans leur ensemble et, si possible, de commencer à structurer et à hiérarchiser les multiples questions que soulève l'enseignement dans le primaire. À la différence d'une séquence ordinaire, plutôt centrée sur tel ou tel aspect didactique, elle peut être révélatrice de la façon dont est effectué le rapport aux disciplines.

3.1 Une discursivité d'emblée transdisciplinaire

Le niveau de discursivité qui préside à la formation, est-il besoin de le souligner, ne relève d'aucune discipline particulière, mais les transcende toutes. C'est le niveau général, celui de la langue et de la parole communes, le niveau d'intégration conceptuelle le plus élevé et le plus riche, le niveau où le réel est saisi dans sa complexité maximale. Ce niveau permet non seulement d'identifier les disciplines qui sont en rapport avec l'enseignement donné, mais encore de prendre en compte une importante quantité de données, de savoirs et de repères de toutes sortes qui sont indispensables, sans qu'il soit nécessaire de les rapporter à une quelconque discipline.

3.1.1 Des repères multiples et disparates

Tout au long de la séquence didactique au profit des élèves, les entretiens entre formés comme entre formés et élèves ont été enregistrés. Leur reprise et leur exploitation font sans doute appel à une multitude de concepts et de notions qui, dans telle ou telle discipline, peuvent être entendus dans un sens précis. Mais le propos n'est pas de quitter la réalité pour construire un discours théorique ni, inversement, d'appliquer une théorie sur une réalité. Il est beaucoup plus modestement question de poursuivre une démarche d'élucidation, démarche qui, si elle se doit de mettre en évidence la complexité de toute situation d'enseignement-apprentissage, s'inscrit avant tout dans une visée « thymique », à savoir susciter une relative confiance en soi de la part du futur maître, parce que la tâche est possible et peut procurer une grande satisfaction.

Il n'est nul besoin de recourir à une discipline particulière pour mettre en évidence – par exemple, en évoquant l'importance de la culture littéraire personnelle ou encore l'idée que la séquence didactique se construit avec ce qu'on reçoit venant de l'enfant – le double visage de l'enseignant, transmetteur de culture et professionnel méthodique. Quand le formateur évoque des gestes fondamentaux, toujours là, et la radicale impossibilité de construire un projet dans dix séances ou plus planifiées à l'avance, a-t-il besoin d'asseoir sur une théorie explicite l'importance de ces gestes pour planifier et l'improvisation réglée qui va de pair et qui seule permet la prise en compte de «ce qui s'infiltre»? Quand il évoque, enfin, l'investissement en temps que demande l'insertion du traitement individualisé des besoins de chacun, dans un cadre de travail collectif, quand il pense pouvoir dire que c'est cette tension même qui permet aux élèves de s'approprier un savoir textuel, cela suffit pour mettre en évidence les conditions facilitantes et les freins d'une telle entreprise.

Il en va de même pour une exploitation des prises de parole enfantines, également enregistrées, pour engager une approche réflexive sur ce que peuvent apprendre les enfants d'une classe dans un travail d'écriture au long cours. Ainsi en est-il de l'idée, communément reprise par tous les enfants, d'un travail qui a abouti et dans lequel personne n'a le sentiment d'avoir échoué, de la fierté devant la tâche ainsi que de la satisfaction d'avoir surmonté des difficultés, des blocages, grâce, notamment, à l'aide des adultes. Ainsi est-il également d'un savoir textuel et d'un savoir-faire en matière d'écriture : ils se sont approprié toutes les aides apportées, ont perçu l'importance qu'il y a à écrire plusieurs fois, parce qu'on écrit des choses nouvelles à chaque fois ; ils ont exprimé, souvent avec bonheur, les procédures découvertes, tel cet enfant qui dit avoir mis dans son texte «de la logique et des détails». Ainsi en est-il, enfin, de la conscience que chacun a acquis, par le travail effectué, de se situer par son écriture dans la classe et au-dehors : les aides apportées ont été fréquemment évoquées, ainsi que la possibilité de communiquer aux autres, à la famille. Les enfants ont dit à leur manière cette façon d'être habité par leur écrit, qui apaise, qui dompte et qui donne la preuve qu'on existe.

3.1.2 Trois axes principaux d'explicitation et de cohérence

Cette discursivité générale, cependant, ne saurait être interprétée comme un fourre-tout sans aucun ordre ni cohérence. Elle est bien élaborée, mais son élaboration transcende les disciplines d'une façon telle qu'elle relève toujours en partie de l'implicite, quels que soient les efforts entrepris pour l'expliciter et la soumettre à la critique. Ainsi, dans le cadre de la séquence didactique de formation que nous relatons et compte tenu du travail spécifique fait avec les élèves, l'explicitation du propos et la mise en cohérence se sont faites autour de trois axes majeurs.

Un axe didactique ou l'acte d'enseignement défini comme transaction entre planification et improvisation réglée. Le métier d'enseigner a souvent été défini comme un agir réflexif ou une réflexion en action ou encore comme une négociation perpétuelle entre ce que Perrenoud (1994) appelle «la planification et l'improvisation réglée». Cette approche du métier, aussi discutable qu'elle puisse être, offre l'avantage de rendre justice, en même temps, aux deux préoccupations majeures des futurs maîtres : nécessité d'agir tout de suite et obligation de rationaliser. Ce geste bipolaire du métier renvoie aux procédures de décision employées et à leur complexité, qu'il s'agisse «des décisions préalables à l'intervention didactique ou des micro-décisions en cours d'enseignement» (Bru, 1991, p. 4). Quelles que soient, en effet, les théories par lesquelles on a cherché à rendre compte de la façon dont un sujet prend une décision[5], le fait de comprendre l'enseignement, à un niveau très général, comme une transaction entre planification et improvisation réglée, présente un triple intérêt, que relève encore Bru : relativiser l'idée selon laquelle la prise de décision est le terme d'un processus indépendant des modes, des façons de voir, des contextes idéologiques du moment ; permettre de se démarquer d'une adhésion à des formes du travail didactique hantées par la rationalisation excessive, telles qu'une certaine conception de la pédagogie par objectifs, par exemple, a cru pouvoir les accréditer ; mettre en évidence la multiplicité des buts poursuivis à chaque instant, dont certains sont contradictoires (*Ibid.*, p. 46).

Un axe socioculturel de l'apprentissage. Selon Chauveau et Rogovas-Chauveau (1992) et Brossard (1993), lecteurs de Vygotsky, apprendre, c'est s'approprier des savoirs et des savoir-faire initialement excentrés, extérieurs à soi, c'est-à-dire déposés dans le monde de la culture et, ce faisant, construire sa personnalité culturelle. L'apprentissage réside donc, pour une part, dans cette tension, cet arc entre l'extériorité des contenus, qu'il s'agit de s'approprier, et leur construction singulière, entendue comme activité interne d'organisation de ces contenus. Apprendre, c'est d'abord effectuer à plusieurs sur un plan interpsychologique, ce que l'on saura faire ensuite tout seul sur un plan intrapsychologique.

De ce fait, enseigner, intervenir comme enseignant, c'est articuler et rendre viable, en contexte social précis, celui de la classe et de toutes ses formes de regroupement, cette triple dimension culturelle, cognitive et sociale inhérente au comportement de celui qui apprend. Dans la tension enseigner-

---

5. Citant Sfez (1984), Bru (1991) distingue trois théories de référence : « la théorie traditionnelle, fondée sur le postulat selon lequel à toute situation particulière correspond une décision unique, la meilleure, celle qui garantit la progression vers le but visé, lui-même unique » (p. 45) ; la théorie probabiliste, qui intègre au moins partiellement la complexité et l'incertitude : « la décision est alors un processus d'engagement progressif, connecté à d'autres, marqué par l'existence reconnue de plusieurs chemins pour parvenir au même et unique but » (p. 45) ; une théorie qui n'est pas nommément qualifiée, selon laquelle la décision est conçue « comme un récit toujours interprétable, multirationnel, dominé par la multifinalité, marqué par la reconnaissance de plusieurs buts possibles, simultanés, en rupture » (p. 46).

apprendre qui est constitutive du métier de l'enseignant, c'est la manière dont est traitée singulièrement cette articulation qui détermine, à partir d'un dispositif didactique, l'avènement d'un apprentissage.

Ainsi, le discours didactique – didactique universitaire à visée d'élucidation ou didactique de formation à visée propositive, pour reprendre une distinction évoquée oralement par Develay lors d'une journée d'étude à Lyon II se constitue-t-il au plus épais des classes, y élaborant son objet, ses concepts opératoires, sa méthodologie propre.

Un axe socioculturel de la production d'écrits. Dans *Le Langage écrit chez l'enfant,* Schneuwly (1988), après avoir considéré l'activité langagière comme « l'interface qui médiatise le rapport entre le milieu et le sujet, comme l'instance qui oriente le sujet dans le monde [en vient à la considérer de l'intérieur et à] déterminer les procédures qui la réalisent, ou, en d'autres termes, les opérations nécessaires à son existence et à son fonctionnement » (p. 29). Il distingue alors trois niveaux dans la constitution de l'activité langagière, formant trois instances d'opération.

Un premier niveau, non langagier, a trait à la représentation de la situation de communication ; du point de vue fonctionnel, ce niveau vise la constitution de la base d'orientation générale de l'activité langagière. Une fois constituée, cette base d'orientation permet d'obtenir une représentation interne du contexte social et matériel de cette activité. À côté de ce niveau de contrôle externe, il convient de postuler en plus un système de contrôle interne ; c'est l'instance où se prennent les décisions concernant le déroulement de l'activité langagière en fonction de connaissances et d'expériences langagières antérieures. C'est la gestion textuelle. Cette instance définissant la trame du texte, la troisième instance prend en charge les chaînes, c'est-à-dire la matérialisation en unités linguistiques des processus précédents. Schneuwly la dénomme « instance de linéarisation ».

La distinction essentielle entre ces trois instances est dans leur mode de fonctionnement : non langagier pour la base d'orientation, langagier et hiérarchique pour la gestion textuelle, linéaire et linguistique pour la linéarisation. Ce mode de fonctionnement distinctif permet de concevoir l'activité langagière comme un système modulaire, dans lequel chaque instance a une autonomie relative et un fonctionnement spécifique (*Ibid.*, p. 31-32).

Cette présentation de l'activité langagière, même si elle doit être soumise à la critique, surtout si on lui adjoint la catégorisation des opérations que propose Schneuwly pour rendre compte de la constitution de ces trois instances[6], a le mérite de proposer un cadre conceptuel suffisamment vaste pour

---

6. Ces opérations sont ainsi définies : La création d'une base d'orientation (1re instance) résulte de trois types d'opérations : celles définissant le lieu social, celles précisant le but de l'activité, celles déterminant la relation singulière énonciateur-destinataire. La trame du texte, garantie par la gestion textuelle (2e instance) est le produit de deux types d'opérations : l'opération d'ancrage (prise en charge énonciative du texte à un degré ou à un autre d'implication) et

être capable d'englober l'activité langagière dans son ensemble et de proposer une première grille d'investigation à la fois cohérente et précise pour qualifier et situer l'extrême variété des données de cette activité, sans avoir à recourir explicitement aux multiples disciplines qui peuvent l'avoir pour objet.

Tels sont les trois axes majeurs qui ont permis de définir notre activité de formation dans sa globalité et que nous avons pris soin de donner comme références explicites aux bénéficiaires de cette formation.

3.2 Une grammaire de la didactique

À l'intérieur de cet espace, notre intervention de formation s'est élaborée non pas d'abord comme la mise en œuvre directe de disciplines, mais comme la mise en œuvre simultanée d'une double « grammaire », l'une portant plutôt sur les aspects didactiques, l'autre sur les savoirs et savoir-faire de la matière.

3.2.1 La recherche du pertinent

L'analyse des écrits de premier jet d'enfants, si elle permet d'établir un état des savoir-faire déjà là pour le collectif de la classe ou pour des individus, ne permet pas à elle seule d'élaborer une séquence didactique entendue comme suite d'activités en cohérence avec le projet d'écriture en cours. En période de formation, l'analyse d'une liasse d'écrits d'une même classe produits à un moment de l'année permet toutefois de distinguer ce qui peut et doit donner lieu à une intervention didactique de ce qui peut, sans dommage, être laissé de côté. Ce tri préliminaire se fait à l'aide de questions telles que celles-ci :

– Quelles observations et analyses ne donnent pas lieu à une intervention didactique, parce qu'elle serait prématurée, qu'elle ne fait pas partie des exigences institutionnelles ?

– Quelles observations et analyses ne donnent pas lieu à une intervention didactique structurée, parce que le manque repéré n'est pas didactisable comme tel ?

– Quelles observations et analyses peuvent donner lieu à des interventions didactiques, immédiates ou différées ?

---

l'opération de planification (activation et organisation séquentielle des contenus présents en mémoire (macrostructure), d'une part, structuration langagière, d'autre part. Enfin, pour assurer la linéarisation (3ᵉ instance), deux types d'opérations interviennent en interaction forte : la référentialisation, entendue comme le choix d'items lexicaux et leur mise en concaténation, à l'aide de moyens morphologiques et morphographiques, et la textualisation, entendue comme la mise en place d'unités linguistiques liées à des déterminations contextuelles et cotextuelles, permettant d'assurer la conservation-progression du texte, la connexité de ses éléments, et l'indication d'un rapport particulier de l'énonciateur à un fragment de son texte (opérations de modalisation) (Schneuwly, 1988, p. 32-44).

3.2.2 Une grammaire de pensée didactique

S'il est difficile, en situation de formation, de concevoir et de préparer des interventions immédiates sur texte, puisque ces interventions doivent se faire à la faveur d'un dialogue avec l'auteur du texte en cours, on peut en revanche concevoir et préparer des activités différées dans l'un ou l'autre domaine de structuration de la langue et des discours évoqué ci-dessus.

Nous proposons, pour ce faire, un outil méthodologique prenant en compte les paramètres constitutifs, selon nous, d'un temps d'apprentissage d'une certaine durée (une heure ou deux heures discontinues dans la journée). Ces paramètres n'ont pas à apparaître comme tels dans les fiches de préparation concrètes. Ils font néanmoins partie de la grammaire de pensée des enseignants, lorsqu'ils conçoivent et élaborent à court terme un moment structurant dans l'ordre de la langue. Ce sont :

Premier paramètre – Situation de la séquence dans le trajet de formation qui l'intègre :
– détermination de sa pertinence aux résultats de l'analyse effectuée sur les premiers jets ;
– détermination de son opportunité au moment donné.

Deuxième paramètre – Objectif(s) opérationnel(s) assigné(s) à la séquence :
– détermination de la capacité activée, localement observable par des faits tangibles, notamment par l'étendue de la tâche ;
– Détermination de l'enjeu conceptuel sous-jacent, en terme de savoir notionnel induit ;
– détermination du degré de généralisation ou d'abstraction auquel on compte parvenir dans l'élaboration du savoir notionnel visé (sur la trame conceptuelle) ;
– détermination de la compétence textuelle précise (entendue comme un mixte de savoirs procéduraux et de savoirs déclaratifs, intériorisés et disponibles à la demande) en termes d'objectifs spécifiques devant être atteints à une certaine échéance ;
– détermination du mode de rattachement et d'intégration de l'objectif opérationnel visé à l'une ou l'autre des typologies des grands objectifs concernant l'apprentissage-enseignement du français à l'école, par exemple celle que propose Bronckart (1989) selon les trois grands objectifs d'expression, de structuration, d'adaptation.

Troisième paramètre – Savoirs théoriques de référence et savoirs empiriques pour l'enseignant :
– savoirs dans le champ textuel considéré ;
– savoirs sur les processus d'acquisition par des individus dans un cadre de classe ;

– savoirs sur l'intervention didactique et pédagogique.

Quatrième paramètre – Mise en scène didactique du savoir/ savoir-faire visé :

– apprêt, à des fins didactiques, d'une situation aménagée inductrice d'apprentissage conceptuel ;
– nature de l'enrôlement choisi et des supports matériels proposés (ou dont la production est demandée en consigne d'exécution d'une tâche) ;
– nature de la tâche tout à tour dominante, décrite en termes de verbes d'action : chercher, classer, débattre, décider, formuler, copier,... en liaison avec le trajet propre à la séquence ;
– régulation et ajustement du rythme de l'activité proposée aux capacités des élèves.

Cinquième paramètre – Opérations cognitives en jeu dans la séance envisagée (voir D'Hainaut, 1983) :

– opérations cognitives élémentaires : mobilisation, exploration, reproduction, conceptualisation, application ;
– opérations complexes de résolution de problèmes.

Sixième paramètre – Dimensions communicatives inhérentes à la séquence :

– dimension sociocommunicative inhérente à la société coutumière que constitue la classe ;
– dimension d'élucidation des enjeux conceptuels en matière de langage ;
– dimension expérientielle : pour apprendre, il faut pouvoir accepter ce que disent les autres, accepter de se soumettre à la critique, acquérir une maîtrise minimale des phénomènes affectifs liés à la prise de parole individuelle et à son écoute dans un cadre collectif ;
– dimension politique, si tant est qu'apprendre une langue, ses codes et la valeur des discours qu'elle permet, c'est s'approprier et accepter une norme sociale.

Septième paramètre – Formes du travail didactique (voir De Corte, Geerlings, Peters, Lagerweij et Vandenberghe, 1990) :

– le travail transmissif ;
– le travail dialogique (à différents degrés d'apprentissage dialogique, libre ou dirigé) ;
– le travail par la tâche ;

Huitième paramètre – Organisation pratique :

– organisation du temps et de l'espace où se déroule la séance d'apprentissage ;

- mise à disposition des supports appropriés des moyens occasionnels ou usuels pour la mise en scène du savoir visé ;
- pilotage prévu de la séance (impulsion, régulation et appui dynamogènes autant que possible ; obligation, perçue par tous, de résultats tangibles pour chacun, à l'aide de quelques indicateurs de réussite, au niveau du processus d'abord, du résultat ensuite).

Lors des discussions tenues en formation initiale et continue, à la suite de travaux dirigés s'appuyant sur un tel outil méthodologique, la nécessité d'une planification rigoureuse du temps est souvent rappelée, sinon la dynamique propre au trajet de séquence est malmenée et la cohérence du parcours perdue de vue.

3.3 Une grammaire de l'écrit

La séquence didactique effectuée avec des élèves du cycle 3 porte sur une discipline au sens précis du terme, à savoir le français et, plus précisément encore, à l'intérieur de cette discipline, sur la production d'un écrit. Cependant, la logique de l'apprentissage à ce niveau scolaire ne conduit pas à associer directement le savoir à apprendre et le savoir-faire à acquérir aux différentes disciplines universitaires qui peuvent avoir l'écrit pour objet. Sans chercher à s'inscrire dans la discursivité et la technicité de ces dernières, elle se borne à identifier des analyseurs de natures diverses, susceptibles de servir de paramètres pour un écrit bien fait et fonctionnant, là encore, comme une grammaire plutôt que comme une science précise, même rudimentaire. Ont été ainsi retenus les analyseurs suivants :

- *Premier analyseur* : l'appartenance à un type d'écrits. Les notions utilisées ici sont : le genre de texte (renvoyant à la genrologie littéraire), le genre de discours (renvoyant à la fonctionnalité sociale, au discours conversationnel, au discours publicitaire,...) et la séquence de types de texte (selon la fonction langagière, narrative, descriptive, argumentative, explicative, injonctive).
- *Deuxième analyseur* : la notion de « bloc de texte », niveau intermédiaire entre le texte et la phrase. Le repérage de séquences de types textuels différents évoquées ci-dessus est l'une des tâches à effectuer à ce niveau.
- *Troisième analyseur* : les phénomènes liés à la notion de continuité textuelle. Ce sont l'ancrage énonciatif (par exemple, l'opposition discours-récit) ; l'orientation argumentative du texte (liée à sa visée, à son intention communicative dominante) ; la cohérence, entendue comme ayant à voir avec l'interprétabilité du texte par le lecteur ; la cohésion, entendue comme l'ensemble des marqueurs linguistiques assurant celle-ci de part en part dans le trajet du texte (choix de mode et de temps des verbes, choix d'items lexicaux, phénomènes de reprises par substituts pronominaux ou paraphrastiques, formes choisies pour la progression thématique) ; la connexité, entendue comme l'ensemble des marqueurs

assurant la structuration textuelle (connecteurs de phrases prenant en charge leur relation logique, phrases de pause et de connexion entre blocs).

– *Quatrième analyseur*: la notion de ponctuation. Ses paramètres sont: les marqueurs des frontières de phrases (.!? ... et majuscule initiale); la ponctuation interne de phrase (,;:); la ponctuation d'insertion de paroles rapportées (: « »).

– *Cinquième analyseur*: la grammaire de la phrase. Elle repose sur les types de phrase (déclarer, questionner, vouloir que...); les groupes syntaxiques majeurs (liés à la dimension informationnelle de la phrase); les relations structurales entre les groupes de la phrase et à l'intérieur d'un groupe; la mise en ordre dans la phrase (ordre contraint, ordre lié aux focalisations dans le discours); les classes de mots; les phrases de base (réalisant les chaînes symboliques abstraites de phrases en français) et les phrases complexes (juxtaposition par position ou ponctuation, coordination, subordination); les chaînes morphographiques d'accords (les trois ceintures, figure 6).

FIGURE 6

Les chaînes morphologiques d'accords en français (les « trois ceintures »)

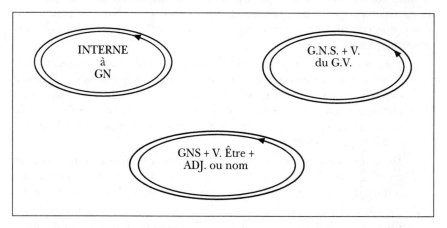

– *Sixième analyseur*: l'orthographe. Ses paramètres sont: l'orthographe phonogrammique (relation phonème-graphème); les morphogrammes lexicaux signalant une appartenance de champ; les morphogrammes grammaticaux; les logogrammes; les marques idéographiques.

– *Septième analyseur*: la relation texte-espace d'écriture. Elle concerne la mise en espace du texte (considérations de lisibilité, d'esthétique, d'orientation argumentative du message).

- *Huitième analyseur*: la relation texte-espace d'écriture-volume d'écriture. Elle concerne la relation à trois dimensions des recueils, des journaux, de l'écriture longue du type roman feuilleton ; la notion de paratexte.
- *Neuvième analyseur*: le lettrage. Ce sont le dessin, la forme (convention-nelle ou non), la taille du lettrage (considérations de norme, d'esthé-tique, d'orientation communicative et argumentative).
- *Dixième analyseur*: la relation texte-imagerie. Il s'agit des formes de la relation (degré d'iconicité) et du type de relation (paraphrastique, re-dondante, syntagmatique, d'ancrage, de relais).

4. CONCLUSION : LA PERTINENCE PROBLÉMATIQUE DE LA NOTION DE DISCIPLINARITÉ

Telle est, livrée avec modestie, c'est-à-dire sans prétendre proposer une démarche exempte de toute maladresse ni pouvoir justifier en tous points le bien-fondé de tel ou tel aspect, la double séquence didactique que nous avons bâtie et suivie avec des maîtres stagiaires et leurs élèves pour leur permettre de saisir et de situer, lors de leur premier long stage en responsabilité, l'ensemble des paramètres à prendre en compte aussi bien pour leur formation que pour celle des élèves.

Ce qui ressort peut-être avant tout de cette déconstruction d'une pra-tique précise est que la notion de discipline n'y apparaît pas comme vraiment fondamentale. Pour l'élève, tout d'abord, dont le travail de production d'un écrit est classé dans la discipline appelée le français, la compréhension et la diction de ce qu'il fait ne se laissent définir ni par une discipline particulière (au sens universitaire du terme) ni même par un ensemble de disciplines. Certes, le savant reconnaîtra que certains éléments, voire des groupes impor-tants d'éléments ne se comprennent clairement et pleinement que replacés dans l'une ou l'autre de ces disciplines. Mais ces références demeurent totale-ment implicites, ou presque. La discursivité d'ensemble, qui s'adresse à l'élève, relève plus de comportements à acquérir, en situation de production d'un écrit, que de savoirs linguistiques donnés. Si elle véhicule des mots ou des concepts qui ont un sens technique précis dans telle ou telle discipline, elle n'est pas la résultante, même par le truchement d'une quelconque transposi-tion didactique, de ces disciplines. Elle se situe d'emblée au niveau du langage naturel, lequel est tout naturellement enrichi de termes et de notions tech-niques dont on sait qu'ils reçoivent une définition précise dans des sciences particulières. Il n'y a pas, du point de vue du sujet, de rupture épistémolo-gique radicale entre l'observation que, par exemple, l'enfant fait de la langue et celle que fait le savant. S'il y en a une, elle se situe au niveau du registre de discursivité.

Le même genre de remarques est à faire pour le maître qui est formé. Son cursus antérieur lui a certes permis, d'abord au niveau du secondaire, puis, de manière plus nette, durant sa formation supérieure, de s'initier à la discursivité spécifique de plusieurs disciplines, voire d'accéder à une certaine maîtrise de l'une ou l'autre. C'est en tout cas l'un des objectifs de la première année de formation à l'IUFM. Toutefois, il convient de souligner l'extrême diversité des profils que présentent les futurs maîtres du primaire à ce moment-là. Qu'y a-t-il en commun, si l'on se rapporte à la production d'écrits dont nous avons traité, entre la culture disciplinaire d'un stagiaire qui aura suivi un parcours en lettres au secondaire puis aura obtenu une licence, voire une maîtrise en lettres modernes ou classiques, et la culture de celui qui aura suivi un parcours scientifique dans toute sa scolarité et aura obtenu une licence en biochimie ? Si le premier peut établir des correspondances entre les savoirs et savoir-faire de tous les ordres, qui constituent la matière de ce que, au primaire, on nomme « le français », et les diverses disciplines qui ont constitué sa formation universitaire, s'il est en mesure d'en saisir la cohérence et de pouvoir en rendre intellectuellement raison, le second en sera bien incapable, parce qu'il en sera resté à la culture, à peine ravivée et enrichie, qu'il aura acquise au le secondaire. La plupart des maîtres qui enseignent au primaire ne maîtrisent pas les disciplines qui ont quelque correspondance avec les disciplines du primaire. Supposer qu'ils puissent avoir cette maîtrise, comme peuvent l'avoir leurs collègues du secondaire qui n'en enseignent qu'une seule, est une bévue. Envisager dès lors le rapport entre les disciplines savantes et les disciplines scolaires au primaire sous le mode de la transposition didactique n'a pas de fondement dans la réalité. Pour la même raison, postuler ce rapport sous le mode de l'applicationnisme (la pratique comme application de la théorie) n'en a pas davantage.

Ces observations et les conclusions qu'elles entraînent sont encore plus nettes si on considère le rapport entre l'enseignement primaire – hors contenu disciplinaire – et les diverses disciplines dites de référence. Mis à part ceux qui ont pu faire un cursus dans l'une ou l'autre de ces disciplines (en sociologie ou en psychologie, par exemple), aucun enseignant n'a la maîtrise d'un faisceau disciplinaire que pourrait assumer la didactique et qui regrouperait les diverses disciplines qui ont l'enseignement-apprentissage pour objet. Comprendre la formation didactique comme la mise en œuvre de schémas théoriques dont on est incapable de rendre raison soulève, dans ces conditions, de graves questions d'ordre épistémologique et éthique. La tentative de redéfinir le cursus de formation à partir d'un référentiel ne représente pas une issue satisfaisante. Atomisés et mis sur le même plan, les savoirs et savoir-faire mis ainsi en évidence sont complètement coupés des champs disciplinaires hors desquels ils ne peuvent pas être formateurs.

Faut-il, dès lors, reporter au niveau des formateurs des maîtres le lieu où se fait la jonction et où s'établit la cohérence entre, d'une part, un certain nombre de disciplines universitaires, certaines se référant aux matières d'enseignement, d'autres à la didactique au sens large, et, d'autre part, entre ces disciplines et l'enseignement primaire ? Là-encore, il est difficile d'imaginer qu'une seule personne puisse maîtriser plusieurs faisceaux disciplinaires universitaires, chacun de ces faisceaux regroupant plusieurs disciplines. Le modèle qui prévaut actuellement en France peut se schématiser ainsi : le noyau central est constitué par des formateurs (le plus souvent de rang universitaire) dont la compétence est double, c'est-à-dire constituée par la maîtrise d'une discipline savante de référence pour l'enseignement scolaire et par des connaissances dans la didactique de cette discipline. Cette bidisciplinarité souffre encore, ici ou là, du modèle selon lequel la didactique d'une discipline se déduit de cette discipline elle-même. C'est à ce niveau, qui est nécessairement pluriel et fractionné pour les futurs maîtres du primaire, puisqu'ils doivent assumer de nombreuses disciplines, que réside le cœur de la formation. Si l'on pouvait déjà regrouper ces disciplines par affinité et si, surtout, l'on pouvait ramener la diversité des didactiques à une didactique générale, la formation des maîtres gagnerait certainement en force et en cohérence.

Un deuxième modèle important de la formation des maîtres regroupe les divers spécialistes dont les disciplines peuvent être utiles sinon nécessaires aux maîtres, parce qu'elles leur apportent des connaissances plus ou moins indispensables sur le monde de l'éducation. La psychologie et la sociologie figurent parmi les plus importants de ces apports. Mais il en est beaucoup d'autres, au gré des spécialités que chaque enseignant a envie de développer. Sauf investissement particulier, ces connaissances ne forment pas l'enseignant comme peut le faire une discipline qu'il enseignera.

Un troisième modèle rassemble tous les autres formateurs, en particulier les maîtres-formateurs et tous ceux qui sont sur le terrain. La maîtrise d'une discipline universitaire n'est pas exigée d'eux. C'est la maîtrise des pratiques qui est requise de leur part, la capacité de les expliciter et de les transmettre, d'initier, d'accompagner et de guider les débutants. Aussi, le niveau de discursivité qui est le leur est-il celui de la langue naturelle, même si c'est dans un registre spécialisé. C'est le niveau de cohérence et de signification le plus large qui est alors recherché. D'où la référence aux ouvrages qui, même dans un champ qui porte le nom d'une discipline particulière, sont en mesure d'offrir cette cohérence d'ensemble qui transcende les disciplines universitaires qu'ils prennent nécessairement en compte et les constructions théoriques que chacune développe.

Cette distribution est-elle la meilleure ? Sans doute n'est-elle pas la résultante d'une action concertée, mais le produit, plus ou moins cahotique, de l'histoire de la formation des maîtres. Si elle est traversée par la logique disciplinaire, celle-ci, cependant, se manifeste de manière beaucoup trop diverse et par trop de détours pour qu'on puisse se satisfaire de l'appréhender et de la catégoriser à l'aide d'un seul modèle.

CHAPITRE 14

Vers le développement de connaissances procédurales propices à la maîtrise de l'orthographe grammaticale: l'exemple du Grammaticiel

GÉRARD-RAYMOND ET MARIO DÉSILETS
Université de Sherbrooke

1. INTRODUCTION

Un consensus existe depuis plus d'une vingtaine d'années quant à la nécessité de lier l'appropriation de la maîtrise orthographique au développement de l'habileté discursive. Les spécialistes de la didactique du français écrit s'entendent pour dire que travailler le plan grammatical en dehors de la production écrite constitue, pour l'élève, une immense perte de temps dont la conséquence principale s'avère la démotivation face à la langue (Boudreau, 1995, p. 221).

Pourtant, malgré cette prise de position vertueuse des experts en didactique de l'écrit, l'enseignement des connaissances grammaticales par le maître et leur apprentissage par l'élève ne semblent que rarement ressortir de ce principe. En effet, la production discursive et l'appropriation de l'orthographe grammaticale constituent trop souvent, en classe, des contenus d'apprentissage parallèles, isolés, l'élève étant appelé à réaliser ultérieurement, seul, l'intégration du grammatical au discursif. L'expérience vécue pendant trois ans à l'occasion de l'«Étude des effets de l'utilisation de la Console d'écriture sur les conduites d'apprentissage et sur la production de textes des élèves du secondaire»[1] nous a permis de mieux cerner les conditions propices au

1. Cette recherche triennale, effectuée sous la responsabilité du professeur Guy Boudreau de l'Université de Sherbrooke, a été subventionnée par le Conseil de recherche en sciences humaines du Canada (CRSHC). Le professeur Gérard-Raymond Roy est membre régulier du Centre de recherche sur l'intervention éducative (CRIE).

développement, par les élèves, d'une véritable compréhension du fonction-nement grammatical du français écrit, compréhension qui leur permettrait de disposer de plus de temps pour le travail sur le texte.

Ce texte présente un rappel du cheminement que nous avons fait en classe et hors classe avec les enseignants qui ont participé à cette recherche. Ce rappel concerne prioritairement le volet grammatical pour lequel nous cherchons à réaliser une interface efficace avec le volet discursif. Dans cette perspective, nous explorons le savoir grammatical enseigné et l'attitude di-dactique des enseignants ou leur manière de mettre l'élève en relation avec l'objet d'apprentissage. Nous présentons ensuite l'intervention que nous avons menée avec les enseignants et les élèves des groupes expérimentaux prenant part à notre étude. Nous terminons par une présentation succincte du *Grammaticiel*, un logiciel[2] support à l'analyse grammaticale qui facilite à l'élève le recours aux opérations linguistiques de déplacement, de remplacement, d'effacement.

2. À PROPOS DU SAVOIR GRAMMATICAL ENSEIGNÉ

Selon nous, un fossé important sépare le niveau des connaissances gram-maticales des enseignants de leur habileté en production de texte. La plupart des enseignants, avons-nous pu observer au cours de cette recherche, écrivent peu, en classe comme hors classe ; mais que ce soit en classe ou hors classe (Boudreau, 1991), ils peuvent orthographier les mots en contexte en se réfé-rant aux règles de grammaire pertinentes. À l'exception des personnes qui interviennent dans les premières années du curriculum scolaire, les connais-sances grammaticales des enseignants ne nous paraissent pas excéder de beau-coup leur propre niveau d'enseignement. En fait, par rapport au champ des connaissances grammaticales, il semble que les enseignants soient le produit et les victimes de leur propre formation, qu'ils soient les applicateurs et les victimes des programmes d'études et qu'ils soient les utilisateurs et les vic-times des manuels. Examinons un à un ces trois points.

2.1 Les enseignants, produit et victimes de leur propre formation

Comme produit des établissements d'enseignement primaire et secon-daire qu'ils ont fréquentés il y a une trentaine d'années, les enseignants, ceux du Québec du moins, ont reçu une formation grammaticale basée sur l'énoncé d'une règle accompagnée elle-même d'un ou deux exemples, le tout étant suivi de quelques exercices de renforcement. À cette époque, l'écrit faisait foi d'édit, et les mises en question du savoir transmis étaient des plus rares : des examens écrits sanctionnaient à la fois l'application des règles et le rappel des connaissances dont on inférait la compréhension. Les notions grammaticales

---

2. Ce logiciel a été conçu par Désilets, en 1996, dans le cadre d'un cours universitaire ; il se situe en lien avec l'approche donneur–receveur développée par Roy (1976, 1983). Voir aussi *Le bon usage* de Grevisse et Goosse (1986, 1993).

étaient enseignées une à une, bien souvent sans la nécessaire réflexion qui aurait permis que se créent des liens et des oppositions dans l'esprit de ces apprenants futurs maîtres. Par exemple, comme tout le monde, ils ont appris, en début d'année, que la question « comment ? » servait à repérer un terme en fonction d'attribut et, quelques mois plus tard, que cette même question permettait d'identifier un complément circonstanciel de manière. Comme tout le monde, ils ont aussi appris par cœur une liste de verbes (être, paraître, sembler, devenir, demeurer, etc.) qui amènent un attribut. À combien de reprises durant leurs études leur a-t-on répété que, quand il y avait un « les » devant un mot, ce mot devait être écrit au pluriel. En ce qui a trait à l'orthographe grammaticale, la classe était alors un lieu de transmission de connaissances.

Trente ans plus tard, en classe du primaire et du secondaire, les connaissances grammaticales sont encore transmises de la même façon et sans lien entre elles, de sorte que perdure le peu de compréhension auquel donnent lieu les explications usuelles. En effet, dans un groupe de cinquante étudiants en formation des maîtres, à peine deux ou trois sont capables d'identifier que, dans la phrase « Mes amies belges repartent fatiguées de leur voyage au Québec. », le mot « fatiguées » à une fonction d'attribut. Normal, me direz-vous, car, dans ce contexte, le mot « fatiguées » répond à la question « comment ? », ce qui en fait, dans l'esprit de bien des étudiants réguliers ou adultes, un complément circonstanciel de manière, et ce, d'autant plus qu'aucun verbe de la liste apportant un attribut ne se trouve dans son entourage. D'autres étudiants du même groupe soutiennent que « fatiguées » est un verbe à l'infinitif car, répètent-ils, « quand deux verbes se suivent, le second se met à l'infinitif ». Dommage que la manière de faire, soit l'enseignement isolé des notions, ait été apprise en même temps que le contenu. Est habituellement ratée, en effet, cette occasion unique de faire comprendre simultanément, en les opposant, ce que sont un attribut et un complément circonstanciel de manière : sur le plan sémantique, tous deux forment souvent la réponse à la question « comment ? » alors que, sur le plan morphosyntaxique, seul l'attribut reçoit le genre et le nombre du sujet ou de l'objet (COD). La comparaison des éléments en contexte engendre l'habileté à résoudre des problèmes grammaticaux, ce que ne permet pas nécessairement le cumul de connaissances non contrastées.

À cette fixité séculaire du savoir orthographique dont a témoigné récemment l'avortement de la réforme de l'orthographe et dont témoigne chaque jour la répétition peu efficace de règles orthographiques, désuètes et inutiles en ce qu'elles sont imposées de l'extérieur et non intégrées de l'intérieur, s'ajoute la supériorité apparente que procurent ces pseudoconnaissances. Pour reprendre l'exemple de l'attribut (*Lise revient révoltée.*) dont il vient d'être question et que n'arrivent pas à identifier nombre d'enseignants, nous pouvons dire que ces énoncés appelés « règles » sont trop restrictifs pour être fonctionnels : ils ne découlent pas de l'observation de l'ensemble des contextes et, partant, ne permettent pas aux élèves de résoudre convenablement les accords de l'attribut. En conséquence, l'élève ou l'enseignant qui, dans des cas semblables, résout correctement l'accord de l'attribut dispose d'un savoir non dit (épilinguistique) supérieur au savoir transmis (métalinguistique). En classe, l'enseignant est considéré par ses élèves comme le maître du savoir grammatical formulé dans les grands livres, mais il en est hélas! trop souvent l'esclave. D'où le fait que, en cas de mésentente entre un élève et son enseignant concernant la résolution d'un problème orthographique, c'est habituellement le maître qui s'en tire le mieux avec sa panoplie de règles. On pourrait exprimer ce qui se passe alors par la formule un peu alambiquée suivante : relativement au savoir grammatical, quand un élève comprend que son enseignant ne comprend pas, c'est rarement l'élève qui arrive à faire comprendre à son enseignant que c'est lui, l'enseignant, qui ne comprend pas. Une question de disposition d'esprit, aussi, chez le maître.

Ainsi, le savoir établi occulte le renouvellement du savoir, car la plupart des enseignants sont à la fois le produit et les victimes de leur propre formation. Ils connaissent leur matière, celle que les programmes d'études leur demandent d'enseigner, et ils choisissent à cette fin les moyens avec lesquels ils se sentent le plus à l'aise. Qui pourrait le leur reprocher ? Ces moyens sont justement ceux qui ont contribué le plus efficacement à leur assurer cette formation qui leur a permis de devenir et leur permet de rester, à leur tour, des dispensateurs du savoir, dont le savoir grammatical.

2.2 Les enseignants, applicateurs et victimes des programmes d'études

Les programmes d'études, nous faisons référence strictement à ceux qui concernent l'enseignement du français langue maternelle, définissent les orientations et délimitent ou répartissent les contenus de la matière à enseigner[3]. En ce qui concerne le Québec, la plupart des intervenants de l'enseignement sont vite tombés d'accord avec les orientations des programmes de 1980. Ces orientations qui se sont vu précisées par les programmes de 1995 mettent l'accent sur le développement des habiletés en lecture, sur la pratique du discours, sur l'intégration du savoir grammatical à la production de textes, sur le recours aux opérations linguistiques en vue d'améliorer la pratique du discours, incluant une meilleure résolution des problèmes orthographiques. Comme on le voit, tout le monde est pour la vertu... en principe.

En pratique, pour ce qui est des éléments relatifs à l'appropriation grammaticale, les contenus de nos programmes d'études du français au primaire et au secondaire relèvent de l'éclectisme pur et simple. À titre illustratif, voici

---

3. Pour une étude critique comparative des programmes d'études des communautés francophones d'Europe, voir H. Huot (1993), Grammaire scolaire et organisation institutionnelle, *Enjeux*, 28, 5-51.

trois situations auxquelles sont confrontés les enseignants, les applicateurs des programmes.

– Premier exemple. Dans la section « Orthographe » du programme du primaire de 1994 (Gouvernement du Québec, 1994*b*, p. 25 et 37), on désigne par le mot *sujet*, selon la grammaire traditionnelle, le terme qui donne le nombre et la personne au verbe : on indique, par exemple, qu'il faut « accorder les attributs quand le verbe a un sujet [et] quand le verbe a plusieurs sujets ». Ailleurs, dans la section « Syntaxe » (p. 31), on indique que « les constituants obligatoires de la phrase [sont] un groupe du nom + un groupe du verbe ». Autrement dit, si, sur le plan de la syntaxe, la phrase ne comporte qu'un groupe du nom et un groupe du verbe, comment le verbe peut-il, quand il s'agit d'orthographe grammaticale, avoir plusieurs sujets ? Il y a donc une juxtaposition de terminologies non concaténées, des problèmes d'enseignement et d'apprentissage à prévoir.

– Deuxième exemple. La section « Orthographe » du programme demande aux élèves de troisième et de quatrième années (8-9 ans) d'« accorder [avec le nom] les déterminants, les adjectifs et les participes passés employés sans auxiliaire » (p. 25). Ici, le tir est nettement hors cible. Exiger que des élèves de niveau primaire fassent la distinction entre un adjectif et un « participe passé employé sans auxiliaire », relève selon nous d'un réflexe traditionnel qui est en parfaite contradiction avec le discours officiel des programmes, lesquels préconisent la réflexion et le recours aux manipulations linguistiques pour l'identification des classes de mots. En effet, le comportement syntaxique des adjectifs et des participes employés sans auxiliaire est à ce point identique que leur distinction, même par les enseignants et les manuels, paraît elle-même très aléatoire, et même tout à fait arbitraire, comme nous le montrerons un peu plus loin.

De telles connaissances ne sont par ailleurs pas nécessaires à la bonne résolution des problèmes orthographiques. Compte tenu des conséquences que cela peut avoir pour l'appropriation grammaticale, il importe, avant de développer un tel savoir, d'amener les élèves et les enseignants à distinguer correctement, en contexte, si un terme est ou non un participe passé. Ainsi, un participe passé est un terme qui, utilisé avec l'auxiliaire avoir ou avec l'auxiliaire être, forme un temps composé (pluriverbe) ; à ce titre, il peut, dans le même contexte, être remplacé par un temps simple (Cette enfant est née / naissait avant-hier). Lorsqu'il est remplacé par un adjectif, ce même mot est un adjectif (Cette enfant est née/vivante depuis trois heures.) On se rend compte ici de la nécessité de recourir aux opérations linguistiques pour identifier la fonction des mots, puis leur nature. Dommage que les programmes d'études qui préconisent le développement des connaissances en action, par le recours à la substitution et à la pronominalisation, étalent des contenus qui font appel à des connaissances définies *a priori* !

– Troisième exemple. Dans la section « Syntaxe » (p. 31) du programme d'études, le déterminant est désigné comme un « constituant obligatoire du groupe du nom ». Il ne faut pas avoir écrit beaucoup ni beaucoup lu pour se rendre compte que cette description générale du groupe du nom comporte un niveau élevé d'aberration. Les exemples ne manquent pas, tels « Bouquets de fleurs d'églantier à vendre » ou « Alcool et courtoisie ne font pas bon ménage », qui relativisent ou annulent la portée de cette assertion. En fait, une analyse des textes, même superficielle, permet à tout observateur ordinaire de constater que, dans plusieurs groupes et sous-groupes du nom, c'est l'absence même de déterminant qui est obligatoire : maison de campagne, fromage de chèvre, mur de pierres, voyager en voiture, pierre qui roule n'amasse pas mousse, etc. C'est plutôt à effectuer cette confrontation ou comparaison des contextes dans lesquels le nom est précédé d'un déterminant avec ceux dans lesquels il ne l'est pas que les enseignants devraient convier leurs élèves.

Dans une certaine mesure, ces trois exemples, et il y en aurait bien d'autres, font ressortir que le programme d'études du primaire place sur des voies parallèles les contenus d'orthographe grammaticale et de syntaxe. Pour l'enseignement à l'ordre secondaire, cet écart sera grandement amplifié du fait que tout le volet syntaxique est développé en relation avec la phrase « P ». Ces contenus relèvent d'approches linguistiques si différentes et si incompatibles (Roy et Désilets, 1998) que même les programmes d'études les juxtaposent dans les faits : la terminologie traditionnelle pour l'orthographe grammaticale, la phrase P pour la syntaxe de la phrase. Nous l'avons vu, les programmes deviennent ainsi une sorte de florilège – d'autres diraient un ramassis – terminologique représentant des perspectives intéressantes en elles-mêmes mais peu compatibles entre elles. Là où le bât blesse, c'est quand on les réunit dans le dessein d'assurer une formation unifiée.

En salle de classe, l'enseignant se trouve inévitablement confronté à ces diverses approches. Il devra composer avec l'une et l'autre même si, dans son esprit, l'approche traditionnelle se voit confortée du fait qu'elle correspond davantage à sa propre formation. Il sera aussi appelé à vivre avec les conséquences de cette dichotomisation des contenus linguistiques retenue par le Ministère au regard de l'appropriation grammaticale et de l'amélioration syntaxique en production de textes. Le plus néfaste, si l'on peut dire, c'est que, comme chargé de l'application du programme d'études, l'enseignant sera appelé à faire vivre à ses élèves les mêmes conséquences, à leur faire apprendre de telles incongruences, ainsi que Spallanzani, Biron, Larose, Lenoir, Masselter et Roy (2001) l'illustrent dans une analyse minutieuse d'une séquence d'enseignement de la phrase de base, observée en classe de 6e année du primaire. Or il reste peut-être une roue de secours, le matériel didactique.

2.3 Enseignants, utilisateurs et victimes du matériel didactique

Entre le programme d'études et l'enseignant prend place le matériel didactique mis à la disposition de l'élève pour la présentation des contenus ou objets d'apprentissage. Au Québec, malgré les directives ministérielles qui indiquent que l'appropriation des connaissances grammaticales doit se faire en lien direct avec la production de textes, chaque enseignant et chaque élève dispose au regard du savoir grammatical d'un certain nombre d'ouvrages appelés « matériel didactique » : il s'agit habituellement d'un dictionnaire, d'un conjugueur, d'une grammaire et des cahiers d'exercices afférents (que doivent se procurer à grands frais les élèves).

Ce matériel vise essentiellement l'atteinte de deux objectifs : respecter le programme d'études dont dépend la sacro-sainte approbation ministérielle et se mériter le choix des enseignants dont dépend la rentabilité financière des producteurs de matériel didactique. Dans cette perspective, les auteurs de matériels scolaires sont assujettis au programme d'études dans tout ce qu'il a de cohérence et d'incohérence ; ils le sont également au savoir des enseignants qu'ils ne doivent pas effrayer par un excès de renouveau. Le matériel scolaire est par ailleurs produit par des enseignants en exercice qui ont acquis une certaine notoriété et qui sont guidés par divers spécialistes dans la réalisation de leur tâche d'auteur. Toutes ces précautions étant prises, l'enseignant ne peut que se sentir en confiance par rapport à ce matériel conçu par des experts, approuvé par le Ministère et qu'il a lui-même choisi pour ses élèves.

Trop souvent hélas ! ce matériel sert en quelque sorte de pense-bête à l'enseignant. Et c'est ici que prend tout son sens la phrase célèbre de George Dumézil, phrase dont nous avons oublié la référence exacte : « N'importe quelle absurdité, pourvu que la bibliographie et les notes soient abondantes, est digne d'être intégrée au savoir cependant que l'effort de renouvellement est paralysé par le poids monstrueux du passé. » Illustrons cela d'exemples précis extraits de petites grammaires rédigées à l'intention des élèves du primaire et du secondaire.

Comme premier exemple, nous revenons sur la notion de déterminant, dont il a été question précédemment, à l'aide d'un cas survenu lors d'une rencontre avec des enseignants. Au moment où nous analysions les relations intragroupes dans des phrases simples et que nous indiquions que, en français, le nom porte le genre et le nombre, et qu'il transmet ce genre et ce nombre à son ou à ses déterminants, un enseignant de sixième année nous déclare que c'est justement le contraire qu'il a enseigné hier à ses élèves en utilisant Le petit guide grammatical (1988). L'auteure de ce manuel indique ceci à l'élève : « Retiens. Les déterminants sont des petits mots qu'on place devant le nom pour le déterminer. Ils indiquent le genre et le nombre du nom qui les suit. » Cette définition est non seulement inexacte, ainsi que nous venons de l'indiquer, mais elle aussi inutile en ce qu'elle est tautologique. En effet, l'élève n'apprend rien en apprenant qu'un déterminant détermine.

Le deuxième exemple se situe en relation avec la notion traditionnelle de participe passé employé sans auxiliaire dont il a aussi été question prédédemment. Dans le Code vert (Carrier et Marcoux, 1994), dont le sous-titre est *Petite grammaire pour le primaire*, on lit ceci, à la page 71, au sujet de cette notion :

Le participe passé s'apparente au verbe et à l'adjectif.

Quand le participe passé est employé sans auxiliaire, il s'accorde comme un adjectif.

Le participe passé employé sans auxiliaire s'accorde en genre (fém. ou masc.) et en nombre (sing. ou plur.) avec le ou les mots (nom ou pronom) qu'il qualifie.

Exemple : Ces bananes viennent de bananiers *plantés* il y a deux ans.
      Qu'est-ce qui est planté ? Des bananiers.
      bananiers : nom commun, masculin pluriel.
      plantés : participe passé, masculin pluriel.

La première phrase de cet extrait laisse le lecteur (élève ou enseignant) perplexe quant à la façon de repérer un participe passé. Est-ce un verbe ou un adjectif ? Pas de réponse. La deuxième phrase indique que la notion de participe passé employé sans auxiliaire est peu utile puisqu'il s'accorde comme un adjectif. On se demande ce que vient faire ici, à la page 71 du manuel, la notion de participe passé employé sans auxiliaire, car ce n'est qu'à la page 92, lors de la présentation des temps composés, que l'auteure indique que ces temps sont formés d'un auxiliaire et d'un participe passé. La troisième phrase renforce l'inutilité de distinguer entre le participe passé employé sans auxiliaire et l'adjectif, puisque ce participe « qualifie » le nom.

Quant à l'exemple, il est savoureux. D'abord, l'auteure de l'ouvrage utilise la question Qu'est-ce qui ?. Dans les programmes du primaire et du secondaire et dans la plupart des manuels, cette question sert à identifier le sujet d'un verbe, ce qui n'est pas le cas ici. Ceci permet tout de même d'imaginer la confusion que cela crée dans l'esprit des élèves. En outre, dernière observation relative à cet exemple, le terme *plantés* est déclaré simplement « participe passé ». À quoi peut-il bien servir à l'auteure d'avoir présenté la notion de « participe passé sans auxiliaire » si elle ne la rappelle même pas dans sa propre illustration. Question de congruence, n'est-ce pas ?

Dans les études que nous avons menées ces dernières années, nous avons constaté que la notion de participe passé employé seul est source de confusions dans presque tous les manuels scolaires, aussi bien au primaire qu'au secondaire. Dans tel chapitre portant sur le groupe du nom, on propose des exemples de participes passés employés seuls, puis on donne des exemples pratiquement identiques dans un autre chapitre portant, cette fois, sur l'adjectif attribut, cet exemple ressemblant beaucoup à celui qui figure dans un troisième chapitre portant sur le participe passé employé avec « être » à la forme passive. Les extraits suivants, tirés de divers matériels didactiques, illustrent éloquemment cette confusion.

Ta nouvelle grammaire (Canac-Marquis et Goyette, 1999)		
page 10 :	« Cet acteur connu »	participe passé employé seul
page 52 :	« Cette actrice est connue de tous »	adjectif attribut

Jonction (Simard, 1999)		
page 102 :	« La population semble satisfaite de son sort. »	adjectif attribut
page 233 :	« Ils étaient couverts de boue. »	participe passé employé avec être
page 233 :	« L'accès à cette section est interdite. »	participe passé employé avec être

Grammaire pédagogique du français d'aujourd'hui (Chartrand *et al.*, 1999)		
page 93 :	« Une tempête est annoncée pour demain »	adjectif participe (employé avec être)
page 93 :	« Le télescope a été brisé. »	adjectif participe (employé avec être)
page 112 :	« Ce film a été réalisé par R. Lepage. »	adjectif attribut
page 119 :	« Je suis impressionné par cet auteur. »	adjectif attribut
page 119 :	« Les enfants sont satisfaits de leur journée. »	adjectif attribut

Carrefour (Falardeau et Falardeau, 1997)		
page 88 : « Les experts ont été alarmés. »		adjectif attribut
page 89 : « Le port du condom est absolument exclu. »		adjectif attribut
page 211 : « La Chine est entourée de nombreux pays. »		participe employé avec être
page 211 : « Elles seront réjouies. »		participe employé avec être
page 211 : « Nous sommes révoltés. »		participe employé avec être

Le fait que ces exemples apparaissent dans des ouvrages différents ou dans des chapitres différents du même ouvrage et que, par conséquent, ils soient abordés à des moments différents de la progression scolaire explique peut-être que peu d'élèves (et peu d'enseignants) y décèlent les contradictions. Mais on imagine facilement que la représentation mentale pouvant résulter de l'exposition à de tels enseignements aura peu à voir, en bout de ligne, avec une théorie grammaticale cohérente. À l'aube du nouveau millénaire, il semble que le psittacisme grammatical l'emporte encore sur la réflexion en contexte et le recours rigoureux aux manipulations linguistiques.

Le troisième exemple relatif au savoir grammatical véhiculé par la plupart des grammaires destinées aux élèves du primaire et du secondaire en vue de les aider à résoudre les accords de genre et de nombre concerne la reprise ou le maintien de notions prétendument grammaticales, telles que les différentes catégories sémantiques de déterminants (possessifs, démonstratifs, indéfinis, numéraux, etc.). Cette pratique courante, qui se fait à l'encontre des contenus spécifiés par le programme de français, rejoint toutefois le savoir des enseignants, ce qui leur rend plus facile le choix d'un manuel. Elle assujettit l'enseignement au poids du passé, ce qui, dans ce cas précis, nuit aux apprentissages grammaticaux, car ces termes sont réunis selon des distinctions de sens et non selon leurs caractéristiques morphosyntaxiques. Cette didactique des relations grammaticales exercée à partir d'instruments inadéquats contribue à perpétuer le recours à une réflexion orthographique hors cible.

Manifestement trop d'auteurs de manuels scolaires n'ont pas appris à recourir ou à faire recourir aux opérations linguistiques pour résoudre en contexte les accords grammaticaux. Ce faisant, ils ne prennent pas en compte l'ambiance d'apprentissage esquissée au début des programmes d'études, le tout, au profit d'applications aveugles des contenus délimités par les programmes. Quant aux enseignants, ils doivent composer avec les exigences des programmes d'études, avec les contenus verbalisés dans les manuels et avec leur propre savoir. En cas de conflit entre ces sources de savoir, on peut parier que les connaissances exprimées dans les manuels ont prépondérance, car ce sont les seules dont disposent clairement enseignants et élèves. Ceci n'empêche pas que certains enseignants experts puissent, à l'occasion, contredire ou simplement nuancer tel ou tel contenu des manuels.

C'est pourquoi, malgré la relation étroite entre le savoir des enseignants, les contenus grammaticaux énoncés dans les programmes d'études et le savoir grammatical exposé dans le matériel didactique, il fallait, à cause d'un impact insuffisant sur l'apprentissage, quitter ce champ d'application artificielle et chercher un moyen qui favoriserait chez l'élève le développement de la réflexion grammaticale, une voie qui le conduirait à effectuer un travail de compréhension de la langue.

3.   INTERVENTION RELATIVE À LA COMPRÉHENSION DES RELATIONS GRAMMATICALES

Au cours de la première année du déroulement de la recherche, l'initiation à la production de texte à l'aide du soutien informatique a apporté son lot de difficultés, y compris en ce qui a trait à l'enseignement des accords grammaticaux et à leur compréhension par les élèves. L'observation en classe nous a ainsi lentement conduits à une remise en cause du savoir grammatical et de la manière de rendre réflexif le cheminement d'appropriation de l'élève.

Le travail relatif à l'enseignement-apprentissage de l'orthographe grammaticale que nous avons effectué par la suite avec les enseignants qui prenaient part à la recherche s'est déroulé selon les étapes suivantes : élaboration d'un cadre théorique, modélisation en classe, utilisation d'outils informatisés soutenant l'intervention et la modélisation, suivi d'intégration auprès des enseignants et en laboratoire auprès des élèves. Voici un aperçu de chaque étape.

3.1 Proposition d'un cadre théorique

C'est à la suite de la première année d'expérimentation et des remises en question auxquelles elle a donné lieu qu'a été synthétisé un nouveau cadre théorique pour la Console d'écriture (tableau 1). Accepté par les divers intervenants (enseignants, conseillers pédagogiques, etc.), ce cadre a permis de différencier les interventions consacrées à l'amélioration discursive (volets 1 et 3) et celles relatives au respect des normes orthographiques (volets 2 et 4). Notre optique était de mieux situer les deux aspects de l'habileté discursive afin qu'ils puissent être mieux intégrés par la suite.

Tableau 1

Cadre théorique pour la Console d'écriture : volets discursif et linguistique

Discours (améliorer le texte)	Langue (corriger le texte)
1	**2**
a) Rédaction d'une première ébauche de texte et travail sur le plan ; b) Amélioration de l'ébauche par ajouts, déplacements, suppressions. c) Ajustement pronoms – référents ; d) Vérification ou ajout de connecteurs ou de liens logiques entre paragraphes ; e) Vérification de la concordance des temps et des modes.	Vérification et correction a) des homophones ; b) de l'orthographe d'usage ; c) de la conjugaison.
3	**4**
Travail sur un paragraphe : segmentation et identification des groupes. a) Vérification de la ponctuation ; b) Transformations des phrases pour enrichir la variété syntaxique (ajouts, déplacements, suppressions, etc.) et jugements de pertinence sur ces transformations.	Travail sur un paragraphe : segmentation et identification des groupes. Vérification des accords a) intergroupes • sujet et verbe ; • sujet et participe ou attribut ; • objet et participe ou attribut. b) intragroupes • groupe du nom (genre et nombre).

Il s'agit d'un cadre de référence minimal qui rappelle ou met en place, pour le volet 4 par exemple, les lieux fonctionnels généraux où se situent, dans la phrase, les accords grammaticaux. C'est sur l'identification de ces lieux, des relations intergroupes et des relations intragroupes (Roy, 1976, 1983 ; Roy et Biron, 1991), par les enseignants et par les élèves, que portera l'intervention d'enseignement-apprentissage. Dans ce cadre de référence, ainsi que l'illustre le schéma 1, l'identification des accords intergroupes s'avère en quelque sorte préalable à celle des accords intragroupes. En effet, ce n'est qu'après avoir identifié par substitution tous les mots qui composent un groupe, par exemple le groupe sujet (relation intergroupe), qu'on peut identifier la nature du terme principal de ce groupe fonctionnel (un nom ou un verbe, s'il s'agit d'une proposition). Ainsi, ce premier stade de traitement permet de passer ensuite à l'analyse des relations intragroupes.

SCHÉMA 1

Fonctionnement général des relations grammaticales en français

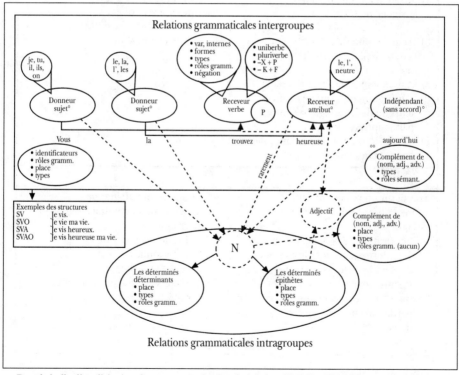

Dans la bulle d'explicitation du receveur verbe, les abréviations X, P, K et F signifient respectivement auxiliaire, participe passé, coverbe (Roy 1976) et infinitif.

Sur un plan théorique, relativement à ce quatrième volet (tableau 1), nous croyons qu'en français, les relations grammaticales s'inscrivent dans un contexte d'élocution porteur d'un agencement morphosyntaxique inter-groupe. Les relations intergroupes se réalisent selon deux voix, celle du nombre et de la personne (relation sujet/verbe) et celle du genre et du nombre (relation objet/attribut ou participe passé, relation sujet/attribut ou participe passé, relation objet-sujet/participe passé). Ces relations vont d'un terme donneur à un terme receveur; elles s'établissent ou de gauche à droite (ce qu'on dit influence ce qu'on va dire : *cette maison est grande*) ou de droite à gauche (ce qu'on va dire teinte ce qu'on dit : *grande est cette maison*). Nécessaire à une compréhension correcte des accords grammaticaux, cette identification des groupes constitutifs de la phrase (le sujet, l'objet, le verbe, l'attribut et le ou les indépendants) donne gratuitement, de surcroît, l'ordre des groupes (organisation syntaxique de base) de chaque phrase (SV, SVO, SVA, etc.). Cette donnée peut ensuite servir au plan discursif quand il est question de s'assurer de la variété des structures de phrases (tableau 1, volet 3 du cadre théorique).

Par la manière dont y sont identifiés et définis les groupes fonctionnels, ce cadre de référence provoque chez plusieurs enseignants une remise en cause du savoir traditionnel. Par exemple, au niveau intergroupe, la pronominalisation (opération linguistique de substitution) sert à déterminer si un groupe est sujet ou complément direct (CD). Dans le premier cas, le groupe se remplace en contexte par *il, ils, on, je* ou *tu*; dans le second, il peut être remplacé par *le, la, l', les*:

– Ainsi vivait *le peuple* au Moyen Âge. ⟶ Ainsi vivait-*on* au Moyen Âge.

– Louise aime *les pommes McIntosh*. ⟶ Elle *les* mange bien mûres.

Autre exemple : la fonction attribut n'est plus identifiée, sur le plan métalinguistique, en référence à une liste de quelques verbes, mais par la relation grammaticale qui s'établit (par l'intermédiaire d'un verbe) entre un sujet ou un objet et un attribut, et cela, quel que soit le verbe en cause :

– *Plusieurs* sortent **défigurés** d'un accident.

– Ainsi grandissaient **heureux** *les jeunes princes*.

– On ne *les* laissera pas toujours **tranquilles**.

– Cette réponse, Lise *l'*a **bonne**.

Autre exemple encore : l'identification du participe passé se fait en contexte à l'aide de la substitution (Roy, 1976). Le participe passé fait partie d'un pluriverbe (verbe complexe) employé avec l'auxiliaire *avoir* ou *être*; cet ensemble est remplaçable par l'univerbe (verbe simple) correspondant :

– La plupart sont revenus enchantés. ⟶ La plupart reviennent enchantés.

– Ainsi ont grandi les jeunes princes. ⟶ Ainsi grandissent les jeunes princes.

Dans cette perspective, le traditionnel participe passé sans auxiliaire s'intègre tout simplement à la catégorie des adjectifs. En outre, la substitution permet de distinguer en contexte quand un terme est employé comme adjectif et quand il l'est comme participe passé (réduction possible à l'univerbe) :

– Adjectif ⟶ Sa grand-mère *est morte* / ~~*mourait*~~ depuis une semaine.

– Participe passé ⟶ Sa grand-mère *est morte* / *mourait* avant-hier.

Voici maintenant un schéma synthèse général (schéma 2) qui intègre l'ensemble des accords du participe passé. Y sont disposés, de gauche à droite, les éléments contextuels ou connaissances situationnelles (Legros et Roy, 1997) dont il suffit de tenir compte pour accorder un participe passé.

SCHÉMA 2

Connaissances situationnelles relatives à l'accord des participes passés

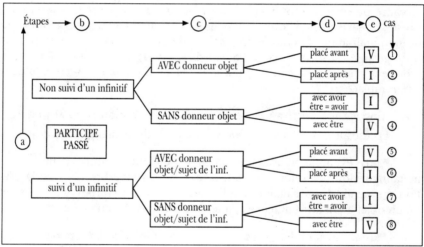

V : variable ; I : invariable.

Ce schéma rappelle que, au moment de résoudre l'accord d'un participe passé, il faut : a) s'assurer qu'il s'agit bel et bien d'un participe passé ; b) observer si ce participe est ou non suivi d'un infinitif ; c) observer s'il est accompagné ou non d'un objet ou d'un objet-sujet de l'infinitif ; d) examiner si cet objet ou objet-sujet de l'infinitif précède ou suit le participe, ou encore, en l'absence de ces donneurs, vérifier si le participe est employé avec l'auxiliaire être. La colonne « e » indique que trois issues sont possibles : a) accord avec l'objet ou avec l'objet-sujet de l'infinitif si l'un ou l'autre précède le participe ; b) en l'absence de ces donneurs, l'accord s'établit avec le sujet si le participe est employé avec l'auxiliaire être ; c) dans les autres cas, le participe passé reste invariable[4]. Ressort également le parallélisme entre l'accord du participe passé non suivi d'un infinitif et celui du participe passé suivi d'un infinitif ; cette symétrie aide l'élève à comprendre les conditions d'application.

Nous donnons maintenant deux exemples relatifs à chacun des huit cas d'accord pour mieux illustrer que cette synthèse intègre, sans qu'il soit nécessaire de le mentionner, l'ensemble des cas d'accord du participe passé que véhiculent la grammaire traditionnelle et les programmes d'études, y compris ceux des verbes pronominaux. Nous plaçons, en caractères italiques, les donneurs, quelle que soit leur position par rapport au participe.

Cas	Exemples	Accord
1	– Ces roses doubles, ton jardinier *les* a cueillies avant-hier.	V
	– Après la naissance, ces oursons *se* sont cachés pendant quelques semaines.	
2	– Ton jardinier a cueilli *ces roses doubles* avant-hier.	I
	– Ces clowns se sont lavé *le visage* chaque soir.	
3	– Ton jardinier a travaillé avec entrain avant-hier.	I
	– Nos jardiniers se sont téléphoné le mois dernier.	
4	– *Ta petite sœur* est revenue avec ton jardinier avant-hier.	V
	– *Ta petite sœur* s'est souvenue de ton premier jardinier.	
5	– Ta petite sœur, ton jardinier *l'*a vue cueillir des roses doubles avant-hier.	V
	– Après le match, grâce à la vidéo, cette équipe *s'*est regardée jouer au football.	
6	– Ton jardinier a vu *ta petite sœur* cueillir des roses doubles avant-hier.	I
	– Avant-hier, ton jardinier a vu cueillir des roses doubles *par ta petite sœur*.	
7	– Depuis cinq ans, ton jardinier a fait pousser des roses doubles.	I
	– Depuis l'an dernier, ta petite sœur s'est laissé pousser les cheveux.	
8	– *Ta petite sœur et ton jardinier* sont allés cueillir des roses doubles.	V
	– *Ta petite sœur et ton jardinier* se sont empressés de cueillir des roses doubles.	

a.   Quand l'objet-sujet de l'infinitf – que Roy appelle cosujet – prend place (est permuté) après l'infinitif, il est introduit par un démarcatif redondant (Dubois, 1967), habituellement « par ». La permutation ne change pas le rôle d'un groupe fonctionnel. Sur les origines de cette synthèse de l'accord du participe passé, voir Roy (1976).

C'est ainsi que les données de la linguistique, alliées à celles de la science cognitive, nous ont permis de rendre contextuellement compréhensibles et résolubles par les élèves des problèmes d'accords grammaticaux considérés comme relevant d'un savoir déclaratif alambiqué, dont témoignent, entre autres, les multiples règles entourant l'accord du participe passé. Cette compétence qui, dans une certaine mesure, était réservée jusqu'à maintenant aux

---

4.   Il y a quelques exceptions, fort peu nombreuses, dont l'invariabilité du participe passé de *se rire de*, celle des participes passés dont l'objet se présente sous la forme du pronom *en* (Roy, 1976 ; Roy et Biron, 1991).

spécialistes peut dorénavant, grâce au schéma d'accord proposé précédemment, devenir accessible à tous les élèves. Chez les maîtres, nous l'avons vu, c'est autre chose : il y a une inévitable période de confrontation entre leur savoir et le nouveau savoir.

Un mot maintenant sur les relations grammaticales de niveau intragroupe. Au niveau intragroupe, quand le terme principal d'un groupe (sujet, objet, indépendant et, parfois, attribut) est un nom, il peut être précédé ou suivi d'un ou de plusieurs mots à qui il donne le genre et le nombre. Sur le plan des relations grammaticales, ces mots sont des déterminés ; sur le plan du sens, ils sont des déterminants. La terminologie grammaticale courante, qui n'utilise que le mot « déterminant », se révèle donc nuisible à l'apprentissage en ce qu'elle confond l'influence grammaticale qui va du nom au déterminé avec l'influence sémantique qui va du déterminant au nom. En outre, la sémantique établit plusieurs distinctions, pas toujours très étanches, entre les divers déterminés : en témoignent les appellations de déterminant, d'adjectif, d'épithète. Au niveau intragroupe toujours, d'autres mots, tels que les adjectifs et les adverbes, peuvent être précisés sémantiquement par un ou des déterminants (*Voici une journée* très *ensoleillée. Serrez* plus *fort.*). Le schéma 1 présenté précédemment résume l'ensemble des relations grammaticales intergroupes et intragroupes du français.

Cette présentation fait voir que l'intervention menée auprès des enseignants puis auprès des élèves visait à les amener à se servir en priorité des opérations linguistiques et de l'observation d'éléments du contexte pour résoudre les accords grammaticaux. Ceci devait les conduire à délaisser progressivement les connaissances déclaratives habituelles.

Les enseignantes et les enseignants étaient enchantés. Quelle simplicité, disaient-ils à la fin de la première année de la recherche ! Mais dès l'automne suivant, réticences et remises en cause ont surgi. Une telle simplification – entendons ici une telle réduction quantitative des connaissances – permettrait-elle aux élèves de couvrir leur programme de grammaire ? Qu'adviendrait-il à leurs élèves l'année suivante avec un enseignant qui utiliserait une autre approche ? Seraient-ils pénalisés quand ils auraient à subir l'examen de fin d'année préparé par la Commission scolaire ? Ce n'est qu'au début de la deuxième année de recherche qu'a été exprimé par les enseignants le manque d'assurance pour intervenir selon cette nouvelle approche auprès de leurs élèves. Alors, d'un commun accord avec les enseignants et parfois à leur demande, nous sommes allés en laboratoire et en classe travailler avec les élèves.

La première rencontre a été consacrée à sensibiliser les élèves aux relations grammaticales intergroupes, puis intragroupes, telle que les reflète l'approche donneur-receveur (schéma 1). Il en est ressorti que les élèves sont déjà fortement marqués, d'une part, par les pseudorègles et par les moyens inutiles de résolution de problèmes orthographiques que véhiculent en classe les grammaires et les manuels ; d'autre part, qu'ils ne recourent que rarement au procédé naturel d'identification des groupes fonctionnels que représente, dans l'intergroupe du moins, la pronominalisation des donneurs sujet et objet de même que, parfois, celle du receveur attribut.

En ce qui a trait aux relations intragroupes, les élèves ont été surpris par la phrase exemple que nous leur avions demandé d'écrire (*Mon aimable ami espagnol revient demain.*) et que personne, ni les filles ni les garçons, n'a écrit au féminin (*Mon aimable amie espagnole revient demain*) car, à l'instar de plusieurs grammaires, de plusieurs manuels et de plusieurs enseignants, les élèves psittacisent que les déterminants donnent leur genre et leur nombre au nom. De cet exemple, ils en ont déduit que c'est le nom (*ami* ou *amie*) qui donne le genre et le nombre aux déterminants qui le précèdent ou le suivent ; ils se sont rendu compte aussi que le déterminant « mon » est tantôt masculin, tantôt féminin.

À la suite de cette première séance de modélisation, nous sommes allés en salle d'ordinateurs observer les élèves résoudre des problèmes d'orthographe grammaticale en recourant aux opérations linguistiques pertinentes et à l'identification des éléments contextuels. Ce travail a été rendu possible grâce à un nouveau logiciel, *Le Grammaticiel.*

En première page-écran, ce logiciel présente l'ensemble des relations intergroupes telles qu'elles sont représentées dans le schéma 1. Le logiciel demande à l'élève de sélectionner un à un les groupes fonctionnels de la phrase. Quand il traite un groupe sujet ou un groupe objet, l'élève doit le remplacer par un pronom identificateur pertinent. Ce travail de substitution lui permet, par exemple, de s'apercevoir plus facilement que certains pronoms, dont *me, te, se, nous, vous, lui* et *leur,* jouent, selon le contexte, des fonctions différentes :

– *Lui* me plaît, mais je *lui* déplais encore. (lui = sujet ; lui = indépendant ou COI)

– Ces chefs d'État *se* sont parlé, mais ils *se* sont rejetés. (se = indépendant ou COI ; se = objet)

    ⟶ Ces chefs d'État *leur* ont parlé, mais ils *les* ont rejetés.

Ce travail d'identification du rôle contextuel précis de ces pronoms plurifonctionnels s'avère important. En dépend la décision relative à l'accord ou au non-accord des participes passés reliés aux cas 1, 3, 5 et 7 selon le schéma 2. En dépend aussi l'identification même du groupe sujet, en particulier dans les cas d'inversion qui induisent souvent en erreur les élèves qui recourent aux traditionnelles questions sémantiques (qui ? quoi ? etc.) pour identifier la fonction sujet ou objet. Mentionnons en outre que la pronominalisation des groupes fonctionnels donneurs, qu'il s'agisse du sujet ou de l'objet, comporte en elle-même une bonne dose de simplification, ce qui facilite d'autant, surtout aux plus faibles, la résolution des accords.

Une seconde page-écran, dont l'utilisation est consécutive à l'analyse des groupes, présente une synthèse des connaissances situationnelles relatives à l'accord des participes passés (schéma 2). L'utilisation de l'ordinateur se révèle ici d'une importance capitale car, à chaque étape de la résolution de l'accord, *Le Grammaticiel* demande à l'élève de prendre une décision en relation avec un élément contextuel en cause concernant cet accord. C'est précisément cette chaîne de petites décisions qui le mène à sa décision finale d'établir l'accord du participe passé soit avec l'objet ou l'objet-sujet de l'infinitif, soit avec le sujet, soit encore de le laisser invariable. Ce travail d'observation contextuelle se fait en relation avec l'analyse réalisée auparavant au niveau de la première page-écran, de sorte que l'identification du donneur sujet ou du donneur objet, par exemple, se voit ici naturellement réinvestie.

En peu de mots, *Le Grammaticiel* est un exerciseur qui supporte le raisonnement de l'utilisateur lorsque celui-ci doit affronter la résolution des accords grammaticaux. Ce support se fait à l'aide des opérations de substitution, de pronominalisation et de déplacement, tel que le recommandent le ministère de l'Éducation du Québec dans les programmes de français du primaire et du secondaire. *Le Grammaticiel* comporte des caractéristiques qui rendent pertinent l'usage de l'ordinateur : a) il fournit à l'élève un support concret et visuel pour les opérations de substitution, de pronominalisation et de déplacement, ce qui permet de les intérioriser mentalement ; b) il fournit à l'élève une rétroaction immédiate sur ses erreurs en cours d'apprentissage ; c) il permet à l'élève de progresser à son rythme ; d) il conserve des statistiques sur les résultats obtenus pour tout le groupe d'élèves. Les observations que nous avons pu faire laissent voir une grande satisfaction, tant de la part des élèves, qui y trouvent une façon originale et ludique d'apprendre la grammaire, que de la part des enseignants, qui constatent un gain d'apprentissage en même temps qu'une réduction de leur charge de correction.

Reste évidemment la question du transfert, en situation de production écrite, de ces habiletés acquises sur le plan grammatical. Parce qu'il est un logiciel ouvert, *Le Grammaticiel* (Désilets et Roy, 2000) facilite en partie ce transfert, et ce, de deux manières. D'abord, il permet à tout enseignant de prélever, dans les textes rédigés par ses propres élèves, des phrases exemples à partir desquelles ceux-ci auront à exercer leur réflexion et leurs capacités d'analyse. Il est donc possible de concevoir des exercices directement liés aux difficultés rencontrées par les élèves durant leurs productions écrites, ce qui accroît d'autant la pertinence de tels exercices aux yeux de ces derniers. Ensuite, ce logiciel permet aux élèves qui écrivent avec un traitement de texte d'analyser de manière autonome les phrases de leurs propres textes, en phase de révision par exemple. Cette utilisation du même logiciel, faisant appel aux mêmes stratégies de substitution et de déplacement, aussi bien en amont qu'en aval du processus d'écriture, augmente selon nous les probabilités d'une intégration des volets discursif et grammatical tant souhaitée par tous les intervenants.

4. CONCLUSION

Programmes d'études, matériels didactiques et enseignants formés ou en formation, voilà trois pôles fondamentaux qui forment le circuit dans lequel se joue la formation des élèves du primaire et du secondaire. Intimement liée à cette formation se trouve la maîtrise efficace de la langue, tant en ce qu'elle concerne l'expression de la pensée qu'en ce qui a trait aux manifestations orales et graphiques qui transmettent cette expression. Notre analyse a certes mis en évidence des liens qui, sur un plan théorique, unissent ces trois pôles, mais elle a surtout fait ressortir les problèmes d'agencement qui, sur un plan pratique, surgissent dès qu'il s'agit d'amener les élèves du primaire et du secondaire à s'approprier les rudiments du fonctionnement grammatical du français. En classe, la didactisation souhaitée se heurte à des failles inhérentes aux spécifications des programmes et à leur transposition dans des matériels scolaires modulés pour répondre aux attentes ministérielles et pour satisfaire à celles des enseignants souvent empreintes du poids énorme d'un savoir préétabli et perçu comme peu cohérent.

C'est dans ce contexte difficile que se réalise en classe l'appropriation de l'orthographe grammaticale et que les élèves doivent devenir capables de tenir compte, en contexte d'écriture, des accords de genre, de nombre et de personne. Une partie de l'apprentissage grammatical consiste à percevoir le système, c'est-à-dire à comprendre que l'établissement de tels accords repose en priorité, pour chaque phrase, sur l'identification des divers groupes fonctionnels qui la constituent. Peu nombreux, ces groupes pourraient être aisément identifiés par le recours à des procédures de substitution, de pronominalisation et de déplacement, et par le recours à des analyses contextuelles, en particulier lorsqu'il s'agit de l'accord des participes passés. Malheureusement, ceus qui ont remodelé les programmes d'études de français de 1980 ne semblent pas avoir compris, en 1995, que pour développer chez les élèves la compétence orthographique, il ne suffit pas de les amener à travailler la syntaxe : il faut aussi les amener à apprendre l'orthographe d'une façon simple et en cohérence avec la syntaxe.

Références bibliographiques

Abric, J.-C. (1994*a*). Les représentations sociales : aspects théoriques. *In* J.-C. Abric (dir.), *Pratiques sociales et représentations* (p. 11-36). Paris : Presses universitaires de France.

Abric, J.-C. (1994*b*). L'organisation interne des représentations sociales : système central et système périphérique. *In* C. Guimelli (dir.), *Structures et transformations des représentations sociales* (p. 73-84). Neuchâtel : Delachaux et Niestlé.

Altet, M. (1994). *La formation professionnelle des enseignants*. Paris : Presses universitaires de France.

André, Y. (1992). Didactique de la géographie. *In* A. Bailly, R. Ferras et D. Pumain (dir.), *Encyclopédie de la géographie* (p. 327-346). Paris : Economica.

Ansart, P. (1974). *Les idéologies politiques*. Paris : Presses universitaires de France.

Ansart, P. (1990). Pluralisation des savoirs et formation scientifique. *In* G. Racette et L. Forest (dir.), *Pluralité des enseignements en sciences humaines à l'université* (p. 21-29). Montréal : Noir sur Blanc.

Ardoino, J. et Berger, G. (1986). L'évaluation comme interprétation. *Pour, 107,* 120-127.

Argyris, C. et Schön, D. A. (1976). *Theory in practice. Increasing professional effectiveness.* London : Jossey-Bass.

Artaud, G. (1981). Savoir d'expérience et savoir théorique. *Revue des sciences de l'éducation, 7* (1), 135-151.

Artaud, G. (1989). *L'intervention éducative : au-delà de l'autoritarisme et du laisser-faire.* Ottawa : Presses de l'Université d'Ottawa.

Association des doyens et directeurs pour l'avancement des études et de la recherche en éducation (1990). *Répertoire des publications 1988 des professeurs en sciences de l'éducation des universités du Québec.* Sherbrooke : Éditions du CRP.

Association des doyens et directeurs pour l'avancement des études et de la recherche en éducation (1991). *Répertoire des publications 1989 et 1990 des professeures et des professeurs des départements et facultés des sciences de l'éducation des universités du Québec.* Sherbrooke : Éditions du CRP.

Association des doyens et directeurs pour l'avancement des études et de la recherche en éducation (1994). *Répertoire des publications 1991 et 1992 des professeures et des professeurs des départements et facultés des sciences de l'éducation des universités du Québec.* Sherbrooke : Éditions du CRP.

Astolfi, J.-P. (1993). *L'école pour apprendre* (2° éd.). Paris : ESF.

Astolfi, J.-P. (1994). Trois paradigmes pour les recherches en didactique. *Revue française de pédagogie, 103,* 5-18.

Astolfi, J.-P. et M. Develay (1989). *La didactique des sciences.* Paris : Presses universitaires de France.

Audigier, F. (1988*a*). Didactique de l'histoire, de la géographie et des sciences sociales : propos introductifs. *Revue française de pédagogie, 85,* 5-9.

Audigier, F. (1988*b*). Représentations des élèves et didactiques de l'histoire, de la géographie, des sciences économiques et sociales, exemple de l'entreprise. *Revue française de pédagogie, 85,* 11-19.

Audigier, F. (1988*c*). Comment l'histoire et la géographie sont-elles enseignées ? Exemple des classes de CM et de 6ᵉ. *Revue française de pédagogie, 85,* 21-27.

Audigier, F. (1991). Recherches en didactique de l'histoire, de la géographie, des sciences sociales. Problèmes et problématiques. *In* F. Audigier et G. Baillat (dir.), *Analyser et gérer les situations d'enseignement-apprentissage. Sixième rencontre nationale sur les didactiques de l'histoire, de la géographie, des sciences sociales* (p. 11-18). Paris : Institut national de recherche pédagogique.

Audigier, F. (1992). Recherches en didactiques de l'histoire, de la géographie, de l'éducation civique et formation des enseignants. *In* L. M. Mesa et J. M. Vez Jeremias (dir.), *Las didácticas específicas en la formación del profesorado* (vol. I, p. 349-367). Saint-Jacques de Compostelle : Tórculo Ediciónes.

Audigier, F. (1996). *Recherches de didactiques de l'histoire, de la géographie, de l'éducation civique. Un itinéraire pour contribuer à la construction d'un domaine de recherche.* Paris : Université Paris VII Denis Diderot.

Baillat, G. et Marbeau, L. (1992). *Former les professeurs aux didactiques. Un modèle et des outils de formation professionnelle disciplinaire.* Paris : Institut national de recherche pédagogique.

Bain, D. (1997). La « Scolarisation » du savoir : un dérapage inévitable de la transposition didactique ? *Éducation et recherche, 19* (1), 8-28.

Balacheff, N (1988). Le contrat et la coutume, deux registres des interactions didactiques. *In Actes du premier colloque franco-allemand de didactique des mathématiques* (p. 16-26). Grenoble : La pensée sauvage.

Balandier, G. (1985). *Le détour.* Paris : Fayard.

Baldner, J.-M., M. Clary et B. Elissalde (1995). *Histoire, géographie et éducation civique à l'école élémentaire. Éléments d'une recherche.* Paris : Institut national de recherche pédagogique.

Bancel, D. (1989). *Créer une nouvelle dynamique de la formation des maîtres. Rapport du recteur Daniel Bance à Lionel Jospin, ministre d'État, ministre de l'Éducation nationale.*

Bandura, A. (1995). Exercise of personal and collective efficacy in changing societies. *In* A. Bandura (dir.), *Self-efficacy in changing societies* (p. 1-45). Cambridge, MA : Cambridge University Press.

Barbier, J.-M. (dir.) (1996). *Savoirs théoriques et savoirs d'action.* Paris : Presses universitaires de France.

Baribeau, C. et Lebrun, M. (1996). *De l'utilité de connaître les conceptions des étudiants en formation initiale des maîtres face à l'enseignement-apprentissage du français.* Communication présentée au Colloque du Doctorat-réseau en éducation. Trois-Rivières, Québec.

Barré de Miniac, C. et Cros, F. (1984). *Les activités interdisciplinaires : aspects organisationnels et psychopédagogiques (Analyse réalisée au cours de l'expérimentation menée dans dix collèges, de 1978 à 1980).* Paris : Institut national de recherche pédagogique.

Bauersfeld, H. (1980). Hidden dimensions in the so-called reality of a mathematics classroom. *Educational Studies in Mathematics, 11,* 23-29.Bauersfeld, H. (1994). Réflexions sur la formation des maîtres et sur l'enseignement des mathématiques au primaire. *Revue des sciences de l'éducation, XX* (1), 175-198.

Bawden, R., Buike, S. et Duffy, G. (1979). *Teacher conceptions of reading and their influence on instruction.* Baltimore, MI : Institute for Research on Teaching, Michigan State University (Research Series, 47).

Beane, J. A. (1993). Turning the floor over : Reflections on a middle school curriculum. *In* T. Dickinson (dir.), *Readings in middle school curriculum : A continuing conversation* (p. 193-204). Columbus, OH : National Middle School Association.

Bednarz, N. (1998). Evolution of classroom culture in mathematics, teacher education, and reflection on action. *In* F. Seeger, J. Voigt et U. Waschescio (dir.), *The culture of the mathematics classroom* (p. 50-75). Cambridge, MA : Cambridge University Press.

Bednarz, N. (2000). Formation continue des enseignants en mathématiques : une nécessaire prise en compte du contexte. *In* P. Blouin et L. Gattuso (dir.), *Didactique des mathématiques et formation des enseignants* (p. 63-78). Montréal : Éditions Modulo.

Bednarz, N., Gattuso, L. et Mary, C. (1995). Formation à l'intervention d'un futur enseignant en mathématiques au secondaire. *Bulletin de l'Association mathématique du Québec* (AMQ), *XXXV* (1), 17-30.

Bednarz, N. et Garnier, C. (1989). *Construction des savoirs : obstacles et conflits.* Montréal : Éditions Agence d'Arc.

Bélanger, M. (1972). L'éducation américaine et nous. *ACELF, 1* (2), 6-15.

Bélanger, P. W. et Rocher, G. (dir.) (1970). *École et société au Québec. Éléments d'une sociologie de l'éducation.* Montréal : HMH.

Benzécri, J.-P. (1982). Construction d'une classification ascendante hiérarchique pour la recherche en chaîne des voisins réciproques. *Cahiers d'analyse des données, 7,* 209-218.

Benzécri, J.-P. (1992). *Correspondence analysis handbook.* New York, NY : Dekker.

Berger, P. et T. Luckmann (1986). *La construction sociale de la réalité.* Paris : Méridien Klincksieck.

Berthelot, J.-M. (1994). Société post-industrielle et scolarisation. *In* G. Vincent (dir.), *L'éducation prisonnière de la forme scolaire* (p. 195-206). Lyon : Presses de l'Université de Lyon.

Bertrand, Y. (1980). Disciplinarité ou interdisciplinarité ? *Journal of Canadian Studies, 15* (3), 19-24.

Bertrand, Y. et Valois, P. (1980). *Les options en éducation.* Québec : Ministère de l'Éducation, Service de la recherche, Secteur de la planification.

Bibeau, G., Lessard, Paret, M.-C. et Thérien M. (1987). *L'enseignement du français langue maternelle. Perceptions et attentes.* Québec : Conseil de la langue française.

Boisot, M. H. (1971). Discipline, interdisciplinarité, programme disciplinaire. *Revue française de pédagogie, 17,* 32-38.

Boudreau, G. (1991). Écrire devant les élèves ou l'enseignante modèle-scripteure. *Vie pédagogique, 73,* 44-47.

Boudreau, G. (1995). Les processus cognitifs en production de textes et l'intervention pédagogique. *In* J.-Y. Boyer, J.-P. Dionne et P. Raymond (dir.), *La production de texte : vers un modèle d'enseignement de l'écriture* (p. 221-253). Montréal : Éditions Logiques.

Bourdieu, P. (1980). *Le sens pratique.* Paris : Minuit.

Bourdieu, P. (1982). Les rites d'institution. *Actes de la recherche en sciences sociales, 43,* 58-63.

Bourdieu, P. (1985). Effet de champ et effet de corps. *Actes de la recherche en sciences sociales, 59,* 73.

Bourdieu, P. (1997). *Méditations pascaliennes.* Paris : Seuil.

Bourdieu, P. et F. Gros (1989). *Principes pour une réflexion sur les contenus d'enseignement.* Paris : Ministère de l'Éducation nationale.Bourdieu, P. et J.-C. Passeron (1970). *La Reproduction.* Paris : Minuit.

Bourdoncle, R. (1991). La professionnalisation des enseignants. 1 – La fascination des professions. *Revue française de pédagogie, 94,* 73-92.

Bourdoncle, R. (1993). La professionnalisation des enseignants. 2 – Les limites d'un mythe. *Revue française de pédagogie, 105,* 83-119.

Bourque, G. et Laurin-Frenette, N. (1970). Classes sociales et idéologies nationalistes au Québec, 1760-1970. *Socialisme québécois, 20,* 13-55.

Boyer, J.-Y. (1983*a*). *Production d'un modèle d'intégration des objectifs d'apprentissage en français et en sciences de la nature* (Rapport de recherche, t. 1). Hull : Programme de perfectionnement des maîtres en français (PPMF), Université du Québec à Hull.

Boyer, J.-Y. (1983*b*). Pour une approche fonctionnelle de l'intégration des matières au primaire. *Revue des sciences de l'éducation, IX* (3), 433-452.

Breakwell, G. M. (1993). Social representations and social identity. *Papers on Social Representations, 2* (3), 198-217.

Brikkhouse, N. (1990). Teacher's beliefs about the nature of science and their relationship to classroom practice. *Journal of Teacher Education, 41* (3), 53-62.

Brisson, E. (1991). Pas de didactique sans contenu ou qu'est-ce que la didactique ? *Historiens et géographes, 333,* 141-142.

Bronckart, J.-P. (1989). Du statut des didactiques des matières scolaires, *Langue française, 82,* 53-66.

Brossard, M. (1993). Un cadre théorique pour aborder l'étude des élèves en situation scolaire, *Enfance, 2,* 189-200.

Brousseau, G. (1980). L'échec et le contrat. *Recherches, 41,* 177-182.

Brousseau G. (1986). *Théorisation des phénomènes d'enseignement des mathématiques*. Thèse de doctorat d'état, Université de Bordeaux 1.

Brousseau G. (1988). Le contrat didactique. Le milieu. *Recherches en didactique des mathématiques, 9* (3), 309-336.

Brousseau, G. et Vinh Bang, M. (1978) Faits, objets et choix didactiques. *Revue française de pédagogie, 45,* 161-164.

Bru, M. (1991). *Les variations didactiques dans l'organisation des conditions d'apprentissage.* Toulouse : Éditions universitaires du Sud.

Brubacher, S. (1972). John Dewey (1959-1952). *In* J. Château (dir.), *Les grands pédagogues* (5ᵉ éd., p. 305-324). Paris : Presses universitaires de France (1ʳᵉ éd. 1956).

Brunet, M. (1958). *La présence anglaise et les Canadiens : études sur l'histoire et la pensée des deux Canadas.* Montréal : Beauchemin.

Buffet, F. (1986). Obstacles épistémologiques et travail scientifique en didactique de la géographie. *Revue de géographie de Lyon, 67* (2), 165-181.

Cajolet-Laganière, H.», H. et Martel, P. (1995). *La qualité de la langue au Québec.* Québec : Institut québécois de recherche sur la culture.

Cajolet-Laganière, H. et Martel, P. (1996). *Le français québécois. Usages, standard et aménagement.* Québec : Institut québécois de recherche sur la culture.

Canac-Marquis, J. et Goyette, D. (1999). *Ta nouvelle grammaire.* Laval : Mondia.

Carbonneau, M., J.-Y. Allard, M. Baillargeon, M. Laforest, C. Lainesse, S. Rebuffot et M. Soulières (1992). *La problématique actuelle de la formation initiale des enseignantes et des enseignants.* Sainte-Foy : Association québécoise des doyens et des recteurs pour l'avancement des études et de la recherche en éducation (ADEREQ), Comité sur la formation et le perfectionnement des maîtres.

Carnap, R. (1938). Logical foundations of the unity of science. *In* R. Bohr, R. Carnap, J. Dewey, C. W. Morris, O. Neurath et B. Russell, *International encyclopedia of unified science* (vol. 1, p. 42-62). Chicago, IL : University of Chicago Press.

Carrier, L. et Marcoux, C. (1994). *Code vert – Petite grammaire pour le primaire.* Montréal : Éditions HRW.

Centrale de l'enseignement du Québec (1972). *L'école au service de la classe dominante.* Québec : Centrale de l'enseignement du Québec

Champy, P. et C. Étévé (dir.) (1994). *Dictionnaire encyclopédique de l'éducation et de la formation.* Paris : Nathan.

Chapoulie, J.-M. (1979). La compétence pédagogique des professeurs comme enjeu de conflits. *Actes de la recherche en sciences sociales, 30,* 65-87.

Chapoulie, J.-M. (1987). *Les professeurs de l'enseignement secondaire, un métier de classe moyenne.* Paris : Maison des sciences de l'homme.

Chapoulie, J.-M. et Merlié, D. (1975). Le recrutement des professeurs de l'enseignement secondaire : les déterminants objectifs de l'accès au professorat. *Revue française de sociologie, XVI* (4), 439-484.

Chappaz, G. (dir.) (1995). *Comprendre et construire la médiation.* Aix-en-Provence–Marseille : Université de Provence, CNDP/CRDP de Marseille.

Charles, F. (1988). *Instituteurs : un coup au moral. Genèse d'une crise de reproduction.* Paris : Ramsay.

Charles, F. (1991). *Les logiques institutionnelles du recrutement des enseignants en Angleterre.* Rapport de recherche. Oxford : Department of Educational Studies, Oxford University.

Charles, F. (1996). Nouvelles générations d'enseignants du primaire en France et en Angleterre. *Les cahiers du Mage, 1,* 63-83.

Charles, F. et Clément, J.-P. (1995). *Accès à la profession enseignante et construction de l'identité professionnelle. Les étudiants de l'IUFM d'Alsace.* Strasbourg : Institut universitaire de formation des maîtres d'Alsace.

Charles, F. et Clément, J-P. (1997). *Comment devient-on enseignant ? L'IUFM et ses publics.* Strasbourg : Presses Universitaires de Strasbourg.

Charles, F. et Kober, A. (1996). Travail des femmes et « vocation » : institutrices et infirmières en France et en Angleterre. *Revue des sciences sociales de la France de l'Est, 23,* 153-165.

Charles, F. et Roussel, R. (1997). *Une petite noblesse d'État ou des professionnels compétents ? Étude sociologique sur la promotion 1996 des professeurs des écoles (Pe2) de l'IUFM de Versailles.* Rapport de recherche. Versailles : IUFM de Versailles.

Charlot, B. (1997). *Le Rapport au savoir. Éléments pour une théorie.* Paris : Anthropos.

Charolles, M. (1988). Les études sur la cohérence, la cohésion et la connexité textuelles depuis la fin des années 60. *Modèles linguistiques, 2,* 45-66.

Chartier, R. (1989). Le monde comme représentation. *Annales E.S.C., 6,* 1505-1520.

Chartrand, S.-G., Aubin, D., Blain, R, Morin, F. et Simard, C. (1999). *Grammaire pédagogique du français d'aujourd'hui.* Boucherville : Graficor.

Chatel, E., P. Caron, C. Fenet-Chalaye, P. Le Merrer, P. Pasquier et L. Simula (1990). *Enseigner les sciences économiques et sociales. Le projet et son histoire. Introduction à une réflexion didactique.* Paris : Institut national de recherche pédagogique (Rapport de recherche n° 6).

Chauveau, G. et Rogovas-Chauveau, E. (1992). Les trois visages de l'apprenti lecteur. *Le Français aujourd'hui, 100,* 101-111.

Chervel, A. (1988). L'Histoire des disciplines scolaires : Réflexions sur un domaine de recherche. *Histoire de l'éducation, 38,* 59-119.

Chevallard, Y. (1994). Les processus de transposition didactique et leur théorisation. *In* G. Arsac, Y. Chevallard, J.L. Martinand, A. Tiberghien (dir.), *La transposition didactique à l'épreuve* (p. 135-180). Grenoble : La pensée sauvage.

Chevallard, Y, et M.-A. Johsua (1982) Un exemple d'analyse de la transposition didactique. *Recherche en didactique des mathématiques, 3* (2), 157-239.

Chiss, J.-L. (1985). Quel statut pour la linguistique dans la didactique du français ? *Études de linguistique appliquée, 59,* 7-16.

Ciccorio, E. A. (1970) « Integration » in the curriculum : An historical and semantic inquiry. *Main Currents in Modern Thought, 27,* 60-62.

Cixous, S., Brunet, J., Poitevin, J., Favry, R. et Bel, J. (1979). Pédagogie Freinet et interdisciplinarité au second degré. *Le français aujourd'hui, 45,* 37-40.

Clary, M. (1988a). Outils d'analyse de la transposition didactique. Exposé introductif. *In* F. Audigier, C. Basuyau, L. Marbeau et J. Torrens (dir.), *Savoirs enseignés, savoirs savants, troisième rencontre nationale sur la didactique de l'histoire, de la géographie, des sciences économiques et sociales* (p. 144-148). Paris : Institut national de recherche pédagogique.

Clary, M. (1988*b*). Savoir savant, savoir enseigné, savoir approprié. *L'information géographique, 52* (3), 132-134.

Clary, M. et Retaillé, D. (1986). Une nouvelle rubrique de l'information géographique. Didactique de la géographie. *L'information géographique, 50* (1), 36.

Comenius, J. A. (1992). *La grande didactique* (Trad. M. F. Bousquet-Frigoul, D. Saget et B. Jolibert). Paris : Klincksieck.

Condorcet, M. J. A. Caritat, Marquis de (1989). *Écrits sur l'instruction publique.* Volume premier : *Cinq mémoires sur l'instruction publique* (Texte présenté, annoté et commenté par Charles Coutel et Catherine Kintzler). Paris : Édilig (1ʳᵉ éd. 1791).

Condorcet, M. J. A. Caritat, Marquis de (1989). *Écrits sur l'instruction publique.* Second volume : *Rapport sur l'instruction* (Texte présenté, annoté et commenté par Charles Coutel). Paris : Édilig (1ʳᵉ éd. 1792).

Connole, R. J. (1937). *A study of the concept of integration in present-day curriculum making.* Washington, DC : The Catholic University of America.

Conseil central de l'enseignement maternel et primaire catholique (1994). *Programme intégré.* Liège : Conseil central de l'enseignement maternel et primaire catholique.

Conseil supérieur de l'éducation (1971). *L'activité éducative. Rapport annuel 1969-1970.* Québec : Conseil supérieur de l'éducation.

Conseil supérieur de l'éducation (1972). Étude sur la polyvalence. *In Rapport annuel 1970/71* (p. 65-105). Québec : Conseil supérieur de l'éducation.

Conseil supérieur de l'éducation (1976). *Reprendre en main le projet scolaire.* Québec : Conseil supérieur de l'éducation, Comité catholique.

Conseil supérieur de l'éducation (1982a). Le sort des matières dites « secondaires » au primaire (Avis au ministre de l'Éducation). Québec : Conseil supérieur de l'éducation.

Conseil supérieur de l'éducation (1982b). Rapport annuel 1981-1982 (Tome II. L'activité pédagogique. Pratiques actuelles et avenues de renouveau. Québec : Conseil supérieur de l'éducation.

Conseil supérieur de l'éducation (1986). *Apprendre pour de vrai. Témoignages sur les enjeux et les conditions d'une formation de qualité. Rapport 1984-1985 sur l'état et les besoins de l'éducation.* Québec : Conseil supérieur de l'éducation.

Conseil supérieur de l'éducation (1988). Rapport annuel 1987-1988 sur l'état et les besoins de l'éducation. Le rapport Parent, vingt-cinq ans après. Québec : Publications du Québec.

Conseil supérieur de l'éducation (1989). Les visées et les pratiques de l'école primaire (Avis au ministre de l'Éducation). Québec : Conseil supérieur de l'Éducation.

Conseil supérieur de l'éducation (1991a). L'intégration des savoirs : au cœur de la réussite éducative (Avis au ministre de l'Éducation). Québec : Conseil supérieur de l'éducation.

Conseil supérieur de l'éducation (1991b). *La profession enseignante : vers un renouvellement du contrat social. Rapport annuel 1990-1991 sur l'état et les besoins de l'éducation.* Québec : Les Publications du Québec.

Conseil supérieur de l'éducation (1994a). *Des conditions pour faire avancer l'école* (Avis à la ministre de l'Éducation et de la Science). Québec : Conseil supérieur de l'éducation.

Conseil supérieur de l'éducation (1994b). *Rénover le curriculum du primaire et du secondaire* (Avis au ministre de l'Éducation). Québec : Conseil supérieur de l'éducation.

Conseil supérieur de l'éducation (1995). *Une école primaire pour les enfants d'aujourd'hui* (Avis au ministre de l'Éducation). Québec : Conseil supérieur de l'éducation.

Cormier, R., Lessard, C., Valois, P. et Toupin, L. (1981). La conception organique de l'éducation chez les enseignants et les enseignantes du Québec. *Vie pédagogique, 12,* 28-32.

Cornu, L. et Vergnioux, A. (1992). *La didactique en questions.* Paris : Hachette Éducation.

Courtois, B. et Pineau G. (coord.) (1991). *La Formation expérientielle des adultes.* Paris : La Documentation française.

Crémieux, C., Jakob, P. et Mousseau, M.-J. (1994). Regards didactiques sur les productions scolaires en histoire-géographie. *Revue française de pédagogie, 106,* 47-54.

Cros, F. (1993). L'innovation à l'école : forces et illusions. Paris : Presses universitaires de France.

Dandurand, P. et Ollivier, É. (1987). Les paradigmes perdus. Essai sur la sociologie de l'éducation et son objet. *Sociologie et sociétés, XIX* (2), 87-101.

Daniels, H. (dir.) (1993). *Charting the agenda. Educational activity after Vygotsky.* Londres : Routledge.

Daudel, C. (1986a). La recherche en didactique de la géographie. Réflexions méthodologiques pour une investigation scientifique. *Revue de géographie de Lyon, 67* (2), 134-157.

Daudel, C. (1986b). Une opportunité à saisir à l'université : module en didactique de la géographie. *L'information géographique, 50* (4), 163-164.

Daudel, C. (1988). Le savoir géographique sur écran : réflexions théoriques sur l'usage de nouveaux outils dans l'enseignement de la discipline. *Revue de géographie de Lyon, 63* (2-3), 3-14.

Daudel, C. (1990). *Les fondements de la recherche en didactique de la géographie.* Berne : Peter Lang.

Daudel, C. (1992). La géographie scolaire et son apprentissage : connaissance et intérêt. *Revue de géographie de Lyon, 67* (2), 93-113.

Davaud, C. et Varcher, P. (1990). La géographie à l'école : entre objets de savoir, pratiques scolaires et démarches géographiques. *Éducation et recherche, 3* (90), 223-241.

David, J. (1988). Rénover et reformuler l'enseignement de la géographie par la didactique. *L'information géographique, 52* (1), 43-46.

Debesse, M. et G. Mialaret (dir.) (1969). *Traité des sciences pédagogiques,* volume 1 : *Introduction.* Paris : Presses universitaires de France.

De Bueger-Vander Borght, C. (1996). *La formation didactique des enseignants du primaire : approches disciplinaires ou interdisciplinaires ?* Lettre d'intention, symposium Cirid-Laridd à l'Université des sciences humaines de Strasbourg, mai 1997. Louvain-la-Neuve : Laboratoire de pédagogie des sciences, Université catholique de Louvain.

De Corte, E., Geerlings, T., Peters, J., Lagerweij, N., Vandenberghe, R. (1990). *Les fondements de l'action didactique* (2ᵉ éd.). Paris et Bruxelles : Éditions Universitaires et De Boeck Université.

De Landsheere, G. (1979). *Dictionnaire de l'évaluation et de la recherche en éducation.* Paris : Presses universitaires de France.

Denis, M. (1994). *Comenius.* Paris : Presses universitaires de France.

De Rosa, A. S. (1988). Sur l'usage des associations libres dans l'étude des représentations sociales de la maladie mentale. *Connexions, 51,* 27-50.

Désilets, M. et Roy, G.-R. (2000). *Le Grammaticiel* (version 3). Sherbrooke : Les Didacticiels GRM.

Desplanques, P. (1991). La didactique de la géographie. *L'information géographique, 55* (2), 45-48.

Desvé, C. (dir.) (1993). *Guide bibliographique des didactiques. Des ressources pour les enseignants et les formateurs.* Paris : Institut national de recherche pédagogique.

Develay, M. (1994). Pour une didactique différenciée et axiologique. *In* G. Avanzani (dir.), *Sciences de l'éducation : regards multiples* (79-82). Berne : Peter Lang.

Develay, M. (1995). *Savoirs scolaires et didactiques des disciplines.* Paris : ESF.

Dewey, J. (1962). *L'école et l'enfant* (6ᵉ éd., trad. L. S. Pidoux). Neuchâtel, Paris : Delachaux et Niestlé.

D'Hainaut, L. (1982). *Des fins aux objectifs de l'éducation.* Paris : Nathan.

D'Hainaut, L. (1983). *Des fins aux objectifs.* Bruxelles : Labor-Nathan.

D'Hainaut, L. (1991). De la discipline à la formation de l'individu. *Cahiers pédagogiques, 298,* 19-25.

Doise, W., A. Clémence et F. Lorenzi-Cioldi (1992). *Représentations sociales et analyse de données.* Grenoble : Presses universitaires de Grenoble.

Doise, W. et A. Palmonari (dir.) (1986). *Textes de base en psychologie. L'étude des représentations sociales.* Neuchâtel, Paris : Delachaux et Niestlé.

Dressel, P. (1958*a*). The meaning and signifiance of integration. *In* N. B. Henry (dir.), *The integration of educational experiences. The fifty-seventh yearbook of the National Society for the study of education* (p. 3-25). Chicago, IL : The University of Chicago Press.

Dressel, P. (1958*b*). Integration : An expanding concept. *In* N. B. Henry (dir.), *The integration of educational experiences – The fifty-seventh yearbook of the National Society for the Study of Education* (p. 251-263). Chicago, IL : The University of Chicago Press.

Dubar, C. (1992). *La socialisation. Construction des identités sociales et professionnelles.* Paris : Armand Colin.

Dubois, J. (1967). *Grammaire structurale du français : le verbe.* Paris : Larousse.

Dubuc, B. (1990). *Justification d'appui à la demande de Déclaration d'intérêt public au ministère de l'Éducation du Québec.* Québec : École Montessori de Québec.

Dumont, F. (1965). La représentation idéologique des classes au Canada français. *Recherches sociographiques, 6* (1), 8-22.

Durkheim, E. (1956). *Les règles de la méthode sociologique.* Paris: Presses universitaires de France (1ʳᵉ éd. 1895).

Durkheim, E. (1969). *L'évolution pédagogique en France.* Paris: Presses universitaires de France (1ʳᵉ éd. 1938).

Dussaix, A. M. et Grosbras, J.-M. (1993). Sondage et qualité des données. *In* D. Grangé et L. Lebart (dir.), *Traitements statistiques des enquêtes* (p. 21-52). Paris: Dunod.

Élalouf, M.-L., Benoit, J.-P. et Thomassone, R. (1996) *Enseigner le français. La formation linguistique des professeurs de lettres en question.* Paris: Association française de linguistique appliquée.

Elejabarrieta, F. (1996). Le concept de représentation sociale. *In* J.-C. Deschamps et J.-L. Beauvois (dir.), *Des attitudes aux attributions. Sur la construction de la réalité sociale* (p. 137-146). Grenoble: Presses universitaires de Grenoble.

Falardeau, M. et Falardeau, E. (1997). *Carrefour.* Québec: Publications du Carrefour.

Farr, R. M. et Markova, I. (1995). Professional and lay representations of health, illness and handicap: A theoretical overview. *In* I. Markova et R. Farr (dir.), *Representations of health, illness and handicap* (p. 93-110). Chur, CH: Harwood academic publishers.

Fazenda, I. C. Arantes (1994). *Interdisciplinaridade: história, teoria e pesquisa.* São Paulo: Papirus Editora.

Fazenda, I. C. Arantes (1995). Critical-historical review of interdisciplinary studies in Brazil. *Association for Integrative Studies Newsletter, 17* (1), 1-9.

Flament, C. (1994). Structure, dynamique et transformation des représentations sociales. *In* J.-C. Abric (dir.), *Pratiques sociales et représentations* (p. 37-58). Paris: Presses universitaires de France.

Foucault, M. (1966). *Les mots et les choses. Une archéologie des sciences humaines.* Paris: Gallimard.

Foundation for Integrated Education (1948). *Issues in integration.* Rapport du First national workshop à l'Université du New Hampshire. New York, NY: The Foundation.

Fourez, G. (1992). *La construction des sciences. Les logiques des inventions scientifiques. Introduction à la philosophie et à l'éthique des sciences* (2ᵉ éd. revue). Bruxelles: De Bœck Université.

Fourez, G. (1994). *Alphabétisation scientifique et technique. Essai sur les finalités de l'enseignement des sciences.* Bruxelles: De Bœck Université.

Frank, R. (1988). « Interdisciplinarity » : the first half century. *Issues in Integrative Studies, 6,* 139-151.

Freire, P. (1974). *Pédagogie des opprimés,* suivi de *Conscientisation et révolution.* Paris: François Maspéro.

Gagnon, S. (1997). *Le concept de didactique dans la littérature scientifique québécoise.* Mémoire de maîtrise en sciences de l'éducation, Faculté d'éducation, Université de Sherbrooke, Sherbrooke.

Galichet, Fr. (1998). Nécessité et impossibilité d'un référentiel en didactique de la philosophie. *In* M. Sachot (dir.), *Le référentiel d'apprentissage et de formation: un outil didactique ?* (p. 103-114). Strasbourg: CIRID/CRDP d'Alsace.

Galisson, R. (1985). Didactologies et idéologies. *Études de linguistique appliquée, 60,* 5-16.

Galisson, R. (1994). Un espace disciplinaire pour l'enseignement-apprentissage des langues-cultures en France. État des lieux et perspective, *Revue française de pédagogie, 108*, 25-37.

Garnier, C., Bednarz, N. et Ulanovskaya, I. (1991). *Après Vygotski et Piaget: perspective sociale et constructiviste.* Bruxelles: De Boeck.

Geay, B. (1997). *Le syndicalisme enseignant.* Paris: La Découverte.

Georgeault, P. (1981). *Conscience linguistique des jeunes Québécois. Influence de l'environnement linguistique chez les étudiants francophones de niveau collégial I et II* (Tome II). Québec: Conseil de la langue française.

Gervais, F. (1995). Superviseurs universitaires et formation pratique en milieu scolaire: orientation de la médiation entre théorie et pratique. *Revue des sciences de l'éducation, XXI* (3), 541-560.

Giordan, A. et De Vecchi, G. (1987). *Les origines du savoir. Des conceptions des élèves aux concepts scientifiques.* Neuchâtel, Paris: Delachaux et Niestlé.

Goodlad, J. I. et Su, Z. (1992). Organization of the curriculum. *In* P. W. Jackson (dir.), *Handbook of research on curriculum* (p. 327-344). New York, NY: Macmillan.

Gouvernement de la France (1882). Arrêté réglant l'organisation pédagogique et le plan d'études des écoles primaires publiques. *In Règlement d'organisation pédagogique pour les écoles primaires* (p. 6). Paris: Ministère de l'Éducation nationale.

Gouvernement de la France (1991). *Circulaire n° 91-702 du 2 juillet, B.O du 11 juillet* (p. 1797-2001). Paris: Ministère de l'Éducation nationale.

Gouvernement de la France (1995*a*). *Note d'information 95.49: L'opinion des enseignants nouvellement recrutés sur la formation reçue dans les IUFM.* Paris: Direction de l'évaluation et de la prospective, ministère de l'Éducation nationale.

Gouvernement de la France (1995*b*). *Les programmes de l'école primaire.* Paris: Direction des écoles, ministère de l'Éducation nationale.

Gouvernement du Québec, (1959). *Programme d'études des écoles élémentaires. 1959.* Québec: Département de l'instruction publique.

Gouvernement du Québec (1963-1965). *Rapport de la Commission royale d'enquête sur l'enseignement dans la province de Québec* (Rapport Parent) (5 vol.). Québec: Gouvernement du Québec.

Gouvernement du Québec (1975). *Une école pour nos enfants.* Conférence de monsieur Raymond Garneau, ministre de l'Éducation au Congrès de la Fédération des commissions scolaires catholiques du Québec. Québec: Ministère de l'Éducation.

Gouvernement du Québec, (1977*a*). *L'enseignement primaire et secondaire au Québec. Livre vert.* Québec: Éditeur officiel du Québec.

Gouvernement du Québec (1977*b*). *L'éducation en 1977-1978: Nouveau départ.* Texte du discours de M. J.-Y. Morin, ministre de l'Éducation, à l'occasion de l'ouverture de la défense des crédits de l'éducation à la Commission parlementaire de l'éducation, des affaires culturelles et des communications. Québec: Ministère de l'Éducation, Cabinet du ministre.

Gouvernement du Québec (1978). *Cadre relatif à l'élaboration des programmes et des guides pédagogiques.* Québec: Ministère de l'éducation, Direction générale du développement pédagogique, Direction des programmes.

Gouvernement du Québec (1979*a*). *L'éducation en 1979-1980. Renouveau pédagogique: le temps de l'action.* Texte du discours de M. J.-Y. Morin, ministre de l'Éducation, à l'occasion de l'ouverture de la défense des crédits de l'éducation à la Commission parlementaire de l'éducation, des affaires culturelles et des communications. Québec: Ministère de l'Éducation, Cabinet du ministre.

Gouvernement du Québec (1979*b*). *L'école québécoise. Énoncé de politique et plan d'action.* Québec: Éditeur officiel du Québec.

Gouvernement du Québec (1981*a*). Règlement concernant le régime pédagogique du primaire et l'éducation préscolaire. *Gazette officielle du Québec* (Partie 2: Lois et règlements), *113* (15), 1734-1742.

Gouvernement du Québec (1981*b*). *Programme d'études. Primaire. Sciences humaines (Histoire, géographie, vie économique et culturelle).* Québec: Direction des programmes, Direction générale du développement pédagogique, ministère de l'Éducation.

Gouvernement du Québec (1984). *L'apprentissage, l'enseignement et les nouveaux programmes.* Québec: Ministère de l'Éducation, Direction générale du développement pédagogique.

Gouvernement du Québec (1985). *Terminologie de l'éducation.* Québec: Ministère de l'Éducation.

Gouvernement du Québec (1986*a*). *L'éducation préscolaire et l'enseignement primaire et secondaire en 1986-1987. Vers une plus grande qualité de la formation.* Texte du discours du ministre de l'Éducation, M. Claude Ryan, à la Commission de l'éducation, à l'occasion de la défense des crédits du ministère de l'éducation. Québec: Ministère de l'Éducation, Cabinet du ministre.

Gouvernement du Québec (1986*b*). *L'intégration des matières au primaire. Document de réflexion* (Document de travail). Québec: Ministère de l'éducation, Direction des programmes.

Gouvernement du Québec (1990). *Les régimes pédagogiques. Rapport annuel sur l'application et l'applicabilité.* Québec: Ministère de l'Éducation.

Gouvernement du Québec (1992*a*). *Faire l'école aujourd'hui et demain: un défi de maître. Renouvellement et valorisation de la profession.* Québec: Ministère de l'Éducation.

Gouvernement du Québec (1992*b*). *La formation à l'éducation préscolaire et à l'enseignement secondaire. Orientations et compétences attendues.* Québec: Ministère de l'Éducation.

Gouvernement du Québec (1992*c*). *La formation à l'enseignement secondaire général. Orientation et compétences attendues.* Québec: Ministère de l'Éducation du Québec, Direction générale de la formation et des qualifications.

Gouvernement du Québec (1993*a*). *Énoncé des politiques d'agrément des programmes de formation à l'enseignement.* Québec: Ministère de l'Éducation, Comité d'agrément des programmes de formation à l'enseignement.

Gouvernement du Québec (1993*b*). *L'intégration des matières au primaire. Document d'orientations* (Document de travail). Québec: Ministère de l'Éducation.

Gouvernement du Québec (1994*a*). *La formation à l'éducation préscolaire et à l'enseignement primaire. Orientations et compétences attendues.* Québec: Ministère de l'Éducation.

Gouvernement du Québec (1994*b*). *Programme d'études de français langue maternelle.* Québec: Ministère de l'Éducation.

Gouvernement du Québec (1997). *Réaffirmer l'école. La réforme des curriculums d'études.* Québec: Ministère de l'Éducation, Direction générale de la formation et des qualifications.

Greenacre, M. (1994). Multiple and joint correspondance analysis. *In* M. Greenacre et J. Blasius (dir.), *Correspondence analysis in the social sciences* (p. 141-161). New York, NY: Academic Press.

Grégoire, R. (1987). *L'évolution des politiques relatives aux programmes d'études du primaire et du secondaire public du secteur catholique francophone du Québec.* Sainte-Foy: École nationale d'administration publique.

Grevisse, M. et A. Goosse (1986, 1993). *Le bon usage.* Paris et Gembloux: Duculot

Groupe Poly (1974). *L'organisation et le fonctionnement des écoles secondaires polyvalentes.* Québec: Ministère de l'Éducation.

Guérin, M.-A. et Vertefeuille, P.-Y. (1960). *Histoire de la pédagogie par les textes.* Montréal: Centre de psychologie et de pédagogie.

Guimelli, C. (1994). Les représentations sociales. *In* C. Guimelli (dir.), *Structures et transformations des représentations sociales* (p. 11-24). Neuchâtel, Paris: Delachaux et Niestlé.

Gusdorf, G. (1983). Passé, présent, avenir de la recherche interdisciplinaire. *In* L. Apostel, J.-M. Benoist, T. B. Bottomore, K. E. Boulding, M. Dufrenne, M. Eliade, C. Furtado, G. Gusdorf, D. Krishna, W. J. Mommsen, E. Morin, M. Piatteli-Palmarini, M. A. Sinacœur, S. N. Smirnov et J. Ui, Interdisciplinarité et sciences humaines, vol. 1 (p. 31-51). Paris: Unesco.

Hadji, C. (1990). Vers une neuro-pédagogie.Cahiers pédagogiques, 281, 29-32.

Hahn, R. (1971). The anatomy of a scientific institution. The Paris Academy of sciences, 1666-1680. Berkeley, CA: University of California Press.

Halté, J.-F. (1992). La didactique du français. Paris: Presses universitaires de France.

Hamel, J. (1995). *Contre l'interdisciplinarité, tout contre... Bulletin d'information,* ACFAS, 17 (2), 16-17.

Heckhausen, H. (1972). Disciplinarité et interdisciplinarité. In L. Apostel, G. Berger, A. Briggs et G. Michaud (dir.), L'interdisciplinarité. Problèmes d'enseignement et de recherche dans les universités (p. 83-90). Paris: Organisation de coopération et de développement économiques, Centre pour la recherche et l'innovation dans l'enseignement.

Hensler, H., Larose, F. et Roy, G.-R. (1998). Développement des habiletés linguistiques en formation professionnelle et représentations sociales des élèves. *Revue de l'Université de Moncton, 31* (1-2), 179-202.

Hermerén, G. (1985). Interdisciplinarity revisited – Promises and problems. *In* L. Levin et I. Lind (dir.), *Interdisciplinarity revisited: Re-assessing the concept in the light of institutional experience* (p. 15-25). Stockholm: OECD/CERI, Swedish National Board of Universities and Colleges, Linköping University.

Higginbotham, J. (1988). Contexts, models and meanings: A note on the data of semantics. *In* R. Kempson (dir.), *Mental representations. The interface between language and reality* (p. 29-48). Cambridge, MA: Cambridge University Press.

Houssaye, J. (1988). *Le triangle pédagogique.* Berne: Peter Lang.

Houssaye, J. (1993). *La pédagogie: une encyclopédie pour aujourd'hui.* Paris: ESF.

Hugonie, G. (1995). Pour des recherches didactiques en géographie physique. *L'information géographique, 59* (2), 80-84.

Huot, H. (1993). Grammaire scolaire et organisation institutionnelle. *Enjeux,* 28, 5-51.

Illiakopoulos, A. et Pagès, J.-P. (1993). Une approche globale de l'opinion: de la théorie aux analyses statistiques. *In* D. Grangé et L. Lebart (dir.), *Traitements statistiques des enquêtes* (p. 161-185). Paris: Dunod.

IUFM d'Alsace (1994*a*). *Un métier devenir Professeur avec l'IUFM d'Alsace.* Strasbourg: IUFM d'Alsace.

IUFM d'Alsace (1994*b*). *Guide du stagiaire Second degré. Année universitaire 1994/1995.* Strasbourg: IUFM d'Alsace.

IUFM d'Alsace (1995). *Projet d'établissement de l'IUFM d'Alsace 1995/1999.* Strasbourg: IUFM d'Alsace.

Jacobs, H. H. (1989). The growing need for interdisciplinary curriculum content. *In* H. H. Jacobs (dir.), *Interdisciplinary curriculum. Design and implementation* (p. 1-11). Alexandria, VA: Association for Supervision and Curriculum Development.

Jodelet, D. (dir.) (1989). *Les représentations sociales.* Paris: Presses universitaires de France.

Joly, R. (1966). Interrogations sur l'humanisme. *In* J.-M. Hamelin, R. Joly et P. L'Archevêque (dir.), *L'éducation dans un Québec en évolution* (p. 35-48). Québec: Presses de l'Université Laval.

Jonnaert, P. (1988). *Conflits de savoirs et didactique.* Bruxelles: De Boeck.

Jonnaert, P. (dir.) (1991). *Les didactiques: similitudes et spécificités.* Bruxelles: Plantyn.

Jonnaert, P. (1996). Les apprentissages mathématiques en situation: une perspective constructiviste. *Revue des sciences de l'éducation, 22 (2),* 233-252.

Jonnaert, P. (1998). Quels référents pour une formation didactique des enseignants? *In* M. Sachot (dir.), *Le référentiel d'apprentissage et de formation: un outil didactique?* (p. 141-160). Strasbourg: CIRID/CRDP d'Alsace.

Jonnaert, P. et Lenoir, Y., (dir.) (1993). *Sens des didactiques et didactique du sens.* Sherbrooke: Éditions du CRP.

Kagan, D. M. (1992). Professional growth among preservice and beginning teachers. *Review of Educational Research, 62 (2),* 129-169.

Kempf, M. (1998). Le référentiel en tant qu'inducteur d'innovation obligée dans l'enseignement technique. *In* M. Sachot (dir.), *Le Référentiel d'apprentissage et de formation: un outil didactique?* (p. 117-140). Strasbourg: CIRID/CRDP d'Alsace.

Kempson, R. M. (1988). On the grammar-cognition interface: The principle of full interpretation. *In* R. Kempson (dir.), *Mental representations. The interface between language and reality* (p. 199-225). Cambridge, MA: Cambridge University Press.

Killer, J. K. (1986). *L'École élémentaire Montessori et son programme.* Québec: École Montessori de Québec.

Kilpatrick, W. H. (1918). The project method. *Teachers College Record, XIX* (44), 45-67.

Klein, J. T. (1985). The interdisciplinary concept : Past, present and future. *In* L. Levin et I. Lind (dir.), *Interdisciplinarity revisited. Re-assessing the concept in the light of institutional experience* (p. 104-136). Stockholm : OECD/CERI, Swedish National Board of Universities and Colleges, Linköping University.

Klein, J. T. (1990). *Interdisciplinarity. History, theory, and practice.* Detroit, MI : Wayne State University Press.

Kockelmans, J. J. (1979). Science and discipline. Some historical and critical reflections. *In* J. J. Kockelmans (dir.), *Interdisciplinarity and higher education* (p. 11-45). Philadelphie, PA : The Pennsylvania State University Press.

Krygowska, Z. (1973, août). *Le rôle de la didactique de la mathématique dans les études du futur enseignant.* Texte inédit, conférence donnée au département de mathématiques de l'Université du Québec à Montréal.

Kvale, S. (1996). *Interviews. An introduction to qualitative research interviewing.* Thousand Oaks, CA : Sage.

Lacombe, D. (1989). Didactique. A – La didactique des disciplines. *In* P.-F. Baumberger (dir.), *Encyclopædia Universalis* (Tome 7, p. 393-396). Paris : Encyclopædia Universalis.

Lacotte, J. et Lenoir, Y. (1999). Didactics and professional practice in preservice teacher education : A comparison of the situations in France and in Québec. *Instructional Science. An International Journal of Learning and Cognition, 27* (1), 165-192.

Laforest, M. (1989). *Diagnostic de l'enseignement des sciences humaines dans les classes primaires franco-catholiques du Québec (1959-1988).* Thèse de doctorat en sociologie de la connaissance (nouveau régime), Université de Paris 7.

Laforest, M. (1991). Les fondements du programme d'études : une analyse. *In* Y. Lenoir et M. Laforest (dir.), *L'enseignement des sciences humaines au primaire : développement, sous-développement ou développement du sous-développement ?* (p. 45-53). Sherbrooke : Éditions du CRP.

Laforest, M. et Lenoir, Y. (1994). Attitudes sociales et intellectuelles et valeurs à développer dans l'enseignement québécois des sciences humaines au primaire : une analyse des propositions du programme d'études. *Journal of Educational Thought, 28* (3), 260-285.

Laforest, M. et Lenoir, Y. (1995). Idéologies globales et éducationnelles et relations au savoir dans le programme québécois de sciences humaines au primaire. *In* Y. Iram (dir.), *The role and place of the humanities in education for the world of the 21st century/Le rôle et la place des disciplines humaines en éducation pour le monde du 21e siècle* (vol. 2, p. 551-567). Ramat-Gan : The School of Education, Bar-Ilam University.

Laforest, M. et Lenoir, Y. (1996). Transmission ou construction d'attitudes sociales et intellectuelles dans le programme québécois de sciences humaines au primaire. *In* M. O. Valente, A. Bárrios, A. Gaspar et V. D. Teodoro (dir.), *Teacher training and values education* (p. 241-262). Lisboa : Departamanto de educação da Faculdade de ciências da Universidade de Lisboa.

Laforest, M. et Lenoir, Y. (2000). L'autre dans le programme québécois de sciences humaines au primaire de 1959 à 2000 : une analyse du curriculum formel. *Brock Education, 10* (1), 30-51.

Laprévote, G. (1984). *Les écoles normales primaires en France, 1879-1979. Splendeurs et misères de la formation des maîtres.* Lyon : Presses Universitaires de Lyon.

Larochelle, M. et Bednarz, N. et Garrison, J. (1998). Constructivism and education : Beyond the epistemological correctness. *In* M. Larochelle, N. Bednarz et J. Garrison (dir.), *Constructivism and educationi* (p. 3-20). Cambridge, MA : Cambridge University Press.

Larose, F., Audette, S. et Roy, G.-R. (1997*a*). Analyse des représentations sociales des compétences linguistiques et technoprofessionnelles des étudiants du secondaire professionnel au Québec. Aspects méthodologiques d'une nouvelle approche de l'étude de la motivation. *In* R. Féger (dir.), *L'éducation face aux nouveaux défis* (p. 497-507). Montréal : Éditions Nouvelles AMS.

Larose, F., Audette, S. et Roy, G.-R. (1997*b*). La représentation sociale du français en formation professionnelle. Analyse de l'impact d'une recherche-action-formation sur la représentation de l'utilité des compétences en français sur le plan de la formation et de la carrière. *Éducation et recherche, 19 (3)*, 360-378.

Larose, F., Jonnaert, P. et Lenoir, Y. (1996). Le concept de didactique. une étude lexicométrique illustrative d'un corpus de définitions. *Éduquer et former, 8*, 29-44.

Larose, F. et Lenoir, Y. (1995). *L'interdisciplinarité didactique au primaire. Étude de l'évolution des représentations et des pratiques chez des titulaires du premier cycle du primaire dans le cadre d'une recherche-action-formation. Rapport final (volet recherche).* Sherbrooke : Faculté d'éducation, Université de Sherbrooke.

Larose, F. et Lenoir, Y. (1997). L'étude de l'impact d'un processus de formation continue sur les représentations sociales partagées par les enseignantes du primaire ainsi que sur leurs pratiques professionnelles en regard de l'interdisciplinarité pédagogique. *In* R. Féger (dir.), *L'éducation face aux nouveaux défis* (p. 146-157). Montréal : Éditions Nouvelles AMS.

Larose, F. et Lenoir, Y. (1998). La formation continue d'enseignants du primaire à des pratiques interdisciplinaires. Résultats de recherches. *Revue des sciences de l'éducation, XXI* (1), 189-228.

Larose, F., Lenoir, Y., Bacon, N. et Ponton, M. (1994). Lieu de contrôle, représentations sociales et modèles d'intervention éducative. Une étude exploratoire auprès d'enseignantes et d'enseignants du primaire au Québec. *Revue des sciences de l'éducation, XX* (4), 719-740.

Lave, J. (1988). *Cognition in practice. Mind, mathematics and culture in everyday life.* Cambridge, MA : Cambridge University Press.

Lebart, L. (1994). Complementary use of correspondence analysis and cluster analysis. *In* M. Greenacre et G. Blasius (dir.), *Correspondence analysis in the social sciences* (p. 162-178). New York, NY : Academic Press.

Lebart, L. et Salem, A. (1994). *Statistiques textuelles.* Paris : Dunod.

Lebart, L., Salem, A. et Berry, L. (1997). *Exploring textual data.* Dordrecht : Kluwer Academic Press.

Lebrun, M. et Baribeau, C. (1997). Représentations de l'objet « langue » chez les futurs enseignants de français du primaire et du secondaire. *In* C. Gauthier et H. Ziarko (dir.), *Continuités et ruptures dans la formation des maîtres au Québec* (p. 109-124). Sainte-Foy : Presses de l'Université Laval.

L'Écuyer, R. (1989). Le point de vue de la psychologie. *Revue de l'Association pour la recherche qualitative, 1,* 51-80.

Legendre, R. (1993). *Dictionnaire actuel de l'éducation* (2ᵉ éd.). Montréal : Guérin.

Legros, C. et Roy, G.-R. (1997). Le participe passé : du savoir déclaratif au savoir situationnel. *Enjeux, 41,* 29-45.

Lelièvre, C. (1990). *Histoire des institutions scolaires (1789-1989).* Paris : Nathan.

Lenoir, Y. (1979). Sciences humaines ou techno-comportementalisation humaine : quelle formation pour quelle société ? Quelques questions sur le sens socio-éducatif d'un programme à venir... *Bulletin de la Société des professeurs d'histoire du Québec, 17* (3), 26-32 ; *17* (4), 28-32.

Lenoir, Y. (1990). Apports spécifiques des sciences humaines dans la formation générale au primaire. *In* G.-R. Roy (dir.), *Contenus et impacts de la recherche universitaire actuelle en sciences de l'éducation,* Actes du 2ᵉ congrès des sciences de l'éducation de langue française du Canada, Tome 2 : *Didactique* (p. 681-695). Sherbrooke : Éditions du CRP.

Lenoir, Y. (1991*a*). *Relations entre interdisciplinarité et intégration des apprentissages dans l'enseignement des programmes d'études du primaire au Québec.* Thèse de doctorat en sociologie de la connaissance (nouveau régime), Université de Paris 7.

Lenoir, Y. (1992*a*). De la fonction sociale des sciences humaines au primaire – Réaction à l'article « Les sciences humaines : une solution à la violence ? ». *Traces, 30* (2), 16-20.

Lenoir, Y. (1992*b*). Quelques éléments de réflexion sur l'interdisciplinarité approchée du point de vue curriculaire. *In* R. Delisle et P. Bégin (dir.), *L'interdisciplinarité au primaire : une voie d'avenir ?* (p. 11-122). Sherbrooke : Éditions du CRP.

Lenoir, Y. (1992*c*). Les représentations des titulaires du primaire sur la conception et la pratique de l'interdisciplinarité et de l'intégration des matières : résultats d'une recherche exploratoire. *In* R. Delisle et P. Bégin (dir.), *L'interdisciplinarité au primaire, une voie d'avenir ?* (p. 17-57). Sherbrooke : Éditions du CRP.

Lenoir, Y. (1993). Entre Hegel et Descartes : de quels sens peut-il être question en didactique ? *In* P. Jonnaert et Y. Lenoir (dir.), *Sens des didactiques et didactique du sens* (p. 29-99). Sherbrooke : Éditions du CRP.

Lenoir, Y. (1995*a*). L'interdisciplinarité : aperçu historique de la genèse d'un concept. *Cahiers de la recherche en éducation, 2* (1), 227-265.

Lenoir, Y. (1995*b*). *L'interdisciplinarité dans l'intervention éducative et dans la formation à l'enseignement primaire : réalité et utopie d'un nouveau paradigme.* Sherbrooke : Faculté d'éducation (Documents du LARIDD n° 5), Université de Sherbrooke.

Lenoir, Y. (1996*a*). Médiation cognitive et médiation didactique. *In* C. Raisky et M. Caillot (dir.), *Le didactique au-delà des didactiques. Débats autour de concepts fédérateurs* (p. 223-251). Bruxelles : De Bœck Université.

Lenoir, Y. (1996*b*). *Perspectives curriculaires et interdisciplinarité : un essai de clarification.* Sherbrooke : Faculté d'éducation (Documents du LARIDD n° 11), Université de Sherbrooke.

Lenoir, Y. (1999). Interdisciplinarité. *In* J. Houssaye (dir.), *Questions pédagogiques. Encyclopédie historique* (p. 291-314). Paris : Hachette.

Lenoir, Y. et Laforest, M. (1994). Rapports au savoir et programme québécois de sciences humaines au primaire. *Canadian Journal of Education/Revue canadienne de l'éducation, 19* (4), 431-447.

Lenoir, Y. et Laforest, M. (1995). *La formation des maîtres au Québec: contexte historique et situation actuelle.* 1 – *Un aperçu historique du système scolaire*). Sherbrooke: Faculté d'éducation (Documents du LARIDD n° 6), Université de Sherbrooke.

Lenoir, Y. et Larose, F. (1999). Uma tipologia das representações e das práticas da interdisciplinaridade entre os professores do primário no Quebec. *Revista Brasileira de Estudos Pedagógicos, 79* (192), 48-59.

Lenoir, Y., Larose, F., Biron, D., Roy, G.-R. et Spallanzani, C. (1999). Le concept de compétence dans la formation à l'enseignement primaire au Québec: un cadre d'analyse. *Recherche et formation, 30*, 143-163.

Lenoir, Y., Larose, F., Grenon, V. et Hasni, A. (2000). La stratification des matières scolaires chez les enseignants du primaire au Québec: évolution ou stabilité des représentations depuis 1981? *Revue des sciences de l'éducation, XXVI* (3), 483-516.

Lenoir, Y. et Sauvé, L. (1998). De l'interdisciplinarité scolaire à l'interdisciplinarité dans la formation à l'enseignement: un état de la question. *Revue française de pédagogie, 124*, 121-153; *125*, 109-146.

Lepetit, B. (1988). Les villes dans la France moderne (1740-1840). Paris: Albin-Michel.

Lepetit, B. et Pumain, D. (dir.) (1993). Temporalités urbaines. Paris: Anthropos.

Le Roux, A. (1989). Pour une formation continue à la didactique ou à la découverte du paysage. L'information géographique, 53 (3), 116-126.

Le Roux, A. (1995a). Enseigner la géographie au collège. Essai didactique. Paris: Presses universitaires de France.

Le Roux, A. (1995b). Le « problème » dans l'enseignement de la géographie. L'information géographique, 59 (5), 209-214.

Leselbaum, N. (1989). La formation des professeurs en centres pédagogiques régionaux. Paris: Institut national de recherche pédagogique.

Lesne, M. (1984). Lire les pratiques de formation d'adultes. Paris: Edilig.

Lynton, E. A. (1985). Interdisciplinarity: Rationales and criteria of assessment. In L. Levin et I. Lind (dir.), Interdisciplinarity revisited: Re-assessing the conception the light of institutional experience (p. 15-25). Stockholm: OECD/CERI, Swedish National Board of Universities and Colleges, Linköping University.

Lucier, P. (1986). L'interdisciplinarité au primaire et au secondaire: contribution à la compréhension des enjeux et à l'identification des voies d'action. Conférence du président du Conseil supérieur de l'éducation lors du congrès pédagogique interdisciplinaire du Conseil pédagogique interdisciplinaire du Québec, Montréal. Québec: Conseil supérieur de l'éducation.

Malglaive, G. (1990). Enseigner à des adultes. Paris: Presses universitaires de France.

Marbeau, L. (dir.) (1990). *Formation permanente, initiale et continuée, des instituteurs aux didactiques de l'histoire, géographie, sciences sociales par la recherche.* Paris: Institut national de recherche pédagogique.

Maréchal, J. (1986). Réflexion épistémologique et didactique de la géographie. *In* F. Audigier et L. Marbeau (dir.), *Rencontre nationale sur la didactique de l'histoire et de la géographie* (p. 45-64). Paris : Institut national de recherche pédagogique.

Margairaz, D. (1988). *Foires et marchés dans la France préindustrielle*. Paris : EHESS.

Masseron, C. (1989). La correction de rédaction. *In* M. Charolles, J.-F. Halté, C. Masseron et A. Petitjean (1989), *Pour une didactique de l'écriture* (p. 85-106). Metz : Centre d'analyses syntaxiques de l'Université de Metz.

Masson, M. (1994). *Vous avez dit géographies ? Didactique d'une géographie plurielle*. Paris : Armand Colin.

Maupassant, G. de (1884/1988) La peur. *In Contes et nouvelles*. Paris : Robert Lafond. (1re publication dans *Le Figaro* du 25 juillet 1884).

May, R. (1990). Bound variable anaphora. *In* R. Kempson (dir.), *Mental representations, the interface between language and reality* (85-104). Cambridge, MA : Cambridge University Press.

Mialaret, G. (dir.) (1979). *Vocabulaire de l'éducation*. Paris : Presses universitaires de France.

Moliner, P. (1992). Structure de représentation et structure de schèmes. *Cahiers internationaux de psychologie sociale, 14*, 48-52.

Moliner, P. (1995). A two-dimensional model of social representations. *European Journal of Social Psychology, 25 (1)*, 27-40.

Monière, D. (1977). *Le développement des idéologies au Québec, des origines à nos jours*. Montréal : Québec Amérique.

Moniot, H. (1985). Sur la didactique de l'histoire. *Historiens et géographes, 305*, 1169-1178.

Moniot, H. (1994). *Didactique de l'histoire*. Paris : Nathan.

Montaigne, M. E. de (1968). *Essais* (T. 1). Lausanne : Éditions Rencontre (1re éd. 1588).

Morin, E. (1986). *La Méthode*. Volume 3 : *La connaissance de la connaissance*. Paris : Seuil.

Morin, L. et Brunet, L. (1992). *Philosophie de l'éducation*. Tome 1 – *Les sciences de l'éducation*. Sainte-Foy et Bruxelles : Presses de l'Université Laval et De Bœck-Wesmael.

Moscovici, S. (1961). *La psychanalyse, son image et son public*. Paris : Presses universitaires de France.

Moscovici, S. et Hewstone, M. (1984). De la science au sens commun. *In* S. Moscovici (dir.), *Psychologie sociale* (p. 539-566). Paris : Presses universitaires de France.

National Commission on Excellence in Education. (1983). *A nation at risk. The imperative educational reform*. Wahington, DC : US Government Printing Office.

Neurath, O. (1938). Unified science as encyclopedic integration. *In* R. Bohr, R. Carnap, J. Dewey, C. W. Morris, O. Neurath et B. Russell, *International encyclopedia of unified science*, vol. 1 (p. 1-27). Chicago, IL : University of Chicago Press.

Nique, C. et C. Lelièvre (1993). *La République n'éduquera plus. La fin du mythe Ferry*. Paris : Plon.

Not, L. (1979). *Les pédagogies de la connaissance*. Toulouse : Privat.

Not, L. (1987). *Enseigner et faire apprendre. Éléments de psycho-didactique générale*. Toulouse : Privat.

Obin, J.-P. (1991). Identités et changements dans la profession et la formation des enseignants, *Tendances nouvelles de la formation des enseignants. Recherche et formation, 10*, 7-22.

Organ, T. (1958). The philosophical bases for integration. *In* N. B. Henry (dir.), *The integration of educational experiences – The fifty-seventh yearbook of the National Society for the Study of Education* (p. 26-42). Chicago, IL : University of Chicago Press.

Orlandi, E. (1994). Les conceptions des enseignants de biologie à propos de la démarche expérimentale. *In* A. Giordan, Y. Girault et P. Clément (dir.), *Conceptions et connaissances* (p. 133-140). Berne : Peter Lang.

Ouellette, L.-M. (1996). *La communication au cœur de l'évaluation en formation continue.* Paris : Presses universitaires de France.

Ozouf-Marignier, M.-V. (1988). *La formation des départements. La représentation du territoire français à la fin du XVIII*^e *siècle.* Paris : EHESS.

Pagnol, M. (1988). *La Gloire de mon père.* Paris : Editions de Fallois (1re éd. 1957).

Paradis, L. et Baribeau, C. (1995). Apprendre à lire : une expérience marquante. *Cahiers de la recherche en éducation, 2* (3), 527-553.

Pelchat, J.-B. (1972). *Explication rationnelle de l'élaboration de programmes d'études par objectifs.* Québec : Ministère de l'Éducation, Direction générale de l'enseignement élémentaire et secondaire.

Perrenoud, P. (1994). *La formation des enseignants entre théorie et pratique.* Paris : L'Harmattan.

Perrenoud, P. (1995). *Métier d'élève et sens du travail scolaire* (2e éd.). Paris : ESF.

Pinar, W. F., W. M. Reynolds, P. Slattery et P. M. Taubman (1995). *Understanding curriculum. An introduction to the study of historical and contemporary curriculum discourses.* New York, NY : Peter Lang.

Piveteau, D. J. (1976). Les infiltrations de la psychologie humaniste en éducation. *In* G. Mialaret, J. Ardoino et L. Marmoz (dir.), *L'apport des sciences fondamentales aux sciences de l'éducation,* Actes du VIe congrès international des sciences de l'éducation, tome 2 (p. 473-477). Paris : Épi.

Puren, C. (1988). *Histoire des méthodologies de l'enseignement des langues.* Paris : Nathan/ Clé international.

Puren, C. (1990*a*). Littérature et objectifs dans l'enseignement scolaire des langues vivantes étrangères : enjeux historiques. *Les langues modernes, 3*, 31-46.

Puren, C. (1990*b*). Continuités, ruptures et circularités dans l'évolution de la didactique des langues étrangères en France. *Études de linguistique appliquée, 78*, 65-74.

Rabaut Saint-Étienne, J. P. (1792). Projet d'éducation nationale. *In* M. J. A. Caritat, marquis de Condorcet (1989), *Écrits sur l'instruction publique,* Second volume : *Rapport sur l'instruction* (Texte présenté, annoté et commenté par Charles Coutel), (p. 231-235). Paris : Édilig (1re éd. 1792).

Rabelais, F. (1955). *Œuvres complètes.* Paris : Éditions J. Boulenger (1re éd. 1534).

Raisky, C. (1998). Construire une formation professionnelle par référentialisation. L'exemple des formations agricoles. *In* M. Sachot (dir.), *Le référentiel d'apprentissage et/ou de formation : un outil didactique ?* (p. 33-63). Strasbourg : CIRID/CRDP d'Alsace.

Reboul, O. (1980). *Qu'est-ce qu'apprendre ?* Paris : Presses universitaires de France.

Renaud, G. (1994). Interdisciplinarité : un concept flou et ambigu ? Spirale, *12*, 6-7.

Resweber, J.-P. (1981). *La méthode interdisciplinaire.* Paris : Presses universitaires de France.

Retaillé, D. (1991). La transposition didactique du système monde. *L'information géographique, 55* (1), 32-35.

Rey, B. (1996). Les compétences transversales. Paris : ESF.

Reuchlin, M. (1990). *Les différences individuelles dans le développement conatif de l'enfant.* Paris : Presses universitaires de France.

Rioux, M. (1968). Sur l'évolution des idéologies au Québec. *Revue de l'Institut de sociologie, 1*, 95-124.

Rocher, G. (1969). La crise des valeurs au Québec. *In* F. Caloren, J. Harvey, C. Julien *et al., Le nouveau défi des valeurs. Essai.* Montréal : HMH.

Rogers, C. (1972). *Le Développement de la personne* (Trad. E. L. Herbert). Paris : Dunod (1re éd. 1968).

Rogers, C. et Kinget, G. M. (1973). *Psychothérapie et relations humaines. Théorie et pratique de la thérapie non-directive,* Tome 1, *Exposé général* (6e éd.). Louvain-Paris : Publications universitaires/Béatrice-Nauwelaerts.

Rogers, C. (1976). *Liberté pour apprendre ?* (Trad. D. Le Bon). Paris : Bordas (1re éd. 1969).

Ropé, F. (1989). Didactiques spécifiques, didactique générale et sciences de l'éducation. *Les sciences de l'éducation, 2*, 5-21.

Roy, G.-R. (1976). *Contribution à l'analyse du syntagme verbal. Étude morphosyntaxique et statistique des coverbes.* Paris et Québec : Klincksieck et Les Presses de l'Université Laval.

Roy, G.-R. (1983). Grammaire et besoins du scripteurs. *Liaisons, 7* (2), 24-28.

Roy, G.-R. et Biron, H. (1991). *S'approprier l'orthographe par l'approche donneur–receveur.* Sherbrooke : Éditions du CRP.

Roy, G.-R. et Désilets, M. (1998). *Enseignement-apprentissage de la syntaxe au primaire et au secondaire : analyse de problèmes didactiques liés aux programmes d'études de français du Québec et proposition d'une alternative unificatrice,* Document du Grife n° 3. Sherbrooke : Faculté d'éducation, Groupe de recherche sur l'interdisciplinarité dans la formation à l'enseignement (Grife), Université de Sherbrooke.

Roy, G.-R., Lafontaine, L. et Legros, C. (1995). *Le savoir grammatical après treize ans de formation.* Sherbrooke : Editions du CRP.

Sachot M. (1992). *Éléments de didactique générale.* Strasbourg : Université des sciences humaines, Centre de téléenseignement de Strasbourg.

Sachot, M. (1993*a*). La notion de discipline scolaire : éléments de constitution. *In* J.-P. Clément, M. Herr et P. Boyer (dir.), *L'identité de l'éducation physique scolaire au XXe siècle. Entre l'école et le sport* (p. 127-147). Clermont-Ferrand : éd. AFRAPS.

Sachot, M. (1993*b*). *La notion de « dicipline scolaire » : un enjeu didactique.* Premier congrès d'actualité de la recherche en éducation et formation, Paris, Conservatoire national des arts et métiers.

Sachot, M. (1994*a*). L'éthique et l'enseignement des langues vivantes étrangères en tant que discipline scolaire. *Les langues modernes, 88* (3), 19-35.

Sachot, M. (1994*b*). *Essai de typologie des disciplines scolaires.* Deuxième biennale de l'éducation et de la formation, Paris.

Sachot, M. (1994*c*). *Éléments de didactique générale.* Strasbourg : Université des sciences humaines, Centre de téléenseignement de Strasbourg (2ᵉ éd. revue et augmentée).

Sachot, M. (1996*a*). De la proclamation scripturaire au cours magistral : histoire d'un modèle archétypal. *In* C. Raisky et M. Caillot (dir.), *Au-delà des didactiques, le didactique. Débats autour de concepts fédérateurs* (p. 193-222). Bruxelles : De Boeck-Université.

Sachot, M. (1996*b*). *La dimension historique dans l'approche didactique.* Sherbrooke : Faculté d'éducation (Documents du LARIDD n° 9), Université de Sherbrooke.

Sachot, M. (1997*a*). La didactique des disciplines au milieu du gué. *ÉLA, Revue de didactologie des langues-cultures, 105,* 55-72 (version préliminaire parue en 1996 dans *Les Cahiers du CIRID,* n° 1, 3-27).

Sachot, M. (1997*b*). *Une discipline d'enseignement : un singulier pluriel. Essai de déconstruction historique,* (Documents du LARIDD n° 16). Sherbrooke : Faculté d'éducation, Université de Sherbrooke.

Sachot, M. (dir.) (1998*a*). *Le référentiel d'apprentissage et de formation : un outil didactique ?* Strasbourg : CIRID/CRDP d'Alsace.

Sachot M. (1998*b*). Discipline générale d'enseignement et référentiel. *In* M. Sachot (dir.), *Le référentiel d'apprentissage et/ou de formation : un outil didactique ?* (p. 67-82). Strasbourg : CIRID/CRDP d'Alsace.

Sachot M. (1998). *Une discipline d'enseignement : un singulier pluriel. Essai de déconstruction historique.* Sherbrooke : Faculté d'éducation, Groupe de recherche sur l'interdisciplinarité dans la formation à l'enseignement (Documents du GRIFE n° 1), Université de Sherbrooke.

Sachot, M. et Moll, J. (1995). Image de soi, image de l'autre dans l'enseignement des langues vivantes étrangères, en particulier de l'allemand. *In* F. Raphaël (dir.), *Image de Soi, image de l'autre. La France et l'Allemagne en miroir* (p. 161-1760). Strasbourg : Presses de l'Université de Strasbourg.

Sadoun-Lautier, N. (1992). *Histoire apprise, histoire appropriée. Éléments pour une didactique de l'histoire* (Tome 1). Thèse de doctorat, École des hautes études en sciences sociales, Paris.

Salbert, J. (1988). Outils d'analyse de la transposition didactique. Rapport. *In* F. Audigier, C. Basuyau, L. Marbeau et J. Torrens (dir.), *Savoirs enseignés, savoirs savants. Troisième rencontre nationale sur la didactique de l'histoire, de la géographie, des sciences économiques et sociales* (p. 185-188). Paris : Institut national de recherche pédagogique.

Samurçay, R. et Pastré, P. (1995). La conceptualisation des situations de travail dans la formation des compétences. *Éducation permanente, 123,* 13-31.

Schneuwly, B. (1988). *Le langage écrit chez l'enfant.* Neuchâtel, Paris : Delachaux et Niestlé.

Schön, D. (1983). *The reflective practitioner. How professionals think in action.* New York, NY : Basic Books.

Schön, D. (1987). *Educating the reflective practitioner.* San Francisco, CA : Jossey-Bass.

Schubauer-Leoni, M.-L. (1986*a*). *Maître-Élève-Savoir: analyse psychosociale du jeu et des enjeux de la relation didactique.* Thèse de doctorat, Université de Genève.

Schubauer-Leoni, M.-L. (1986*b*). Le contrat didactique: un cadre interprétatif pour comprendre les savoirs manifestés par les élèves en mathématique. *European Journal of Psychology of Education, 1 (2)*, 139-153.

Schubauer-Leoni, M.-L. (1988). Le contrat didactique dans une approche psycho-sociale des situations d'enseignement. *Interactions didactiques, 8*, 63-76.

Schubauer-Leoni, M.-L. (1989). Problématisation des notions d'obstacle épistémologique et de conflit socio-cognitif dans le champ pédagogique. *In* N. Bednarz et C. Garnier (dir.), *Construction des savoirs. Obstacles et conflits* (p. 350-363). Montréal: Agence d'Arc.

Schmidt, S. (1994). *Passage de l'arithmétique à l'algèbre et de l'algèbre à l'arithmétique chez les étudiants en formation des maîtres dans un contexte de résolution de problèmes.* Thèse de doctorat en éducation, Université du Québec à Montréal.

Sfez, L. (1984). *La décision.* Paris: Presses universitaires de France.

Simard, É. (1999). *Jonction.* Montréal: Éditions La Pensée.

Sinacœur, M. A. (1983). Qu'est-ce que l'interdisciplinarité? *In* L. Apostel, J.-M. Benoist, T.B. Bottomore, K.E. Boulding, M. Dufrenne, M. Eliade, C. Furtado, G. Gusdorf, D. Krishna, W.J. Mommsen, E. Morin, M. Piatteli-Palmarini, M. A. Sinacœur, S.N. Smirnov et J. Ui, *Interdisciplinarité et sciences humaines*, Tome I (p. 21-29). Paris: Unesco.

Snyders, G. (1971). *Pédagogie progressiste. Éducation traditionnelle et éducation nouvelle.* Paris: Presses universitaires de France.

Snyders, G. (1973). *Où vont les pédagogies non directives? Autorité du maître et liberté des élèves.* Paris: Presses universitaires de France.

Spallanzani, C., D. Biron, F. Larose, Y. Lenoir, G. Masselter et G.-R. Roy (2001). *Le rôle du manuel scolaire dans les pratiques enseignantes au primaire.* Sherbrooke: Éditions du CRP.

Sourp, R. (1994). L'analyse du paysage, une didactique pour la géographie. *L'information géographique, 58 (4)*, 170-175.

Tardif, M., Lessard, C. et LaHaye, L. (1991). Les enseignants des ordres d'enseignement primaire et secondaire face aux savoirs. Esquisse d'une problématique du savoir enseignant. *Sociologie et sociétés, XXIII (1)*, 55-69.

Thélot, C. (1994). L'origine sociale des enseignants. *Éducation et formation, 37*, 19-21.

Therer, J. (1993). Nouveaux concepts en didactique des sciences. *Bulletin de la société géographique de Liège, 28*, 5-10.

Thibault, P. (1972). *Savoir et pouvoir. Philosophie thomiste et politique cléricale au XIXᵉ siècle.* Sainte-Foy: Presses de l'Université Laval.

Tronchère, J. et J. Priouret (1972). *La pratique de la classe.* Paris: Armand Colin.

Triby, E. (1994). L'enseignement de l'économie au lycée et à l'université: l'altérité de deux systèmes didactiques. *Documents pour l'enseignement économique et social, 95*, 5-21.

Triby, E. (1997). *La notion de système didactique.* Intervention dans le séminaire du CIRID, Strasbourg, Université des sciences humaines de Strasbourg.

Triby, E., Abernot, Y., Marquet, P. et Rémigy, M. J. (1998). *L'expérimentation de nouveaux rythmes scolaires. Rapport final.* Strasbourg: Laboratoire des sciences de l'éducation.

Vallerand, N. (1969). Agriculturisme, industrialisation et triste destin de la bourgeoisie canadienne-française (1760-1920) : quelques éléments de réflexion. *In* R. Comeau (dir.), *Économie québécoise* (p. 325-341). Montréal: Presses de l'Université du Québec.

Van der Maren, J.-M. (1995). *Méthodes de recherche pour l'éducation.* Montréal et Bruxelles: Presses de l'Université de Montréal et De Boeck.

Vaugien, M. (1993). Contribution à la didactique de la géographie pour une éducation géographique. *L'information géographique, 57 (1),* 22-24.

Verger, J. (1973). *Les universités au Moyen âge.* Paris: Presses universitaires de France.

Vergnaud, G. (1996). Au fond de l'action, la conceptualisation. *In* J.-M. Barbier (dir.), *Savoirs théoriques et savoirs d'action* (p. 275-292). Paris: Presses universitaires de France.

Verret, M. (1975). *Le temps des études.* Paris: Honoré Campion.

Vézina, A. (1992). Allocution de monsieur André Vézina. *In* R. Delisle et P. Bégin (dir.), *L'interdisciplinarité au primaire: une voie d'avenir?* (p. 313-315). Sherbrooke: Éditions du CRP.

Vincent, G. (1980). *L'école primaire française.* Lyon: Presses de l'Université de Lyon.

Vincent, G. (dir.) (1993). *L'éducation prisonnière de la forme scolaire? Scolarisation et socialisation dans les sociétés industrielles.* Lyon: Presses de l'Université de Lyon.

Voigt, J. (1985). Patterns and routines in classroom interaction. *Recherches en didactique des mathématiques, 6 (1),* 69-118.

Wade, M. (1966). *Les Canadiens français de 1760 à nos jours,* Tome 1: *1760-1914* (Trad. A. Venne, 2ᵉ éd.). Ottawa: Le Cercle du livre de France.

Weber, E. H. (1970). *L'homme en discussion à l'Université de Paris en 1270. La controverse de 1270 à l'Université de Paris et son retentissement sur la pensée de saint Thomas d'Aquin.* Paris: Librairie philosophique Vrin.

Wertsch, J. V., R. Del Rio et A. Alvarez (1995). *Sociocultural studies of mind.* Cambridge: Cambridge University Press.

Wittgenstein, L. (1961). *Tractatus logico-philosophicus.* Paris: Gallimard.

Wray, D. (1988). The impact of psycholinguistic theories on trainee-teachers' views of the teaching of reading. *Journal of Reading Education, 14* (1), 24-35.

Zani, B. (1995). The mentally ill person and the others: Social representations and interactive strategies. *In* I. Markova et R. Farr (dir.), *Representations of health, illness and handicap* (p. 145-162). Chur, CH: Harwood academic publishers.

Zapata, A. (1998). Décrire l'emploi pour définir la formation: le référentiel de directeur d'École d'ingénieur. *In* M. Sachot (dir.), *Le référentiel d'apprentissage et/ou de formation: un outil didactique?* (p. 15-32). Strasbourg: CIRID/CRDP d'Alsace.

Zay, D. (1994). *La formation des enseignants au partenariat.* Paris: Presses universitaires de France.

Zeichner, K. M. et B. R. Tabachnick (1981). Are the effects of university teacher education «wash out» by school experience? *Journal of Teacher Education, XXXII* (3), 7-11.

Index